本书系国家社科基金重大招标项目多卷本《西方城市史》（17ZDA229）阶段性成果

都市文化研究
Urban Cultural Studies

History of Cities
and Urban History

中文社会科学引文索引（CSSCI）来源集刊

第21辑

城市历史与城市史

上海三联书店

CONTENTS | 目

录

城市与社会

城市与社会

城市的历史，还是历史上的城市

丁一平

摘　要：学科的研究对象是学科建立与发展的基本问题。城市史学要成为一门学科，需要有不可替代的研究对象。通过对城市史学产生与发展的回顾，文章就将城市作为历史发展的过程与将城市作为地理位置或背景两种趋向的城市史研究作了对比分析，认为城市史学应当将城市的历史过程作为基本研究对象。

关键词：史学理论　城市史学　研究对象

城市史学要成为一门学科，需要有不可替代的研究对象。是城市的历史，还是历史上的城市？从理论疏理来看，有关研究对象，西方自城市史学产生以来就存在不同的观点。比如，迪奥斯在上个世纪 60 年代就极力主张，"城市史研究不应当简单地等同于个别社区的研究，社区研究或多或少总会有时空上的限制，将之称作地方史的城市部分或许更好。城市史对整体上更为广阔的历史进程和趋势进行探究，完全摆脱特定社区的生活周期与经验范围的桎梏。"[①]《欧洲的城市化 1500—1800》的作者简·德·费里斯也认为城市史以城市整体为研究对象，单个的城市不具有研究意义。"如果'城市史'就是描述某个城市的历史以及在这个城市中发生的种种故事，那么本书就并非一部城市史。"[②]兰帕德则并未纠结于城市的整体与个体，他的城市史研究对象定义为包含了人口、经济学、自然资源量化数据的社会生态复合体、一个文化上有序

---

① ［美］简·德·费里斯：《欧洲的城市化 1500—1800》，朱明译，北京：商务印书馆，2015 年，第 3 页。
② 同上。

承接的整体的历史。① 西奥多·赫斯伯格将已有的城市史研究区分为三类，"城市传记类"的城市史研究；将城市作为地点（as site）和将城市作为过程（as process）的城市史研究。② 他强调："城市必须被作为过程，而非作为位置加以研究。"③当然，也有将城市史看作是无所不包的。在学科发展这一点上，他们乐意于鼓励任何可能富有成效的问题，接纳各种样的方法论，关心城市以及都市的历史；认为，"都市历史就是个大篷车"。④

中国城市史学自 20 世纪 80 年代以来，在研究对象方面也存在不同的观点。比如皮明庥先生认为，城市史应当进行较为广泛的研究，"从纵向上，要研究城市形成、发展的脉络和阶段性，研究奴隶社会、封建社会、资本主义社会、社会主义社会中的城市形态和发展状况及其历史特点。从横向看，要涉及城市的地理地貌、环境、自然景观、园林、工业、商贸和金融、建筑、公用事业、交通、市政工程、科技、文教、游乐、生活、人们的心理、社区、服务、习俗、阶级和阶层、职业、社团、政治、宗教、人口、人物、建置、功能、疾病……而这些方方面面又相互联系、消长变化，每一个方面又可以成为一个母系统，延伸出许多子系统"。⑤ 隗瀛涛先生则主张："城市史应该以研究城市的结构和功能的发展演变为基本内容。城市史和地方史、城市志的根本区别，在于它重视的是城市本身的发展演变，而不仅是城市范围内发生的历史事件和历史现象，只有当这些历史事件和历史现象同城市结构、功能的演变有密切关系时才成为城市史的研究内容。"⑥朱士光先生也认为，"城市史的研究与撰著者不能只专注于发生于城市区域的历史事件，还当包括发生各种历史事件的地理实体即城市本身的发展变化"。⑦而在具体的实践中，有如西方曾经出现的那样，学界乐意于鼓励任何可能富有成效的问题，接纳各种样的方法论，以丰富与促进城市史学的研究发展。

在学科创立与发展的初期，研究对象与研究范围的广泛性是常态，城市史

---

① ［美］迈克尔·埃本内尔：《都市史：回顾与展望》，承婧译，孙逊主编：《都市文化研究》第 1 辑，上海：上海三联书店，2005 年。
② ［美］西奥多·赫斯伯格：《新城市史：迈向跨学科的城市史》，白华山译，孙逊主编：《都市文化研究》第 2 辑，上海：上海三联书店，2006 年，第 307 页。
③ 同上。
④ 迈克尔·埃本内尔：《都市史：回顾与展望》。
⑤ 皮明庥：《城市史研究略论》，《历史研究》1992 年第 3 期。
⑥ 隗瀛涛主编：《近代重庆城市史》，成都：四川大学出版社，1991 年，第 5 页。
⑦ 朱士光：《关于城市研究的几个问题之管见》，《江汉论坛》2012 年第 1 期。

学的成长与壮大需要有一定的包容性。因此,有学者定义了狭义与广义的城市史研究:"传统的或狭义上的城市史研究指研究城市兴衰的历史,尤注重研究街区、社区、市政的发展及其相关的社会问题。比较广义的城市史研究则以城市作为大背景,但其研究的重点则不一定与城市发展直接有关。"①研究对象的广泛性导致城市史研究的繁荣。虽然历史城市的"方方面面","城市的结构和功能的发展演变",抑或无论是作为过程还是作为位置仍将成为研究的对象,城市史研究的对象仍将具有广泛性与包容性,但学科的纵深发展,城市史学要成为无可争议的相对独立的学科,则需要厘清学科研究的基本对象。就此而言,笔者认同隗瀛涛、西奥多·赫斯伯格等先生的观点,城市史学的基本对象是城市结构功能的发展演变,城市应当作为过程而非位置加以研究。在此基础上,本文通过城市史学产生的动力与中国城市史学特点的梳理阐发自己的看法。

一、城市史学的产生是城市化的结果

至少在 5000 年前,人类就创造了城市。筑城以卫君,古代城市根据王权和宗教神圣场所的需要而产生。由于城市和乡村是"无差别的统一""真正的经济结构上的赘疣"。② 因此,直到城市史学产生的 5000 年间,城市并未成为一个独立的研究对象。

城市史研究的兴起、城市史学的产生是城市化的结果。城市化涵盖了由以农业为主的传统乡村型社会向以工业和服务业为主的现代城市型社会逐渐转变的过程。这个过程以三种形式呈现。一是城市数量剧增。1750 年前后欧洲 1 万人以上的城市 261 座,1890 年则达 1709 座。③ 二是城市规模极度扩张,大城市快速增长。芝加哥在 1835—1890 年 55 年间,从 350 人的定居点发展为人口100 万的大城市。④ 到 1891 年,英格兰的城市人口已达全国人口的 72%。⑤ 三是意识观念的城市化。即城市人口行为、思维活动和活动方式的社会化。"城

---

① [美]卢汉超:《美国的中国城市史研究》,《清华大学学报》(哲学社会科学版)2008 年第 1 期。
② 《马克思恩格斯全集》,第 46 卷,上册,北京:人民出版社,1979 年,第 480 页。
③ [美]简·德·费里斯:《欧洲的城市化 1500—1800》,朱明译,北京:商务印书馆,2015 年,第 32—33 页。
④ [美]唐·马丁代尔:《城市理论》,王鸣彦译,孙逊主编:《城市史与城市社会学》,上海:上海三联书店,2013 年,第 52 页。
⑤ [美]约翰·J. 马休尼斯、文森特·N. 帕里罗:《城市社会学》,姚伟、王佳译,北京:中国人民大学出版社,2016 年,第 231 页。

市生活方式已远远超越了实际城市的范围,而且使社会也被城市化,而不是城镇被乡村深深渗透。"①

城市化是工业革命的结果。工业革命至少从三个方面影响与改变了城市。第一,改变了城市的社会结构与生活方式。第二,改变了城市的空间物理结构,使城市成为一个人造环境。第三,改变了城市的根本属性。前工业社会,城市因农村而存在,城市"是行政管理的理性产物"。②"乡村在经济上统治城市",③因而"是城市乡村化"。④ 工业革命改变了城市延续 5000 多年的属性,城市不仅由消费地变成了生产地,成为社会财富的主要生产场所。而且成为人类的主要聚集地;新生活方式的创新地;经济文化与社会发展的火车头、风向标。因此,吉登斯认为,现代的城镇往往就是传统城市的所在地,且看上去仅是旧城区的扩展。但事实上,现代城市是根据几乎完全不同于旧有的将前现代的城市从早期的乡村中分离出来的原则确立的。这是"一种似是而非的延续性"。⑤ "似是而非"意味着传统城市与现代城市是两种不同的社会生态。

社会存在决定社会意识。伴随城市化的深入发展,与城市发展相关的自然科学与社会科学随之产生并发展起来,城市经济学、城市地理学、城市建筑学、城市社会学等等。探讨城市化产生与发展变迁的历史学角度的研究亦随之产生。因此,城市化是城市史赖以产生并发展的物质基础。城市史学因工业化引发的城市化而生,亦将因城市化的深入发展变化而不断发展深化,这是城市史学应当研究城市过程的物质基础与依据。

在探讨城市史学产生的同时,有三个现象值得我们的关注与反思。

其一,城市史学是在工业化、城市化完成以后产生的。社会意识总是滞后于社会物质条件,当城市化浪潮渐起,城市化现象成为新闻热点。当城市化尘土飞扬、各种城市现象持续发酵,引发学者、思想家和文化精英、知识阶层的思考与研究,一些重要的思想家,腾尼斯(1855—1936)、杜尔凯姆(1858—1917)、齐美尔(1858—1918)、韦伯(1864—1920)等都建立了自己的城市学说。马克思、恩格斯也十分关注城市问题。而当城市研究积累到一定程度,城市化进程

---

① [美]简·德·费里斯:《欧洲的城市化 1500—1800》,朱明译,第 13 页。
② [德]韦伯:《儒教与道教》,北京:商务印书馆,1997 年,第 62 页。
③《马克思恩格斯全集》,第 21 卷,北京:人民出版社,1965 年,第 189 页。
④《马克思恩格斯全集》,第 46 卷,上册,北京:人民出版社,1979 年,第 480 页。
⑤ [英]安东尼·吉登斯:《现代性的后果》,田禾译,南京:译林出版社,2000 年,第 6 页。

尘埃落定之时,历史学必然介入。因此,有关城市化、城市史的研究也遵循这样一个逻辑,在工业革命导致的城市化方兴未艾之时(19世纪30年代),产生了社会学,进而发展出分支城市社会学。而当西方城市化基本完成以后的1930年代,以美国历史学家施莱辛格的《城市史的兴起》为标志,城市史研究开始受到关注。1960年代,城市史学诞生。

其二,城市史学以相关城市学科,尤其是城市社会学为基础。西方图书馆编目将城市历史学、城市地理学、城市经济学,乃至一些城市建筑学家的著作都归在C912.81(城市社会学)。(我国)国家图书馆袭之。① 由于社会学和人类学在观点上与历史学最为接近,因此,历史学家从由马克思、韦伯等思想家所首创的社会科学中汲取相关理论,并把这些理论应用到城市史、家庭史、性别史、口述史这类直接反映当今现实问题的研究并不偶然。② 另一方面,城市史与社会理论紧密结合在一起。社会学者与历史学者各有长短。"一些社会学家缺乏'历史意识',在经验方面,他们忽视过去;在观念方面,他们既不考虑社会生活的纬度,也不考虑社会结构的历史变迁。与这相似的是,一些历史学家缺乏'社会学意识',在经验方面,他们忽视不同社会的进程与结构的不同;在观念方面,他们既不考虑这些进程与结构的普遍特性,也不考虑它们与行为和时间的关系。"③史学与社会学等学科联姻,催生了城市史学。

其三,由于城市史学具有多学科交叉的属性,城市史研究需要多角度多层面宽视野的研究,这既拓宽了城市史学的知识基础与理论基础,也催生了多学科学者的联合与合作。许多非史学领域的学者开始涉足城市史研究并取得了令人瞩目的成果。如人类学家施坚雅,社会哲学家芒福德·刘易斯等。而《剑桥英国城市史》则是由英国、欧洲大陆、北美的九十多位历史学家、考古学家、和地理学家共同完成。在城市史学领域,打破机构间的隔阂,多作者、多学科共同研究一个课题越来越常见。④

---

① 郑也夫:《城市社会学》,北京:中国城市出版社,2003年,第4页。
② 陈垣:《他山之石,可以攻玉——西方城市城市史研究的历史与现状》,《上海师范大学学报》2007年第3期。
③ [英]丹尼斯·史密斯:《历史社会学的兴起》,上海:上海人民出版社,2000年,第4页。
④ 陆伟芳:《英国城市史研究的发展走向》,孙逊主编:《都市文化研究》第1辑,上海:上海三联书店,2005年,第54页。

二、中国城市史学形成与发展的特点

我国城市史研究兴起于 20 世纪 80 年代。对应的时代背景：一是改革使得 1950 年代末限制城市发展的政策开始松动,市场化趋势的经济改革促使城市开始活跃,人口城乡间、城市间流动加剧。二是开放导致西方相关学说涌入,作为对世界范围内城市史学兴起的响应,我国城市史研究产生并很快进入快速发展时期。"七五"期间,上海、天津、重庆、武汉等四个近代开埠城市史的研究纳入国家社科项目。此后,城市史学在中国发展迅速,枝繁叶茂。①

如同我国的城市有其特点一样,我国的城市史研究有自身特点。

第一,西方城市史学产生于城市化基本完成以后。与之相比,中国城市史研究是在中国城市化方兴未艾的背景下产生并发展起来的。这种时代背景,使中国的城市史研究既未把当今的城市化作为研究主题;又受快速工业化、城市化的深刻影响。就前者而言,由于中国的城市化仍在路上,以农业为主的传统乡村型社会向以工业、服务业为主的现代城市型社会的转型处在起步与快速发展阶段,很多社会现象刚刚显现,未到尘埃落定、盖棺定论之时。这种状况很大程度上影响到了学者的研究内容与方向,中国近代城市史首先成为学界研究的热点。中国城市近代化受外力影响,仅在很少的城市展开,故此类城市成为研究的发端与重点。

就后者而言,中国城市史学的兴起与发展又面临两大社会现实。一是中国快速的城市化;二是全球化的趋势。快速的城市化使得城市在发展的同时,不可避免地遇到传统与现代对立的问题,古城保护与新城开发,历史街区与现代化市政之间的矛盾,导致城市传统性与现代性的选择与反省。一方面,农耕城市向现代城市的转型,必然引发普遍的城市空间的重构。另一方面,科技与经济的迅速发展,总是预谋着城市的变化,城市更新(urban renewal)作为城市发展的一个重要手段,贯穿于城市发展的整个过程。在此过程中,无论是大规模推倒重建,还是小范围的渐进改善,都将遇到城市特色和历史文化遗产的保护问题。古都与历史文化名城尤甚。于是,以古都和历史文化名城为代表的中国古代城市研究有了新发展。全球化则从另一个角度影响中国城市史学古代城市研究的取向。一方面,全球化使城市趋同,工业化导致的规模化、标准

---

① 熊月之:《中国城市史:枝繁叶茂的新兴学科》,《人民日报》2010 年 10 月 19 日第 7 版。

化审美伦理使得不同的城市看起来越来越一致。另一方面,全球化又使得城市不再只是一个生活的聚集地,而成为一个经济实体,并且因为经济实体而成为竞争的主体。城市竞争愈演愈烈,从早期的产品竞争、硬实力竞争走向形象竞争、软实力竞争。由于良好的城市形象在擢升城市文化品质、促进城市经济发展等方面的独特魅力而引起当代城市建设者的重视。城市的历史文化是塑造城市特色的重要资源之一。因此,复古、建仿古街、利用历史文化资源办节、开发历史人物故居等因素,加深了挖掘历史城市特色的研究。城市史研究在"如果不抓紧时机对城市史进行研究,将来的城市也许就会失去自己在历史中所形成的独特价值和魅力",甚至"历史上的城市将不复存在"①的现实需求中展开。

这两大现实,导致古都与古城成为中国城市史研究的另一热点。"其深厚的物质基础还在于城市建设、城市文明的发展和世界性城市化趋向。"②

第二,我国城市史学有其独特理论基础与知识基础。前述西方工业革命、城市化的发展,催生城市建筑学、城市地理学、城市经济学、城市社会学的产生与发展,尤其是城市社会学。伴随着工业革命后社会转型、社会变迁、社会分层、社会流动、城市更新、城市保护、城市病等问题进行全方位的实证研究,是人类认识工业城市的重要工具之一,也是城市史学必备的知识基础和理论基础之一。而中国社会学起步晚,基础弱,在1949年以后又停摆,1980年后才恢复。这使得中国城市史学在建立初期,既无此类相关学科的知识准备与储备,亦难以得到其理论支持。社会学、人类学、经济学等相关知识的缺乏,一定程度上影响了我国城市史研究的选题。在中国,城市研究的主力是城市建筑学,其次是地理学科。相对来说,城市地理学与历史地理学对当下中国城市史研究有促进与影响。历史城市地理学"构成了中国城市史研究的重要内容和热点领域"。③ 与此同时,史学界社会史与文化史的研究风生水起,"历史研究从社会角度的文化史学转向文化角度的社会史学,从过去注重对历史因果关系的探究转变到对事物和事件意义的探究。持久追求新话题的新文化史,自然会把最能表达西方文明本质的城市作为研究对象的"。④ 这一现象导致城

---

① 张冠增:《城市史的研究——21世纪历史学的重要使命》,《神州学人》1994年第12期。

② 皮明庥:《城市史研究略论》,《历史研究》1992年第3期。

③ 毛曦:《中国城市史研究:源流、现状与前景》,《社会科学》(上海)2011年第1期。

④ 陈恒:《他山之石,可以攻玉——西方城市城市史研究的历史与现状》,《上海师范大学学报》2007年第3期。

市史研究有了很多文化史和社会史的选题。

第三,学术力量的整合进展不大。20 世纪 80 年代城市史在中国兴起之时,学者都敏锐地觉察到城市史学"是历史学与社会学、地理学、经济学、建筑学等许多学科相互交叉而形成的一门边缘学科"。[①]"对城市、整体的、全方位研究的一项专门学问",[②]"其陈述性和论述性不仅有机结合,而且采用多学科的广角思维"。[③] 研究将会走一条多学科综合的路子。30 多年的实践,综合的研究、学科整合的努力和实践终无大进展,各学科间的对话存在障碍。"而学科分类造就的专业化壁垒,又使我们的研究方法单一、形式老套,在面对多学科综合体的城市史研究时,往往一叶障目,无法更好地借鉴新式学科方法,从立体多维角度建立整体性理论模式。"[④]与国外施坚雅、芒福德刘易斯等很多非传统的史学者研究城市史并取得相关成果相比,中国城市史的研究与成果主要源于史学学者,这一定程度上影响了研究的视野。

三、城市史研究的范式分析

产生于城市化的兴起之时,与城市相关的学科发展不充分,悠久的城市历史和史学传统,快速城市化导致的城市文化的反省与全球化引发的城市思考的共同作用,使中国城市史学从诞生起,就更多地关注历史上的城市。因此,甚至有学者将城市史学称为历史城市学。"历史城市学,在其研究对象和研究范围方面,几乎与城市史学无异,然而历史城市学是地道的土生土长的中国城市史学,它脱胎于历史地理学,而在此基础上发展,并不断吸取新鲜研究成果而自我更新完善。我们所以把通常人们所说的'城市史学'称为'历史城市学',主要在于强调它的中国传统和中国特色。同时也为了提醒研究者:中国历史城市学要发展,必须充分尊重传统的研究成果、方法和来自异域的研究成果、方法的结合。"[⑤]

在实践层面,疏理当今的城市史研究成果,借鉴西奥多·赫斯伯格的视

---

① 路磊光:《西方学者关于城市史学的研究简述》,《历史教学》1996 第 5 期。

② 涂文学:《"第二届全国城市史研究会"述评》,《城市史研究》1991 年第 5 辑。

③ 皮明庥、李怀军:《城市史的思路与视野》,《城市史研究》1991 年第 5 辑。

④ 任吉东:《近代中国城市史研究的理论与进路》,《中国社会科学报》2013 年 5 月 22 日,第 A05 版。

⑤ 朱政惠:《历史城市史学的崛起——当代中国史学趋势之二》,《华东师范大学学报》1995 年第 5 期。

角,中国城市史研究的成果可以分为三类:"城市传记类"或地方史范式的城市史研究;将城市作为地点(as site)和将城市作为过程(as process)的研究。

城市传记类的研究"对城市化总体进程不感兴趣,却对记叙具体城市成长和发展的编年史饶有兴趣,缺乏意义重大的概念结构或在他们的年代结构中明确区分城市的历史和国家的历史"。[1] 而在中国,地方史范式的城市史研究具有一定的热度。地方史范式的城市史研究将城市作为区域的中心,其研究对象是城市所辖行政区而非城市本身。因此出现诸如因深圳市宝安区发现有东晋至明清的古墓葬群而得出"深圳的城市历史至少有 1700 年"的结论。"这是混淆了两个概念——城市和城市一级行政区划",[2]忽略了"城市的"这一基本概念。类似如上海有 6000 年的历史,石家庄有 3000 多年的历史等论述。其次,此类成果在叙事方式、研究范式方面基本运用传统史学的研究方法和叙事方式,不仅以行政区作为研究对象,而且叙事的重点在于重大事件与精英人物,城市的叙述亦在于都城的宏大辉煌及其所具有的政治意义,属于"地方史的城市部分"。城市史学的研究与地方史研究的根本区别,"在于它重视的是城市本身的发展演变,而不仅是城市范围内发生的历史事件和历史现象,只有当这些历史事件和历史现象同城市结构、功能的演变有密切关系时才成为城市史的研究内容"。[3]

第二类研究是将城市作为场地、场所、现场、地点或背景(as site)。"Site","在这里是指概念化地把城市看作是研究的中心问题之外任何可作为消极背景的东西。这类研究著作有一个共同的特点:全都关注发生在城市里的事情。都是关于城市或者城市社会生活的,但很少与城市的历史相关"。[4]这类研究至少又可分为二种:一是将城市作为外景地研究族群与阶层或社会现象,一是研究城市里发生的故事。前者如裴宜理(Elizabeth Perry)的《罢工中的上海》(*Shanghai on Strike*:*The Politics of Chinese Labor*,Stanford University Press,1993,亦有译为《上海罢工》)。其成果从政治学的角度切入,着重于国民党和共产党在工人运动中的政治运作,从最基层入手,研究工人的文化,工人的生活习惯,工人的来源地这些因素是怎样影响了工人运动。

---

① 西奥多·赫斯伯格:《新城市史:迈向跨学科的城市史》。
② 葛剑雄:《城市史,还是地区史》,2003 年 6 月 11 日,http://www.aisixiang.com/data/165.html。
③ 隗瀛涛主编:《近代重庆城市史》,第 5 页。
④ 西奥多·赫斯伯格:《新城市史:迈向跨学科的城市史》。

在作者的研究中,上海只是背景、舞台,研究对象是工人阶级,其视角或内在逻辑不是通过工人阶级的活动来研究这些活动对城市的发展变迁的意义、作用、影响,而是研究上海这个大都市的工人的生活状况。此类"被纳入城市史的著作主要是以一个城市作为个案,研究某个超越该城市本身的专题"。① 所以虽可将其纳入城市史的成果,但毋宁说它是一本政治史的著作。

研究中国城市历史不能不研究帮会与同乡会。但是,如果成果的重点在娼妓、家庭或帮会本身,而非聚焦于城市的发展变迁,那么其成果的归属将会产生疑义。故"学术界甚至不恰当地将城市史研究归入社会史研究的范围"。② 当城市史学概念不清,对象模糊时,自然会在研究对象与研究领域方面与其他学科发生冲突。

将城市作为"site"的第二种类型是关注城市里发生的事。如朱士光先生对《武汉史稿》中有关"武昌首义"的评价。该书把武昌起义的整个过程,包括一些细节,具体而又生动地展现出来,然而,"城市史的研究与撰著者不能只专注于发生于城市区域的历史事件,还当包括发生各种历史事件的地理实体即城市本身的发展变化"。③ 城市中发生的历史事件,若不聚焦于城市历史,很容易引起歧义。因为此类研究,城市不是主角。将城市作为研究对象同将城市的有关事件作为研究对象是两个不同的概念。威廉·戴蒙德认为,若声称城市内每一事件、每一现象都可以包含于城市历史概念中,将会导致概念被错误定义。④

第三类是将城市作为过程(as process)。作为过程的城市史研究与城市过程直接相关。与作为场所的城市史研究不同,作为过程的城市史研究,城市是研究的中心,而不是被动的场所。这正是埃里克·兰帕德所关注的。因此,作为过程的城市史研究应当是城市史学的主流。城市的过程,首先是"城市的",城市是主角,是研究对象,而非城市中的事件、人物或现象。以人物、事件或现象论及城市的变迁与以城市为背景论及事件、人物与现象是存在巨大区别的。其次,是城市的过程亦强调过程,以区别社会学、地理学、建筑学等城市学的其它学科。过程是一个时间观念:兴起的过程、成长的过程、发展的过程、变迁的过程,等等。

---

① [美]卢汉超:《美国的中国城市史研究》,《清华大学学报》(哲学社会科学版)2008 年第 1 期。
② 隗瀛涛主编:《近代重庆城市史》,第 5 页。
③ 朱士光:《关于城市研究的几个问题之管见》,《江汉论坛》2012 年第 1 期。
④ 迈克尔·埃本内尔:《都市史:回顾与展望》。

以城市为过程包括两种类型，一是城市作为自变量。作为自变量，要研究城市是怎样影响社会发展的，城市以什么方式影响社会、影响人、影响经济、影响地域的竞争力等等。一是城市作为因变量。作为因变量，城市又是如何受到其它因素的影响而不断发展变化的过程。

四、城市史学研究对象之管见

第一，虽然历史上的城市也是城市史学的研究内容，但其基本对象应为城市的过程。

其原因首先在于城市史学是在城市快速发展，尤其是在工业革命引发的城市发展变迁的过程中催生并发展起来的。因此，城市史研究应当将城市的这一过程作为基本的对象。

城市史学需要揭示城市发展变迁的脉络，解释城市的过程，这是由城市史学产生的内在需求与发展逻辑所决定的。近代以来，随着工业革命的促进，城市的爆发增长，人类走出了农耕社会，进入了一个城市社会，城市的成长过程既是一个国家发展与变迁的过程，也是改造传统城市使之适应现代社会和一个个全新城市跃然出现的过程。这种历史现实，使得城市的过程不可避免地成为城市史学的基本对象。不对这种城市历史现象进行深入研究，仅以历史上的城市作为重点，城市史学或将失去可持续发展的动力。

其次，很多人认同兰帕德有关城市历史的研究标志着城市史学的产生。认真思考兰氏所确立的城市史学研究的对象，"城市是怎样成长起来的，人口是怎样在更大程度上还是更小程度上成为城市居民的？""人口的某些行为或其它方面是'城市的'，会产生什么影响？会影响什么人？"[1]兰帕德正是开辟了城市过程这一领域才催生了城市史学。芒福德·刘易斯、施坚雅等有成就的城市史学者亦无不将城市的过程作为自己的研究对象。中国城市史研究有影响力的成果也主要集中在城市的过程。

再次，从学科构建来说，城市史学要成为一门学科，必须构建本学科独特的、无可替代的研究对象。上述将城市作为区域、将城市作为现场的研究不能独立支撑城市史学成为一门独立的学科，至少是缺乏说服力的。因为作为学科研究对象的本身存在疑义。由于地方史、社会史、历史地理可涵盖其研究对

① 参见西奥多·赫斯伯格：《新城市史：迈向跨学科的城市史》，《都市文化研究》第2辑，第306页。

象,故其研究容易被"错误"地认为是其他学科的成果,被认作是"种别人的田"。"只要城市史仍是大红标题下堆砌城市中发生的事情,学术进步就极有可能受到阻碍。学术要取得进步,就必须弄清楚把城市看作'场所'(site)还是'过程'(process)这二者之间的区别,就必须区分作为从属变量的城市研究和独立变量的城市研究,就必须系统地考察行为与环境之间的关系,明了不能区别城市史和社会史所产生的后果。"①作为一门学科的研究对象需要有唯一性与排他性,不能被其他学科所涵盖。城市史学要作为一门相对独立的学科而非专业,需要有不可替代的研究对象。

第二,中国城市史学者应当涉足当代中国的城市变迁或城市化的历史进程。

由于中国城市史学产生于中国城市化起步与发展阶段,当代中国快速的城市化过程并未进入城市学的研究领域,这一定程度影响了城市史学科的纵深发展,也使得中国城市史学难与相关学科和世界对话,故城市史学的发展需要将当代城市史的研究纳入研究的对象。

其原因,一是历史研究有"有事话长,无事话短"的传统,"没有变,不成历史"。② 中国城市在现当代发生了巨大的变化,是有故事的。1949 年,全国仅有城市 132 个,城市市区人口 3949 万人,城市市区人口占全国总人口比重 7.3%。1978 年全国城市 193 个,城镇人口(居住在城镇地区半年及以上的人口)为 17245 万人,城市化率 17.92%。1979 年至 1991 年,全国共新增城市 286 个,平均每年新增 23 个城市;城镇人口增加到 31203 万人,比 1978 年增长 80.9%,平均每年增长 5.8%,城市化率达到 26.94%。③ 到 2014 年底,全国城市化率提高到 54.77%,比 1991 年提高 17.83 个百分点。生活在城镇的人口由 1978 年的约为 1.7 亿上升到近 7.5 亿。④ 具体到城市,1949 年,北京市常住人口 203.1 万人,城市人口 164.9 万人,暂住人口 6 万人;到 2014 年常住人口达 2151.6 万人,城市人口 1859 万人。⑤ 1949 年上海建成区面积约 70 平方

---

① 西奥多·赫斯伯格:《新城市史:迈向跨学科的城市史》,白华山译,第 306 页。
② 钱穆:《中国历史研究法》,《钱宾四先生全集》第 31 卷,台北:联经出版事业公司,1994 年第 3 页。
③ 中国政府网,《城市发展》,2009 年 09 月 22 日,http://www. gov. cn/test/2009-09/22/content_1423390. htm,2016 年 12 月 28 日。
④ 国家统计局编:《中国统计年鉴》,北京:中国统计出版社,2016 年,表 2-1.
⑤ 北京市统计局、国家统计局北京调查总队编:《北京统计年鉴》2015,北京统计局编:《北京 50 年》,北京:中国统计出版社,1999 年。

公里，2013 年达 998.8 平方公里^①。类似的故事也在二三线城市上演。长沙建成区面积 60 年扩大 40 倍，^②平均一年增加约一个旧上海的面积，城市人口也由 1978 年的 94.8 万人增加到 237.1 万人。洛阳 1949 年城市人口 12.8 万人，2014 年，人口数量达 218.1 万。^③ 放眼全国，县城城关镇变为城市，小城变大城，大城发展成为超级大城市。可以预见，未来全国 1000 多个县城，大部分将转型为城市或具有城市的属性。这是农耕社会向城市社会转型的必然。而现有的 600 多个城市亦将沿着城市化的道路纵深发展。在此过程中，史学工作者应在时间维度上梳理、总结历史经验，为中国城市化的发展提供史学智慧与思维。如果说上个世纪 80 年代城市史的产生还是对西方城市史浪潮的回应，那么，今天的城市史学的发展则需要应对中国城市化快速发展的现实。

其二，将中国当代迅速发展的城市化过程作为研究对象，将开拓中国城市学发展的广阔空间。既可打开城市史学者与其它学科城市研究学者间交流对话的渠道，又可以拓展新的研究领域。前述中国城市史研究学科之间对话与交流不畅的重要原因之一是中国城市研究的其它学科，其相关专业城市史的研究，大都立足于并起止于当代，而历史学科的城市史研究则很少涉足当代。如把当代城市发展纳入研究对象，其有意义的结果，一是迫使城市史学科的城市史学者重视与深入了解与当代城市发展有关的经济学、社会学、人类学、地理学、建筑学等知识与学术成果，通过深入了解当今城市的过程加深历史城市过程的认识。二是此举或将加强与促进有关城市史各学科间的对话与交流。有了这样的渠道，城市史研究的视角、思路、途径、方法必将大大地拓展，城市史研究必将开启广阔的发展空间。三是可进行国际间城市化进程的交流，拓宽国际城市史学者沟通交流的渠道。

The History of the City, or the City during the History

Ding Yiping

Abstract: to become a discipline, Urban historiography needs to have an irreplaceable

---

① 国家统计局编：《中国统计年鉴》(2014)，北京：中国统计出版社，2015 年。

② 《长沙建成区面积 60 年长大 40 倍》，2009 年 08 月 24 日，http://www.ce.cn/cysc/ztpd/09/js/cz/200908/24/t20090824_19615579.shtml。

③ 参见洛阳市统计局编：《洛阳市统计年鉴》(2015)，北京：中国统计出版社，2016 年。

object of study. Through the academic review of the emergence and development of urban historiography，the article holds that urban historiography should regard the historical process of the city as its research object. Among them，the process of urbanization is an important content. The sustainable development of urban historiography in China needs to take the contemporary urban history process as an important research object. At the same time，the development of urban historiography needs to establish its own knowledge base and theoretical system，and the formation of subject knowledge methodology.

Keywords：History theory；Chinese urban historiography；Research object

作者简介：丁一平，河南大学马克思主义学院副教授，历史学博士。

城市书写与生命共载

——城市文学中的全球命运共同体征象

苏喜庆

摘　要：城市空间是一个富有生命活力的生产性空间，依附于城市发展的城市文学书写，聚焦于都市空间中的人生世相，立体化地呈现出全球城市带有命运共同体属性的征象。立足于本土文化和国族意识，透过对城市文学征象中的城市文学生产的考察，可以更加清晰地指认城市命运共同体建构的可能性路径。那些带有现代文化批判意识和城市生命建构意义的文学书写，正是探索构筑城市命运共同体的一个个重要突破口。其中，价值共享是城市命运共同体召唤的重要价值属性；消解精神空间区隔激活了城市文学寻求破壁的可能；同时，城市空间中的危机征兆，也在信息化、全球化时代空前召唤起作家的使命感和责任感，透过对空间肌体生命危机的表达，最终聚合起城市命运共同体的力量，全面应对危机，共建美好的生存家园。基于此，立足于本土经验考察，探索中国城市故事书写的原创性、真实性以及独特性，成为书写城市文学共同体的一个重要命题。

关键词：城市文学　命运共同体　共享价值　危机意识　区隔解除

城市，作为一个高度组织化的现代空间，承载着独特的空间生命发展历程，踽踽建城史是它的前世，多元共享发展是它的今生。钢筋水泥是它的肌肉，钢轨和道路是它的血脉，资本和产业是它运转的动力，秩序和健康是它的存在生态。当今时代，城市空间书写成为最具聚合力的生命活力空间展现方式之一，它聚焦于都市空间中的人生世相，立体化地呈现出城市带有命运共同体属性的特质。公众对于城市相对优越的人类物质生存方式的认同，是当今群体争先恐后大举奔赴城市的初心和动力。靠山吃山、靠海吃海，对于生存于城市空间中的作家而言，城市无疑是他们赖以生存的对象——依"城"写"城"。城市文学正是这样一种依附于都市稳定空间，同时又在共同努力关注城市肌体健康的文本生命呈现样态，亦是塑造全球城市的重要文化力量。

　　城市文学的记忆性书写，从它的地理起点，进入到时间维度，在被本雅明称之为"弥赛亚时间"①的空洞时间中，作者的想象与城市空间的诗意填充，再到读者的共时性审美再造，召唤起一个承载着强烈空间生命意识的想象共同体。正如本尼迪克特·安德森所言"（文学）的'内部时间'向读者的日常生活的'外部时间'的因果推移，犹如催眠术一般地确认了一个单一的，涵盖了书中角色、作者与读者，并在时历中前进的共同体的坚固存在"。② 在这个以"人本"为主体构件的共同体中，其稳固关系链便是那些城市文本中寄寓的生命意象和召唤共同的空间想象的文字效力。尽管城市文学的概念和定义在不同的国家、地区的社会体制和文化境遇下具有不同的定义，但是却拥有一个共同的特征，那就是始终把城市作为一个生命体来书写，城市空间中的物质载体被退居或者淡化为背景，空间内的生命体占据核心位置，上演着肉体与灵魂在空间中的游荡、角逐和兴衰。在全球化语境下，共向的城市和谐发展理念、都市情感的诗性召唤与空间生命意识的人道关怀，正在促成城市文学成为当今世界文学中最具有全球对话性的生命题材样式。大量城市文学的书写正是一个个承载着城市生命肌体记忆的文本，沃格林指出："将注意力转向躯体有其历史功绩，让我们对意识世界形成一种更为均衡的看法。"③立足于本土文化和国族意识，透过对城市文学征象中的城市记忆性考察，可以更加清晰地指认城市命运共同体书写的可能性路径。④

---

① 弥赛亚时间：一种过去和未来汇聚于瞬息即逝的现在的共时性。

② ［美］本尼迪克特·安德森：《想象的共同体：民族主义的起源与散步》，吴叡人译，北京：商务印书馆，2003 年，第 28 页。

③ ［美］沃格林：《记忆：历史与政治理论》，朱成明译，上海：华东师范大学出版社，2017 年，第 36 页。

④ 共同体理论常常被放置于哲学、社会、历史、文化的综合语境中。关于共同体理论的建构，可以追溯到马克思对于个体与共同体关系的有关论述。作为表征人类生存方式一对基本范畴，个体与共同体的关系在马克思历史理论中占有重要地位，是历史唯物主义的隐性主体向度。美国政治学家本尼迪克特·安德森具有一种民族文化的自觉意识，在《想象的共同体》一书中，他从"社会基础"与"政治动员"的层面延伸扩展到了对其内在地缘"文化根源"的探求。

一、共同体的价值召唤

价值共享是城市命运共同体结构组织的内核。分享中国本土故事,传递都市人的声音,向世界讲述中国城市的文明记忆,启迪本土人文空间治理的可能性策略,这是城市命运共同体召唤的共享性本体结构属性。

从现代意义上的城市文学创作来看,西方要比中国早近半个世纪之多,工业发展、机械生产、移民搬迁、媒介革命、生态危机等城市问题,在工业文明起步较早的西方世界早已出现,相应的现代城市文学创作已经成为西方文学创作的主流话题,也成为本土城市书写经验的有力参照。以美国为例,1900年德莱塞的《嘉莉妹妹》率先涉足城市生活,关注进城者在金钱城市中的迷失和堕落。嘉莉小姐的发迹与赫斯特伍德的沦落,其实都是在芝加哥和纽约两座城市欲望中的精神发迹与陷落的表征,这也正是一代美国早期创业者的城市心灵开荒史的写照。惠特曼、卡尔·桑德堡喜欢用诗歌装扮城市的美好,《草叶集》向我们呈现了城市满载的欢娱和生机,《芝加哥诗集》对城市建设者,赋予了光辉的形象——"那些暴躁的、健壮的、喧闹的阔肩膀们",给予了极力礼赞;书写赞歌天生不是城市文学的本性,城市文学更加欢迎那些带有批判性、建设性的文学精品,它们其实也是城市生命体的精神建设者。《马丁·伊德》《了不起的盖茨比》是取材相近的两部重要的城市文本,描绘了牛虻式的都市青年依靠打拼成功跻身于上流社会,马丁对罗丝小姐、盖茨比对初恋女友黛西小姐的真心追求隐喻着城市闯入者、打拼者的奋斗创业初心,然而纸醉金迷、灯红酒绿的生活除了满足人们的好奇心、好胜心、虚荣心之外,只剩下了精神荒芜和寂寥,财富和权势演化为腐蚀人心灵的迷药,绚丽的都市幻梦最终在曲终人散中悄然离场。纳博科夫的《洛丽塔》是以移民的心态来书写美国1960年前后的文化,追求一种都市流浪者的浪漫,亨伯特对继女的"恋童癖",正如不切实际的城市畸形错位发展,风光无限却也疲惫不堪,故事中"畸形不伦之恋"的隐喻性让美国梦幻多了一分清醒和反思。这些城市文学在全球化的视域下,仍然具有强大生命力,尤其是在发展中国家和欠发达国家加速城市化的进程中,都市人生遭际大多能够在西方城市文学中找到照应,并可以照鉴现实,产生与之对话的可能。体制不同,城市发展策略有变,城市化程度也大相径庭,但从城市这个人类工业化、信息化促成的生存必然聚集区来看,所有城市文学的征象也是世界城市共同面临的问题,城市生命体与个体生命的磨合与沟通,本身的矛盾冲突激活与疏解,商业利益、权力、欲望的追逐与最终的消解,正是个体生命在城市中打拼求解人生真正诗意栖居的表现。

在全球化的视域下,中国的城市文学与全球城市文学具有更为广阔的对话空间。传统的乡土文学因其浓郁的乡野意识和怀旧韵味,曾受到精英知识分子的青睐,但其所带有的浓烈的本土化色彩,往往会减弱域外读者的阅读兴味。而在新世纪,加速发展的本土城市文学具有了更为开阔的书写空间。全球城市化的冲击,不仅带来了城市外在风貌诸如建筑、交通、城市景观方面的趋同,以及在区域治理方面带来的可资借鉴、可以通约的模式,而且在城市居民的价值立场确立、观念革新、媒介交互、精神慰藉等方面,存在多向度对话的可能。尤其是在面对城市族群生存状态和人生情感问题,在环境危机面前或者人类不可预知的灾难面前,身在地球村的人们会产生一种由衷的共同体意识——"一种跨国认同和团结感使他们形成这样的观点,这种跨国认同和团结感包围着整个地球村"。[①] 具有了感同身受一般的生存空间的普遍命运共同体倾向,使得城市文学以更加阔达的族群意识深度剖析共同面临的城市精神问题,在深度剖析城市内涵、呈现生存样态方面将会碰撞出更多元多层面的互证、互鉴的危机意识。

城市文学的书写对象,往往是以生命迹象为载体,以生存面貌的多样性为特征,以承负的社会情绪为内核,相互的、共同的城市存在性关心组成的命运共同体。无论其在追忆都市往昔的美好、耽溺于都市宅文化的发酵,或者忙碌于职场、商场、权力场的角逐,抑或在科幻世界中,对空间美好生活的向往,其立足点,大都基于对城市生命肌体中健康、安宁、和谐、公平、正义、人道等要素的审美观审。而因之激起的逆向批判视角,则借以正向的引导对人类族群共同的理想生存模式的向往和认同聚合到了一起。

城市文学命运共同体更大程度上是以"想象共同体"的方式存在。我国目前有组织性的城市文学命运共同体已经出现。[②] 除了有组织的共同体之外,更加具有感召力的无形城市文学命运共同体意识则更加强劲,它们寓居于那

---

① [美]雅克·布道:《建构世界共同体:全球化与共同善》,南京:江苏教育出版社,2006年,第166页。

② 国际城市文学学会,该学会成立于2017年,旨在于推进城市文学健康发展、促进城市文学繁荣、挖掘城市文学新人、促进中外文学交流。该组织成立以来,吸引了全国各地数以万计的作家加入。

些拼搏于城市而又在持续书写城市母体的那些作家心中。文学创作者怀揣着
对城市美好愿景的期待,来批判城市空间与庸常生活中的失序、不安和迷茫,
而共同的正向价值倾向正在不断为城市文学命运共同体的形塑和建构提供精
神反观的利器。

二、城市中的共享资源

城市文学无论被解析为"城市中的文学"抑或"文学中的城市",其本质上
是在书写城市中的生命有机体,并且在捕捉和分享城市空间里的情感和记忆。
滕尼斯指出:"凡是城市的文化欣欣向荣、花团锦簇、硕果累累的地方,社会似
乎是文化不可或缺的器官……共同体是持久的和真正的共同生活,社会只不
过是一种暂时的和表面的共同生活。因此,共同体本身应该是被理解为一种
生机勃勃的有机体,而社会应该被理解为一种机械的聚合和人工制品。"①也
就是说,真正的城市有机共同体是以富有生命力的文化为其根基的社会组成。

中国城市文学虽然起步相对较晚。1930年代,脱胎于乡土文学的城市文
学开始萌芽,在闭塞、落后、半殖民半封建的旧中国土壤中孕育,城市文学带着
与西方文明碰撞而出的洋泾浜味,京派小说与海派小说如两朵并蒂奇葩,翘楚
而特别。1950年代,新中国建国之初的"四化"建设催生了城市工业化题材小
说,讴歌产业英雄和城市开拓者成为文学的新生题材。尤其是在改革开放后,
城乡融合加速发展的背景下,从都市核心区到城市边缘地带,从城市历史的追
忆到对未来科幻空间的遐想,城市文学创作遍地开花,基于本土生命体验的城
市运命形塑出了中国城市化进程中独特的生命定位和共享资源。

相对于西方发达国家的城市景观,中国虽然滞后了一点,但却在学习、借
鉴和自身营构中获得了亢奋的进取动力,为世界分享着带有浓郁本土特色的
生命记忆、城市景观和空间想象。城市商圈、街区、特色巷弄,闹中取静的园林
成为承载小城故事的生命体,这在当代作家范小青的《桂香街》中可见一斑。
城市发展史与城市文学史保持着同步的发展节奏,从内部结构来看,中国城市
文学也如同城市景观表现出条块式的书写模式,既有现代城市整体性的构筑,
也有城中村、城乡结合部、新型小城镇的书写,在这些条块的分割和内部贯通,

---

① [德]滕尼斯:《共同体与社会:纯粹社会学的基本概念》,北京:北京大学出版社,2010年,第44—
45页。

乃至内在复杂生活结构的映射中,揭示出城市繁华表象背后的命相重构。

城市文学作为地缘性文学的一种,本身即蕴含着城乡碰撞的意涵,一个纯粹的都市空间标注着时尚文化、精英文化、消费文化等最为集结的精彩部分,同时也具有碎片化、多元性、解构性的后现代文化的特质。所以在城市文化和文学的叙事空间之中,总是张扬着某种文化批判的味道,无论是贾平凹的精英知识分子批判意识(《废都》《土门》)、李佩甫的城市劣根性批判(《城的灯》《生命册》),还是阎连科的空间权力剖析(《炸裂志》),以及路内、徐则臣、曹征路等在新世纪对城市人性异化现象的书写,都成为中国城市文学乃至全球城市文学中共通性的情感表达。城市文学空间书写所与生俱来的批判性,潜伏在物质与精神、现实与理想的二度空间中,正向激励着空间正义、区域民主、人道关怀的空间文化诉求。

北方的胡同、南方的巷弄,市井中的风情韵事等等,在作家的笔下往往带有审美共通性的诗意情怀和文化资本征象。老舍、冯骥才、邓友梅、王安忆等等,他们对街道深巷如数家珍,人情与世情盘根错节,世俗的狡黠情趣与高情雅致的处世智慧并置,表现出城市富有生机的雅俗之趣。城市的记忆摹写进风俗画卷,也激励着文学书写的内容、形式以及带有现代性/后现代性的创作风格的嬗变。仅以上海这座城市来看,从 1930 年代海派小说的风姿绰约,到新世纪前后的都市欲望书写、新体验式书写,一路走来,培养了一代又一代风格迥异、题材丰富的作品,也引领着中国城市书写的潮流,下半身写作、新感觉小说、新市民小说、80 后创作、网络新生代等等,这些城市文学创作流派从不同层面表达着一个城市的独特肉身化生存体验。城市文学也与城市发展史相得益彰,正如乔尔·克特金所断言:"文学与城市具有共享文本性——阅读文学文本方式与城市历史学家阅读城市的方式类似。"①这种城市发展与文学故事天然的生命联系,构筑起了独特的历史记忆。

在城市文学的历史记忆中,打破地理空间边界的不只是城市化扩展或者构筑内外沟通的道路,还有人们基于历史言说和信息重述中,激起的美好城市的潜意识共同体想象。例如"上海"这座城市,称谓本身就具有命运共同体共享性的特征。在当代城市书写中,许多文学文本分享了"上海"城市的精神症候。上海在中国城市文学的语境中不再是实指的地域名称,而是承载着与世

---

① [美]乔尔·克特金:《全球城市史》,王旭译,北京:社会科学文献出版社 2006 年版,第 149 页。

界融通,主动走向全球化的征象。刘复生如此判断这些以"上海"为背景的故事,"'老克勒'的衣香鬓影和中产阶级的小资格调,呼应的无非是全球化时代上海甚或中国对自我的重新定位和想象性认知"。① 这是上海故事作为中国城市生命表征的一个缩影。1990 年代后,作为首批沿海开放城市的上海,大跨步迈入新世纪,跃升为"中国国际化大都市",成为中国无数城市向往发展的城市梦。于是在枚不胜举的文学和影视文学剧本中,上海成为造访笔端的"高频词",上海成为众多都市故事的虚拟发生地,东方明珠塔、外滩、世贸中心、浦东开发区等等,这些标志着城市梦幻的地标征象,频繁进入到城市文本,隐喻着城市现代生活的别致、高端、大气和生存的理想与憧憬。

尽管城市文本的空间书写是特定的,而读者是不确定的,但在"读"(阅读、鉴赏、观看等)与"写"(创作、出版、数码化再生产等)以及文本内容之间,基于想象共同体的意识构筑起了确定性的城市情感想象阈。他们在这个想象的语境中尽管彼此不识,但却可以同声相应、同气相投,在文学深植的人性中找到共鸣。文学构筑共同体的内在根源正是这种生命的本体性展演,"将人类的生命深植于事物本然的性质中,对存有的日常宿命性(最重要的是死亡、损失和奴役)赋予某种意义,并且以各种不同的方式提供从这些宿命中获得救赎之道",②成为文学书写的一种本源命相。城市扩张、资本运作空间中可能遭遇的爱恨情仇、儿女情长、侠骨柔肠,上演着有别于乡土记忆的另一番都市幻梦。告别了战争、移民动荡的旧上海孤岛记忆,人们从张爱玲的《半生缘》的忧伤中惊寤,行至 1990 年代,城市文学创作进入了爆发期,正视土地变迁与个体空间挤压的《蜗居》《拆楼记》《李可乐抗拆记》,品味着都市奢靡中的纯情忧伤和别离——《欢乐颂》《我的前半生》《上海女子图鉴》等当代世情新都市小说,异乎寻常地赢得了众多青年读者的青睐。虽然这些故事讲述的是当代市民的生存困顿、苟且,甚至边缘的绝望,但在繁华的经济资本刺激和物质诱惑之下,饱蘸着罗曼蒂克、布尔乔亚气质的脉脉叙事温情,总能给人留下喜极而泣的快慰。城市文学从来不耽溺于当下对忧伤和欣喜格调的执著追求。在城市发展脉息最为完整且清晰的上海,更不乏在怀旧的记忆重温中寻找都市人应有的顽强拼搏精神。陈丹燕的上海三部曲(《上海的风花雪月》《上海的金枝玉叶》《上海

---

① 刘复生:《一世长恨,繁花落尽:上海故事的前世今生》,《小说评论》,2018 年第 5 期。
② [美]本尼迪克特·安德森:《想象的共同体:民族主义的起源与散步》,第 36 页。

的红颜遗事》），以及程乃珊的上海滩系列（《上海探戈》《上海 LADY》《上海女人》等），以"后视镜"现代写作方式，①追忆一段段旧上海百乐门中的名媛贵妇、十里洋场名流阔少的风流韵事。除了分享都市贵族式（小资情调）的韵致，张扬都市物质消费主义五光十色之外，还有部分作家转向了张扬欲望的"身体消费"书写。卫慧（《上海宝贝》）、棉棉（《糖》）等人用都市的空间底色烘托出娱乐空间中本能欲望张扬的肉身新感觉，故事中的主人公也往往带有了全球化的血统，《上海宝贝》中的德国籍马克先生，《糖》中出生于英国的赛宁等，他们来自异域，而又都齐聚上海，带来了一种向内转的本能欲望消费倾向。从共享价值来看，虽然承袭了 1960 年代西方"垮掉一代"的遗风，却摒弃了悖反体制的外向诉求。

　　语言是激活想象共同体构建的重要载体。现代都市话语，是一个发端于西方资本主义现代性的理性词汇。哈贝马斯将话语资源作为人际、区际交往、流通、互动的基础。在中国城市化进程中，独特的国情形成了中国城市独特的元叙事话语，它不仅体现在权力场域的规划、设计、布局之中，也体现在市民们的日常话语交际和伦理情怀之中。因此在城市文学的叙事中往往潜隐着独特的可供全球分享的元叙事逻辑，承载着一个城市的起落兴衰和人世沉浮。具有梦巴黎之称的上海，在张爱玲、王安忆、金宇澄的笔下，尽管呈现出了都市迭代中的不同故事样貌，但是读者还是能清晰分辨出那些属于上海的元叙事话语逻辑。在他们的笔下，在充斥着情感故事质感的上海空间中，集聚着名伶与老板、官商与商贩，独特的弄堂文化，狡黠的谈话艺术，达观的生存哲学，既有繁花浮艳的浓情蜜意，也有夜色黄昏中光怪陆离的梦幻交织，倾诉着痴情与背叛的多幕大都市风情悲喜剧。城市元话语，在人情的淘洗中进行了理性化的都市特色艺术设计，使得一个城市成为可以散点透视的都市靓丽风景。

　　用传奇笔法书写市民怀旧故事，构造出了独特的城市记忆资源，形成了全球城市文学中具有特异性的本土文学话语体式。中国城市故事的"传奇笔法"发端于唐代传奇小说，明清之际尤盛，发展到今天，形成了不同于西方市民生活写照的独特言语方式。金宇澄的《繁花》就很好地诠释了这一传统，故事中，生存于繁华都市的芸芸众生，几乎都是过着凡人俗世生活，即便有官商、市井

---

① 麦克卢汉用车体来形容高度控制化的城市空间，车身一直向前，人们却习惯于通过透视镜来回溯过往的风景，以此来比喻在怀旧的格调中寻求前进的动力和方向。参见［加］马歇尔·麦克卢汉：《媒介即按摩》，何道宽译，北京：机械工业出版社，2017 年，第 76 页。

市民和工人的出场,也都是围绕着"食色性也"的现代市井话题展开,复古怀旧式的语言成为逸出庸常话语的一抹亮色。故事里没有给人物故意设"局",但却在着力写各种凡人市井之"局"——写群体性饭局、写个人的棋局、写婚姻中的迷局、写婚外的情局,这些"局"正如繁花中的片片萼片,层层叠叠,传递着庸碌市民生活中的小情趣、古色调和大彻悟,"吃吃讲讲""嘻嘻哈哈"在参与者的"不响"中传达出身处大都市后现代社会中的具有社会反观性的沉郁基调。

中国本土城市故事的书写是中国独特城市化进程中的记录,文学的叙事内容与叙述策略构建本土特异性的同时也具有共享性的文学资源。在全球化城市文明的交往中,本土城市人文经验与异域文化的互通交流、互惠共享成为增进城市文明共识的强力纽带。正如上述不同时期、不同视域下的城市记忆性书写,不仅增强了城市文学书写的实践性认知,也带来了全球读者更为宽泛,在精神、信仰、伦理等方面的感性体悟,并且在文学场的感性力量的召唤中营造和凝聚了相互之间的命运共同体意识,诚如有的学者所言,"基于一种彼此共享并借此弥补了各自不足的理念,构建起了人类共同生活在一个世界中以及保持一种融洽关系的世界想象。"①在世界城市文学场域中,交往性促进互动,差异性得到融通。文学为理想化的城市想象与共同体面对的现实之间架设起了沟通的桥梁。

三、城市区隔性文化壁垒的僭越

全球化语境下,城市流动性、交互性的密集空间生态促成了人际平等交流的契机,这也成为人类在城市构筑共同美好城市空间的基石,然而城市的社会性区隔和阶层固化,也在营造出众多的"封闭空间",于是彰显交往、寻求破壁、突破界限和区隔成为城市文学共同体关注的一个存在性话题。

城市社会的凝滞的物质化区隔最易带来空间的极化现象。萨森认为自从20世纪80年代开始"隔离和空间不均衡的程度达到了先前几十年没有出现的新维度"。②区域流动的利润潜能、人们的生活方式和消费欲望都成为割裂社会空间的力量。史蒂文·弗卢斯蒂将那些阻碍平等交流的空间分成了三

---

① 赵旭东:《互惠人类学再发现》,《中国社会科学》,2018年第7期。
② S. Sassen, *The Global City:New York,London,Tokyo*, Princeten:Princeton Uninersity Press,p. 255.

种,它们类似于那些古代城池(城堡)上的塔楼或周边的护城河,只不过分割的疆域更加微观、情形更加微妙,其一是"易滑空间"——"这是可望而不可及的空间,因为这儿的路径蜿蜒曲折,就像迷宫一样";其二是"多刺空间"——"由于各种防卫装置,如在墙上用来对付闲人的喷水龙头,阻止人坐靠的凸起倾斜的墙面等,要靠近这里很不容易";还有"神经质空间"——"由于巡回检查和遥控技术的运用,这儿的监测系统非常活跃,人在里面,一举一动都被监视"。①其实一言以蔽之,城市本身即是一个神经敏感空间。鲍曼将现代化城市称之为"全景监狱"——一种时时处处处于被监视中的高度透明、高度科层化的城市空间,究竟是安全还是"反安全",成为摆在全球化城市文学面前的悖反性命题。

壁垒和界限形成了横亘在城市人中有形和无形的界限,齐格蒙特·鲍曼惊呼"不是和睦相处,而是躲避和隔离,已成了当代大都市中主要的生存策略。"②这恰恰是现代城市人困守与隔膜的源泉。突破界域、消除区隔实际上有背于城市多元共融、分工协作的本性,但在文学场域中精神上的突破、僭越却是对辖制空间的有效精神补给和精神慰藉。跨越阶层的爱恋、突破常规的上位、异于常情的资本暴富,这些都成为在无形区隔空间中,中产阶级对城市机遇和挑战的合理化想象。

在全球化语境中,城市文学往往反映出人类命运共同体的区隔性困境,诸如城市阶层的分隔、孤立乃至难以达成交流的对抗、斗争。其中"宅"性文化正是城市亚文化在文学中的征象之一。城市是信息最为集中、流动性相对发达的区域,尤其是新媒体的大量涌现,诸如手机、便携电脑装置更加延伸了人的交际面、扩大了生活场。但技术理性正如双刃剑,一方面带来了沟通无极限,另一方面也在加速都市宅化趋向。城市人在新媒介的沟通便捷体验中乐此不疲,购物、订餐、交友都可以闭门完成、一站直达。与其现实面对面交流的高成本、复杂性,不如避重就轻的宅于家中网上交流。于是满足"宅"群体的城市网络文学蓬勃涌现,以宅男、宅女小说为标榜的网络文学社区纷纷成立。一批以宅在家里的游戏、二次元偶像为题材的文学创作应运而生,冒险、同人、异能、恐怖等元素近乎全收,例如行走的刀的《宅文化逆袭人生》、六幺零的《都市龙

---

① [英]齐格蒙特·鲍曼:《全球化:人类的后果》,郭国良、徐建华译,北京:商务印书馆,2015年,第19页。

② [英]齐格蒙特·鲍曼:《全球化:人类的后果》,第46页。

腾九天》、风雨白鸽的《都市超级异能》，满足了大量拥有一定物质基础而又拒绝现实交往的宅男宅女们的阅读消费需求。但在一定程度上也更加加剧了现实人际交往的割裂程度。

在阶层分化的都市空间中书写城市中生命的重量，成为突破空间同质化的一个重要命题。面对城市中技术宰制、职业焦虑和伦理失范的无根感，更多的作家以强烈的倾诉意识描写都市人的轻量感、漂浮感、幻灭感。带着悲悯情怀的城市作家，感悟着城市化带来的价值变迁和精神失重。驻守城市空间的市井日常书写，北漂、南漂族的城市奋斗史，闯入者"蚁族"的边缘生存史，构成了城市核心区的主流文化圈与底层/边缘地带亚文化圈的并置性存在，在公共空间（商场、超市、广场）构成了文化的折叠区域，成为城市中最为繁复的市井深处记忆。本土的传统文化与改革开放中的舶来文明交相辉映，勾勒出都市空间显耀处与缝隙间色彩斑斓的生活繁杂底色。例如李佩甫的《城市白皮书》，以一个十二岁孩童的视角，窥探城市里成人世界的秘密，借以探讨城市伦理构建的难题，"新妈妈"与"旧妈妈"的生活境遇，在儿童"警犬"般的嗅觉和"X光透视机"的视野中腐败不堪，折射出情感、伦理在金钱名利社会的不堪一击，城市中的地位、身份、职位变异为可包裹、缠绕的肉身存在，甚至可以从躯体心脏伸出第三只手掌进行赤裸裸乞怜性攫取。在儿童的纯真视界里，没有童话王国般的梦幻，只有人情淡薄、伦理缺失的畸形变异。一草一木皆如是："春天里，城里的树很丑。好好的树，刚刚绿起来的树，怎么就病了？树病了。树是不会哭的，树不哭，树就在那儿站着，树的'病'却在满天飞扬。一絮絮、一片片、一捻捻、一缕缕在空中飞舞，天空里到处都是'病'。'病'很自由，'病'想飞到哪儿，就飞到哪儿；想落到哪儿，就落在哪儿，'病'比树自由。'病'随随便便地往人身上落，落下来就不走了，'病'化了，'病'一下就化在人身上了。马路上，行人带着'病'来来回回走，公共汽车也带着有'病'广告牌来来回回跑。"上个世纪九十年代的知识分子近乎一致的对城市批判大于建构，在城乡变迁的社会转型中，宁愿选择一个回不去的故乡作为精神的避难所①。城市的病态呈现正是现实城市空间固化、精神荒芜的表征。揭示城市病并引起疗救的可能，成为了一代进城作家的创作心声。

城市文学的民主属性、平民化色彩构筑起的开放式共同体，容易打破社会

---

① 苏喜庆：《城愁与乡愁：21世纪初文学空间的变奏镜像》，《当代文坛》，2017年第4期。

场域区隔的壁垒,消除阶层隔阂,召唤着城市不同社群中生命的共识性价值。邱华栋倾向于书写那些"与生命共时空"的文字,[①]以细腻带有质感的语言揭示出城市中产、"社区人"、"服装人"、城市"闯入者"的隐疾和暗伤。如他的短篇小说集《来自生活的威胁》《可供消费的人生》,其中以大量的短篇勾勒出都市各色人等的生存谱系,以其意象化的符码给城市空间做出醒目的标注。韩松的小说《地铁》用后现代性的口吻诉说对现代城市的感受:"世界上最大的轨道交通市场,正在这里迅速形成。亿万人都将入了地窟。他们不再过祖先们千百年来沿袭的生活了——面朝黄土背朝天,而是匿身于厚厚的巨石之下,成了不锈钢车厢中的居民。而在某些线路上,早已'妖孽丛生'。"这不由得让人想起意象派诗人庞德的《在一个地铁车站》中分享的通感效果:"人群中这些面孔幽灵一般显现;湿漉漉的黑色枝条上的许多花瓣。"作家描绘下的城市空间在真实与想象之间找到了具有全球化的精神通感,忙碌、压抑、阴郁的地窟承载着现代化的交通工具,它们将人们引向快节奏的欲望化都市,工具理性、机械生产、信息膨胀已经把人的感觉钝化,后现代城市诗篇传导出一种凝结着异化色彩的空间新感觉。

空间区隔是无形的,但在作家的笔下,化作了有形体、有质感的存在。郝景芳的《北京折叠》以貌似科幻的方式,虚拟了北京城"三重空间"的超现实折叠图景,对城市的社区阶层进行了时间化和空间性的想象性转换,"大地的一面是第一空间,五百万人口,生存时间是从清晨六点到第二天清晨六点。空间休眠,大地翻转。翻转后的另一面是第二空间和第三空间。第二空间生活着两千五百万人口,从次日清晨六点到夜晚十点,第三空间生活着五千万人,从十点到清晨六点,然后回到第一空间。时间经过了精心规划和最优分配,小心翼翼隔离,五百万人享用二十四小时,七千五百万人享用另外二十四小时"。第三空间是底层工人,第二空间是中产白领,第一空间则是当权的管理者,这些构成了对现实生活的整体性冷峻思考,这种象征性的隐喻手法也更为显豁地勾勒出都市空间中看不见的"厚障壁"。

僭越意识是城市文学中寻求破壁的又一共同体征象。僭越秩序本身就像一把双刃剑,一方面代表了叛逆甚至忤逆,背叛伦理、政治,乃至整个社会的稳定秩序体系;另一方面,又代表了一种抗争、求新求异的变革力量,不与世俗相

---

① 邱华栋:《看了简约派的骨干,我想写肉感的短篇》,《小说月报》,2016 年第 3 期。

混同,带有创世性的神圣力量。对于城市文学来说,僭越固化秩序的方式是多样的,有无组织性,是否自发性,是否具有合法性抑或者是否基于本能,构成了僭越行为评判高级与否的一个重要标准。巴塔耶认为"性"的僭越是一种冲破传统固化秩序的突破口,是带有某种动物本能性的尝试。作为权力装置的"家庭""机关""单位"本身就是传统文化与现代意识综合规制下的固化共同体,成员间的组合与解体构成了现实型城市文学关注的征象。从贾平凹的《废都》《高兴》中充满浮躁气息的西京城,到慕容雪村的《成都,今夜请将我遗忘》《天堂向左,深圳向右》中像面包一样发酵的成都、深圳,身体/性的伦理叙事和零度视角,都使得城市空间带有了浓郁的肉身化色彩,并且成为表达欲望、穿透世俗权力障壁的超感性表达。冯唐的《北京,北京》呈现出另一幅碎形城市的图景,城市成为欲望器官展览的容器,肉身成为调侃和僭越固化阶层的资本。他们触摸城市,但又似乎脱离真实的城市庸常生活,捕获城市的某种情绪加以极致化的想象,伤感中寻求着社会的文化认同与突破的可能。

在城市文学的展示空间结构中,社会场的区隔、分离,与精神上的隔膜、躁动是有机联系的统一体,僭越与突破是城市潜意识中的文化诉求。从文学共享价值上来看,其对空间区隔的强烈批判意识,正呼应了全球化时代人类流动中追求平等交流、构建共同体安全交流的现实吁求。

四、危机意识的共鸣

城市空间内部商品化、机械化、欲望化对人性的侵蚀、普泛伦理价值的破坏和腐蚀,构成了城市族群面临的本质性危机,也是城市文学从生命本体角度做出的深刻社会反观。

作为作家的文化生产者们,往往更为敏锐地感知到城市文化对价值观念的侵蚀,对历史和主流文化的冲淡,"资本常常造成文化生产者们广泛的疏离感和不满,文化生产者们直接感受到了对他们创造的占有和盘剥"。① 作家具有敏锐的见识,常常发出可以对抗内部危机的生命关怀式感召。邱华栋的《来自生活的威胁》以一种悲悯的情怀关注城里人可能面临的生存灾难和危机:

---

① [美]戴维·哈维:《叛逆的城市:从城市权利到城市革命》,叶齐茂、倪晓辉译,北京:商务印书馆,2014 年,第 111 页。

破产、失业、交通事故、刑事案件、意外事件和偶发灾祸,造成了都市人猝不及防的生命重创,这些灾难如同达摩克利剑悬于每个城市人的头顶——危机"悬隔",这其实也是一种更为持久的、潜在生活压力——人性危机,都市人往往从生理到心理都受到了这种无形压力的挤压。徐则臣的小说《王城如海》则是从空间危机——"雾霾"写到了精神危机,个人的生存命运也成为王城命运的缩影和隐喻。都市的迅速扩张带来了扩散边界的新问题。那些城市边缘地带的移民拆迁、城中村治安等等问题,就像是城市的皮肤病,成为城市整个生态中最为脆弱的地带。河南籍作家乔叶的小说《绣锄头》对城市化问题做出了深入的描绘,他从一个锄头的角度来窥视城市对传统农耕文明的挤压,又对前来城中谋生的农民工寄寓着同情和无奈。描绘城市变迁的地域史与心灵史相互交感,构成了对城市空间更为直观的展示。

　　城市文学作为对抗异化的方式之一,也在商品拜物教的异化中无所适从,只有依靠作家的真诚和意志,来抗争城市生命本体中的病毒,戴维·哈维开出的药方是"要和这种对他们文化共享资产的广泛占有展开对话,以新的方式和方案使用那些被确认的特殊性、唯一性、真实性、文化及美学意义。"①时空压缩是城市肌体在信息化时代的特征,对抗压缩带来的单一、均质,就得努力开拓富有价值的对话性"第三空间",②以其文学的丰富性、完满性,以及与人类的精神沟通的交互性对话来对抗各种空间生命异化的可能。

　　城市外在空间的危机书写直接导向了科幻文学,成为一种开拓城市未来空间的创作类型。对于城市危机的科幻式书写本身包含着对于城市空间规划、权力角逐、国际合作等城市"新空间秩序"的思考和探索。《流浪地球》《2012》《明日边缘》《后天》《末日崩塌》等等,向我们呈现了在地震、海啸、火山、气候异常、雾霾、沙尘暴、外星人入侵等灾难面前,城市肌体的无序和脆弱。韩

① ［美］戴维·哈维:《叛逆的城市:从城市权利到城市革命》,第 111 页。
② 第三空间是爱德华·索亚提出的城市空间概念,指盘旋在城市实体与理念之外的艺术化空间,其文学性的表述建构了一个可追忆的文学性空间。在第一空间(物质/地理空间)和第二空间(精神/观念空间),这两个空间的对转交互的阐释下,索亚发现了超越二元思维的空间第三维度(亦被称作空间性的三元辩证法)——第三空间,该空间承继了列斐伏尔的空间生产理论和福柯的异形地志学原理,将第三空间开拓为一个可以联通精神与物质元素,具有开放性、伸展性、扩散性、批判性和未完成性的可表述空间,由此重构了一个异于地理学意义的扩散型城市。参见［美］爱德华·索亚:《第三空间:去往洛杉矶和其他真实和想象地方的旅程》,陆扬等译,上海:上海教育出版社,2005 年。

松的科幻小说《高铁》和《地铁》,描绘出在未来城市,"恶托邦"通过高科技操控了城市一切,空虚、仇视、冷漠、怀疑、怨恨的情绪弥散于未来空间。技术利益共同体一旦被人为控制,将会助长人性恶念的滋长,欲望、衰老、残杀和变异在技术理性的操控下导致了人性的失衡,向人类预言"技术失范"将会带来的世界幻灭。在这些故事里,当技术理性侵蚀、伦理道德危机布满城市空间时,技术推进与优秀传统文化的坚守成为并驾齐驱且不可或缺的双向互动力量,并可能成为挽救危难、张扬空间正义的力量源泉。飞氘的科幻小说《一览众山小》、王晋康的《七重外壳》中都有在科技驱逐道德的焦虑中,转而向中国优秀传统文化寻找救济良方的倾向,于是周易、八卦、河图洛书、奇门遁甲等带有中国神话原型意义的符号,都具有了某种"天外技术"特性的国族文化资本,可以作为应对城市危机的超自然策略。

城市外部空间的科幻性书写——集体性符号与危机命题,折射出具有共享资源的城市空间中最为敏感的神经。但城市仍然是一个最具希望的空间,通过日常生活、情感互动和精神沟通的共同体关系,激发出对于"地球——人类"命运共同体意识,探寻先进文化的未来进路,"在城市里文化生产和改革的进步力量能够寻找到方法占领和削弱资本的力量",[①]最终依靠城市集体的力量抚平创伤,共建人类美好的生存家园。

结语

城市文学空间中共同体的多重面向,勾勒出了现代乃至后现代社会中城市文化的多元属性,作为由政治、经济、文化等多元力量介入并主宰的地域空间,城市从外在精神和气质上往往镌刻着时代典型的社会文化属性。而作为人类未来赖以生存理想栖居之地的现代化城市,其人文空间的搭建则带有明显的历史阶段性、空间正义性、地缘政治性、文化生发性等多重现实诉求,其正如人类生活的空气,相伴、相偎,营造出城市命运共同体的历史风采和文化个性。

当下,在城市中潜藏的资源远比文学已经揭示出的东西多,未来城市文学依然拥有丰富的"可写资源",而城市文学如同是对城市肌肤做的穿刺针灸,从肌体的细微处激活整个肌体的生命活力。在全球化时代,未来城市文学命运

---

① [美]戴维·哈维:《叛逆的城市:从城市权利到城市革命》,第 113 页。

共同体的书写,将会是以探索城市生命体的文明为己任的文学。尽管全球化带来了区域边界的模糊与泛化,可能消解共同体旧秩序捍卫的组织界限,但是所有基于本土经验的城市空间创作,都将是具有共享价值、交往属性、对话意识,可以从容面对空间危机的有效文化策略,从众多现实共同体征象出发,追求中国城市故事的原创性、创造性、真实性以及独特性,同时借鉴吸收全球化时代的艺术技法和话语言说方式,始终是保障城市文学命运共同体生命力、感悟力的最有力支撑。

Urban Writing and Life Co-loading
— The Symbol of Global Fate Community in Urban Literature

Su Xiqing

Absrtact：Urban space is a productive space full of vitality, which depends on the urban literature writing of urban development and focuses on the life and life phenomena in urban space. The three-dimensional characteristics of global cities are characterized by the community of destiny. Based on the local culture and national consciousness, through the investigation of urban literature production in the symbols of urban literature, we can clearly identify the possible path of the construction of urban destiny community. Many literary symptoms with modern cultural critical consciousness and the significance of urban life construction are just an important breakthrough in exploring the construction of urban destiny community. The value sharing is an important value attribute of the urban destiny community; The sense of responsibility, through the vivid reproduction of the life crisis about the space body or the future science fiction writing, finally gathers the strength of the urban community, comprehensively copes with the crisis, and builds a better living home. Therefore, exploring the originality, authenticity and uniqueness of Chinese urban story writing which is based on local experiencehas become an important proposition of urban literary community.

Keywords：urban literature; community of destiny; shared value; crisis awareness; division relief

作者简介：苏喜庆,河南科技学院文法学院副教授,史学博士,硕士研究生导师;本文为国家社会科学基金重大项目"中国当代文艺审美共同体研究"

(18ZDA277)阶段性成果;河南省哲学社会科学规划项目"融媒体视域下的当代河南文学传播研究"(2017CWX026)阶段性研究成果;河南省高校科技重点项目"融媒体视域下河南文学创意产业发展研究"(19A870001)阶段性成果。

内陆欧亚胡语城名"洛阳"溯源①

唐　均

摘　要：唐德宗年间镌刻而成的《大秦景教流行中国碑》以汉字为主,部分有古叙利亚文的对照。其中古叙利亚文的地名"洛阳"(Sarag),究其来源迄今却莫衷一是。本文根据上古汉语最新拟音成果,参考梵文、中古波斯文、粟特文等多种印度—伊朗语料,推测这一"洛阳"城名应当源出伊朗语的"丝之(城)";而在内陆欧亚各族中间流行的这一丝绸术语词根,最终又源出"丝"的汉语上古音。如此而言,将中上古时期在中原繁华似锦的东都洛阳,作为西方诸族视若丝绸之路的起点所在,这就将语音对勘同历史考古成果有效结合起来了。而以"丝"字上古音为词根的众多语言之丝绸相关术语在内陆欧亚的广泛分布,反映了以丝绸为代表的中国文化西传的历时弥久和影响深远。

关键词："洛阳"城名　伊朗语词源　"丝"字上古音　丝绸术语

　　汉唐时期的两座帝国核心城市——长安和洛阳,其声名早在公元前后就已越出中原远播域外。迄今所知最早的文献记录,见于公元 4 世纪初写就的粟特文古信札,其中"长安"拼写为'xwmt'n,"洛阳"拼为 sry。② 历时而下,初唐僧侣义净《梵语千字文》用梵语的汉字记音"娑啰誐*sa-ra-ga"对译表征地名

---

① 关于引文的说明：文中所引中文古籍,皆以中华书局所出标点本为准,唯部分断句根据笔者理解另行直接处理,不在文中一一出注了;文中所引多种语言材料,若无特别说明,都是笔者平素自行搜集积累的,难以一一出注。另外,在研究过程中展示词汇漫游轨迹网络时,<、>、∨、∧表示同源词演化方向,↑、↓、→、←表示借词方向,一并说明于此。

② Walter Bruno Henning："The Date of the Sogdian Ancient Letters"，*Bulletin of School of Oriental and African Studies*，12,1948 (pp. 601 – 615)：p. 603，p. 608.

的汉字"洛";①盛唐僧侣利言(一作礼言)②《梵语杂名》则给出洛阳的梵语名称为"娑罗俄 * sa-la-ŋa",两者对应的梵文形式都是 Saraga。

在西安出土《大秦景教流行中国碑》下方汉文"助检校试太常卿赐紫袈裟寺主僧业利"等旁边,镌刻有几行古叙利亚文字,译成汉文意为:**长安(Khoumdān)和洛阳(Sarag)的总执事、寺主、僧业利。**③ 唐代咸(长安)洛(洛阳)并称,但这里的古叙利亚文并未直接音译其当时的汉字音,而是拼写成其对应的胡语惯用名。"长安"暂且不论,④我们这里集中讨论"洛阳"惯用名 Sarag 的来龙去脉。

初唐僧侣玄奘述、辩机录《大唐西域记·迦毕试国》:(迦毕试国)**王,刹利种也,有智略,性勇烈,威慑邻境,统十余国,爱育百姓,敬崇三宝,岁造丈八银佛像,兼设无遮大会,周给贫寠,惠施鳏寡。伽蓝百余所,僧徒六千余人,并多习学大乘法教。窣堵波,僧伽蓝,崇高弘敞,广博严净。天祠数十所,异道千余人,或露形,或涂灰,连络髑髅,以为冠鬘。大城东三四里,北山下有大伽蓝,僧徒三百余人,并学小乘法教。闻诸先志曰:昔犍陀罗国迦腻色迦王,威被邻国,化洽远方,治兵广地,至葱岭东,河西蕃维畏威送质。迦腻色迦王既得质子,特加礼命,寒暑改馆,冬居印度诸国,夏还迦毕试国,春秋止犍陀罗国。故质子三时住处,各建伽蓝。今此伽蓝,即夏居之所建也。故诸屋壁,图画质子,容貌服饰,颇同中夏。其后得还本国,心存故居,虽阻山川,不替供养。故今僧众每至入安居,解安居,大兴法会,为诸质子祈福树善,相继不绝,以至于今。**

初唐僧侣慧立、彦悰撰《大慈恩寺三藏法师传》卷二"迦毕试国"条:**所住有一小乘寺名沙落迦,相传云是昔汉天子子质于此时所作,其寺僧言:我寺本汉天子儿作,今从彼来,先宜过我寺。**

综合上述两条不同时代记录者的材料可以看出,位于今阿富汗中部的迦毕试故地,在唐初尚有"汉天子儿"质于此时所作、名为"沙落迦"的伽蓝——但

① [法]伯希和:《景教碑中叙利亚文之长安洛阳》,冯承钧译,冯承钧编:《西域南海史地考证译丛》(第一卷),北京:商务印书馆,1995年:第34页。

② 陈明:《〈梵语杂名〉作者利言事迹补考——纪念印度学者师觉月逝世五十二周年》,《清华大学学报》(哲学社会科学版)2008年第六期,第103—104页。

③ 龚方震:《唐代大秦景教碑古叙利亚文字考释》,《中华文史论丛》(第一辑),上海:上海古籍出版社,1983年,第11页。

④ 关于这一"长安"城名的最新研究,可以参见[日]高田时雄:《Khumdan 的对音》;朱凤玉,汪娟编:《张广达先生八十华诞祝寿论文集》,台北:新文丰出版股份有限公司,2010年,第965—976页,高田氏将 Khumdan 比定为"咸阳"二字上古音的结论,迄今看来最具说服力。

这里所谓"汉天子儿"实际是玄奘所述"河西蕃维畏威送质"的结果,却不是中原王朝的汉人王子,[①]据今人夏鼐转述向达的意见,此"沙落迦"即《梵语千字文》之"娑啰誐",也就是洛阳〔Sarag(a)〕。[②]

法人伯希和则是首次将此景教碑中 Sarag 一词同《梵语千字文》之"娑啰誐"相关联,从而被定为唐帝国的东都洛阳。[③] 这一"洛阳"城名从字面看来同洛阳的另一别称"西洛 ** sɯːl-g·raːg(郑张尚芳构拟上古音)>*sei-lak˺(切韵音系转写中古音)"倒是颇为接近。然五代以降,中原王朝大多定都汴梁(开封),位于其西面的洛阳始有"西洛"之称,乃至金人董解元《西厢记诸宫调》与元人王实甫《西厢记》在提及其中男主角张生籍贯时都称"本贯西洛人氏"——作为对照,唐人元稹在其《会真记》《莺莺传》中,虽然并不讳言张生背后作者本人之洛阳籍贯,但并没明确提及,更无"西洛"之说。[④]

今人龚方震认为 Sarag 一词源出本义指天堂的印度西北方言词汇 Saragā,兼以现代印地语诸形式 Sarg、Sarag、Surag 相佐证,后用以转称洛阳。[⑤] 按,印地语中意指天堂的语汇中,与龚氏所举诸例最为接近的当是(स्वर्ग)svarg 一词,对应乌尔都语形式拼写为(سورگ)suarg,该词是正宗的印度次大陆固有词,源出梵文(स्वर्ग)svargá"天界的、天堂、帝释天以及光明和众神之居所",[⑥]这个词又是来自原始印度雅利安语 * suHargás,出乎原始印度—伊朗语 * suHargás"天界",最终归结于原始印欧语 * sh₂ul-gʷm̥-s"走向太阳"[⑦]——通过下文分析可以看出,这个词实际上同龚氏作为研究对象的洛阳城名形似而实异,在源头上甚至风马牛不相及。

今人郑张尚芳在考证长安古称语源时提及洛阳的这一城名,推测因其长期为司州州治而源出"司洛"之古音。[⑧]

---

① 曾俊敏:《西辽时期丝路南道地名"撒里桓"词源新考》,保定:第四届契丹学国际学术研讨会论文,2018 年河北大学文学院。

② 夏鼐:《中巴友谊的历史》,《考古》1965 年第七期,第 363 页。

③ 〔法〕伯希和:《景教碑中叙利亚文之长安洛阳》,冯承钧译,冯承钧编:《西域南海史地考证译丛》(第一卷),第 34—35 页。

④ 王锐:《〈西厢记〉中"西洛"的误用》,《戏剧文学》2018 年第一期,第 111—112 页。

⑤ 龚方震:《唐代大秦景教碑古叙利亚文字考释》,第 13 页。

⑥ Hardev Bahri: *Siksarthi Hindi-Angrejhi Sabdakosa*, Delhi: Rajpal & Sons, 1989.

⑦ Alexander Lubotsky: *The Indo-Aryan Inherited Lexicon* (in progress), Leiden: Leiden University, 2011.

⑧ 郑张尚芳:《古译名勘原辨讹五例》,《中国语文》2006 年第六期,第 543—544 页。

今人曾俊敏认为该洛阳称谓或与伊朗语 sar"头、首"有关或与汉语"丝"有关——是以前者可以推定为 Sarag＜* sar-raag"首—洛"即"京洛"的音义兼译，而后者反映的音节模型 s/š-V-r/l-(V)-K/Q 尚待基于历史文化背景的音义结合之详解。①

早在 19 世纪初就已有旅法德人柯恒儒指出，Sarag 可能和古代西方对中国的称呼 Seres 有关，但未作进一步的追溯，②也不为 20 世纪众多大牌汉学家和房学家如旅美德人劳费尔、③法人伯希和、④加人蒲立本⑤等所支持。近年来汉语上古音研究的进展，有力地揭示了一个令人如释重负的历史事实：沿着丝绸之路传布开来的多种民族语言丝绸术语，其实就反映了上古汉语"丝"的词汇漫游轨迹。下文综合运用现已搜集并较为确定的多语种相关材料，结合历史和考古的背景支撑，在深度和广度两方面对这个城名的源流脉络进行梳理和剖析。

汉字"丝"反切注音为"息滋切"，中古音韵地位为心母之韵止摄平声开口三等，其上古音构拟结果可以归纳为下表所示：

表一："丝"字上古音主要构似结果对照

拟音人	高本汉	李方桂	白一平	王力	郑张尚芳	潘悟云
拟音	** sɪəg	** sjəg	** sjə	** sɪə	** slɯ	
拟音模式	内部拟测	外部(台语)比较		内部拟测	外部比较	

表一："丝"字上古音主要构拟结果对照

与"丝"同源的语汇，还可觅及藏文(གྱུད་པ)skud-pa"弦、线"与缅文(ကြိုး)krui:"绳"及(နန်း ကြိုး)nan:krui:"金银丝加工"、(ချည်)hkyany"拴、系"及(အပ်ချည်)aphkyany"缝纫线"(其间缅文音节中的介音发生了历时嬗变：-y-＜* -y-～* -r-

① 曾俊敏：《西辽时期丝路南道地名"撒里桓"词源新考》，保定：第四届契丹学国际学术研讨会论文，2018 年河北大学文学院。

② Heinrich Julius Klaproth："Conjecture sur l'origine du nom de la soie chez les anciens", *Journal asiatique*, Vol. I, 1822：pp. 243 – 245.

③ Berthold Laufer：*Sino-Iranica*：Chinese contributions to the history of civilization in ancient Iran, with special reference to the history of cultivated plants and products, Chicago, 1919 (Anastic edition, reprinted in China, 1940)：pp. 538 – 539.

④ Paul Pelliot：*Notes on Marco Polo*：Vol. I, ed. Louis Hambis, Paris：Imprimerie nationale, librairie Adrien-Maisonneuve, 1959：pp. 265 – 266.

⑤ ［加］蒲立本：《上古汉语的辅音系统》，潘悟云、徐文堪译，北京：中华书局，1999 年，第 147 页。

$<$ *-l-①)。另外虑及养蚕缫丝时抽出丝来的蚕茧极似动物所产之卵,考察汉字卵 $*$ $*$k.r^{ˤ}or?(白一平—沙加尔构拟上古音)$\sim$ $*$ $*$g・ro:l?(郑张尚芳构拟上古音)$>$ $*$luan^X(切韵音系转写中古音)或 $*$ $*$k.r^{ˤ}or?(白一平—沙加尔构拟上古音)$\sim$ $*$ $*$g・ro:n?(郑张尚芳构拟上古音)$>$ $*$lua^X(切韵音系转写中古音)跟藏文(སྲོ་མ)sro-ma"虮卵、幼虫、芽孢"、嘉绒语dʑɔru"虮卵"同源,两者一同溯源至原始汉藏语 $*$s-row"卵、幼虫"。② 上述语料纷纷指向"丝"字的古老形式应有一个 $*$-r/l-类型的流音存在。可见从多种语言材料入手,综合运用内部拟测和外部比较等方法,得出的汉语上古音结果更能适用于相关历史文化研究的需求。

朝鲜语中的"丝、线"记作絲(실)sir/sil,带有流音韵尾 $*$-r/l 的这一形式,正是汉语"丝"字上古音的域外遗存形式。③ 而同样模式的词根,也反映在希腊语乃至拉丁语的借用之中④:

表二　希腊—拉丁语"丝"词根的扩散

加利西亚语:sarillo"纺车、滚轴"$>$葡萄牙语:sarilho"卷、线轴"
∧
古葡萄牙语:sarillo"纺车、滚轴"$<$伊比利亚拉丁语: $*$serillo
∧
葡萄牙语:sirgo"丝、蚕"$<$通俗拉丁语: $*$sericulum$>$ $*$sericlum
∧
∧ 希腊文:(σηρικός)sērikós"丝织的"$>$拉丁文:sēricus$>$sēricum"中国货、丝绸"
∧
希腊文:(σήρ)sḗr"蚕"$>$(Σήρ)sḗr"丝国"$>$(Σῆρες)Sêres〔复数〕"中国(人)"∨
拉丁文:Seres"北部中国"$>$葡萄牙语:Seres$\sim$西班牙语:Seres

显然,无论是朝鲜语的실"线"还是希腊语的σήρ"蚕",都清晰透视出汉语"丝"字在上古时代带有流音韵尾的音节特征来。在其他语言的借用中,更有

---

① 汪大年:《缅甸语与汉藏语系比较研究》;北京:昆仑出版社,2008 年,第 111—112 页。

② [美]P. K. 本尼迪克特著、[美]J. A. 马提索夫编:《汉藏语言概论》,罗美珍、乐赛月译,瞿霭堂、吴妙发校,北京:中国社会科学院民族研究所语言室,1984 年,第 66、226—227 页。

③ 潘悟云:《朝鲜语中的上古汉语借词》,《民族语文》2006 年第一期,第 5 页。

④ Henry George Liddell & Robert Scott: *A Greek-English Lexicon*: Revised and augmented throughout by Sir Henry Stuart Jones; with the assistance of Roderick McKenzie. Oxford. Clarendon Press, 1940. William Smith, William Wayte, G. E. Marindin & Albemarle Street (eds.): *A Dictionary of Greek and Roman Antiquities*. London: John Murray. 1890.

词缀的添加和声韵的变化,但其个中万变,总是不离其宗的。

西汉史游《急就篇》:**绢生白缯似嫌而疏者也,一名鲜支。**

东汉班固《汉书·地理志》:**贡土五色,羽畎夏狄,峄阳孤桐,泗滨浮磬,淮夷蠙珠臮鱼,厥篚玄纤缟。(颜)师古曰:玄,黑也。纤,细缯也。缟,鲜支也,即今所谓素者也。言献黑细缯及鲜支也。**

东汉人许慎《说文解字卷十三·糸部》:**缟,鲜色也;从糸高声,古老切。清人段玉裁《说文解字注》:(缟)鲜卮也;各本作鲜色,今正。汉地理志师古注:缟,鲜支也。司马相如传正同。颜语多本说文,彼时未误,盖支亦作卮,因讹色也。**

又《说文解字卷十三·糸部》:**縛,白鲜色也;从糸專聲,持沇切。清人段玉裁《说文解字注》:(縛)白鲜卮也;各本作色,今正。下文云:缟、鲜也;今本讹鲜色,则此色误亦同;与支音同。缟为鲜支,縛为鲜支之白者。**

三国魏人张揖《广雅》:**鲜支,縠绢也。**

《大宝积经》卷三十七:**覆以逝遮邻地之被,轻妙鲜支重复其上。**

早在汉代就有记载丝织品的某些异名"鲜支"或"鲜卮",蒲立本将其推定为汉字记音的鲜卑语词:鲜支～鲜卮 * si̯en-ci̯e①(或*serkje/*selkje②)＜*serki,这个拟测的鲜卑语词就同满文(ᠰᡳᡵᡤᡝ)sirge"丝、弦"～(ᠰᡳᡵᡴᡝ)sirke"连绵不断",乃至蒙文(ᠰᡢᠷᡴᡝᡢ)sirkeg"丝绸"一道,③可以构成同源词系列了。基于更多的语料,进而可以勾勒出以下的语汇源流梳理轨迹来:

表三　东北亚"丝"词根的扩散

蒙文:(ᠰᡢᠷᡴᡝᡢ)sirkeg"丝绸"
↑
满文:(ᠰᡳᡵᡴᡝ)sirke"连绵不断"→鲜卑语:(鲜支/卮)*serki"丝"
∧
满文:(ᠰᡠᡵᡳ)suri"绸"＜原始通古斯语:*surge"丝织物"＞满文:(ᠰᡳᡵᡤᡝ)sirge"丝、弦"
∨
日文:線(すじ)suji←女真文:(ᡧᡠᡳ)*suje"缎"＞满文:(ᠰᡠᠵᡝ)suje"绸缎"

---

① [加]蒲立本:《上古汉语的辅音系统》,第148页。
② 潘悟云:《朝鲜语中的上古汉语借词》,《民族语文》2006年第一期,第5页。
③ Heinrich Julius Klaproth: "Conjecture sur l'origine du nom de la soie chez les anciens", *Journal asiatique*, Vol. I, 1822: pp. 243 – 245.

其中需要说明的是,满文(ᠰᡳᡵᡴᡝ)sirke"连绵不断"显然是一个晚出的引申语义表达,其代表的早期通古斯语词语义内涵可能保存在入借鲜卑语的汉字记音语汇、以及借入蒙文所代表的原蒙古语加缀语汇形式中了。由此可以推断,原始通古斯语词根*surge"丝织物"乃是上古时代就已入借汉字"丝"音而添加构词词缀形成的了。

东晋汲冢出土《竹书纪年·五帝纪》:(帝舜有虞氏)二十五年,**息慎氏来朝贡弓矢**。

《国语·鲁语下》:**仲尼在陈,有隼集于陈侯之庭而死,楛矢贯之,石砮其长尺有咫。陈惠公使人以隼如仲尼之馆间之,仲尼曰:"隼之来也远矣!此肃慎之矢也。昔武王克商,通道于九夷、百蛮,使各以其方贿来贡,使无忘职业。于是,肃慎氏贡楛矢石砮,其长尺有咫。先王欲昭其主令德之致远也,以示后人使永监焉。故铭其楛曰:肃慎氏之贡矢。以分大姬,配虞胡公分封诸陈。古者分同姓以珍玉,展亲也;分异姓以远方职贡,使无忘服也,故分陈以肃慎氏之贡。君若使有司求诸故府,其可得也。"使求,得之金椟,如之。**

南朝宋人范晔《后汉书·东夷传序》:**及武王灭纣,肃慎来献石砮、矢。管、蔡畔周,乃招诱夷狄,周公征之,遂定东夷。康王之时,肃慎复至。**

这些记载表明,肃慎在周初就向周朝纳贡,周人对于肃慎的进贡也特别重视,从字里行间亦可看出周朝在建国伊始就对东北古族肃慎族系采取了极力拉拢的态度;到春秋之前,肃慎人始终与中原王朝保持着政治联系和贡属地位。[1]

在11世纪创制而得以记录并留存至今的肃慎(息慎)后裔之女真文献中,尚有关于"楛矢石砮"的若干语料:在西安碑林出土的《女真文字书》残叶中,经解读发现女真固有词(ᠰᡠᠨ)*sunχudu"楛"和汉语借词(ᠵᡠ)*ju"竹"是连缀排布在"果实门"之下的,[2]而这两种植物在彼时社会中的显著特征都是以其茎秆用于兵器制作,由此可见(ᠰᡠᠨ)*sunχudu"楛"之于(ᠨᡳᡵᡠ)*niru"矢"正如(ᡝᡵᡥᡝ)*erhe"石"之于(ᠣᡵᡤᡳ)orgi"砮(镞)",反向印证了先秦以降的汉籍对女真一

---

① 齐丹丹:《先秦时期肃慎与中原关系考论》,《边疆经济与文化》2016年第八期,第28页。

② [日]爱新觉罗·乌拉熙春:《〈女真文字书〉的复原》,西安碑林博物馆编:《碑林集刊》(第七辑),西安:陕西人民美术出版社,2001年,第203页。[日]爱新觉罗·乌拉熙春:《〈女真文字书〉的体例及其与〈女真译语〉之关系》,西安碑林博物馆编:《碑林集刊》(第八辑),西安:陕西人民美术出版社,2002年,第146页。

满洲民族的直系先祖肃慎人输往中原最负盛名贡物的真实性。

传说中黄帝正妃嫘祖，即是华夏人养蚕的肇始者。最早见诸史籍的记载，反映出周武王时通古斯人的远祖肃慎，就已入贡中原进献楛矢石砮，而其由此获得的回馈，恐怕少不了丝绸织物。由于丝绸极易朽坏而难以在考古发掘中获得，但作为世界上最早将蚕丝经济化的民族，中原汉人早在先秦时期就已向周边诸族输出蚕桑丝织品，则从东北边陲肃慎人频繁进贡楛矢石砮的历史记载中得以间接反映了。

东汉人班固《汉书·匈奴传》：〔孝文前六年（前174）〕**使者言单于自将并国有功，甚苦兵事。服绣袷绮衣、长襦、锦袍各一，比疏一，黄金饬具带一，黄金犀毗一，绣十匹，锦二十匹，赤绨、绿缯各四十匹，使中大夫意、谒者令肩遗单于。**

又《汉书·西域传》：（大秦）**常利得中国嫌丝，解以为胡绫缉纹……其王常欲通使于汉，而安息欲以汉缯彩与之交市，故遮阂不得自达。**

可见在汉代中原地区的丝织品外销范围就很广泛了，既有朝廷出面互市或互赠的，也有商人承揽贩运的；而官方通过互市互赠向异域输出丝织品，自然有利于发展中原汉人和周边部族、以及中国与外国之间的民族交融关系，①而异国异族借此对中原王朝的最显著印象，无疑会将独具特色的大宗商品兼文明象征——丝绸，同中原王朝的都城紧密联系。而这种文明象征物的跨民族交流，自然也非一蹴而就的，故而更早的东北亚肃慎同中原华夏之间，也应当存在着楛矢石砮和绫罗绸缎之间的互动。

中国是丝绸的故乡，以丝绸之路为主干的古代内陆欧亚交通网络将中国视为东方起点，长安和洛阳都是有作为其标志的意义。丝绸之路的起点城市当然是在中原地区，然而并非恒定不变的，随着政治形势的变更而发生动态的变化：洛阳与丝绸之路的渊源，或可追溯到更早的周代，《诗经·卫风》：氓之蚩蚩，抱布贸丝。春秋时代的卫国位于今河南省北部与河北省南部交汇处，比较周室所居的洛邑虽不算远却也相对偏僻，尚有频繁的民间丝绸交易活动，可知彼时的都城洛邑丝绸织物贸易定当更加兴盛。而丝绸之路的正式开通，则起始于西汉武帝时代的长安；曾以洛阳为首都的东周、东汉、曹魏诸朝代相沿

---

① 李海菊：《汉代蚕桑业初探》，《宝鸡师院学报》（哲学社会科学版）1991年第四期，第102页。

不绝,洛阳自然成为这一时期丝绸之路的东方起点。[①] 永嘉之乱(311)使得陷入混战状态的中国北方中心都市洛阳、邺城等被洗劫一空,而在前凉、后凉、北凉诸政权荫庇之下河西姑臧(今甘肃武威)局势较为安定,从丝路贸易网络中获得了大量经济利益,使边陲小城姑臧迅速成为中国当时北方最为富庶的城市之一;直到北魏灭北凉(439),才在实际上基本摧毁了姑臧的丝路东段贸易中心地位,转而以其首都平城代之;北魏后期的迁都行为(494),直接导致洛阳又迅速恢复了丝路东段起点城市的枢纽地位。[②] 隋唐时以洛阳和长安为东、西两都,特别是武周时期为了削弱长安的李唐宗室势力,转而更加凸显东都洛阳的政治、经济、文化辐射力。[③] 历经漫长了千年轮回,中间虽然略有中断,但洛阳和长安在不同的历史时期,由于都城位置的反复倚重,从而交替成为丝绸之路的东端都市。

《居延汉简释文》卷三简文:**河内廿两帛八匹三尺四寸大半寸,二千九百七十八。**

南朝宋人范晔《后汉书·质帝纪》:〔本初元年(146)九月朱穆奏章〕**河内一郡尝调缣、素、绮、缎八万余匹,今乃十五万匹,官无见钱,皆出于民。**

又《后汉书·董卓传》:(郿)**坞中珍藏有金二三万斤,银八九万斤,锦绮缯縠纨素奇玩,积如丘山。**

东汉人许慎《说文解字·卷七:帛部》:**锦,襄邑织文;从帛金声,居饮切,文二。**清人段玉裁《說文解字注》:**(锦)襄邑织文也。汉地理志、郡国志陈留郡属县有襄邑,今河南归德府睢州治即故县地。地理志云:县有服官。李善引陈留记云:襄邑涣水出其南,睢水经其北。传云:睢涣之闲出文章,故其黼黻絺绣,日月华虫,以奉宗庙御服焉。司马彪舆服志云:襄邑岁献织成虎文。按许以汉法释古,谓若今之襄邑织文即经典之锦文也。毛传:贝、逗锦文也。禹贡:厥匪织贝。郑注云:贝、锦名也;凡为织者,先染其丝,乃织之,则成文矣。礼记云:士不衣织。从帛,金声;居饮切,七部。**

晋人左思《三都赋·魏都赋》:**锦绣襄邑,罗绮朝歌,绵纩房子,缣总清河。**

唐人马总《意林》引《范子计然书》:**锦,大丈出陈留。**

① 张杰、张清俐:《丝绸之路的洛阳印记》;《中国社会科学报》2016 年 11 月 11 日。
② 张爽:《从平城到洛阳:北魏丝绸贸易与佛教兴盛关系略论》;《四川师范大学学报》(社会科学版)2017 年第三期,第 143—144 页。
③ 张杰、张清俐:《丝绸之路的洛阳印记》,《中国社会科学报》2016 年 11 月 11 日。

　　无论官方记载还是民间记录都表明,以河内(今河南焦作、济源全境和新乡、安阳西部)、陈留(今河南开封)、襄邑(今河南商丘睢县)为代表的关东洛阳附近地区彼时已然外销大量丝织品,那么当时关东洛阳及周围地区蚕桑业和丝织业在全国也必然处于独占鳌头的地位;基于此,为了加强对丝织业的管理,东汉政府特在少府下设织室承,专门管理洛阳及外界的丝织作坊。①

　　从历史文献记载来看,洛阳在丝绸之路上发挥重要作用,应该是在东汉时期,由于班超平定西域,丝绸之路得以畅通,作为东汉王朝政治、经济、文化和交通中心的洛阳,无疑就会在中原与西域的经贸文化交流中发挥龙头作用,②而其中自都城洛阳输出的丝绸及其衍生产品,给异域商人留下深刻印象,也就是顺理成章的事情了。

　　该"丝"字借入伊朗语中并向毗邻的闪语扩散时,③同样体现的是前述通古斯语中的表现模式:

表四　伊朗语"丝"词根向梵语和闪语的扩散

梵文:(सरग)Saraga←粟特文:(srγ)sarγ〜saraγ→古叙利亚文:(ܣܪܓ)Sarag
∧　　　　　　　　　　　　∧
(srgyn)saragēn"丝织的"<中古波斯文:(srg)sarag"丝"→阿拉伯文:(سرق)saraq
　　　　　　　　　　　　∨
波斯文:(سره)sare　塔吉克语:(шохū)šohī

　　上表中粟特文形式 srγ 有时也写作 srg,但却并非有的学者所持的音近义迥之西域古国名"疏勒";④事实上,"疏勒**sra-[r]ˤək(白一平—沙加尔构拟上古音)>*ʃɨʌ(H)-lək˥(切韵音系转写中古音)"通常比定为藏文形式(শুলিগ)Su-lig,⑤

---

① 赵楠:《略论洛阳作为丝绸之路的东端起点》;《内蒙古师范大学学报》(哲学社会科学版)2016 年第二期,第 64 页。

② 张杰、张清俐:《丝绸之路的洛阳印记》,《中国社会科学报》2016 年 11 月 11 日。

③ Desmond Durkin-Meisterernst:*A Dictionary of Manichaean Middle Persian and Parthian*,Turnhout:Brepols,2004:p. 309. Badrālzamān Gharīb:*Sogdian Dictionary*:Sogdian-Persian-English,Tehran:Farhangan Publications,1995:p. 361.

④ 龚方震:《唐代大秦景教碑古叙利亚文字考释》,第 13 页。

⑤ Pavel Lurje:*Encyclopaedia Iranica*:Vol. XVI,Fasc. 1,2009,Encyclopædia Iranica Foundation:pp. 48 - 50. Website:〈http://www.iranicaonline.org/articles/kashgar-kasgar-town-in-xinjiang〉(2019.04.14.)

可能是对喀什噶尔之梵文城名（श्रीक्रीराति）Śrīkrīrāti“幸得款待”的转写，[①]同粟特文所代表的音韵形式差异较大，而两个术语各自的指称对象也迥乎不同。

需要注意的是，从中古波斯语开始，这里的 sarag 一词既可以指称具体实物的丝绸，也可以指称与丝织品有关的地名“丝之城”——中古波斯语的这一表达自然延及彼时作为丝绸之路贸易主力之粟特民族所操的粟特语。从而，自西方东传中原的景教僧侣，在其经堂使用的古叙利亚语中，从粟特语直接借来该词（ܣܪܓ）Sarag，用以指称唐帝国繁华如锦的东都洛阳，就显得水到渠成了。

前文述及希腊语的丝之语汇及其拉丁语一系词汇孳生，这里再来审视拉丁语丝绸术语借入日耳曼语、再藉由日耳曼语分别借入东、西两支斯拉夫语的情形：[②]

表五　拉丁语“丝”词根向日耳曼语和斯拉夫语的扩散

塞尔维亚语：свила～克罗地亚语：svila～斯洛文尼亚语：svila
∧
原始斯拉夫语：* sъvila＞马其顿语：свила～保加利亚语：свила〔旧词〕
↑
古英语：sioloc～seoloc～seolc＞中古英语：silk～syl～selk～selc＞英语：silk
↑
拉丁文：sēricum“丝绸”→立陶宛语：zilkaĩ〔旧词〕＞萨莫吉希亚语：sèlks
↓
古诺斯语：silki＞冰岛语：silki～法罗语：silki＞丹麦语：silke～挪威语：silke～瑞典语：silke
↓
古教会斯拉夫文：(шьлкъ)šĭlkŭ→立陶宛语：šilkas　　　　　　　　　　　芬兰语：silkki
∨
俄语：(шёлк)šolk＞白俄罗斯语：(шоўк)šoŭk～乌克兰语：(шовк)šovk

不言而喻，这里包含了英语“丝绸”一词的来龙去脉。同时我们亦可看出，

① John E. Hill：“Section 21-The Kingdom of Shule 疏勒（Kashgar）”，A Translation of the Chronicle on the 'Western Regions' from the *Hou Hanshu*：Based on a report by General Ban Yong to Emperor An（107－125 CE）near the end of his reign，with a few later additions，Compiled by Fan Ye（398－446 CE），2011. Website：〈https://depts. washington. edu/silkroad/texts/hhshu/notes21. html〉（2019. 04. 14.）

② Макс Фасмер：*Этимологический словарь русского языка*：Пер. с О. Н. Трубачёвым，Москва：Прогресс，1964－1973，п. Ⅳ · 423－424.

英伦三岛对丝绸的早期输入,跟北欧斯堪的纳维亚半岛走的路子大相径庭,尽管这两个地方的世居民族,从族源关系上讲却是十分密切的。而东斯拉夫语中首音节内元音的圆唇化,却是受古教会斯拉夫文词尾圆唇元音逆行影响的结果,南斯拉夫语显然与之迥乎不同而另成一系。

基于在欧亚大陆展开如此广阔的多语言背景,我们看到了《大秦景教流行中国碑》所记古叙利亚文"洛阳"城名同中国最早向外输出的文明象征物——丝绸之间,存在着密不可分的内在联系,这种有机联系更进一步佐证了以丝绸之路为脉络串联东西方文化历久弥新的显著效果。

An Etymological Approach to Sarag, Luoyang's Inner Eurasian Appellation

John Tang

Abstract: The Xi'an Stele of Nestorianism, sculptured in the reign of Emperor Dezong of Tang, holds the majority of Chinese characters together with a certain Old Syriac parallels. As for Sarag, Luoyang's appellation in some Inner Eurasian languages, there are various speculations on its etymology. The present paper leads to "(city) of silk" as the etymological assignment of Sarag based on the latest reconstruction of Archaic Chinese as well as such Indo-Iranian data as Sanskrit, Middle Persian, Sogdian, etc. ; furthermore, such a city name widespread in Inner Eurasia originated ultimately from the Archaic Chinese pronunciation of Chinese character 絲. Accordingly, Luoyang the flourishing eastern capital of Middle Dynasties had been regarded as the beginning of the Silk Road from the perspective of westward ethnic groups, as is built up on the effective combination between phonological transcriptions and historical-archeological studies. Meanwhile, the plentiful terms of silk stemming from the Archaic Chinese pronunciation of 絲 restored in many Inner Eurasian languages would reflect that the Chinese culture, as representative of silk, has a long-time and deep-hit odyssey westwards.

Keywords: Sarag (Luoyang); Iranian etymology; Archaic Chinese reconstruction of 絲; terms for silk

作者简介: 唐均,西南交通大学外国语学院教授。

18 世纪阿勒颇城市居民的
高死亡率与公共医疗卫生

王　霏

摘　要：18 世纪是世界经济大变革的时期，而阿勒颇城市居民的死亡率却极高，各种流行病、瘟疫频发。城市虽然形成了公共环境卫生体系，但仍有缺陷。在宗教职能萎缩、且阿勒颇经济出现了现代工商业因素的同时，作为城市社会保障重要部分的城市医疗卫生设施却没有根本改观，政府相关部门对医疗药品、公共健康缺乏关注。城市缺乏健康管理系统，医疗条件差、水平低，理念落后，且带有宗教迷信色彩。人们对死亡和健康的认识不足，在一些宗教观念的影响下，阿勒颇城市居民甚至仍会依赖巫术进行治疗。这些从一个侧面反映了阿勒颇在当时没有开始真正的现代化进程。

关键词：阿勒颇　死亡　医疗　健康

叙利亚第二大城市阿勒颇是世界上最古老的城市之一，[①]1516 年起开始受奥斯曼土耳其统治。18 世纪，奥斯曼帝国的衰落和西方大国势力对奥斯曼行省的渗透对作为中东交通枢纽、商业和学术中心的阿勒颇城市的发展产生了深远影响，阿勒颇开始了缓慢的现代化进程。而与此同时，阿勒颇城市居民的健康状况却比以前更差，死亡率极高，城市医疗设施落后，居民普遍没有现

---

① 阿勒颇位于地中海北距叙利亚海滨约 110 千米的地方，早在公元前 3000 年左右，塞姆人的一支阿摩利人就在这里建立了亚姆哈德王国。公元 637 年，阿勒颇被阿拉伯人征服，在经历了十字军东侵的浩劫后，于 1261—1516 年间处于马木鲁克的统治之下。

代科学的卫生健康观念。这从一个侧面反映了阿勒颇城市并没有走向真正的现代化。本文试图通过对18世纪阿勒颇城市居民的健康与医疗状况的论述来审视这一时期阿勒颇的现代化程度。阿勒颇长久以来一直以一个没有受到现代化侵蚀的古城形象示人,2011年以来因为叙利亚危机而遭到严重摧毁,其居民的健康甚至生命受到威胁。在这样的背景下,本研究不仅具有学术价值,也有较强的现实意义。

一、城市居民的高死亡率

18世纪是世界经济大变革的时期,也是奥斯曼帝国权力与威信急速下降、地方分离与割据不断加强的时期。虽然此时阿勒颇城市继续保持繁荣发展,经济出现了现代工商业因素,但城市居民的健康状况却比以前更差,死亡率极高。阿拉伯人的一句古谚语"死亡离人比面纱离眼更近"用夸张的语言描绘出了中东自古以来的高死亡率,而此时阿勒颇城市居民的寿命几乎验证了这句话。高死亡率的阴影伴随着整个18世纪的阿勒颇,居民的平均寿命最好的时期也不足40岁,基本是同时期欧洲最差时期的平均寿命。①18世纪末,叙利亚(指包括今天叙利亚、黎巴嫩、伊拉克、巴勒斯坦、以色列、约旦等国在内的"大叙利亚")人口大约只有150万人。到了19世纪中叶,大马士革人口约15万,而阿勒颇只有7.7万了。② 18世纪初,阿勒颇和幼发拉底河之间的平原地区还是很肥沃的农田,但到了18世纪中叶已经变为无人居住的沙漠。③

在18世纪的阿勒颇,各种流行病、瘟疫频发,给城市居民的生命造成严重威胁。这些流行病主要有:(1)痢疾。痢疾是当时一种常见的传染病,尤其高发于饥荒年间,且儿童的患病率较高。它主要表现为发烧、腹泻、呕吐等,死亡率极高。(2)天花、麻疹等。天花、麻疹在当时几乎每几年就会爆发一回,儿童患病率高,主要症状是高烧、咳嗽等,且并发症多、传染性强、死亡率极高。患者即便幸存下来也经常会因浑身留下疤痕而变得丑陋不堪。与此相似,当时几乎每个城市居民的身上都留下了被称为"阿勒颇疖子"的疮疤,这是一种由

① Abraham Marcus, *The Middle East on the Eve of Modernity*:*Aleppo in the Eighteenth Century*, Columbia University Press, 1989, p. 254.

② [美]菲利浦·希提:《阿拉伯通史(下)》(第十版),马坚译,北京:新世界出版社,第665页。

③ Alfred Bonné, *The Economic Development of the Near East*, New York, 1945, p. 10.

蚊蝇叮咬传播的常见传染病。(3)瘟疫尤其是腹股沟腺炎瘟疫及鼠疫。14 世纪欧洲的黑死病爆发后传播到了中东的边缘地带并形成地方性瘟疫。18 世纪,阿勒颇遭受了 8 次瘟疫(1706—1707 年、1718—1719 年、1729 年、1733 年、1742—1744 年、1760—1762 年、1786—1787 年及 1793 年)。19 世纪的前 30 年又爆发了 4 次瘟疫(1802 年、1807 年、1814—1815 年及 1827 年)。与 16 世纪爆发 4 次瘟疫和 17 世纪爆发 5 次瘟疫相比较,18 世纪阿勒颇爆发瘟疫的频率明显上升。瘟疫是毁灭性的,每一次都意味着数万人的死亡。据记载,1719 年和 1762 年的瘟疫各导致约 12 万人死亡,1733 年瘟疫导致 4—5 万人死亡,1787 年瘟疫导致约 3.42 万人死亡。[①] 瘟疫不仅患病者死亡率高,还会给幸存者留下长期的心理阴影和痛苦记忆。

除了传染病,当时各种慢性疾病也长期折磨着阿勒颇城市居民。这些慢性病有先天性缺陷、眼疾、牙疼和脱牙、由于频繁的骨折和脱臼而导致的畸形、被忽略的伤口和坏疽导致的截肢、肾和膀胱结石、癣、疹子及其他皮肤病、肠道蠕虫、癫痫、性病、心律不齐,等等。此外,由于缺乏关于生育的常识,18 世纪阿勒颇的产妇和婴儿经常在分娩过程中或者产后引起的并发症中死亡。当时,阿勒颇很多女性早婚并在青春期生产,这大大增加了产妇的危险,其中犹太女性最为突出。由于犹太人注重家庭和血脉延续,常常比当地穆斯林和基督教徒结婚更早,这导致他们的婴儿、产妇死亡率更高。[②] 而且,由于早婚、没有节育观念和医疗卫生条件差,阿勒颇乃至整个中东地区城市妇女的流产率也相当高,这种现象一直持续到 20 世纪中叶。[③]

虽然人们通过各种措施捍卫生命,但各种各样的慢性病、流行病甚至瘟疫仍使大量人口死于婴儿期、童年期及成年早期,大多数阿拉伯人活不到老年。虽然有个别特殊情况,且不同社会阶层的人因为生活质量的不同而健康状况存在差别,但总的来说,生活条件好的甚至享有特权的人也不能避免高死亡率。例如,阿勒颇著名的医生易卜拉欣·哈基姆(Ibrahim al-Hakim,

---

① Michael W. Dols,"The Second Plague Pandemic and Its Recurrences in the Middle East:1347 - 1894", *Journal of the Economic and Social History of the Orient* (1979),22:162 - 189, pp. 176, 183.

② Alexander Russell, *The Natural History of Aleppo*, 2ed, London, 1794, p. 83.

③ [英]阿加莎·克里斯蒂:《说吧,叙利亚》,何㼆和译,上海:上海文艺出版社,2016 年,第 110 页。

死于 1785 年左右）便目睹了他的四个儿子在年幼时死于他不能治疗的疾病。[①]

二、城市居民高死亡率的原因

18 世纪阿勒颇城市居民死亡率高主要有以下原因：

首先，食物短缺使低收入的城市居民营养不良，缺乏免疫力。阿勒颇城市居民的主要食品有谷物、豆类、蔬菜、奶制品、肉类、水果及坚果，这些搭配起来可以满足人们基本的营养需求。但是，绝大多数低收入的城市居民不仅无法长期负担这样的平衡饮食，还经常因买不起高价食品而食不果腹。更糟糕的是，下层城市居民工作劳动强度过大，几乎没有假期，且大多是露天作业，这使其身体损耗严重，而吃不饱加重了他们的身体负担，这些穷人营养不良、免疫力低下，很容易被疾病、瘟疫击垮。此外，在没有冷藏的条件下，有时穷人不得不食用变质的食物，这进一步增加了人们患病甚至死亡的危险。

其次，个人卫生条件较差，增加了城市居民患病的风险。18 世纪的阿勒颇人口密集，"背靠背"的住宅比比皆是。下层城市居民往往一大家子居住在狭小的房子里，家中卫生条件极差，有许多老鼠、苍蝇、跳蚤等易传播疾病的生物，尤其是厕所的卫生环境在炎热的夏天里极为致命。尽管穆斯林、犹太人的宗教信仰中都强调个人卫生，人们习惯去公共浴室洗澡、按摩及理发，但是，大多数人尤其是儿童仅一周或两周去公共浴室洗一次澡，其余时间都在自己家中充满虫、蝇的厕所中冲洗。而即便在公共浴室中，由于大都是一群人共用浴池沐浴，且不是用干净的水冲洗，这就极易导致疾病尤其是皮肤病的传播。

再次，对疾病、死亡持迷信的态度。阿勒颇当时居住着穆斯林、犹太人、亚美尼亚人（信仰基督教）等多个宗教、族群团体。他们对待疾病、死亡的观念与行为虽然不一致，但都带有宗教迷信色彩。当时，不管是伊斯兰教、犹太教还是基督教都教育信众将生死看作是神的安排，这导致很多人在得病后不及时医治而死亡。在黑死病的余波中，穆斯林学者表示，疾病是福音还是苦难是由安拉而不是传染病决定的。这样的宣传使市场继续正常运营、人们正常外出，结果没能阻止疾病的传播。在 1762 年的瘟疫期间，伊斯兰大法官发布了一个

[①] Abraham Marcus, *The Middle East on the Eve of Modernity：Aleppo in the Eighteenth Century*, Columbia University Press, 1989, p. 254.

命令,让全体穆斯林在公共礼拜之前将《古兰经》中的部分章节唱九次,相信这对抵御瘟疫有特殊的作用。[①] 这种带有迷信色彩的宗教行为无疑是对疾病及死亡的误解,加重了人们的死亡率。

最后,公共医疗卫生落后。在阿勒颇经济出现了现代工商业因素、宗教职能正逐渐萎缩的同时,作为城市社会保障重要部分的城市医疗卫生设施却没有根本改观,政府相关部门对医疗药品、公共健康缺乏关注。这是导致阿勒颇城市居民高死亡率的最重要原因,本文将在第三部分详细论述。

除了上述有关城市居民健康的因素外,城市布局与设施、政治动荡及战争等也导致大量城市居民死亡。18世纪的阿勒颇城市呈长方形,东西长、南北略窄,东西、南北的距离均约在1.5—3千米之间,城市建筑区面积仅有约3.65平方千米。阿勒颇城市分内城、外城,内城以商贸中心为主,外城以居民区为主,但总的来说,城市居住区按照居民宗教信仰与族群分为大大小小的米莱特,各米莱特社区实行自治。居住区内设有巴扎(市场),街道狭小,城市居民居住得相当拥挤。[②] 由于城市居住环境问题,每年都有许多意外死亡事故发生,如人在井中或河中溺水而亡,从屋顶窗外跌落而亡,坠马或因马、驴踩踏、踢踹而亡,由于木炭的烟窒息而亡,等等。18世纪是奥斯曼帝国权力急速下降、地方暴乱频发的时期。当时阿勒颇社区是城市居民进行集体防卫的基本单位。在18世纪后期的政治动荡和反抗活动中,居民在各自社区内建立了街垒,为当地的防务捐赠了武装设备和资金,并主动巡逻,承担战争责任,居民甚至儿童也参与到与其他居住区的斗争中(尤其是争夺水资源的斗争)。[③] 在这些周期性的暴力事件、小型战争中,大量城市居民成为牺牲品。

此外,由于政局动荡,被判死刑也是常见的死亡方式,但值得注意的是,很少会有人自杀,因为不管是伊斯兰教、犹太教还是基督教都不允许自杀,这样做会受到社会的谴责。18世纪的阿勒颇并没有太多严重的自然灾害,严重水灾、火灾非常罕见,且很少导致死亡。地震算当时阿勒颇遭遇的比较重大的自

① Patrick Russell, "An Account of the Late Earthquakes in Syria", Philosophical Transactions of the Royal Society of London(1759 - 1760), 51; 529 - 534. —— A Treatise of the Plague, London, 1791,转引自 Abraham Marcus, The Middle East on the Eve of Modernity: Aleppo in the Eighteenth Century, Columbia University Press, 1989, p. 260.

② 详见王霏:《试论18世纪阿勒颇城市的布局、社区生活及内部认同》,《山西档案》2016年第1期,第185页。

③ Ira Marvin Lapidus, Muslim Cities in the Later Middle Ages, Cambridge, Mass. , 1967, p. 198.

然灾害,但也仅在 1723 年的地震中有人员死亡。① 真正毁灭性的地震则发生在 1822 年,它使阿勒颇受到了大规模毁坏,数以千计城市居民在地震中死亡。

三、阿勒颇的公共医疗卫生

从 7 世纪伊斯兰教创立开始,阿拉伯人就已经掌握了关于健康、卫生、食物安全等一系列公共健康及医疗卫生的知识。然而到了 18 世纪,阿勒颇关于医疗、健康的基本理念并没有显著进展。总的来说,这一时期阿勒颇公共医疗卫生呈以下特点:

首先,形成了公共环境卫生体系,但仍有缺陷。18 世纪,阿勒颇住宅区一般位于工业污染区之外,几乎所有会产生有毒物质的工厂例如石灰厂、制革厂以及屠宰厂等,都从人口密集区移到了边远的地区,浴室被指定在城市的特殊区域,以便于进行废物排放。更令人吃惊的是,阿勒颇城市居民已经拥有收集、再次利用垃圾的意识。家中和街道上的垃圾被公共浴室所有者雇人收集起来,挑选其中可以用作燃料的垃圾,例如树枝、粪便等。这样的意识使位居叙利亚的阿勒颇比同时期土耳其直接管辖的一些城市更干净。

与此同时,阿勒颇的卫生问题也很明显。由于城市人口密度太大,城市居民区特别是穷人居住区十分拥挤且居住环境差,增加了流行病的传播速度。城市严重缺水,导致无法满足城市居民尤其是穷人的基本生活用水,且水质存在安全隐患。阿勒颇的城市用水来自江河水及几公里外的城市北部的泉水,运河和地下管道系统将这些水分配为泉水、公共机构用水及家用水。虽然政府每年都会清洗管道中的淤泥和污垢,但基本没有消毒与净化程序,这使水质影响到城市居民的健康。约 1740 年,政府在"顶级医生和水质专家"鉴定出海伦娜泉(Helena Springs)是导致人们患病、发烧的原因后,下令将其封闭。② 此外,一些不卫生的实践也污染了城市水资源。例如,阿勒颇的技师迷信上让马在导水管上施粪可以提高水压,直到浴室经营者抱怨无效才终止这种作法。

其次,缺乏公共健康管理。阿勒颇公共健康的管理范围极为有限。(1)公共医疗投资极少,缺乏对疾病的科学研究。阿勒颇城市居民对健康与疾病的

---

① Abraham Marcus, *The Middle East on the Eve of Modernity*：*Aleppo in the Eighteenth Century*, Columbia University Press, 1989, p. 255.

② Ibid. , p. 263.

理解基本都不太科学,甚至医生面对常见疾病时也是困惑不解的。(2)政府没有承担城市健康条件的日常监督。阿勒颇城市甚至没有设置致力于公共健康事务的官员,相关官员最多只是听取一下民众对公共健康的抱怨而已。而且,当局通过的一些法令看似与公共健康有关其实完全不是出于此目的。例如,政府颁布禁止穆斯林消费酒的法令是因为伊斯兰法律禁止信徒饮酒而不是出于健康的考虑。(3)医疗护理是由私人而非公共机构组织起来的。18世纪的阿勒颇几乎不存在制度上的医疗护理,当地基本没有公立医院。给当地人看病的医生多为私人诊所中的基督徒及犹太人出身的医生。很多阿拉伯赤脚医生都是没有经过正式医学培训的业余医生。(4)由于缺乏对市场的监管,城市的食品安全也具有一定隐患。当时城市居民的饭食大多是从市场购买回原料自己烹饪而成。而有些食品生产者会通过减少昂贵的原料或用其他原料代替去欺骗消费者,政府的放任加重了这种现象。例如在18世纪中叶,在饮料中掺假是被政府允许的,卖饮料的商人减少调味品和糖的用量,并将面粉混合在饮料中;在面粉短缺的时候,面包师普遍冒险去用各种不健康的原料代替昂贵的面粉。这些欺骗消费者的行为通常不会给人的健康造成过多影响,但也有例外。1787年,掺假的面包致使阿勒颇3人死亡多人得病,当局不得不逮捕了面包师。①

再次,医疗条件差、水平低,理念落后,且带有宗教迷信色彩。(1)政府用在医疗卫生设施上的经费非常有限,私人的慈善家为公共设施捐助的资金用在医院建设上的钱极少,致使阿勒颇医疗条件很差。整个18世纪,阿勒颇没有建立新的医院,也没有太多关于慈善家对现存医院的捐助的记录。由于政府没有发放对医疗的公共补贴和健康保险救济金之类,城市居民大多需要自己支付医疗和药品费用,只有一些犹太人社区拿出其成员缴纳的部分税款设立了医疗特殊基金,来补贴穷人的医疗费。对于低收入的城市居民来说,日常医疗费已给家庭造成沉重负担,更不要说重大疾病的治疗了。(2)医疗水平低。18世纪阿勒颇城市中的医生仍然使用有限的古代阿拉伯医学知识,遇到许多疾病都无法诊治,经常只能缓解病痛。当地的药品基本是由香草和粉末混合而成,常常对常见病也没有疗效。外科医生经常要在没有麻醉剂和抗生

---

① Abraham Marcus, *The Middle East on the Eve of Modernity*:*Aleppo in the Eighteenth Century*, Columbia University Press, 1989, p. 263.

素的情况下动手术,风险极大,他们往往因害怕病人发生意外而不敢手术。(3)医疗理念受宗教观念等因素影响。当时伊斯兰教禁止验尸,因而医生缺乏对人体解剖学方面的知识。而几乎所有人都相信神灵的存在,希望神灵庇佑他们远离疾病,很多人尤其是底层人较之医学,更相信巫术对疾病的治愈作用。每年4月有三天,一些人会聚集在城市郊区的花园中,相信这样会使他们这一年不头痛。一些下层的妇女在六月的三个周六会在阿里喷泉(Ali Bey)中洗漱以防止这一年患病。① 犹太人生了病除了看医生外,经常还会请拉比在病床边祈祷来驱赶邪恶力量。即便是当时以博学著称的杰出学者穆拉迪(al-Muradi)也劝告人们不要吃酸苹果、醋及豆类,认为它们会导致记忆力的衰退,还表示阅读墓碑上的题词会导致健忘,而认为吸烟对某些眼病有治疗作用。②

综上所述,18世纪阿勒颇城市居民的死亡率极高。在阿勒颇经济出现了现代工商业因素、宗教职能萎缩的同时,作为城市社会保障重要部分的城市医疗卫生设施却没有根本改观,政府相关部门对医疗药品、公共健康缺乏关注。在一些宗教观念的影响下,阿勒颇城市居民对死亡和健康的认识不足,甚至仍会依赖巫术进行治疗。这从一个侧面反映了阿勒颇此时没有走向真正的现代化。

High Death Rates and Public Health Care among Urban Residents of Aleppo in the 18th Century

Wang Fei

Abstract：The 18th century was a period of great changes in the world economy，but the death rate of the urban residents of Aleppo was extremely high，and various epidemic diseases and plagues occurred frequently. Although the city had formed the public environment health system，but still had the flaw. While the religious function was shrinking and modern industrial and commercial factors appeared in the economy of Aleppo，the urban medical and health facilities，as an important part of the urban social

---

① Abraham Marcus，*The Middle East on the Eve of Modernity*：*Aleppo in the Eighteenth Century*，Columbia University Press，1989，p. 267.

② Ibid. ，p. 268.

security, had not been fundamentally improved, and the relevant government departments had paid little attention to medical drugs and public health. The city lacked the health management system, the medical condition was poor, the level was low, the idea was backward, and had the religious superstition color. Awareness of death and health was low, and some religious beliefs had led city dwellers in Aleppo to rely on witchcraft for healing. All this shows that Aleppo did not start the real modernization process at that time.

Keywords：Aleppo；death；medical treatment；health

作者简介：王霏，山西师范大学历史与旅游文化学院副教授；本文系 2018 年度社科基金重大项目"丝绸之路城市史研究（多卷本）"（项目批准号：18ZDA213)的阶段性成果。

中东城市治理史学的研究与反思

车效梅   桑敬鹏

摘　要：在对中东城市治理研究历史回顾的基础上，从城市治理与市政府组织关系、城市治理与非政府组织、公民社会的关系、城市治理实证研究等方面梳理 20 世纪 80 年代以来中东城市治理研究的进展。这些成果既有基于治理理论多元主体的研究，也有治理理论指导下的实证研究；有对多元主体的定位、作用与局限卓有成效的研究成果，也有轻理论重实证且碎片化的明显缺憾。因此，建构城市治理模式和治理体系是未来研究的重中之重。

关键词：中东　城市化　城市治理史学　研究　反思

20 世纪 70 年代末 80 年代初，随着治理理论的兴起，针对中东城市治理问题的研究越来越受到学界的重视。20 世纪 80 年代至今已有大量的研究成果，这些成果既有基于治理理论多元主体的研究，也有治理理论指导下的实证研究。本文将尝试对其进行梳理与评述。

1989 年，梅婷·哈帕在其著作《大伊斯坦布尔行政管理中的本地治理》[①]中对"治理"理念的提出开启了学术界对中东城市治理研究的先河，其对分权体制的探讨直接揭示出城市治理的核心问题，即实现城市真正而有效的民主和自治。

---

① Metin Heper, *Local Government in Turkey-Governing Greater Istanbul*, London：Routledge, 1989.

关于城市治理中市政府组织的研究

城市治理理论产生于英美。西方社会内部孕育的自治传统，使得市民社会较为发达。以美国为例，联邦制下地方政府被赋予较大的权力，联邦政府不干涉地方事务。自独立战争以来，社会对政府持怀惧心理，这使城市社会中孕育了较为成熟的非政府组织。中东城市具有独特的舆情，如中央权力较大，非政府组织不发达等。如何根据国情，选择适合的城市治理模式，是摆在中东城市面前的首要问题。在威权传统较强的中东，虽然城市治理理论主张城市治理的主体不单局限于政府，但政府在治理的过程中始终扮演着重要的角色。更为重要的是其他非政府组织、盈利组织、非盈利机构以及每个公民要想在城市治理中发挥作用，其根本在于政府的分权与吸纳，否则治理依然只是裹挟着管理的空壳，无法发挥实质作用。因此，城市治理理论一出现，研究中东城市的学者们便从政府组织入手，探讨其在城市治理过程中的角色转变，因为这是实现城市治理的根本保证。

20世纪80年代学术界研究多着眼于城市规划的科学性与市政的自主性。1987年阿卜杜勒阿齐兹·萨卡弗在其著作《中东城市的古代传统面对现代世界》中强调"城市发展应基于长远的规划，政府、团体和个人应该摆脱旧有的管理模式。在管理城市环境方面，要达到被芝加哥学派的社会学家称为'人类生态学'所要求的责任。任何时候，城市规划者都应着眼于未来，城市化的需求不是过去已经存在的"。①

1989年，梅婷·哈帕在《大伊斯坦布尔行政管理中的本地治理》中指出"三〇三〇法案"之目的是"建立一个大城市市政结构，使大城市通过有计划的、程序的、有效的和协调的方式执行城市服务职能"。② 其创立大众选举地方市长的制度，在一定程度上改善了大城市市政府的收入状况之外，民众参与选举地方市长，也为分配权力和职责开辟了新的发展前景。③ 作者也看到中央政府与市政府责权不明，大市政府与地方市政府责权不明，导致市政行为是

---

① Abdulaziz Y. Saqqaf, *The Middle East City Ancient Traditions Confront a Modern World*, New York, 1987, p. 340.
② Metin Heper, *Local Government in Turkey-Governing Greater Istanbul*, Routledge, London, 1989, p. 30.
③ Ibid., p. 34.

以一种不协调方式来执行,导致民众对地方政府不信任。① 法案一方面让地方市政府在政治上扮演一种新角色,另一方面却保持大城市市政府官僚机构角色不变,将导致改革效果大打折扣。

同年凯迪在其著作《伊斯坦布尔:在全球化与地方化之间》②指出"伊斯坦布尔成为新政治、自由、民粹主义和全球化的实践基地和象征。伊斯坦布尔不仅架起欧洲和中东城市联系的桥梁,而且成为欧洲和亚洲的中心市场"。③ 为此伊斯坦布尔要弱化国家控制与政治运动。1989 年迈克尔·博尼恩在编著的论文集《中东城市的人口、贫穷与政治》④指出:20 世纪 80 年代早期中央领导人认识到忽视市政问题的严重性,开始将大量的权力和资源转交给地方。这导致市政当局提供的服务大量增加。⑤ 尽管中央政府授予地方大量的权力和资源,但它依然表现出中央集权的特质。中央政府和都市市政当局的总体关系是:"我为你提供权力和资金,你按我为你指定的方式,代我履行确定的职能。"但是有些市长认识到市政当局不是"政治组织",它的主要职能是提供公共服务。市政当局应当专心从事自己的本职工作。⑥

20 世纪 90 年代的研究者敏锐地意识到市政财政独立的重要性,并严格区分国家行政权力与市政权力的界限。1993 年阿米拉米迪等所著的《穆斯林世界城市的发展》指出"在过去的 20 年间,中东国家政府不断加强地方政府的资源和力量,尤其是在市政和社区范围内。尽管如此,因为地方政府的资源有限,且没有权力征收新税,或保留他们所征收的主要税,他们的财政系统是赤字导向的。""民间参与城市服务的职能,包括规划、管理和提供服务等。市政当局应该鼓励和支持地方社区或团体的主动性"。⑦ 亚西尔在其著作《发展中

---

① Metin Heper, *Local Government in Turkey-Governing Greater Istanbul*, Routledge, London, 1989, p. 12.

② Çaglar Keyder, *Istanbul*, *Between the Global and the Local*, Lanham Boulder, NewYork, Oxford, 1999.

③ Çaglar Keyder, *Istanbul*, *Between the Global and the Local*, p. 126.

④ Michael E. Bonine, *Population*, *Poverty*, *and Politics in Middle East Cities*, Florida University Press, Florida, 1997.

⑤ Michael E. Bonine, *Population*, *Poverty*, *and Politics in Middle East Cities*, p. 42.

⑥ Ibid., p. 41.

⑦ Hooshang Amrahmadi and Salahs. EL-Shakhs, *Urban Development in the Muslim World*, the State University of New Jersey, 1993, pp. 242 - 246.

的阿拉伯城市：传统、现代性与城市发展》①谈到"新的研究议程应该重新考虑阿拉伯城市运行的问题，并重新探讨城市统治力的问题。重新考察统治权、参与权和其他地方权力的概念，并对其重新定义"。②

20世纪全球化趋势进一步发展，学者开始关注全球化对中东城市治理的影响与市政实质性的进展。尼尔·乌松的研究成果《全球化与伊斯坦布尔的城市治理》是梅婷·哈帕研究的升华，他指出：从城市管理向城市治理的转变是全球化的产物，③进而提出城市治理的三大趋势。第一，地方政治已成为发展战略的重点。第二，越来越多的地方政府参与经济发展，并且积极吸纳非政府主体，城市治理离不开各利益主体的协商合作。最后，随着地方政府政治功能的扩展，新的协商制度和新的公私伙伴关系模式需重新定义。这三大趋势将会促使新的城市治理体系的出现，以应对全球化带来的挑战。④ 作者以伊斯坦布尔的城市治理为个案进行详细阐释，认为1984年颁布"3030法案"⑤取得三大成就：增加地方政府财政资源；设置伊斯坦布尔都市政府，形成双层政府体系；市政有权实施本区域的发展规划。2004年7月颁布的第5216号法令《大都会市政法》，2005年7月颁布的第5393号法令《市政法》等一系列法令的出台，进一步促进了伊斯坦布尔的城市治理。⑥ 更为重要的是，伊斯坦布尔都市政府、经济合作与发展组织（the OECD）、国家规划机构（the State Planning Agency），以及私人部门、大学和非政府组织之间结成了比较紧密的合作伙伴关系，这对城市发展而言十分有益。⑦ 由于受到全球化的持续影响，城市治理的发展趋势越来越明显。⑧

---

① Yasser Elshehtawy, *The Evolving Arab City，Tradition Modernity and Urban Development*，Routledge，NewYork，2008.

② Ibid.，p. 34.

③ C. Nil Uzun, "Globalization and Urban Governance in Istanbul", *Journal of Housing and the Built Environment*，Vol. 22, No. 1, March 2007, p. 130.

④ Ibid.，p. 131.

⑤ 车效梅、侯志俊：《"三〇三〇"法案与伊斯坦布尔市政改革解读》，《西亚非洲》2010年第3期，第49—54页。

⑥ C. Nil Uzun, "Globalization and Urban Governance in Istanbul", *Journal of Housing and the Built Environment*，Vol. 22, No. 1, March 2007, p. 134.

⑦ Ibid.，p. 135

⑧ C. Nil Uzun, "Globalization and Urban Governance in Istanbul", *Journal of Housing and the Built Environment*，p. 136.

阿拉伯之春后,城市治理的重要性逐渐凸显。盖丽·吉洛特(Gaëlle Gillot)和让-伊夫·莫瑟罗(Jean-Yves Moisseron)在《北非国家的挑战:阿拉伯之春与城市治理》①中谈到,尽管阿拉伯之春发端于突尼斯小城西迪·布济德,但其根源在城市中。2010年12月17日,突尼斯失业青年穆罕默德·布瓦吉为了抗议城管的滥用暴力和腐败的自焚事件拉开了阿拉伯之春的序幕,随后波及北非西亚多个阿拉伯国家。其实早在2008年,经常性的示威活动已显示出城市人的不满,之所以如此,是因为城市贫富分化悬殊,城市公共服务不完善。作者一针见血地指出:在新政治力量出现的背景下,阿拉伯世界的革命将导致城市政策的重新制定。民主化进程为市民和公民参与公共事务管理提供了可能。当城市成为政治游戏的讲坛和政党竞选领地的一部分时,实现更好的城市治理是完全可能的。

关于城市治理中非政府组织、公民社会的研究

随着政府在城市治理中的分权与吸纳,城市治理的范围不断扩大。政治、经济、文化等各领域的组织和团体都参与到城市治理的进程中。非政府组织正以其广泛的涉猎范围将城市治理的路径延伸至社会生活的各个层面,城市治理不再是政府的单一行为,而是越来越深入到社会的各个领域,切实解决城市中的社会问题。

2000年,莎拉·本·奈费沙的《阿拉伯世界的非政府组织、治理与发展》是一部以非政府组织为研究对象,探讨非政府组织与治理之间关系的著作。作者认为,对欧洲国家来说,治理理念已经超越了政治研究范畴,而延伸向社会学的研究领域,这大大增加了研究的复杂性。在治理中,各行为主体无法实现绝对的平等,所以中央向地方的分权不一定意味着更民主,因为可能会通过经济手段或其他方式而产生更大的影响。② 但对于阿拉伯国家而言,治理更多的是政治问题,而非经济—社会问题。作者认为国际伊斯兰救济组织(the International Islamic Relief Organization),伊斯兰救济机构(the

---

① Gaëlle Gillot and Jean-Yves Moisseron, *The Arab Spring and Urban Governance Challenges in North African Countries*, Mediterranean Paper Series 2012, The German Marshall Fund of the United States.

② Sarah Ben Néfissa, NGOs, *Governance and Development in the Arab World*, UNESCO, 2000, p. 15.

Islamic Relief Agency)，伊斯兰救助组织(Islamic Relief)等对阿拉伯国家的社会发展并未产生真正的影响。社会团体主要从事慈善和社会工作，以教育和健康等作为核心任务。在苏丹、埃及、也门和黎巴嫩等国家中，社会团体与宗教、区域、社区甚至家庭或"部族"等联系密切，该特征在开罗和亚历山大的农村移民群体中表现得尤其明显。① 甚至一些伊斯兰领导人将慈善和社会工作视为政治活动的跳板。② 这导致非政府组织的活动范围仅限于城市，并且与本国的政治和政府机构有密切的关系。③ 作者认为伊斯兰宗教协会(Islamic religious associations)有一定的群众基础，在埃及、巴勒斯坦和黎巴嫩等地有比较活跃的表现，并且有更为民主的特质。但是他们的领导人也必须联合社会底层民众，并接受来自他们的监督。④

　　20 世纪 90 年代初，公民社会研究在中东国家逐渐兴起，一些学者尝试用"公民社会"诠释中东复杂的政治和社会问题。1992 年，萨德·埃丁·易卜拉欣在其著作《阿拉伯世界的公民社会与民主改造》，⑤1995 年在其论文《阿拉伯世界的公民社会与民主化前景》⑥中照搬西方公民社会的概念、分析模式等评判埃及公民社会，抨击政府对公民社会的压制。1998 年，阿里·R. 阿波泰勒比在论文《公民社会、民主与中东》⑦指出公民社会在中东国家一直被认为是那些目标或性质与国家相反的组织，它们的存在就是"一定程度上削弱国家的力量，增加民主化的前景"。作者强调中东国家公民社会意识在崛起。同年马苏德·卡马尔在著作《革命的伊朗——现代化进程中的公民社会与国家》⑧中从公民社会概念的基础出发，侧重于乌里玛、巴扎商人和国家之间的互动关

---

① Sarah Ben Néfissa，NGOs，*Governance and Development in the Arab World*，UNESCO，2000，p. 24.

② Sarah Ben Néfissa，NGOs，*Governance and Development in the Arab World*，p. 31

③ Ibid.，p. 23.

④ Ibid.，p. 33.

⑤ Saad Eddine Ibrahim，ed.，*Civil Society and Democratic Transformationin the Arab World*，Cairo，Ibn Khaldoun Center，1992.

⑥ Saad Eddine Ibrahim，ed.，"Civil Society and Prospects of Democratization in the Arab World"，in Norton，Augustus Richard，ed.，*Civil Society in the Middle East*，Vol. 1，E. J. Brill，NewYork，1995.

⑦ Ali R. Abootalebi，"Civil Society，Democracy，and the Middle East"，*Middle East Review of International Affairs*，Vol 2，No. 3(September 1998).

⑧ Masoud Kamali，*Revolutionary Iran Civil Society and State in the Moderniazation Process*，Ashgate，Aldershot·Brookfield，1998.

系。伊朗的宪法革命与伊斯兰革命的发生与乌里玛、巴扎商人和国家关系交恶密不可分。可见该期学者研究多集中在中东公民社会的负面影响。

进入 21 世纪以来,有关中东公民社会的研究便以多种形式展开,各种以公民社会或非政府组织为主题的学术研讨活动吸引了人们的关注。特别是 2003 年以来出版的年度研究报告《阿拉伯世界的公民社会与民主化》产生巨大影响。许多穆斯林学者认为,探讨公民社会在中东国家的发展状况与特征有重要意义。2004 年,耶斯姆·阿拉特在论文《土耳其公民社会转型:从量到质》[①]中指出"尽管土耳其有充足的公民社会环境,但是对政治生活的有效影响有限",作者进一步建议,通过更宽容的官方意识形态,军队对国家政治的更少干预等来增加土耳其公民社会对于民主化的积极影响。[②] 2006 年,西内姆·古尔贝在《土耳其公民社会与伊斯兰教》[③]提出阻碍土耳其民主化进程和公民社会发展的主要问题不是伊斯兰教,而是军人政治和"强国家弱社会"的政治体制。[④] 2007 年,E. 福阿德·凯曼和齐亚·奥尼斯在其著作《变化世界中的土耳其政治:全球动态与国内转型》[⑤]中,指出"公民社会对土耳其现代发展的民主化转变有着积极重要的影响"。20 世纪 80、90 年代公民社会概念的兴起、公民社会组织的发展都是在身份认同的政治背景下。[⑥] 而今天公民社会的作用不仅仅局限在民主范畴内对于国内身份认同问题的解决,对于土耳其加入欧盟进程也有着积极的影响。土耳其公民社会仍有局限,它依然停留在"量"的积累而非"质"的影响。

2013 年,保罗·阿尔斯和弗朗西斯科·卡瓦托塔合编的论文集《叙利亚和伊朗的公民社会》[⑦]共收录相关论文 10 篇,其中第四篇讨论商业协会和叙利亚新生权力关系,作者巴萨姆·哈达德(Bassam Haddad)认为政治阶层干预私人

---

① Yesim Arat, "The Transformation of Civil Society in Turkey: From Quantity to Quality", *Turkish Studies*, September 2004.

② Ibid.

③ Sinem Gurbey, *Civil Society and Islam in Turkey*, Columbia University Press, 2006.

④ Ibid.

⑤ E. Fuat Keyman & Ziya Onis, *Turkish Politics in a Changing World*, Istanbul Bilgi University Press, 2007.

⑥ Ibid., p. 288.

⑦ Paul Aarts and Francesco Cavatorta, *Civil Society in the Syria and Iran—Activism in Authoritarian Contexts*, London & Boulder, Colorado: Lynne Rienner Publisher, 2013.

商业协会,以阻止其独立发展。① 第九篇探讨伊朗政权与公民社会关系,作者保罗·锐万提(Paul Rivetti)认为穆罕默德·哈塔米的改革派的上台得到了公民社会组织的支持,而在穆罕默德·哈塔米担任总统期间,公民社会却成为其政权的傀儡。② 第十篇分析了威权体制下的公民社会,作者穆斯塔法·卡梅尔·赛义德(Mustapha Kamel Al-sayyid)一针见血地指出:独裁统治对公民社会有限宽容只是一个短期策略,因为公民社会不可避免地将对统治阶层构成威胁。③

　　2015 年,安德斯·C. 哈丁在《超越阿拉伯动乱:中东北非市民社会的概念化》一文中批判性地探究了以往该地区的公民社会景观是如何被概念化的,并提出了全新类型的中东和北非概念化的公民社会角色(CSAs)。④ 中东和北非概念化公民社会要么强大且反民主,要么软弱无力。然而,正如 2011 年的阿拉伯起义所证明的那样,中东北非地区的非国家行为者不能简单的以这种二分法来分类。相反,新型的公民社会角色证明它们对民主化感兴趣,而且付诸了实践。作者通过对埃及和黎巴嫩的革命运动进行了实证观察,认为广义公民社会的多样性将不可避免地导致利益冲突;政治领域想要实现根本政治变革必须建立联盟和网络。在沙特阿拉伯,王室成员直接参与公民社会;在埃及,军队和其他政治精英转向公民社会建立他们的"文化霸权";在黎巴嫩,政客与各新型公民社会角色结成联盟。简而言之,国家/精英行动者在公民社会领域与民间社会的非国家/基层行为者进行接触,接触的方式有碰撞也有合作。把公民社会对民主化的现实作用结构化,这是摆脱阿拉起义的关键出发点。⑤

城市治理实证研究

　　近年来随着城市治理理论的进一步发展,学者们对中东城市治理的研究更加深入。大多数学者以某一城市或城市的某一方面的治理为个案,挖掘其背后衍生出的新治理问题,并提出应对措施。

　　2007 年,由联合国经济和社会事务部(Department of Economic and

---

① Paul Aarts and Francesco Cavatorta, *Civil Society in the Syria and Iran—Activism in Authoritarian Contexts*, London & Boulder, Colorado: Lynne Rienner Publisher, 2013. p. 88.

② Ibid., p. 203.

③ Ibid., p. 219.

④ Anders C. Härdig, "Beyond the Arab Revolts: conceptualizing civil society in the Middle East and North Africa", *Democratization*, Vol. 22, No. 6, 2015, p. 1132.

⑤ Ibid., p. 1147.

Social Affairs)主编的《中东、北非和西巴尔干的治理改革》一书,以中东、北非和西巴尔干地区国家为案例,考察各国的治理改革措施。该书认为土耳其的治理创新围绕"地方议程执行21规划"(Implementation of Local Agenda 21,简称LA - 21)展开,是通过提升参与度和透明性的方式增进城市规划和公共服务,在保障妇女和青少年权利、①保护弱势群体②等方面采取了积极的措施,并且大力发展信息技术,不仅加强伙伴城市之间的合作,而且也保持城市政府与民众之间的沟通畅通。③ 土耳其的"地方议程执行21规划"获得了土耳其自治市的几个地方联盟和历史城市联盟的支持(Union of Historical Cities)。④ "LA - 21"指出埃及的治理改革瞄准了电信技术的发展。首先是提高电信管理层的服务质量,重新评估市场定价,调查客户需求以提高服务的满意度。⑤ 其次是完善监督环境,通过市场自由化,增加行业竞争。⑥ 作者在详尽分析了包括西亚、非洲和巴尔干的14个案例后,认为治理创新既可由外部力量启动,也可以由本国内部驱动。治理创新绝不拘泥于某一部门或行业,各级政府、团体乃至市民个人都可以参与,政府只扮演一个配角。从作者的分析来看,政治倾向(political orientation)与治理之间并无直接联系,无论何种政治体制都可以制定和实施治理创新的方案。治理创新需要政府的支持,但也非绝对。⑦ 在该书的最后,作者认为目前治理没有固定的某种模式,治理创新将仍然是分散的、孤立的个案实践,需要进一步的研究和实践,才能将其推广。⑧

2014年由开罗美国大学主编的《埃及应对贫民窟的策略》对城市治理与埃及的贫民窟问题进行考察。作者认为解决城市贫民窟问题的重要措施之一是:通过引导利益相关者对话,促成他们合力参与贫民窟的治理。作者指出:贫民窟改造工作既是一个以权利为基础、以人为本的不同层次人口共同参与

① Department of Economic and Social Affairs, *Innovations in Governance in the Middle East, North Africa and the Western Balkans*, pp. 67 - 68.

② Ibid., p. 68.

③ Ibid., pp. 69 - 70.

④ Ibid., p. 70.

⑤ Ibid.

⑥ Ibid., p. 94

⑦ Ibid, p. 238

⑧ Ibid., p. 239

推进的过程,也是一个利益相关者实现善治的过程。① 为此作者建议:城市政策向住房条件差、边缘化群体倾斜;制定可持续的住房政策;制定可持续的城乡发展战略,扶持农村发展,以减少农村人口向城市的迁移。②

2015 年,阿里·迈达尼普尔③在其《德黑兰的市民组织和城市治理》④一文指出:市民组织是城市治理的重要部分,不仅促进公众意识的增强,而且利于社会结构的重组,完善市民与地方政府之间的协商机制。可见,德黑兰市民组织的影响范围在扩大,影响力也在不断上升,这是城市治理良性发展的重要推动因素。⑤

同年,由学者亚历山大·达伍迪(Alexander Dawoody)在其主编的《中东公共行政与政策》一书中谈道:如今的中东治理正面临着极大地考验,如腐败问题、裙带关系、缺乏透明性和问责制、审查制度不完善等等一系列问题。⑥书中指出土耳其的治理体系尚不完善,今后的改革工作应侧重于在国家、区域和地方各级之间真正建立可参与的民主协商进程和机制。⑦

总体而言,从学术界对中东城市治理研究的脉络中我们可以看到中东城市治理理论不断完善,实证研究大量增多,研究范围更加广泛和细微。但是随着中东城市化的步伐不断加快,城市治理面临的问题越来越多。因此,中东城市治理理论研究任重而道远。

中东城市治理史学的反思

中东城市治理研究在理论与实证方面都取得了巨大进展,表现如下:

首先,对府际关系(中央政府与地方政府)的调整,市政府自身转型,市政府在治理中的地位与作用进行多维研究。管理与治理的最大区别在于:一元主体与多元主体。在治理多元主体中,市政府自身转型决定了城市治理的方

---

① AUC, *Egypt's Strategy for Dealing with Slums*, Center for Sustainable Development, American University in Cairo, Cairo, 2014, p. 22.

② Ibid., p. 43.

③ 系澳大利亚纽卡斯尔大学城市设计专家。

④ Ali Madanipour, "Civic Associations and Urban Governance in Tehran", Dec. 17,2015, http://www. mei. edu/content/map/civic-associations-and-urban-governance-tehran.

⑤ Ibid.

⑥ Alexander R. Dawoody, ed., *Public Administration and Policy in the Middle East*, Springer, New York, 2015, Introduction, VII-VIII.

⑦ Ibid., VII-IX.

式、深度和成效。从学术界研究成果可以看出,城市治理的理念为中东调整传统的府际关系模式、创新城市治理体制提供了新的思路和路径。正是在此背景下,伊斯坦布尔、德黑兰等一些大都市政府通过有效的市政改革推进城市政治的民主化进程,通过科学、完善的城市规划实现城市各利益团体间的协调合作。合理加大财政权,提供城市自主治理的物质基础。但研究者也注意到在中东城市治理过程中市政府的困境,"真正为市政府提供动力,使市政府能真正'动起来'的是物质能量,即政府的财政资源",[①]而这些资源由中央政府决定或直接拨付。[②] 所以研究者呼吁:中央政府要进一步放松对地方政府的财政自主权限制。

就市政府本身而言,研究者提出:城市政府职能的深化不仅要求其有效性、责任性、透明性和回应性大大加强,而且要求提高市政官员的行政素质。埃及成立的透明廉政委员会(TIC)是埃及政府反对城市腐败的举措之一。它要求市政府及时处理腐败投诉,增加国家预算的透明度,加强地方议会处理相关问题的能力,建立公务员行为准则,确定腐败评估标准等。[③]

其次,对非政府组织、市民组织、公民社会的作用、局限的评价越来越客观。城市治理是在全球化日益复杂的环境中,政府与非政府组织、市民社会共同参与治理城市的方式。在此过程中,城市政府必须协调其内部、政府与非政府、政府与公司、政府与市民社会等关系,通力合作来促进城市的发展和城市竞争力的提高,达到城市治理的目的。通过引导、控制和规范公民的各种活动,弥补市场和政府在资源配置中的不足,以最大限度地增进公共利益,[④]实现帕累托最优。[⑤] 城市治理的基本原则是利益主体要参与城市规划,通过讨论、协商、决策、执行等方式参与城市管理的每一个环节。所谓城市中的利益

① 刘天旭:《财政压力、政府行为与社会秩序》,北京:知识产权出版社,2010年,第42页。

② UN-Habitat, *The State of Arab Cities 2012*:*Challenges of Urban Transition*, United Nations Human Settlements Programme, 2012, p. 2.

③ Heba Handoussa, *Situation Analysis*:*Key Development Challenges Facing Egypt*, United nations, 2010, p. 80.

④ 俞可平:《善治与治理》,北京:社会科学文献出版社,2000年,第5页。

⑤ 帕累托最优(Pareto Optimality),也称为帕累托效率(Pareto efficiency),是指资源分配的一种理想状态,假定固有的一群人和可分配的资源,从一种分配状态到另一种状态的变化中,在没有使任何人境况变坏的前提下,使得至少一个人变得更好。帕累托最优状态就是不可能再有更多的帕累托改进的余地;换句话说,帕累托改进是达到帕累托最优的路径和方法。帕累托最优是公平与效率的"理想王国"。

主体就是在城市计划、管理过程中,由于重大利益影响而以一种或多种方式参与其中的人、团体和组织。[1] 但正如阿里·迈达尼普尔研究所展现的那样:德黑兰的市民组织没有形成完整的系统,并且受到社会上层的限制,所以影响力有限。安德斯·C.哈丁虽然对市民社会注入新的观点,但是也无法改变市民社会力量弱小的格局。莎拉·本·奈费沙指出阿拉伯国家的非政府组织普遍对社会的影响力薄弱,对城市事务的干预有限,更妄论在治理中所发挥的作用。[2] 这些利益主体的先天不足,难以达到在城市决策过程中,在合作协商基础上的利益博弈。甚至这些组织或公民要想在城市治理中发挥作用,还要取决于市政府的分权与吸纳。同时研究者也看到中东城市管理向城市治理转变的相应监管体制改革还不完善。参与城市治理利益主体的增多,使得城市治理结构越来越分散。[3]

研究的不足之处与未来研究的重点:

第一,轻理论、重实证,轻宏观、重局部。研究者缺乏对中东城市治理理论体系的宏观建构,而偏重于实证分析。由于各国国情各异,城市治理能力的评价仍无统一的标准,导致量化指标性的研究缺少,因此无法对城市治理能力进行有效对比。所以未来研究应注重城市治理的系统性研究,探索适合中东城市发展的治理模式和治理理论体系,建立符合中东舆情的城市治理评价指标体系;研究者多瞄准开罗、德黑兰、伊斯坦布尔等大城市治理,而对中小城市治理研究忽略。中小城市作为中东城市化推进的过程中不可或缺的组成部分,其城市治理状况体现了中东城市治理的整体水平,因此提升中小城市的治理能力研究也是未来中东城市治理领域的研究一部分。

第二,对府际之间彼此互动关系缺乏系统的理论分析框架。对非政府治理主体的参与性以及协调城市治理结构中各利益相关者的作用和相互关系研究不足,特别是对企业在城市治理过程中的参与度研究缺失。笔者认为利益群体与政府、非政府组织相互带动,共同作用的模式才是解决城市治理问题的关键所在。如阿布扎比作为中东新型的半岛石油城市,其最引人关注的就是

---

[1] 保罗·萨缪尔森、威廉·诺德豪斯:《经济学》(第16版),北京:华夏出版社,1999年,第232页。

[2] Sarah Ben Néfissa, NGOs, *Governance and Development in the Arab World*, UNESCO, 2000, p. 23.

[3] C. Nil Uzun, "Globalization and Urban Governance in Istanbul", *Journal of Housing and the Built Environment*, Vol. 22, No. 1, March 2007, p. 136.

生产与治理相互带动的发展模式。在前能源时期（1761—1962 年）阿布扎比就采取限制措施保护珍珠和渔业资源，为资源的可持续发展创造条件。在旧能源时期（1962 年—21 世纪初），阿布扎比获得大量石油美元。但为减少对石油资源依赖，20 世纪 80 年代后，阿布扎比力推经济多元化建设，城市环境保护和城市生态建设力度加强。在新能源时期（21 世纪初至今）的保护措施对现代城市治理，特别是城市生态环境保护具有极大借鉴价值。2006 年，阿布扎比提出"马斯达尔行动计划"（the Masdar Initiative），极大地发挥了科技的作用，调动新能源科技的大学和科研机构的能力，力求实现能源转型、替代。2007 年在阿布扎比国际机场附近已经建成零碳排放、零废弃物、可再生的马斯达尔城（Masdar）。笔者认为，阿布扎比之所以能在能源开发与生态环境之间取得良性互动，有四大原因。首先是政府通过立法、政策倾斜和积极吸纳社会力量参与等方式，为城市生态环境治理搭建平台。其二从城市经济的可持续发展来看，石油经济在收获巨额外汇的同时，完善经济结构，平衡三大产业的协调发展，同时保护城市环境，以宜居、绿色的生态作为吸引国际投资的重要手段。其三发挥科学技术在推动环境保护和城市治理中的作用，提升石油附加值和利用率，加大新能源开发与利用、新兴产业开发等。最后是强调人与自然和谐相处与相互制衡。所以，在阿布扎比的城市治理中，城市资源开发与生态环保形成了良性互动。阿布扎比的实践是中东城市生态环境治理的成功范例。①

第三，对科技创新与城市治理能力关系研究薄弱。当今以互联网为代表的信息技术，拓展了城市治理新领域。所以如何利用大数据、新媒体、新技术对城市治理模式进行创新也将成为未来中东城市治理领域研究的热门课题。

结语

近 40 年的中东城市治理研究成绩斐然，但研究的系统性和深入性仍显不足。在全球化和信息化时代，中东城市机遇与挑战并存。正如哈里斯所指出："城市处于不断的演变之中，未来的城市必须不断地在经济、文化和社会等方面更新、重塑自身。未来城市发展的活力，在于它们是否有足够的创新能力和

---

① 参见车效梅、牛铭：《论阿布扎比能源开发与生态环保建设》，《阿拉伯世界研究》2009 年第 4 期，第 44—50 页。

灵活性,在这变化多端的环境中生存。"①而城市的创新能力和灵活性与城市治理水平密切相关。所以对中东城市治理的研究将会是城市研究领域长期关注的热点,而探索建立适合中东城市发展的治理模式和治理理论体系将是未来研究的重中之重。

Middle East Urban Governance：Research and Reflection

Che Xiaomei，Sang Jingpeng

Abstract：This paper based on the historical review on the research of urban governance in the Middle East，from the relationship among the urban governance，the city government organization and non-governmental organizations，and the empirical research on urban governance，etc，combing the progress of urban governance research on the Middle East since the 1980s. These results are based on the research of multiple subjects of governance theory and the empirical research under the guidance of governance theory. They also have been studied the localization，function and limitation of the pluralistic subjects，and there is also have the obvious deficiency of lighting theory，emphasizing empirical evidence and fragmentation. Therefore，the construction of urban governance model and governance system is the most important research in the future.

Keywords：Middle East；Urbanization；Urban Governance；Research；Reflection

作者简介：车效梅,山西师范大学历史与旅游文化学院教授;桑敬鹏,山西师范大学历史与旅游文化学院世界史专业研究生;本文为车效梅教授主持2018年度国家社科基金重大项目"丝绸之路城市史研究(多卷本)"(18ZDA213)阶段性成果。

---

① 转引自周振华:《崛起中的全球城市——理论框架及中国模式研究》,上海:上海人民出版社,2008年,第273页。

对五四新文化来源的再认识：论20世纪初的海派京剧与现代美学形态转型

倪　君

摘　要：五四时期是中国现代美学形态的正式确立时期，以五四新文化运动的爆发为标志。但五四新文化运动有自己的酝酿、生长过程，不可能一蹴而就。这个孕育过程漫长而多样，20世纪初具新文化品质的海派京剧就是五四新文化的重要孕育部分。20世纪初的海派京剧对传统京剧的革新，是基于上海开埠后社会经济体制和文化形态转型的时代机缘，其本身即构成一种新文化现象，体现了现代美学形态在早期都市的萌芽及对文艺作品的促进作用。虽然海派京剧属于工业资本主义化的现代大众文化，但其并没有割断与传统文化、改良思潮的关联，而是将这些元素融汇到艺术倡导与社会现实的关联上，这为现代新文化发展提供了一种更客观合理的模式。在当今时代转型和学术反思的现实语境下，海派京剧的文化意义和精神原创性理应得到新的认识。

关键词：20世纪初海派京剧　五四新文化　时代机缘　新文化品质　精神原创

上海开埠后，万商云集，五方杂居，到19世纪50年代末，已成为中国最大的跨国商贸口岸和航运码头。沪地发达的商业经济带动众多娱乐业的发展，京剧也借此入沪。入沪后的京剧受工商业社会经济体制和文化形态转型的影响，在题材类型、表演方式、剧场布景、思想观念上都呈现出有别于传统京剧的新特点，从而在19世纪末自成"海派"。概括说，海派京剧就是以上海的工商业为背景，以租界为依托，以市民为对象，以无意识中的现代美学观念为指导，以娱乐大众、反应现实、启蒙社会为目的的文艺品种。从19世纪末到五四新文化运动期间，海派京剧逐渐形成了新文化特征和属性，并慢慢壮大、逐渐扩散，成为五四前在文艺领域内承载和促进新文化最多、受众最广、影响最大的文艺种类，成为五四新文化的重要积淀。本文拟对海派京剧在20世纪初的新文化中的活动进行分析，以纪念一百年前这场轰轰烈烈的爱国运动。

一、海派京剧与时代机缘

哀梨人《同光梨园纪略》上编专叙同光年间海上梨园界之兴替，称：同治三年(1864)，"沪北十里洋场，中外巨商，荟萃于此，女间三百，悉在租界，间有女班，唱皆徽调"。① 当京班进入上海后，徽班因其京调皮黄的优势很快与京班融合。1867年，第一座仿京式茶园的"满庭芳"开张，邀京班角色，"沪人初见，趋之若狂"，②是为京班戏园之始。同年，仿北京广和楼的新式京剧戏园丹桂茶园开办。从19世纪中后期到20世纪前期的约半个世纪里，京戏茶园共达百余家，后来居上地超出了北京的此类茶园数量。这样数量庞大的京戏茶园，接纳的京戏艺人数目也是惊人的。新起的、正在成熟的、铿锵热闹的京戏，正在取代过分雅致因而显得低回沉闷的昆曲以及其他粗朴简陋的地方戏曲，成为都会观众的新宠。

(一) 商业浪潮与海派京剧

初期京戏园票价昂贵，只属于官绅、买办及客商的休闲品和交际媒介。到光绪年间，随着大小戏园的次第创办，面对商业大潮的驱动，各戏园尽力压低票价吸引普通市民观戏，京剧真正走入上海普通大众的视野。这时的上海距开埠已40余年，新兴商业城市日益展现出其旺盛的商业活力，并初步形成它的文化环境——无所忌惮的"拿来主义"和快速高效的竞争意识，在这个文化环境的形成中，起关键作用的不是王朝贵族，而是以大小商人、工人为代表的整个市民社会。传统社会讲究等级，商业社会只以商业经济为衡量标准，在经济效益的驱使下，商业文化以娱乐大众为核心，追求官能享受和刺激。五光十

---

① 哀梨老人：《同光梨园纪略》，上海：上海国华书局，1905年，第2页。
② 周剑云：《鞠部丛刊》，周谷城主编：《民国丛书》，上海：上海书店出版社，1990年。

色的新时代风景跟随殖民步伐一起登陆上海,沪地越来越突出的经济和商业优势和新异锐进的变革思想交汇,指引着南来上海的京剧日益朝着新颖、通俗、大众化的方向发展。到 19 世纪末"潘月樵创《湘军平逆传》,夏月润之《左公平西传》继之,争奇斗胜,延江湖卖解之流,授以刀剑刺击之术,名之曰'特别武打',而上海派之名乃渐闻于耳"。① 张氏认为海派京剧仅以"特别武打"著名,其实海派京剧之"海",绝不仅于此,即使张氏所指的《湘军平逆传》《左公平西传》,也是叙同朝清军实事,这已开创传统京剧时事入戏先风。

(二) 市民喜好与时事新戏

处在中西交汇焦点的沪地观众见多识广,追新务奇,五光十色的景观、瞬息变换的信息永远在刺激着人们的视听,结合发达的现代传媒,信息传播便利,普通大众也积极参与到对时政大事和社会新闻的舆论干预中。时事新戏快速反映时事的特色使人们得以在观戏中把握并交流信息,满足了新兴市民大众的娱乐需求和认知需要。20 世纪初,海派京剧中的时事戏进入编演热潮。据《海上梨园新历史》载,到 1910 年创编新戏已超过一百出。著名的时事新戏,有《潘烈士投海》《张汶祥赐马》《宋教仁遇害》《阎瑞生》等。时事新戏取材自当时发生的、在社会上有一定影响力的真实事件,那么与之相配合的舞台表演上,当然应该以时装入戏。都市观众窥新猎奇的需要与日俱增,而轰动性的社会时事有限,于是完全新创的时装新戏也不断充入上海京剧市场,除时事戏外,还有改编西方戏和新编历史戏,统称时装新戏。新戏中的人物,也超出了帝王将相的界限:以身报国的民主志士、见义勇为的普通市民、吸食鸦片的败家子、亡国的外国人、高级交际花、洋场妓女、银行职员等皆为剧中角色。除了剧作题材与时代风气相对应,新戏在思想主题、观念内容上也与时代需求相契合。

(三) 开埠优势与现代思想

海派京剧生长在以上海为中心的最早开埠通商口岸,上海的特殊位置,成为西方现代物质文明和现代思想观念涌入中国的第一个码头。加上大批接受新文化熏陶的知识分子途经此地、停驻此地,及相对宽松的政治形态和社会环

---

① 张乙庐:《京派与海派》、《老副末谈剧》,上海:上海戏学书局,1938 年,第 11 页,第 13—14 页。

境,耳濡目染的沪地民众、相较内地城市居民、在思想观上更为开放民主,他们更倾向于接受商业社会的公平、民主理念,而不是传统的忠孝节义主题。加上晚清时局动荡、外敌肆虐带来的民族屈辱感激发了民众的爱国情怀,揭露黑暗、宣传革命的时代性内容更为时人所好。长期受新思想熏陶的海派京剧充分迎合市场需求,编演了大量饱含民主、爱国、平等等现代思想的剧作,紧密联系社会现实动态。如潘月樵、夏月珊主演的《黑籍冤魂》《国民爱国》,冯子和主演的《血泪碑》,梅兰芳主演的《孽海波澜》《一缕麻》等,还有《秋瑾》《徐锡麟》《猛回头》《学拳打金刚》等,此类贯穿着关注社会现实、呼唤民族独立、倡导个性自由的现代思想的剧作在 20 世纪初的海派京剧舞台上数不胜数。据不完全统计,1908—1916 年仅《申报》刊载新舞台新编戏中含现代思想的剧作就有153 部。

(四) 商业动因与连台本戏

开埠后上海成为一个典型的工商经济社会,其最大特征就是商业竞争意识的成熟而发达,并成为贯穿其中的社会主要经济观念和运营手法。京班自1867 年南下之日起,就置身在一个较纯粹化的商业环境中。为了追逐利润,各剧场与戏班竭尽全力,无所不用其极。先是改善观剧环境,运用煤气灯、电灯照明,后又改建新剧场吸引观众。新剧场座位宽敞,视野开阔,座椅量达数千以上。上座率直接关系剧场盛衰,如何钩住观众胃口,成为戏园主考虑的首要问题。而班园一体制的组织形式,使得上海戏园长期固定在同一剧场演出,传统折子戏无法满足需求,翻新并连续上演新剧就成为必须。连台本戏成为20 世纪初海派京剧场的一大特色,与折子戏和精短的整本戏相比,连台本戏体量大、内容繁盛,可以不断延伸情节和人物关系,在舞台上连续多场演出。演期长的连台本戏能够不断地根据观众反映来打磨塑造,从而越来越吸引观众兴趣,让其欲罢不能。新兴商业城市的大规模文化消费市场——大小商人、市民、过路商户及各行业大众所组成的庞大消费群体,则为非上海首创的连台本戏提供了得天独厚的生长环境。据有关资料统计,从 1891 年至 1935 年,在上海演出的京剧连台本戏达 400 多种。而仅从 1905 年到 1920 年之间,在上海演出的京剧连台本戏就有 200 多种(据《上海文化艺术志》及《申报》广告统计)。这些连台本戏保证了海派京剧的票房,保证了海派京剧演员的收入,保证了上海娱乐业的繁荣,同时也促进了新思想、新文化在其中的滋生成长。

(五) 现代物质与写实表演

连台本戏吸引观众的重要因素就是层出不穷的写实表演,明显体现就是机关布景的频繁使用。开埠后的上海迅速转换为现代商业都市,资讯发达的传媒频频将西方物欲观念带给普通民众,加上洋场繁华景观刺激人的视听,使得市民阶层普遍恋慕物质奢华,他们颇为享受物的丰富、悦目和新奇带给人快感。而传统京剧在舞台表演上追求虚拟写意的美学风格,舞台道具极其简单,"只有一张桌子,两把椅子,后面是一帧大幅的帐幔,一般称为'绣旧',帐幔两边有两个门,用门帘遮挡,不管你演什么戏,舞台上就只有这些"。① 这一方面是中国传统京剧的特征,另一方面也反映了中国传统京剧在经营舞台布景上的短板。海派京剧迎合时代风尚,首创拟真布景道具的运用,使观众能在看戏时如临其境,感同身受。如:"满台火景,新彩如同真景"②"精制活动禽兽鳞介、天垣星宿,地球闪光新州六行,大转舞台,奇巧新彩"③"真军器械"④"山林水泊改良图画……火棍、新景英马路电车轨道杂铺景"⑤"各种西装服饰乐器枪械"⑥等。从目眩迷离的"新彩""奇巧""真军器械""电光""鬼景"等等的描写词中可以看出,新的舞台布景和演出风格明显具求真写实的风格,采用各种拟真器具、立体布景,营造所演情节的真实环境。海派京剧求真写实的舞台表演对观众形成了强烈的吸引力,"初开锣时,座客震于戏情之新颖,点缀之奇妙,众口喧腾,趋之若鹜。每一新剧出,肩摩毂击,户限为穿,后至者俱以闭门羹相待。"⑦这种演出理念创新掀起的看戏浪潮在20世纪初的上海成为一大文化景观。因此,商业社会的物质崇拜与改良时代的科技热情造就了海上舞台写实表演的兴盛。

由此,"海派京剧"并不是指在上海演出的京剧,而是指称20世纪初在上海形成的一种具有全新内涵的文艺样式。只有上海这样一个西方激荡的环境里,才最先建立起海派京剧这一新的戏剧形态,这源于农耕社会所建立起来的

---

① 周锡泉:《张聿光与京剧舞台布景》。
② 参见《申报》1909年3月2日。
③ 参见《申报》1909年3月3日。
④ 参见《申报》1909年5月15日。
⑤ 参见《申报》1909年6月2日。
⑥ 参见《申报》1909年6月14日。
⑦ 参见《申报》1913年3月13日,玄郎《评沪上之纷演新剧》。

严谨、规范的古典京剧的审美观已不再符合工商社会人们的审美要求。简言之，海派京剧的这些革新都是时代所给予的机遇，其本身就构成了一种新的文化现象，这种新的文化现象，既是新的文化品质的展现，也是中国美学由古典向现代转型的标志。如果仅从戏剧本位角度去认识、评价海派京剧，实际上是看低了海派京剧。

二、海派京剧的新文化品质与五四新文化

海派京剧的破旧立新虽然粗糙，商业运作也略显粗拙，但其作为一种新文化现象，所展现出的强烈鲜明的时代气息，成为辛亥革命前后上海文艺领域里一道亮丽的风景线。海派京剧与时代紧密相连，所折射的是 20 世纪初上海社会工业化进程中的新文化运作，其在内涵和外延上都完全溢出了戏剧表演的范畴。如果囿于戏剧本位的视角来考察海派京剧，显然是忽略了海派京剧的新文化品质和在中国通俗文学史上的地位。

五四时期是中国现代美学形态的正式确立时期。现代美学形态作为一种新的社会意识，归根结底是由社会存在决定的，是缘于不同的经济结构形式。封闭的小农经济结构决定了古典美学形态的产生，开放的工商经济结构则决定了现代美学形态的诞生。由此，现代美学形态实际是工商资本经济的产物。中国的资本经济早在宋代的城市里已经萌芽，到明清继续发展，但是封建社会占支配地位的小农经济形式和重农抑商的国策，严重阻碍了资本经济的深入发展，致使中国内生的资本经济一直发展缓慢。直到 19 世纪中叶，帝国主义列强用大炮打开了大清王朝的大门，上海成了殖民资本登陆中国的桥头堡。在上海、广州、天津等先行开埠通商的口岸城市，殖民资本长驱直入，直接冲击着这些口岸原本的农业经济结构。19 世纪中后期到 20 世纪前期，虽然中国的大片土地上依旧是封建小农经济形式主导，但在这些沿海开埠城市，资本经济已经占统治地位，加上殖民者建立的租界在政治环境上的优势，该区域的商业文化随之快速发展。到 20 世纪初，一战爆发，帝国主义为应付国内战事纷纷撤离东方，开埠城市中的殖民资本萎缩，民族资本经济大力发展，并在 20 世纪初迎来了发展的"黄金时段"。辛亥革命结束帝制，新的资产阶级共和国通过一系列规定来保障民族资本经济发展。一战爆发，列强纷纷回国应付战争，这为远东(中国)沿海区域民族资本经济健康发展提供了暂时的喘息空间。两者结合，民族资本迅速发展。同时，这个时期大批留学生也因"一战"因素纷纷

归国,上海是他们往返国内的必经之地,其中很多留学生还因上海宽松的政治环境选择定居于此,他们将国外的新思想观念以多种形式带回国内,这股"西学东渐"的浪潮持续酝酿,终于爆发出轰轰烈烈的五四新文化运动。

五四新文化运动实质上是一场启蒙运动,这场新文化运动宣扬民主、科学的新文化,反对专制、愚昧的旧文化。在五四新文化运动的号召下,一种有别于传统的新的审美文化在文艺领域内确立了下来,这种新的审美文化"在立意上高扬科学民主,在政治上推进富国强民,在手法上注重求真写实,在形式上追求通俗明了,在审美上强调平等互动。其深刻之处在于,把美学精神上的破旧立新与社会实践中的破旧立新联系了起来"。① 这就是新审美文化所代表的现代美学形态的内涵。

商业资本经济所决定的中国现代美学形态自五四时期正式发端,"五四"可以视作古典—现代美学形态的交换点,五四时期是数千年古典美学形态发生质的变革期。但是,这个质变是在长期的量的积累基础上完成的,19世纪末20世纪初的上海凭借开埠后发达的商业经济基础成为这个量变的集中地,并主要在早期都市的文艺领域里呈现出来。海派京剧基于其独特的发展背景、演进历程,恰好成为了体现这一时期中国美学形态转型及其演变轨迹的典型艺术载体。从时间跨度来看,海派京剧的产生、发展贯穿着美学形态转型的整个渐变过程,通过对海派京剧的美学研究,可以很好地展现出美学形态转型的"质变"飞跃是如何经由不断的"量变"积累而最终达致的;从经济基础来看,海派京剧生存的土壤是中国工商资本经济率先萌芽和成长的上海地区,海派京剧表现出的美学风格特征最直观地体现出经济基础的变化对美学思想和表现手法产生的重要影响;从艺术层面来看,京剧自从北京传入上海后,在中国形成了一南一北两个主要演艺中心,京派京剧和海派京剧不仅有时间上的先后相承,还在一定时期内形成了空间上的平行对照。在某种程度上,京派京剧体现了中国古典美学形态的极盛而式微,而海派京剧则体现了现代美学形态的萌发与生长。

就五四新文化运动所标举的新文化本身来说,很多进步的新文化元素已经在海派京剧中酝酿生长。在舞台形式、表演技法上,海派京剧弃虚善虚美,

---

① 陈伟、桂强:《现代性视野中的"红色歌曲"与"黄色歌曲"之审视》,《文艺研究》2011年第3期,第83—90页。

逐真实之美,正是现代的实事求是的求实精神的体现;在主题选择上,海派京剧力图破除迷信和封建愚昧,展示出进步的人生态度和社会伦理;在剧目类型上,海派京剧对传统京剧进行了大力拓展,上演了众多时装新戏(包括创编时事戏、改编西方戏和新编历史戏),呈现出关注社会现实的人道情怀和力图改变黑暗的变革精神和对现代民主科学理念的倡导;在西方文化上,海派京剧采取开放的姿态,并积极反思腐朽制度的不足;在新兴科技上,海派京剧不仅充分运用机关布景、魔术等展示新科学,且在剧作编排上,也表达了对新科学的肯定,如《就是我》《文明人》;在面对当时社会上,海派京剧艺人响应资产阶级民主革命号召,自觉参与戏剧改良实践,并以改变国人精神面貌为价值目标,展现了伟大的救世情怀和献身精神。作为普通民众的消遣品,海派京剧拥有广阔的受众面,在大众思想解放上有不可磨灭的功劳。更重要的是,当资产阶级民主革命来临之际,一些激进的海派京剧艺人积极投身到伟大的革命行列中。他们不仅编演新戏宣传革命,甚至以身作则,真正投入到这场伟大革命的斗争中。当革命军饷不够时,他们又多方义演筹措军饷。

在19世纪末到五四新文化这个时间段,新的文化因子实际是一个不断滋生、壮大的过程。海派京剧在五四新文化积聚的二十多年历程里,始终没有缺位。在世纪之交的新文化孕育滋生阶段,它通过反映现实、介绍外国文化,用新观念、以借古讽今的方式来为新文化添砖加瓦。辛亥革命前夕及辛亥革命中,海派京剧积极鼓吹社会变革、参与社会变革。辛亥革命后,随着民主革命浪潮的平息,民众回归日常生活节奏,更注目于愉悦身心、放松压力的娱乐文化,随着大众个体自觉意识的觉醒,一种关注日常生活、反映社会现实的审美趋向转而集中在海派京剧中。

20世纪初海派京剧代表艺人汪笑侬、潘月樵、夏氏兄弟、欧阳予倩、冯子和等,编演了一系列新剧目,这些新剧有借古讽今、控诉清廷腐朽统治的《明末遗恨》《哀江南》《博浪椎》《党人碑》《骂阎罗》《骂安禄山》《骂毛延寿》《战蚩尤》《哭祖庙》《刀劈三关》《长老乐》《波兰亡国惨》《高丽亡国恨》《越南亡国恨》;有宣扬民主观念,表达革命诉求的《黑奴吁天》《国民爱国》《拿破仑》《潘烈士投海》;有颂扬女权女学、要求男女平等的《惠兴女士》《茶花女》《玫瑰花》《秋瑾》等;有揭露封建家庭丑陋,表达婚姻自主理念的《石头人招亲》《血泪碑》《穷花富叶》《妻党同恶报》等;有反映社会不良风俗,呼吁端正社会风气的《刑律改良》《黑籍冤魂》《人不如狗》《赌徒造化》《大少爷拉东洋车》《女骗子》;有摹写天灾人祸，倡议人道主义关怀的《甘肃旱荒》《安徽水灾惨状》《水淹江南》等。

1911年上海光复战役中，以潘月樵和夏氏兄弟为首的进步艺人就参加到攻打上海江南制造局的战役中，并救出同盟会领导人之一的陈其美，这对辛亥革命大局是起到重要作用的。革命后期面临军饷不足问题，潘月樵、毛韵珂等艺人积极筹款募捐。上海光复第二天，新舞台同仁即应革命党人之请义演筹饷：《看看看，热心义士公鉴》"刻值武汉剧战，南京光复，弹雨枪林，待饷孔亟。同人等奉命劝募，端赖群策群力，以裕饷银，兹持（特）商请新舞台夏潘二君等亦尽义务，准于十九礼拜六晚开演新剧，并请男女义士演说，所收各款，即登报拨充军饷"。① 当时上海五大剧场中的"新舞合""大舞台""歌舞台""丹桂第一台""群舞台"都为革命军义演"充作军饷"。② 华资四舞台更是以热切态度联合公演筹饷：《四舞台演助饷广告》"伶等自叹既不能匕首炸弹挪向民贼，复不能长枪大战效命疆场，同属黄种，谁无丹心？ 特各竭绵力，聊尽义务……其所入资，概助军饷"。③ 海派京剧艺人以国家主人翁精神多次开展义演，筹款支援革命，体现了现代美学形态指导下的现代公民意识和公益观念已经在海派京剧艺人身上萌生发展。

辛亥革命后，他们积极宣传革命成果，编演了很多再现革命历程及推翻满清革命轶事的剧本，再现了革命道路的艰辛和伟大，如《轩辕镜》《广州血》《立宪开国会》《白山碧血》《汉皋风波》《光复旧土》《民国万岁》《光武重兴》《男女革命》《吴禄贞》《蓝天蔚》《黎元洪》《榴月血》《大战高丽国》《英雄反正》《猛回头》《鄂州血》《民军打破南京》《江皖革命史》。

1914年到1918年"欧战"期间，列强无暇东顾，但在北洋政府统治下，各军阀不断混战，新生民国处在乌烟瘴气笼罩之下。面对民生现状，海派京剧迅速作出回应，一系列讽刺复辟、哀叹民生的时事剧作诞生，如《复辟梦》《新南北和》《蒙古风云》等。

到20世纪20、30年代，海派京剧进入鼎盛时期。随着社会转型，政治热情的消退，观众回归到对日常生活的关注中，海派京剧的新戏题材随之改变，更多关注社会转型期复杂的人物形象和社会关系。表面上是海派京剧已经离开革命时期的斗争性、启蒙性追求的理想，实际上是革命时代过去，海派京剧

---

① 参见《申报》1911年11月4日。
② 参见《申报》1911年12月24日法商群舞台。
③ 参见《申报》1911年12月24日。

便迅速返回到常规的艺术轨道上来，剧作又重新转向社会新闻为取材对象，家庭伦理、爱情题材成为这一时期舞台瞩目的方面。海派京剧呈现当下、反映现实的时代精神并没有改变，自始至终，海派京剧一直体现着求真写实的审美趋向，而且这种现代的美学风格贯穿在海派京剧的各个时期、各个方面。

海派京剧及其艺人的实践行动生动展现了现代价值理念的内涵，实实在在地显示出新文化的品质，彰显了美学现代性的前进方向。虽然不能说海派京剧是五四新文化运动的精神模板，但海派京剧为该运动所提供的思想养料、所培育的群众基础，是无法被历史抹平的。由此，海派京剧之于"五四"新文化的推动作用应是毋庸置疑的。

三、海派京剧的精神原创性与五四新文化

海派京剧虽是五四新文化的重要推手，但并不仅仅是五四新文化的简单预演。海派京剧基于传统文化的变革、基于改良思潮的创新，表现出一定的精神原创性，成为中国近代文化史上较奇异的一种文化现象，这其中的文化价值是无法被后起的新文化运动所遮蔽的，理应受到学术界的关注。

作为世界近代史上一个令人瞩目的文化现象，没有人能够否定"五四"新文化运动的伟大历史功绩，其改变了中国的历史，开辟了中华民族现代发展的新文化传统。但是五四新文化运动也无可避免地带有时代的粗犷与片面。五四新文化运动对传统文化、改良主义思潮及 20 世纪初的文化现实的忽略，导致五四新文化运动既气势磅礴亦突兀奇崛。相比之下，海派京剧虽没有给历史留下瞩目之力，甚至其存在痕迹也被后人有意或无意的淡化，但其与传统文化的紧密啮合弥补了五四新文化运动与传统文化间的文化罅隙，其与改良主义思潮的互动克服了五四新文化运动与改良主义思潮的历史距离，从而为新文化发展提供了一种更客观合理的模式。在当今学术反思和价值重估的现实语境下，海派京剧的精神原创性更应得到重视。

（一）基于传统的变革

海派京剧对传统文化的批判体现在剧本到舞台变革的各个方面。在舞台表演、审美趋向、剧目、价值理念等方面，海派京剧以前所未有的新体现出一种急切的现代性追求。最典型的方面就是海派京剧顺应潮流，在 20 世纪初的时期里，编排了大量时装新戏来揭露社会黑暗，批判传统戏曲忠孝礼义等封建性

主题，宣扬民主、科学、自由等现代理念，从价值理念、思想内涵层面反叛传统京剧所代表的传统文化。如 1907 年，《独立自强传》"观古思今之感，唤醒同胞自强之心"（申报，天仙茶园），要求"争回国体，自由独立"。《南海潮》"警醒社会、告戒（诫）青年为主义"（1911 年 8 月 11 日）。《孽海波澜》揭娼寮黑暗，《宦海潮》暴官场阴谋，《邓霞姑》《一缕麻》叙旧婚姻对女子的毒害，《走麦城》《童女斩蛇》《愚妇迷信》破封建迷信。

同时，海派京剧在戏剧形式上改传统唱念做打为生活化的台词，摒除程式化的、写意的舞台表演为多样化、写实化表演，减少唱段，增加说白和动作表演，模仿日常生活动作语言，力求逼近生活原态。特别是 1908 年借鉴日本近代剧场而建成的新舞台，将镜框式舞台和写实性布景引入京剧，这时不要说表演念白的写实化了，戏曲舞台也走向写实了。海派京剧对于传统戏曲的冲击力是全面而实在的，它在内容和形式两方面对传统的反叛并不亚于后起的新文化运动。

尽管海派京剧在多方面体现出对传统文化的反叛，但这并不意味着海派京剧对传统文化的完全割裂，恰恰相反，在海派京剧的各个方面，都保留着传统文化因素。而且，在海派京剧中，这些传统因素和其现代大众文化性质并不是对抗、冲突的状态，而是交融、结合的。无论是海派京剧的前期代表艺人王鸿寿、汪笑侬，还是文明新戏的开创者欧阳予倩，尔或其他代表艺人潘月樵、夏氏兄弟、冯子和，及至盖派、麒派创立者盖叫天、周信芳等，他们所依靠的都是传统京剧的根基。其中，旧戏根基深厚的欧阳予倩最为人称道的就是"红楼戏"，这还为他赢得了"南欧北梅"的美誉。海派宗师周信芳在 13 岁时就入北京"喜连成"科班接受严格的传统京剧训练，传统戏剧的一套表演程式，成为他日后博采众长的基本底子。

在表演形式上，海派京剧虽然突破了传统京剧唱念做打的艺术规范，但并没有抛弃传统规范，而是在其基础上的打磨改造。在表情、音乐、动作等表演方面，海派京剧与传统京剧也是混杂的，并没有脱离传统京剧的总体框架。在剧本写法上，海派京剧一直延续传统戏曲样式，场景安排，念白与动作提示，一应古制。例如《馒头庵》《瓜种兰因》《宏碧缘》等，皆用旧剧语言习惯，凡是动作提示也都采用"介"这样的古式后缀。至于新编历史剧，也是在传统京剧题材和人物的基础上所进行的发挥，如《党人碑》《徽钦二帝》《汉刘邦统一灭秦楚》《哭祖庙》《王莽篡汉》等，都是借历史故事表达借古讽今、针砭时事的意味。

在情节结构上,海派京剧中依旧有大量机缘巧合情节的剧目,诸如《神道改良》《新茶花》《玫瑰花》《巧姻缘》《女侠红蝴蝶》《恨海》等大多围绕着各种矛盾冲突展开叙述,而后续部分却是各种神奇巧合、天缘传奇,最终也是善恶有报、有情人终成眷属或全家团聚的大团圆结局,这明显是对传统戏曲传奇选材的继承。其他如《苦旅行》《山东马》《红梅阁》《白水滩》《双花奇缘》《荒江女侠》等,剧作内容多是传统的悲欢离合故事,其中命运无常、时事造化、恩仇相报的结构方式成为连接故事情节的主要脉络。虽然这些剧作多表达契合时代脉动的新思想观念,但其构思理念依旧是传统戏曲的模式。

海派京剧所显露的与传统文化相糅合的特征,正说明了其对待传统的理性态度——有的放矢的选择有益部分。海派京剧能够自觉剔除传统京剧腐朽的、不能适应新的现实社会需求的成分,灵活运用传统京剧的合理部分,这才是更深层次上的"文艺复兴"。每个民族都有自己的民族传统文化,这是一个民族的根本。任何外来文化必须在传统文化的基础上去发展才能成为真正的民族的、世界的文化。海派京剧正因为始终与传统京剧保持融合状态,才会在20世纪初的上海舞台上大放异彩。中西合璧、古今交融,这是理想状态的文化模式,也是改良主义者的价值期望。海派京剧在实际运作中就时时关注社会现实,力求满足改良主义者和时代风潮的共同需求。

(二) 基于改良的创新

"五四"时期,"新青年"派激烈批判传统戏曲,并与张厚载等旧剧维护者激烈论争,以张扬西方戏剧。对海派京剧、改良主义思潮,五四新文化即使有所涉及,也不太乐意承认对它们的继承,这加强了五四新文化的激进性。如果"五四"文学革命勇于接纳改良主义的思想成果,特别是海派京剧的艺术成果,则其所推行的白话文运动就不会那么缓慢,也不会困扰新文学几乎十年之久。五四新文化运动所提倡的白话文其实在晚清的海派京剧中已大量使用。当时在海派京剧舞台上常常出现大段演讲、念白,其相当一部分是宣传革命思想的,直白的口语表达比文言形式的唱词更易于在群众中普及和宣传,更能服务于革命。尤其是革命志士潘月樵经常在表演中发表议论,更被冠以"言论派老生",[①]这种口语表演"颇合当时观众的心理,而潘月樵的议论,夏月珊的讽刺,

---

① 曹聚仁:《听涛室剧话》,北京:中国戏剧出版社,1985年,第201页。

名旦冯子和、毛韵珂的新装苏白,也是一时无双"。① 除去舞台口语表达外,海派京剧在报刊杂志上的白话宣传,对清末白话小说内容的借鉴,对革命思想及白话文的传播也是不容忽视的。虽然海派京剧在白话文上的贡献并不被"五四"时人看好,但它为"五四"新文化运动所大力倡导的白话文奠定的基础是应当被承认的。海派京剧的广泛受众面,使其在舞台上的白话宣讲能够进入到普通大众中,为"五四"时期所普遍推行的白话文提供了前期预热,这样才有了五四时期的几个人、几份刊物的提倡便形成气候的白话文运动。另一方面,如果五四新文化的倡导者能够坦率地继承海派京剧的白话文经验,至少在新文学的语言上就不用花费那么多的功夫,也就不会出现后期的"新文艺腔"了,那么新文学的起点必将大大提高。

海派京剧的生长语境是迥异于中国传统文化的西方资本主义化的现代商业都市,但是,海派京剧在借用西方资本社会的运作方式和思想观念时,很是注重与社会现实中的具体问题结合。与改良主义思潮从民族国家的宏观视野出发不同,海派京剧的作品,更倾向于对当时社会存在的、关系个体生存的问题的关注。海派京剧新编的剧作,多涉及社会现象、当朝新闻、家庭婚姻方面。即使是政治改革剧,重心也多在具体社会现象和人生问题、个体命运上。如反映鸦片毒害的《烟鬼叹》《黑籍冤魂》《拿罂粟花》《大战罂粟花》;反对妇女缠足的《侠女魂》《足冤》《冥闹》《凌云步》;揭社会黑暗的《赌徒造化》《活门闩》《嫖界现形记》《女骗子》《沉香床》;倡婚姻自主的《难中幸福》《抱牌位做亲》《血泪碑》《好难鸳鸯》;呼吁人道关怀的《人吃人甘肃旱荒》《江浙又遭水灾》《安徽水灾惨状》《水淹江南》等。根据《申报》资料不完全统计,上海新舞台 1908—1912 年共编演新戏约 350 部,绝大多数为时事新戏。

海派京剧取材于社会实事,以大众的日常生活、当下的具体问题为关注重心,这其实是在最本原的意义上与社会现实的结合,是更踏实更实际的文化运作。也正是这种类似于"扎根基层"的"实干家"本质,使海派京剧实现了西方文化与转型期的中国现实的结合,避免了一般思想运动初起的虚张空洞,从而真正实现了一次西方文化的"软着陆",并影响到后期五四新文化运动在人生主题上的探究。另一方面,正是因为海派京剧的具体和琐碎,极少宏篇理论宣扬及累赘的"主义"争论,和前期的改良主义思潮和后期的五四新文化运动相

---

① 曹聚仁:《听涛室剧话》,第 192 页。

比,明显平静低俗,才使得五四新文化界轻蔑、回避它的存在,学术理论界也低评、忽略了它的价值。

海派京剧坚持传统根基,结合改良主义思潮,灵活融入西方文化成果,与近代中国在转型期的政治、思想、文化紧密联系,始终反映着从农耕文明向工商文明转型期的普通市民的审美趣味、思维方式和心理趋向,体现了新时代的价值文化和精神文化。特别是海派京剧注重传统与西方的融合,注重自身文化与改良思潮的杂糅,注重文艺作品与具体社会现实的呼应,这些广泛而深入的互通,形成了海派京剧强大的结构力量,这种强大的力量对于"五四"新文化运动而言不仅是一种坚实的基础,而且是一种有益的补充。

Re-recognition of the Source of May 4th New Culture: On the Shanghai-style Peking Opera in the 20th Century and the Transformation of Modern Aesthetic Form

Ni Jun

Abstract: The May 4th period is the formal establishment period of Chinese modern aesthetic form, marked by the outbreak of the May 4th New Culture Movement. However, the May 4th New Culture Movement has its own brewing and growing process, which can't be achieved overnight. This gestation process is long and diverse. The Shanghai-style Peking Opera with new cultural qualities in the early 20th century is an important gestation part of the May 4th New Culture. The innovation of Shanghai-style Peking Opera in the early 20th century to traditional Peking Opera is based on the era opportunity of social economic system and cultural transformation after Shanghai opened its port. It itself constitutes a new cultural phenomenon, which reflects the germination of modern aesthetic form in the early cities and the promotion of literary and artistic works. Although Shanghai Peking Opera belongs to the modern mass culture of industrial capitalism, it does not cut off the connection with traditional culture and the trend of thought of improvement, but merges these elements into the connection between art advocacy and social reality, which provides a more objective and reasonable model for the development of modern new culture. In the context of transformation and academic reflection, the cultural significance and spiritual originality of Shanghai-style Peking Opera deserve a new understanding.

Keywords：Shanghai-style Peking Opera in the 20th Century；May 4th New Culture；Times Opportunity；New Cultural Quality；Spiritual Originality

作者简介：倪君，上海师范大学人文与传播学院博士研究生；本文为山东省社会科学规划项目"早期都市流行歌曲的大众传播与文化传承研究"（15DXWJ09）项目研究成果。

华夏文明视阈下中国文物
保护单位价值新探①

王运良

摘　要：“文物保护单位”是我国明令列入官方保护的重要不可移动文化遗产，并已成为我国文化遗产事业和科学研究领域里的一个重要概念。但截至目前，国内各界对其价值的认知依然大都是从历史、艺术、科学三方面着手，这对于已自成体系的“文物保护单位”而言其实是不全面的，因为对各类“文物保护单位”的保护与利用已日渐成为一项全社会的公共性事务，对其价值的推广如若再囿于专业范围内的微观与本体解读，显然已经不能适应世界范围文化遗产事业发展的趋势，特别在中国传统化受到高度关注的今天，“文物保护单位”不仅绘制了一幅立体的中华文明地图、生动体现了华夏文明的“和”文化内核，而且直观印证了华夏文明多元一体的显著特征，更编就了一部恢弘的中国文物保护史，这些均可引发从宏观角度对“文物保护单位”进行更为深入、系统的价值诠释。

关键词：文物保护单位　中华文明地图　和文化　多元一体　文物保护史

引言

“文物保护单位”是中国重要的文物管理制度，旨在对不可移动文物及其

---

① 本文为国家社会科学基金重大项目“大遗址与河洛三代都城文明研究”（项目编号：13&ZD100）阶段性研究成果。

环境进行整体保护。深入理解这一制度需由"单位"概念起始,"单"原意为武器,"位"本义指独立空间,许慎分别释为"大"及"中庭之左右"。故"'单'意味着齐全和完整的结构",否则不能成其"大","'位'意味着其恰当、准确的定位",①否则不能稳居一席之地;两字组合而成的"单位"一词,最初与佛教有关,《敕修百丈清规》载:"昏钟鸣,须先归单位坐禅",②"单位"在此意指贴有僧人名字的固定位置。可见,"单位"既指内在所含的多样与有序,也指外在边界的确准与稳定。今天的众多不可移动文物,其最初的创造者既经过了精心的选址与确界,也在营造时对内含的各部分进行了审慎的组织与安排,并在后人持续沿用与经营的过程中又使其本体与所在区域日渐融为一体,从而形成了独特的人文景观,位不可移、肢不可解、貌不可损,正体现出"单位"概念原初的本质内涵。

不过,"单位"这一概念的广泛使用首先是在社会领域,其最娴熟的实践者当数毛泽东,无论战争年代还是和平时期,毛泽东都充分发挥了"单位"的巨大作用,也令其深刻认识到:针对旧中国散漫无聚之状,只有将民众分别组织起来,形成各种具有强烈内聚力的"单位",才能不断走向胜利、进步与发展。事实证明,这样的"单位"制度与意识从民主革命时期起直至今天,始终存在于中国经济社会发展的整个进程中,并依然发挥着重要功能,成为中国社会的一大特征,即诸多社会学家所称的"单位"社会,从中不难看出,"单位"作为一种组织手段,"其本原目的在于通过国家对资源的有效配置和重点投放,实现萦绕在中国人心头达一个世纪之多的现代化梦想",③中华人民共和国诞生之初在极短时间全面完成社会主义改造、超额实现"一五"计划就是施行"单位"制度所取得的成就。1956 年,"文物保护单位"制度开始实施,"单位"思想实现了由社会领域向文物事业的跨越,迄今,这一具有中国特色的文物保护方式正在日益发挥"整体保护、适度利用"的强大文物管理功能。

党的十八大之后,中国优秀传统文化受到了前所未有的高度关注,文化遗产的价值认知也随之进入了动态发展的新时代。作为方法论的前提和基础,文化遗产价值论的广与狭、深与浅、贫与富,决定着对其保护传承开发利用水平的高与低、收获的丰与寡,因此,"文保单位的所有工作都是围绕着理解和解

① 刘建军:《单位中国》,天津:天津人民出版社,2000 年,第 42—43 页。
② 中国佛教文化研究所:《俗语佛源》,上海:上海人民出版社,1993 年,第 156—157 页。
③ 刘建军:《单位中国》,第 147 页。

释整体意义上文化遗产的价值而开展的"。① 鉴于此,新时代中国文化遗产事业的快速健康发展必须以价值认知的拓展与深化为起点。

以往,不可移动文物的价值常会从历史、艺术、科学三方面进行认定,笔者以为,这实属一种微观、本体的价值分析,尚不足以全面、深度呈现我国文物保护单位的价值与功能,故需要适应新的时代要求,从整个中华文明发展的宏观视野予以重新审视、探讨,正如谢辰生先生所言:"文物的科学研究需要改进传统的研究方法,把微观研究与宏观研究结合起来,把静态研究与动态研究结合起来,从而把文物的科学研究工作提高到一个新的水平"。②

"文物保护单位"绘制起一幅立体的中华文明地图

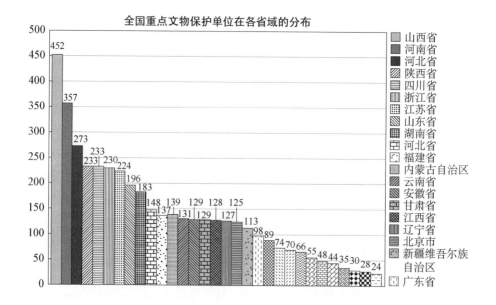

全国重点文物保护单位在各省域的分布

室内秘藏的文物、露天散布的遗产、书写历史的典籍共同构成了中华文明的主干载体,其中最宏大壮丽、最生动形象、最具地域特色、内涵最丰富、最富有魅力的就是古遗址、古墓葬、古建筑、石窟寺等遍布祖国各地的各级各类"文物保护单位",这些文物史迹不仅对中国经济社会、人民精神生活发挥着无可

① 陈琳、毛周林:《浅议文化遗产的保护与发展》,《世界遗产论坛(二)》,北京:科学出版社,2006年,第87页。

② 谢辰生:《关于文物保护与研究的基本认识》,《中国文物科学研究》2006年第1期。

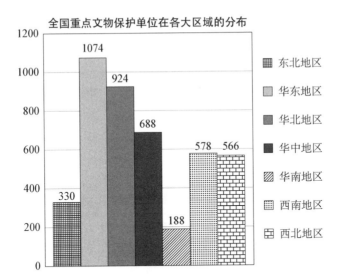

全国重点文物保护单位在各大区域的分布

- 东北地区
- 华东地区
- 华北地区
- 华中地区
- 华南地区
- 西南地区
- 西北地区

替代的重要作用，也是促进中外文明交流互鉴、增进人类和平的宝贵资源，其根本就在于承载了博大精深的华夏文明。

1956 年迄今，包括 4200 多处"国保单位"在内的全国 10 万余处"文物保护单位"，从地域上涵盖了全国大陆 32 个省市自治区直辖市、330 多个地级市、2800 多个县级区域、40000 多个乡级行政区，从时间上跨越 170 万年，涵盖了上下五千年的中华文明史，从类别上囊括了政治、经济、军事、社会、文化、科技、宗教等等几乎人类文明的所有成果，从背景上同样跨越了几乎所有不同的地上地下水上水下地理自然环境，诸如平原、高原、丘陵、高山、沙漠、草原、戈壁、河湖江海等等，简言之，中华文明之物质表征几乎分布在祖国的每一个角落、每一个时代、每一种环境，各自更是种类多样、异彩纷呈，无疑，众多的"文物保护单位"绘制成了一幅宏大、立体的中国历史文明地图。

这幅立体中国文明地图的基础是一个庞大的"文物史迹网"。早在 20 世纪我国就有了构建"文物史迹网"的主张与论述。1960 年 3 月的"全国文物博物馆工作会议"上，文化部副部长齐燕铭在其报告中详细阐述了构建文物史迹网的设想及其意义，明确指出应当按照纵（历史发展）、横（文物类型）两线进行构建，其中既包括革命史迹体系、社会发展史迹体系，也包括艺术史迹体系、建筑史迹体系等等，如此方能"把许多重点'文物保护单位'串联起来，结成一个

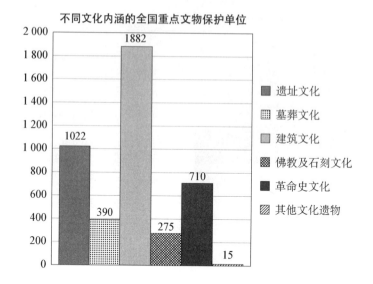

不同文化内涵的全国重点文物保护单位

- 遗址文化
- 墓葬文化
- 建筑文化
- 佛教及石刻文化
- 革命史文化
- 其他文化遗物

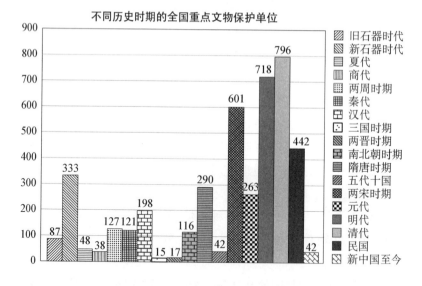

不同历史时期的全国重点文物保护单位

- 旧石器时代
- 新石器时代
- 夏代
- 商代
- 两周时期
- 秦代
- 汉代
- 三国时期
- 两晋时期
- 南北朝时期
- 隋唐时期
- 五代十国
- 两宋时期
- 元代
- 明代
- 清代
- 民国
- 新中国至今

全面的系统的文物保护网"。① 时任国家文物局局长的王冶秋先生也提出要使"文物保护单位"构成历史网络。1987 年,单士元、祁英涛、马自树、苏东海、罗歌等在贵阳进行文物考察时提出贵州应选择最具地方特色、富有典型意义的文物古迹并与博物馆、纪念馆有机组合,组成能充分反映贵州各民族文化与

---

① 齐燕铭:《为文物、博物馆事业更大跃进而奋斗》,《文物》1960 年第 4 期。

历史特色的文物史迹网,同时和遵义、镇远等地区的小型史迹网联接,即能全方位、多角度展示贵州文化与历史,吸引八方游客。同年,国务院向全国发出《关于进一步加强文物工作的通知》,提出了构建全国文物史迹网的要求。1988年,王士伦先生撰专文论述"文物史迹网"的概念内涵。[1] 与此同时,著名学者张光直先生在其发表的《关于台湾省历史博物馆的几点建议》一文中提出了建立台湾"历史古迹网"的主张,他说,"这个历史博物馆可以看作是全台史前遗址历史古迹网的核心",它"与各地的诸多遗址古迹之间有某种密切的联系:若干遗址古迹也许还可以收入为博物馆的地方支部","这中间最重要的若干史前遗址,如台东县的卑南和八仙洞,不妨考虑建造为现场遗址,覆以屋顶,伴以陈列室与研究室,作为历史博物馆的延伸"。[2] 此后,谢辰生、李晓东等先生均对文物史迹网有所述及。

　　无疑,"文物史迹网"的构建已不是文化遗产单体或本体的微观研究,而旨在从整个中华民族历史文化、文明发展的全局着眼,力图把散布在祖国各地的全部"文物保护单位"整合在一起,编制一部恢弘的华夏文明史诗,绘制一幅立体、具象的华夏文明地图。在这一宏大壮丽的多维文明地图中,华夏历史与文明的渊源与发展清晰可见,地方史、行业史脉络可循,政治、经济、军事、文化等等人类创造的文明成果历历在目,优秀传统、精神意蕴、成功与失败、经验与教训鲜活生动,既可览通史亦可阅断代,既可读国史亦可赏地志,既可承技艺亦可传理气,既可赞英烈亦可唾佞臣,既可登宫室亦可进白屋,既可瞻前贤亦可顾布衣,既可溯古昔亦可看今朝,既可观祠庙亦可游园林,既可攀峻岭亦可潜江海,前后相继、纵横交错,有点有片、有线有面,华夏之文化文明蔚为大观、毕现无遗,实可谓中华文明之最大宝库。

"文物保护单位"生动体现华夏文明的"和"文化

　　中国历史源远流长,华夏文明丰富多彩,思想内涵博大精深,楼宇烈先生认为蕴含其间的根本精神是"以人为本",并视其为中国文化最重要的特征和中华民族对人类的重要贡献。[3] 张岱年先生将中国文化的基本思想归结为一个包括诸多要素、而以"刚健有为""和与中""崇德利用""天人协调"为主的统

---

① 王士伦:《试论文物史迹网的建立》,《中国文物报》1988年4月1日。
② 张光直:《考古人类学随笔》,北京:生活·读书·新知三联书店,1999年,第103页。
③ 楼宇烈:《中国文化的根本精神》,北京:中华书局,2016年,第46页。

一体系。① 钱穆先生指出,中国文化在世界文化领域中之所以伟大,就在于其最能调和冲突各方之间的关系,且最终能使各方和谐共处。② 无疑,"和合"是华夏文明之核心所在,且自古及今一直发挥着无可替代的作用。孔子及其弟子强调:"礼之用,和为贵","君子和而不同,小人同而不和";老子提出"万物负阴而抱阳,冲气以为和";管子指出:"畜之以道,则民和;养之以德,则民合。和合故能习";墨子认为"离散不能相和合";《易传》中讲"保合太和,乃利贞"。今天,中国的发展步入了新时代,同时面临着更为复杂的国内、国际局势,中华"和"文化倍受重视:季羡林先生不仅对"天人合一"命题作了深入研究和新解,甚至认为"天人合一"亦是东方综合思维模式的最高、最完整的体现;汤一介先生指出中国文化"普遍和谐"的观念,既包括自然之间、人的身心之间之"和",也包括人与自然、人与人之间之"和";程思远先生认为"'和合'是中华民族独创的哲学概念、文化概念";邢贲思教授强调,中国亘古迄今的"和合"思想,并不否认矛盾与斗争,而是旨在克服矛盾,实现彼此的和谐与合作;张立文教授则出专著全面、深入诠释中华"和"文化。所以,"和合"思想自产生以来,一直伴随着中国经济、社会、政治、文化的发展,成为华夏文明最深刻的内涵体现与世代传承的优秀民族传统。

浩瀚的历史典籍、丰富的思想理论是呈现中国"和"文化的宝贵资源,而以"文物保护单位"为核心的众多不可移动文化遗产则是中国"和"文化的重要物化表征,易言之,这些得到世代保护的人类遗产是以自己独特、外在的物质形态从三个方面对中国传承久远的"和"文化进行着生动、形象地注解。

其一,揭示着人与人之"和"的命题。"和"意味着经由良好的单体之间关系的协调而形成的群体状态,中国自古以来的大多数居住营造中,无论是人居还是神居,对此都十分关注并予以恰当处理,所以,遗存至今的众多中国文物,无论是聚落遗址、帝陵墓葬,还是古代建筑、石窟寺庙等等,其共同的基本特征之一就是"群体组合",并一致呈现出"平面布局的集群性、内部功能的多样性、主次等级的差异性、相互之间的和谐性"这一显著特质,也即俗称的中国式"院落"。梁思成、林徽因、罗哲文、楼庆西等对此均有论述。

德国建筑师恩斯特·柏石曼(Ernst Boerschmann, 1873—1949)认为,建

---

① 张岱年、程宜山:《中国文化精神》,北京:北京大学出版社,2015 年,第 14 页。
② 钱穆:《从中国历史来看中国国民性及中国文化》,香港:香港中文大学出版社,1982 年,第 27 页。

筑具有文化纪念碑的终极意义，往往代表了一个民族的精神，考察和研究中国各地的建筑遗存，有助于揭示来自华夏民族文化的最基本概念。① 追溯历史不难发现，建筑在中国自古就是梳理、规范社会秩序的重要手段与工具，仰韶文化时期的聚落、汉代的院落、当代的四合院等等皆是如此，人居其间各安其位，从而实现了人与人之间关系最大的和谐，故中国"和"文化于此具有最鲜活的体现。所以，汉宝德先生认为，"建筑群可视为中国人间礼制的反映"；②王贵祥则把这种妥善处理建筑之间关系的结果形象地称之为一种"有着某种共生链一样的结构"；③萧默先生指出，中国"建筑的群体组合是通过群体的内容与形式的和谐有机组织起来的，它使人们仅凭对这个复杂结构本身的'领悟'，就可以产生深刻的心理效应"，④笔者以为，这种"心理效应"当在于：其一，时刻规范自己言行；其二，谨慎处理彼此关系；其三，不断巩固提升向心力。因此，群落式营建并长期存在的"文物保护单位"无疑承载了最为浓厚的中国人文理念与和合精神，最直观显现出中国古代社会处理人与人之间关系的高超智慧。

汉代的院落

仰韶文化时期的聚落

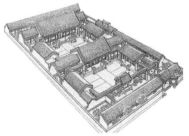

四合院

① ［德］恩斯特·柏石曼：《寻访 1906—1909：西人眼中的晚清建筑》，沈弘译，天津：百花文艺出版社，2005 年，代序。

② 汉宝德：《中国建筑文化讲座》，北京：生活·读书·新知三联书店，2006 年，第 32 页。

③ 王贵祥：《东西方的建筑空间》，天津：百花文艺出版社，2006 年，第 354 页。

④ 萧默：《古代建筑营造之道》，北京：生活·读书·新知三联书店，2008 年，第 6 页。

与自然合一的中国建筑

其二，揭示着人与天之"和"的命题。"天人合一"是中国"和"文化的重要内容，构成了华夏文明的一个重要特点，更使中华文明魅力尽显。中国古人"以天为则""道法自然"，因而古人之"天"实指"事物的本然状态"，正如孔子所说"天无私覆，地无私载，日月无私照"，"四时行焉，百物生焉。天何言哉?""天行健，君子以自强不息；地势坤，君子以厚德载物"，于是，自古以来，中国的人居营造就与大自然密不可分，或将宅屋融入山水林木构筑世外桃源，或将山石、园地融入宅第组构人工山水宅院，或在庭院内点缀竹木山池与自然相映成趣等等，其实质均在于以自然之本质提升或塑造人性。所以，季羡林先生对"天人合一"的解读是：天，就是大自然；人，就是人类；合，就是互相理解，结成友谊。"天人合一"就是两者要和平共处，互容互融，而并非驾驭与被驾驭。

中西方对待自然的迥异态度与方式更能体现出上述命题。西方人总是企图凭借发达的科技手段凌驾于自然之上，而华夏先哲却不断提醒我们，人类如沧海一粟般只是天地间一分子，人离不开自然故必须与之同呼吸共命运，而非攫取与征服。这种对待自然的不同态度就在历史建筑、人居环境的营造上得

西方古典建筑

以充分地展现。中国为数众多的"文物保护单位",诸如:深山古寺、林间别墅、田园民宅、园林古建,皆是"千呼万唤始出来,犹抱琵琶半遮面",其与自然的相融可谓到了极致,人与自然的关系在古代中国得到了很好的处理;西方古典建筑则以夸张的造型和撼人的尺度展示建筑的永恒与崇高,那些直插云霄、充满张力的穹窿与尖拱、傲然屹立的神殿庙坛、挺拔指天的民居建筑、被修剪成各式规整图案的园林景观等等,无不显示出对自然的雄视、控制与征服,这与中国自古就将人居营造与自然元素相融共处的理念截然不同。"依托现有山水脉络等独特风光,让城市融入大自然,让居民望得见山、看得见水、记得住乡愁;把城市放在大自然中,把绿水青山留给城市居民""宁要绿水青山,不要金山银山",这种对新时代城乡建设、人居环境营造的新要求,无疑充分借鉴了众多文物保护单位"天人合一"的共同特色,是对悠久历史文化传统的继承与发扬。

其三,揭示着今与古之"和"的命题。如果说西方的历史是一部石头的史诗,那么华夏历史文明堪称一部土木协奏的华丽乐章。土木自然比不上石头的坚硬与耐久,而中国境内依然有众多留存至今的千年土木建筑之"国宝",主要原因就在于后世的不断维护与修复,正是源于这种代代传承之举,方使得我们今天能够一睹华夏各个历史时期大量人居与建筑实物遗产的不同风格,以此而言,历代留传的土木建筑遗产更真实地揭示着中国古人对其前世的态度,他们呵护前世的遗产并将其融入当世生活,无疑奏响了代际和合之乐。

《左传》中记录了一段晏子关于"和"的解读:(齐景)公曰:"和与同异乎?"(晏子)对曰:"异。和如羹焉,水、火、醯、醢、盐、梅,以烹鱼肉","若以水济水,谁能食之? 若琴瑟之专一,谁能听之?",以此非常形象而深刻地阐释了中国自古就有的"和而不同"的思想。汉初,刘邦的皇宫营造并未大兴土木,而是先就秦之兴乐宫旧基扩建为长乐宫,余皆次第兴建,看到宫殿过于辉煌时还曾怒责萧何;唐代立国之后沿袭隋大兴城格局,仅增建了大明宫、兴庆宫,整修了具有公共园林性质的曲江池风景区。这种借鉴前世经验、并将前朝遗物融入当朝的做法无疑是历史与现实的融合,也最终造就了汉唐盛世。而这些遗产在今天也都入列了"全国重点文物保护单位"名录。我国境内现存最早的地面建筑遗产是汉代的砖石阙及墓祠,大多保存完好;其后历朝历代都有数量不等的建筑得到不同程度的保存,唐宋时期的木构建筑更成为弥足珍贵的文化遗产,其中有的历尽劫难原貌未失,有的浴火之后得以重生,更多的是得到了世世代代的不断维护而传承至今;元明清的官式建筑、特色民居也都历经风雨却风貌犹存。纵观之,无论是具有两千年高龄的祠与阙,还是千余年前的唐宋庙宇,抑或四百年前的宫殿、百余年前的民宅,都实实在在地融入到了中国古今经济社会发展进程之中,或成为民众的精神场所或成为世人的娱乐天地,或成为历史学习机构或成为商业服务场地,老少咸聚、风采毕现、功能各具,却珠联璧合、相得益彰,共同演奏着盛大的和合之乐,从而成为呈现中国和合传统的最重要载体。

"文物保护单位"直观印证华夏文明多元一体的显著特征

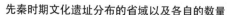

先秦时期文化遗址分布的省域以及各自的数量

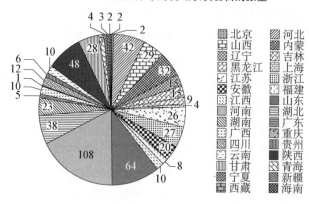

　　广袤的土地、各异的环境孕育出历史久远、丰富多彩的华夏文明,因而其多元特征甚为明显,但同时彼此之间又时常交流、互鉴、融汇,进而呈现出一致的中华文化本色,而后虽渡尽劫波,却延续至今,且愈加光彩焕发、魅力四射。

　　中国无数的文物遗存及考古发掘的一系列重大发现均为华夏文明多元性提供了强有力的佐证。黑陶、彩陶、青瓷、白瓷,良渚、红山玉器,中原、南方及古蜀国铜器,北方的抬梁式建筑、南方的干阑式建筑、穿斗式建筑、山区的井干式建筑;分布在京、晋、滇、陕、辽、皖、宁、黔、鄂、冀、闽、鲁、豫等19个省市自治区的旧石器文化,分布在豫、陕、鲁、浙、冀、甘、青、晋、鄂、辽、黑、内蒙、皖、湘、闽、赣、粤、桂、川等25个省市自治区的新石器文化,主要分布在豫、晋、冀、鄂、陕、川等9省自治区的夏商文化,以及许昌人遗址、陶寺遗址、石峁遗址等层出不穷的新发现,等等,各自均具有明显的地域文化特色,不仅足以说明华夏文化的丰富性,也充分显示出了中华文化自身的多元性及同步性。所以,陈梦家先生认为中国文物在时代、地域上具有明显的差异性,"在时代上,不同类别的文物在发展中有的进步了有的衰退了";"在地域的分布上,也不难看见表现在文物上的地方性,文物本身的多样性"。[1] 严文明先生则根据中国考古的诸多重大发现总结出了中国史前文明的四个特点,即"本土性""多元性""不平衡性""共同性"。[2]

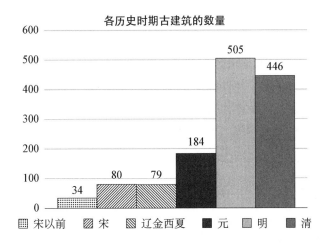

各历史时期古建筑的数量

　　一体与延续是中华文明的另一个显著特质。拿文物古迹与世界各文明古

---

① 陈梦家:《中华民族文化的共同性》,《文物参考资料》1954 年第 9 期。
② 严文明:《中国史前文化的同一性与多样性》,《文物》1985 年第 8 期。

国相比较,这一特征愈加突出。西方世界,从古希腊、古罗马式,至中世纪哥特式、罗马式、拜占庭式,直至文艺复兴式、巴洛克式、新古典主义、现代主义、后现代主义等等,各历史时期的建筑风格差异明显,展现出文化剧烈的"大断层"以及较强的"文化单一性";反观中国,在华夏文明数千年的旅程中,建筑不仅是人类生活、生产的重要场所,更是强化人伦的重要工具,从而成为人的身份与社会地位的重要象征,由此,建筑自身的形式、规模、乃至色彩一直备受关注,在历朝历代都有着严格的等级限制,于是,台基、屋身、屋顶、油饰就共同组成了中国古代建筑的必备要素,且在数千年的历史演变中仅有样式的微调而无数量的损益,最终造就了独具东亚文化特色的建筑体系(如上图),华夏大地文化一统、血脉相传的内涵表现得分外具象。尽管在中华文明的历史进程中,不乏战争与分裂、不乏外来入侵与无尽蹂躏,但是汉文化的主体地位从未被撼动,许多异域文化也深受其影响而最终融入其中;儒家文化也并未随着西方宗教东进而失却自己的固有地位,相反却因中西交流的增强而远播至世界各地。十余万处散布全国各地的各级各类"文物保护单位"就鲜明呈现出这一清晰的历史路径,成为最能奏响中华文化一体与传承曲的绝佳音符。所以,陈梦家先生认为"时代的延续性和地域的普遍性"是中国古代文物的共同特征,许倬云先生指出,在这里,"从东到西,每个邻接地区的文化都有差不多的面貌,其延续性是非常缓慢的改变。从北到南也一样,这种横向的延续性表示交通良好,彼此互相学习"。① 因此,"文物保护单位"以及不断现世的各类文物足以明证"中国文化是世界上唯一的保持连续的古老文化,'朝代'或有更迭但'时代'未曾变换,文化的本源从未被切断。"②

　　无疑,中国"文物保护单位"体系就是一部宏大、物化的华夏文明大典,充分体现出了中华文化的丰富、多元、同步、延续,是世界文化独特而重要的组成部分。

"文物保护单位"编就了一部恢弘的中国文物保护史

　　"文物保护单位"承载的不仅仅只是其本体的历史、艺术、科学、社会等文化内涵,古今对其本体与环境的保护同样是一部华丽乐章,是一部全景式的"中国文物保护史"。

---

① 许倬云:《中国文化与世界文化》,桂林:广西师范大学出版社,2006年,第30页。
② 中国古迹遗址协会:《古迹遗址保护的理论与实践探索》,北京:科学出版社,2008年,第129页。

　　"四有"档案对每一处"文物保护单位"在沿革过程中所历经的维修、加固、重建、管理等信息均有详细记载。例如：清代金石学家黄易在重新发现武梁祠石刻后，于乾隆五十一年（1786）创建了"武梁祠保管室"，可谓我国历史上最早的集保管、展览、传播、营销于一体的文物保护机构，在中国不可移动文物保护史上具有开先河之功，也为后世发动社会力量参与文物保护提供了鉴照；他提出保护画像石使其"有堂蔽覆，椎拓易施，翠墨流传益多。从此人知爱护，可以寿世无穷，岂止二三同志饱嗜好于一时也哉！"堪称理念超前、泽被后来，武梁祠从此一直被妥善保护，1952年成立保管所，1961年入列第一批国保单位，今为博物馆。清代大员毕沅在任职陕西期间，不仅实地踏勘各处古迹，精心编撰各类志书，而且亲自撰立标示碑，保护历代帝陵，并发动修护多处古建，经过整饬房屋、复原堂庑、整理石刻、组织陈列、竖栏围护、建章立制等加强了对碑林的保护，同时明确指出保护是旨在使其"勿为风雨所侵，亦勿令有颠仆之患，回廊曲榭，挨次比肩，庶考古者得以有所观览也"，王鸣盛赞其："美哉！先生之才大而思之深，超出于流俗绝远也"，可谓中国文物保护史上的又一段佳话。中国营造学社李庄时期，梁思成、刘敦桢等人的壮举不仅为"文物保护单位"制度的实施奠定了厚实基础，更为中国建筑遗产的保护树立起一座彪炳千秋的丰碑。地处豫北的百泉古园林早在商周即已名闻天下，乾隆十五年（1750）的大修整又使其盛慨倍增；民国时期，冯玉祥设立了"百泉公园管理处"，袁世凯、徐世昌捐资维修了苏门山上的"孔子庙"等古迹；1952年成立保管所，1993年辟为风景名胜区。中国文物保护史又一浓彩之笔也由此写就。凡此种种，通过解读石刻文字、典籍文献、科学档案，每一处"文物保护单位"自身可圈可点的历史轨迹、曲折纷繁的保护历程均可历历在目、一一还原。不惟如此，新中国成立后"文物保护单位"制度实施本身，又揭开了中国文物保护史的新篇章。

　　总之，中国"文物保护单位"体系，其自身历史沿革凝聚着一部中国不可移动文物保护通史，新时期完善的保护制度则演绎着一部中国不可移动文物保护断代史。

结语

　　"文物保护单位"作为中国官方保护的重要文化遗产，是中华文明"空间、时间、事件"的高度凝练与组合，它可以生动、具体地述民族往事、论民族现在、说民族将来，价值已经远远超出历史、艺术、科学的范畴，且依然处于不断深化与拓展之中,而对其宏观价值的认知、传播与推广更需要每一名业者、每一个学者、每一位国民都秉持"传教士"的精神,才能永葆其生命与魅力。

"遗产事业已由一个纯粹的文化事务变为一个同时广泛地与经济、社会、政治相关联的事务""中国是一个无可争议的文化和自然遗产大国,但中国至今尚称不上遗产研究大国。历史上的中国,有遗产保护传统,有保护观念与实践,但中国未能建立起系统且完整的遗产保护和管理的概念、方法与逻辑体系"。以此论,在更高层次、更广范围加深、拓宽对中国"文物保护单位"作为一个承载华夏文明重要体系的价值认知,依然任重道远。

New Exploration of the Value of Chinese Cultural Relic Protection Units Under the National Culture View
Wang Yunliang

Abstract:"cultural relic protection unit" is the important immovable cultural heritageunder our government control, and has become an important concept in the field of China's cultural heritage industry and scientific research. But as at present, value cognition to them mostly from the three aspects of history, art and science, but in the case of independent system of cultural relics protection units, this cognition is actually not comprehensive, it is because that conservation and utilization of all kinds of "cultural relic protection unit" has emerged as a public affair concerning whole society, promotion of its value still constrain to professional microscopic interpretation, then can't adapt to the world cultural heritage career development trend apparently. In particular, China's traditional culture is highly concerned about today, "cultural relics protection units not only draw a three-dimensional map of the Chinese civilization, vividly reflects the "harmony" culture inner core of Huaxia civilization, but also directly confirms it's salient features of multiple integration, more make up a magnificent history of Chinese cultural relics protection, these may cause a deeper, more systematic interpretation of valueon the "cultural relics protection units" from a macro perspective.

Keywords:Cultural Relic Protection Unit; map of the Chinese civilization; "harmony" culture; unity in diversity; history of cultural relics protection

作者简介:王运良,河南大学历史文化学院考古文博系,副教授。

烙印群体的社区营造：以篆刻
戒毒康复共同体为例[①]

雷海波

摘　要：社区营造是社区发展与居民公共美好生活实现的有效路径，然而，亟需通过社区再社会化的烙印群体的社区营造则鲜见讨论。戒毒康复人员此类烙印群体如何走进社区，进行有效的社会联结和再社会化，以重塑自身的主体性及控制复吸，是本文探讨的核心。上海社区戒毒康复社会工作实践中形成的篆刻戒毒康复共同体，使一群居住在同一地理范围内的特殊居民，持续地藉由集体的努力，较为有效地控制了毒品复吸的问题，并且在解决问题的同时也创造了共同的生活福祉，逐渐地与居民和社区建立起紧密的社会联系，不失为烙印群体社区营造的典范。该实践启示，传统艺术的审美救赎与现代社会工作的接纳牵引，使得烙印群体的社区营造成为可能。

关键词：烙印群体　社区营造　社区戒毒康复　篆刻

社区营造意指居住在同一地理范围内的居民，持续以集体的行动来处理其共同面对社区的生活议题，在解决问题的同时也创造共同的生活福祉，逐渐地使居民彼此之间以及居民与社区环境之间建立起紧密的社会联系。[②] 社区营造的核心在于社区力量的多元参与。既有社区营造研究鲜见对行为受限的

---

① 本文系国家社会科学基金一般项目"差异性均衡权力体系框架下社区社会治理新路径研究"（编号：14BSH011）的阶段性成果。

② 萧扬基：《社区营造中社会资本对公民治理的影响》，《台湾社区工作与社区研究学刊》2015年第10期。

社区服刑人员和社区戒毒康复人员的社区参与关注。这类群体即为传统意义上的烙印群体或污名群体,很难得到社区的接纳,经常处于被排斥的境地。理论上言,社区参与是烙印群体被社会接纳和回归社会的有效途径,社区参与让烙印群体呈现在社区关系中,也是种有效的服务监管方式,不仅可以增进服务监管效能,有效地预防再次犯罪风险,而且对操守保持和社会回归有重要的推动作用。实践中,烙印群体的社区营造如何可能?本文试对篆刻戒毒康复社区的生成发展做一梳理分析。

一、社区戒毒康复实践中脆弱的社区性

社区戒毒康复在国内作为一项新的戒毒措施,起于 2007 年 12 月全国人大常委会通过的《中华人民共和国禁毒法》(以下简称禁毒法),是对传统戒毒体系的变革,形成了以社区戒毒、自愿戒毒、强制隔离戒毒三大措施为主体的新戒毒体系。社区戒毒康复被赋予了在重构后的戒毒体系中的基础地位。只有拒绝接受社区戒毒、在社区戒毒期间复吸、经社区戒毒或强制隔离戒毒后复吸,以及吸毒成瘾严重通过社区戒毒难以戒除毒瘾的人员,才适用强制隔离戒毒措施。对于不适用强制隔离戒毒的孕妇、哺乳期妇女和不满 16 周岁的未成年人,也适用社区戒毒。《禁毒法》对于社区戒毒的此种立场实际上是建立在两点认识之上:一是认识到强制隔离戒毒实际上是一种剥夺吸毒者人身自由的行政强制措施,负面性较大,且戒毒效果不大理想。基于维护公民权利、有利于吸毒者身心和行为矫正的考虑,它仅应作为一种最后的手段来适用;二是认为社区戒毒可以弥补强制隔离戒毒的不足,提高毒瘾戒断率。[①] 社区戒毒康复实是本着方便戒毒人员的社会关系重新修复以更好地回归社会的目的做出的一种新制度设置。然而在实践中,国内当前社区戒毒康复的社区基础仍是脆弱的,社区性存在较大缺失,对社区戒毒康复的发展构成很大挑战。

社区是复杂的互动体系,社区的本质属性在于社区互动。然而,社区戒毒和社区康复的实践过程中,很多时候社区被看成是一个纯粹的地域概念,社区发展被等同于一定地域范围内的居民个体发展之简单叠加,社区戒毒和社区康复被理解为"在居民区的戒毒和康复",社区的功能没有得到很好的体现。

---

① 姚建龙:《禁毒法与我国禁毒体系之重构——风险预估与对策建议》,《中国人民公安大学学报》2008 年第 2 期。

实践中社区戒毒和社区康复的社区性缺失主要表现在服务对象、禁毒社工与社区的隔阂。服务对象被列为居委会、派出所、社区事务受理中心等重点"关照"的问题人群。一项复吸者的社会认同状况研究表明,对社区居民的态度调查,发现 78％的居民认为"吸毒者就是犯罪分子",他们经常杀人抢劫和偷东西;几乎 92％的居民都认为"吸毒者会传染艾滋病",如果生活在自己的周围会有强烈的"不安全感";几乎 100％的人都不愿意与吸毒者有深入地交往(如借钱、谈恋爱或结婚);72％的居民不相信吸毒者可以戒断毒瘾。① 从中可见社区戒毒康复对象的社会接纳艰难之一斑。此外,作为社区戒毒康复人员直接服务主体的禁毒社工,虽然身在社区,服务在社区,但是与社区的实际连接或有效互动并不理想。一方面是管理主义导向下的社工考核体系使得禁毒社工日常奔命于各类台账,沦为"台账"社工,无暇顾及与社区居民的联动。另一方面是基层社工点的个体化弱化社区影响力。基层社工点人员数量很少,一般一个点上只有一到两名社工,形成不了团队与合力,社工点一线社工基本上是以个体的身份与其他组织进行对接,在社区的影响力弱,一定程度上增加了社工融入社区的难度。

二、篆刻戒毒康复共同体的社会建构

社区戒毒康复理论上靠的就是社区的力量,实践中这种基于社会互动的社区性的缺失,意味着社区戒毒康复的弱社会参与和弱社会支持,直接影响到了社区戒毒康复政策的实施及社区戒毒康复对象的复吸。社区戒毒康复人员真正的社会回归需要社会的接纳和包容,需要社区的积极参与,需要的是社区性回归。单凭禁毒社工的单打独斗无济于事,或影响力太少。社会工作者需要进行充分的社区连接。社区力量如何进行连接,需要一定的社区平台。此外,社区戒毒人员和社区康复人员多数人没有职业,即使有职业,其职业也多缺乏累积性。社区戒毒人员和社区康复人员按照国家的《戒毒法》和《禁毒法》规定,人身自由受到一定限制。社区戒毒和康复人员相对闲散,平时没有什么出处,需要一个归属、依恋或寄托。而戒毒人员和康复人员的家庭多是缺损或不健全的,一些人根本没有家庭,或有家庭也得不到亲密感。某种程度上,社区戒毒和社区康复人员的正向情感相对缺失。"家人和社会不理我,只有毒品是最

---

① 杨玲等:《吸毒者回归社会的过程:归属与认同的剥夺》,《心理学探新》2007 年第 3 期。

亲近我的,是我最可靠的朋友"。因此,对社区戒毒和社区康复人员而言,需要一定的正向的情感共同体来弥补情感的缺失。篆刻戒毒康复共同体的产生,正是基于这样的初步想法。篆刻戒毒康复共同体是凝聚各方力量,并引导各方力量积极互动的平台。社区性回归是篆刻戒毒康复共同体探索的逻辑起点。

(一)艺术疗法与篆刻戒毒康复缘起

篆刻戒毒康复最早酝酿于 2007 年,源头是戒毒康复人员心瘾的困扰,戒毒难,难在心瘾的戒除。篆刻戒毒艺术疗法的创始人老陈在从事戒毒社会工作时发现,服务对象经常复吸,大多与他们思想空虚,没有自己健康而执着的兴趣爱好,与不知道如何打发和利用自己的休闲时间分不开。老陈很想尝试能帮助社区戒毒康复人员找到戒除心瘾的办法。一次偶然的阅读,让他与艺术疗法结缘。老陈在一次阅读中,一则"音乐疗法"的信息映入眼帘,说的是音乐治疗不仅能治疗高血压、冠心病和神经功能症等多种疾病,而且能使人的情绪得到改善,保持心理平衡。这则信息让自小就喜欢艺术且具有绘画书法等艺术功底,又一直在寻找戒除心瘾方法的他兴奋不已,很快联想到为何不尝试将艺术疗法运用到社区戒毒和社区康复之中。当时考虑用小组工作的方式探索社区戒毒康复对象音乐疗法的可行性。

音乐疗法不仅需要专业老师的指导,且需要一定数量的碟片等教学器材,此外,还对服务对象在乐理知识上有一定的要求,这些都与所在社区的服务对象的实际情况不相符合。音乐疗法胎死腹中之后,老陈随后想到的是书法和绘画艺术,并正式尝试了起来,但书法康复在做过两三次小组工作之后,发现意义不大。因为书法练习不仅要求较宽阔的空间,而且所涉及的笔墨纸砚也是相对昂贵。按老陈的描述,"服务对象随便挥挥手,一张宣纸很快就没了",更关键的是练习书法的见效慢,服务对象参加过一两次,感觉没进展,就觉得没意义,也就失去参与意愿了。

两次艺术疗法的尝试受挫之后,逼着艺术情结浓厚和有着不轻易服输性格的老陈一直思考怎么办,会不会还有更好的艺术形式,或者怎样更方便地获取艺术资源。两次受挫让老陈也逐渐反省到,资源的缺失是受挫的重要原因之一。资源缺失开启了老陈新的思路转变,既然是资源缺失,那就得寻找周边能提供并且可供整合的资源。顺着此思路,老陈认真爬梳分析了所在社区及周边的艺术资源。很快联想到了服务点旁边的 S 高校具有丰富的艺术资源,该校有个小有名气的学生社团——QQ印社。之前有过几年篆刻研习和从业经验的他曾了解过QQ印社。

资源有了思路之后，接下来的关键是如何动员服务对象参加。当老陈跟服务对象说自己准备要办篆刻班，请大家来学习篆刻，培养新的爱好，一时受到不少服务对象的排斥。在对服务对象进行为期半年的"洗脑"和动员之后，服务对象初步接受了篆刻艺术康复的想法。与此同时，除了做通服务对象的思想工作之外，还需要做通基层领导的工作。当时的基层领导普遍担心服务对象聚集之后会造成难以控制的复吸，并且也不便管理。另外，举办篆刻艺术康复班还涉及到一个重要的经费问题。

历时半年的筹备，2008年4月16号，代表篆刻艺术戒毒开端的第一期篆刻艺术康复辅导班浮出水面。社工点所在的Z机构总干事、副总干事、区工作站站长、街道党委副书记及禁毒社工专家督导、禁毒志愿者等出席开班仪式。八名服务对象成为第一期学员。领导希望学员能够在心理康复和篆刻艺术方面取得双赢。Z机构总干事充分肯定"希望艺术沙龙"的创新性，称，运用艺术疗法，来治疗服务对象的心瘾，防止复吸，在全市是第一次，属于首创。沙龙创始人社工老陈百感交集，激动地表示，"我们终于有了自己的精神家园——希望艺术沙龙，有了一个学习艺术、交流艺术、切磋艺术的平台"。

（二）兮望印社与篆刻戒毒康复共同体探索

第一期篆刻戒毒康复辅导班结束之后，好几位学员开始进入到篆刻状态，一方面对篆刻只是有些入门，需要继续引导；另一方面感觉自身有些离不开篆刻，于是学员主动找到社工老陈问接下去怎么办。学员的困惑和需求直接推动了兮望印社的成立。2008年5月21日，印社由社区戒毒康复人员所组成，采取按章程管理的办法，属于社区纯艺术自治团体。社团旨在通过篆刻艺术学习，社工帮助服务对象增强康复的信心，培养服务对象健康的兴趣和爱好，调节他们的心理，充实他们的业余时间，促使服务对象自强自立，用自己学习到的谋生技能，更好地回归社会、回报社会。

印社章程中规定，印社原则上每个月活动一次，一般安排在月末组织活动。印社的活动内容主要包括五个方面：一是交流、探讨和切磋篆刻艺术，提高会员的篆刻艺术水平；二是积极参加区、市、国内外的重大艺术比赛，为印社增光；三是经常组织印社社员走出去，参加各种艺术展览，提高会员的艺术欣赏力;四是经常到市、区兄弟印社进行交流和探讨;五是帮助优秀印社会员举办篆刻个人作品研讨会。

兮望印社聘请社会上有影响力的书画家和领导担任名誉社长。聘请两名上海市文史馆馆员担任艺术顾问,一名街道综治领导担任印社顾问。会员方面,凡是街道的社区戒毒康复对象,只要喜欢篆刻艺术,遵守印社章程,经正副社长及秘书长同意,均可入社。印社经费来源主要是:社工站和街道拨款;会员刻印筹得捐款;接受个人和团体捐款。经费由专人保管。

兮望印社的成立,标志社区戒毒康复对象有了自己的组织,是一种自我管理、自我服务、自我监督的自组织形式。自此篆刻戒毒的目标变得清晰,工作程序更趋规范化,篆刻康复辅导班方案更为明晰。

(三) 优势拓展与篆刻戒毒康复共同体发展

兮望印社历经两年的飞速发展之后,成果颇丰。服务对象的复吸控制、操守保持、人生境遇等均发生可喜变化,篆刻艺术疗法的理念及治疗元素也有了一定的探索,引起较大的社会关注。作为印社社工点的基层政府及社工点所在的社会工作机构也开始关注到篆刻康复的效果,尤其是兮望印社的社会影响力骤增。服务对象的篆刻技艺上的精进令很多人惊讶,多人获得全国性书画比赛大奖。2009 年在上海举办的"万国禁烟会"百年纪念活动中,兮望印社的社员们创作的二十三方刻着"万国禁烟会百年纪念"的印章,向全世界各国代表展示着自己戒毒、禁毒的决心,其精湛的技艺得到了各国代表的一致好评。[1] 印社的飞速发展最终引起了上层领导的重视,将之视为上海戒毒工作的亮点,给予了空间与经费上的大力支持。社工点所在的 Z 机构受篆刻艺术康复的启发,通过兮望印社看到了社区戒毒康复对象的优势和潜质,遂成立了禁毒社会工作优势拓展项目,篆刻艺术康复是优势拓展项目的重要来源。艺术戒毒与康复的确立和社区空间的供给,促成了兮望印社到篆刻戒毒康复共同体的形塑,自此可以说进入到篆刻戒毒康复共同体的发展阶段。

(四) 篆刻戒毒康复共同体与烙印群体的社区再造

空间、人口、组织是社区性的基础要素,从根本上来讲,社区或共同体是不

---

① 陈士嘉:《把"篆刻疗法"做活、做实、做好》,《禁毒社会工作》2010 年第 2 期。

同主体(人口、社区组织等)与空间互动的结果。空间、人口、组织三个要素持续互动,产生了纷繁复杂的社区性。① 篆刻艺术共同体形成了一个具有稳定多维空间的戒毒康复的功能性社区。篆刻艺术共同体拥有一个落在社区的固定的物理空间,即基层社区戒毒康复社会工作点在社区拥有两间房子,约摸一百平米左右,这种配置在上海一线社会工作服务点上甚是奢侈。空间的管理方式对共同体的生产和消解可以产生重要影响。著名城市规划学者雅各布斯基于对共同体的向往,认为可通过街道空间的布局来实现人们的交往,形成公共监视网,发展出一个小范围、建立在日常公共生活基础上的网状关系,进而建立一个相互信任、社会监控的机制,将不同个体纳入到城市生活之中。② 社区戒毒康复人员经常出入此空间学习篆刻或聊天谈心,成为一个特殊人群的工作空间、社会空间和生活空间。作为社区戒毒康复人员自组织的兮望印社是这一特殊社会空间的生产者和维护者。印社通过章程来规制社区的秩序,是新家园的创造者和守护者。

篆刻戒毒康复共同体既是社区戒毒康复人员的特殊家园,也是嵌在社区的开放性空间,大半间屋子陈列了社区戒毒康复人员的篆刻作品及书画作品,供大家参观交流,即形成了名副其实的公共空间。这里有着多元流动的人口,除了社区戒毒康复人员之外,还有社工、志愿者、实习生及各类参访者,区别于与社区或社会相对隔离的戒毒社区或康复社区。多元人口的交织,促进了社区戒毒康复人员与社会的互动。社区戒毒康复人员依托兮望印社社员的身份开始走向社会,社工经常组织社员参观西泠印社、上海博物馆、上海美术馆、土山湾博物馆、韩天衡美术馆等,还包括城隍庙古玩一条街、福州路文化艺术一条街等。社员还主动提供社区服务,开展为百岁老人刻章活动、为社区孤老刻章、为福利院老人刻章等活动,所做社会服务提升了社会对社区戒毒和社区康复人员的认可。社区戒毒康复对象的主体性有了很大提升,变得自信,提高了自尊。

当然,最为政府和社会认可的还是服务对象的戒毒康复效果的增进,这也是篆刻戒毒社区建构的初心。参与学习篆刻艺术的社区戒毒社区康复服务对象从当初的 8 名增加到 78 名,社区戒毒与社区康复执行率均为 100%,总体复

---

① 黄晓星:《社区运动的"社区性"——对现行社区运动理论的回应与补充》,《社会学研究》2011 年第 1 期。

② [加]简·雅各布斯:《美国大城市的死与生》,金衡山译,南京:译林出版社,2006 年,第 297 页。

吸率控制在 10%左右,就业比例高达 91%。联合国毒品和犯罪问题办公室主任、国际麻醉品管制局主席、国家禁毒委常务副主任、中央政治局委员等先后实地到访篆刻社会工作基地,对此一社区戒毒康复社会工作的本土创新给予了高度的赞赏和期待。篆刻艺术疗法和篆刻社会工作基地的生产也直接推动了所在街道的社区戒毒和社区康复成为全国性示范社区。① 总体而言,篆刻戒毒康复共同体,是一群居住在同一地理范围内的特殊居民,持续地藉由集体的努力,较为有效地控制了毒品复吸的问题,并且在解决问题的同时也创造了共同的生活福祉,逐渐地与居民和社区建立起紧密的社会联系,不失为烙印群体社区营造的典范。

三、篆刻戒毒社区营造之启示

戒毒康复人员此类烙印群体如何走进社区,拥有自己的公共空间,进行有效的社会联结和再社会化,以重塑自身的主体性及控制复吸,一直是笔者思索的议题,篆刻戒毒康复共同体带给烙印群体社区营造的启示暂可归之为以下两点:

(一) 文化的力量: 传统艺术的审美与救赎

其一,篆刻可以使力收心,提升专注力。篆刻是一种比较强调"静"和耐心的中国传统艺术,人在刻章时臂力、指力和脑力处于同时工作状态,要求高度集中的注意力,积极地看,有助于让人使劲、收心与聚精会神,达到物我两忘的境地,不会念及复吸。长期坚持,可以培养人的耐心、锻炼人的意志。实践中不少服务对象一刻就是五六个小时,并且每天坚持;消极而言,篆刻过程中稍有不慎,可能伤及手指、坏其线条。倘若篆刻一经破坏,可供修复的空间极小,意味着前功尽弃,功亏一篑,成本可谓不低,因此特别需要专注来控制稍纵即至的风险。

其二,篆刻颇富内涵和变化,是力与美的结晶,令人入迷。篆刻不同于一般的刻章或刻字,而是作为中国独有的艺术门类,是笔法、刀法、章法有机交融的艺术,自秦汉始迄今有着二千多年的历史。笔法讲究线条之美,章法讲究造型之美,刀法讲究浮雕之美。好的篆刻对精、气、神特别讲究,精是根本,气贵

---

① 雷海波、费梅苹:《企业家精神与社区戒毒康复社会工作创新》,《都市文化研究》2017 年第 2 期。

流动,神采崇尚变化出新,一旦篆刻入门,容易着迷。篆刻不仅在于刻,还在于"识"与"排",即对字的理解和对空间排版布局的讲究。戒毒学员刻印前亦需花相当的功夫去选字和排版,尽管费时费神很多,但亦乐趣无穷,在戒毒学员眼里,相对于日常处处所见的简化字,篆刻字体新奇,易激发想象力,其悠久的历史在稀缺的当下显得弥足高贵。对社区戒毒康复人员而言,篆刻实为一场审美救赎,字的选择、组合、布局对文化程度偏低的戒毒学员而言既是非常大的挑战,亦是一种动力。

其三,篆刻容易入门,也方便练习,比较适合戒毒人员这一特殊群体的研习特点和研习环境。社区戒毒和社区康复人员文化程度普遍不高,自我效能感低,如果所要接触的艺术门类一开始很难,往往会让初学者产生退缩感。篆刻相对绘画、书法等艺术形式而言,入门要易。在篆刻戒毒之前,社工也尝试了绘画、书法等多种艺术治疗形式,均未取得理想效果。篆刻练习需要的空间小,适合多数戒毒人员居住空间普遍狭窄的环境,一把刀、一块石和一个容身空间即可篆刻。此外,篆刻作业的石头可以摩擦后再次利用,相对其他艺术形式比较经济,适合多数靠救济度日的社区戒毒和社区康复人员。

其四,篆刻的相对稀缺性和潜在的市场需求,容易激发戒毒人员的学习动力。篆刻艺术在当前的艺术形态中尚属小众,行业竞争力不大,一旦用心研习,脱颖而出的机会较大。篆刻亦能满足人们刻章的实际需求,具有一定的实用价值,存在一定的市场需求。戒毒人员为他人刻出好章,可以出售,一定程度上能缓和生计问题。迄今兮望印社已有近十名优秀学员以篆刻艺术为副业,靠篆刻作品获得一定的市场支持。

(二) 专业的力量: 社会工作的接纳与牵引

传统艺术的审美功能及生计功能的发挥,亦需借助专业的力量,方可实现艺术疗愈与审美救赎。尤其是篆刻戒毒康复社区的营造,更是少不了社会工作理念与方法的作用发挥。

首先,社会工作专业积极倡导的平等、尊重、接纳和优势视角等理念,使得戒毒人员与篆刻的连接成为可能。艺术往往被奉为高雅,吸毒常常被斥为低俗,戒毒人员成为"犯人""罪人"或"病人"的标签。兮望印社刚开始尝试戒毒人员学习篆刻的时候受到多方的质疑,被认为是不可能实现的。社会工作则是主要针对弱势群体的利他性助人活动,强调对服务对象的尊重和接纳,强调服务对象作为人的价值,注重从优势视角看待这一特殊个体或群体的存在价值,拒绝排斥和污名化,兮望印社篆刻戒毒正是基于戒毒对象作为"能人"的视角展开的,因此是戒毒社会工作使得戒毒对象有了重新开启人生挑战、追求自我实现的机会。

其次,篆刻写意是一种新的叙事,有助于戒毒人员的问题纾解、自我探索和自我建构。艺术作品往往是由创作者的心情、内在感受和价值理念融合在一起而产生的,篆刻作品为社区戒毒对象提供了一个非语言的表达或治疗方式,是一种新的叙事方式。从刻自己的名字到刻亲朋的名字,再至刻他人名字和社会主题,表达的是自我的探索、初级社会关系和次级社会关系的连接,其前后逻辑亦社会关系发展规律的遵循,有利于服务对象缺损或断裂的社会关系得以修复。

再次,篆刻小组工作的方式,激发了社区戒毒康复对象向上的竞争意识。基于团体动力的小组工作,使得学习篆刻的服务对象之间形成一种比较。依据班杜拉的社会学习理论,小组工作产生的榜样会起到示范和带领作用,会激发其他人员的动力,同时可以提供相互交流、学习和共同提高的平台。① 另外,对于多数成年的吸毒人员而言,多是好面子一族,小组工作的公开展示和比较,会重新激起戒毒人员的面子感,在内心升腾起不要丢丑、超越自我、下次找回面子的决心。因此,社会工作的介入使得篆刻艺术走向篆刻治疗与篆刻社区。

The Community-Building of Stigmatized Groups: Take Seal-Engraving Community for Drug Rehabilitation as Example

Lei Haibo

Abstract: Community-Building is an effective way for community development and the realization of a better public life for residents. However, it is seldom discussed about the Community-Building which focused on community resocialization of Stigmatized Groups. The core of this paper is about how the Stigmatized Group of rehabilitated drug addicts enter the community, carry out effective social connection and re-socialization, so

---

① 彭善民:《篆刻艺术小组:戒毒社会工作的本土创新》,《福建论坛》2010 年第 7 期。

as to rebuild their subjectivity and control relapse behavior. The Seal-engraving Community of drug rehabilitation shaped out from the social work practices of Shanghai community drug rehabilitation. The Seal-engraving Drug Rehabilitation Community has prompted a group of special residents living in the same geographical area to control drug relapse behavior through continuous collective efforts. At the same time, It also creates common well-being while solving social problems, and gradually establishes close social ties with residents and communities, which is a model for Community-Building of Stigmatized Groups. The practice enlightens us that the aesthetic redemption of traditional art and the acceptance and traction of modern social work make it possible to build the community of Stigmatized Groups.

Keywords: Stigmatized Groups; Community-Building; Community Drug Rehabilitation; Seal-engraving

作者简介: 雷海波,上海商学院社会工作系讲师、博士。

精细化管理视角下的上海城市
品牌建设研究[①]
——基于在沪外国人实验性调查的发现

侯彩虹　陶丽娜　叶薇妮

摘　要: 城市品牌建设是当前全球城市竞争中聚焦城市软实力和综合影响力的重要议题。精细化管理聚焦到上海城市品牌建设问题上,需秉持公共关系研究中"认知即为现实"(Perception is reality)的金科玉律,调研并理解目标群体的认知,依据调研结果设定工作目标。为此,本项研究借鉴西蒙·安霍特(Simon Anholt)的国家和城市品牌指标模型,并结合上海城市发展特点,构建了上海城市品牌建设的六维量表,以百名在沪工作和生活的外国人为调研对象,通过问卷和访谈的方式,从经济发展、政府管理、历史文化、国际交流、市民素质、宜居城市和城市整体印象七个方面对在沪外国人展开调研,了解在沪外国人对上海城市品牌的认知,进而提出完善上海城市品牌精细化管理的具体对策和建议。

关键词: 精细化管理　城市品牌　上海

引言

2017 年 3 月 5 日,习近平总书记在参加全国两会上海代表团全团审议时提出"上海这种超大城市,管理应该像绣花一样精细"。这一要求既形象又深

---

① 本文为国家社科基金重大项目"中国特色大国外交的话语构建、翻译与传播研究"(项目编号17ZDA319)的阶段性成果。

刻,为城市创新治理指明了方向。用"绣花"来形容城市管理,从更高层次上来说,是要求政府转变其职能、重塑价值观,从政府自身的职能定位出发,从公众的需求出发,由管理型政府向服务型政府转变。当前超大城市的治理已经成为世界性难题,上海作为国际性大都市,整座城市已经形成有机统一体;这意味着城市管理牵一发而动全身。因此,超大城市必须适应精细化管理,走出一条符合超大城市特点和规律的社会治理新路子。

在国际竞争日趋激烈的全球化时代,世界各国城市为了更好地吸引人才、资金、技术和贸易,纷纷打造城市品牌。城市品牌建设是当前全球城市竞争中聚焦城市软实力和综合影响力的重要议题。作为城市可持续发展的一张名片,其核心理念是:在目标群体中形成对该城市的良性认知,即该城市被认作是一个知名城市,将城市由一个地点转变为一个目的地,人们希望能到那个城市生活、工作或旅游。纽约、伦敦、巴黎,均在国际知名城市品牌中拥有自己的一席之地。成功的城市品牌营销其历史、品质、生活方式、文化和多样性,同时,在与市政府的合作互动中,加强城市的基础设施建设。城市品牌建设也由此被看作是一套完整的传递形象,塑造认知的治理策略。

上海市政府高度重视上海城市品牌建设。《上海市国民经济和社会发展第十三个五年规划纲要》明确提出:到 2020 年,把上海基本建成经济活跃、法治完善、文化繁荣、社会和谐、城市安全、生态宜居、人民幸福的社会主义现代化国际大都市。[①]《上海城市总体规划(2016—2040)》(草案)提出:上海至 2040 年建成卓越的全球城市,塑造国际文化大都市品牌和城市整体形象,推进高品质人文服务设施建设,建设世界著名旅游目的地城市,扩大国际文化影响力。[②] 那么,如何通过精细化管理的方式,完善上海城市品牌建设?

一、研究的理论基础

(一) 精细化管理的内涵

"精细化管理"源自于企业的"科学管理"理论,是 20 世纪 50 年代发端于

[①]《上海市国民经济和社会发展第十三个五年规划纲要》http://www.shanghai.gov.cn/nw2/nw2314/nw2315/nw4411/u21aw1101112.html。

[②]《上海城市总体规划(2016—2040)》(草案)http://www.shanghai.gov.cn/nw2/nw2314/nw2319/nw12344/u26aw48617.html。

日本企业的管理理念和管理技术。精细化管理的实质就是通过规范化、程序化、信息化等一系列手段,形成一个完美的管理系统。① 从含义上来讲,城市精细化管理是把精、细、准、严的现代企业化管理理念应用到现代城市管理的各个方面中,通过规律性、高效性的精细化分工,运用流程化、准确化和高科技的手段,降低行政成本,使各个单元城市管理更加正确、更加高效地协同运作。②

2015 年党的十八届五中全会上提出"推进社会治理精细化",国内学者始聚焦精细化管理研究。目前相关研究多关注行政系统内部,将政府作为主要行为主体,③指明当前精细化管理过程中存在的问题,分析精细化管理基本内涵、方法要素、现实意义,进行理论建构提出解决对策。④ 现阶段相关研究领域主要涉及社会民生、⑤行政机构改革、⑥利用新兴科技进

① 〔美〕泰勒:《科学管理原理》,蔡上国译,上海:上海科学技术出版社,1982 年。

② 温德诚:《政府精细化管理》,北京:新华出版社,2007 年;练洪洋:"政府应提高精细化管理意识",《经济研究参考》2007 年第 30 期,第 28 页。

③ 余友斌:"精细化管理是建设服务型政府的重要内容",《中国党政干部论坛》2008 年第 7 期,第 62 页;郝小春:"以精细化管理思路提高社会治理水平",《世纪桥》2016 年第 9 期,第 74—75 页;王少峰:"特大型城市中心城区如何精细化管理——以北京市西城区为例",《中国党政干部论坛》2016 年第 4 期,第 13—17 页;张锋:"以智能化助推城市社区治理精细化研究——基于上海杨浦区控江路街道的实证分析",《城市发展研究》2019 年第 26 期(03),第 6—9 页。

④ 李茜,刘琦,张钧臣:"城市精细化管理浅探——以西安市为例",《绿色科技》2015 年第 4 期,第300—304 页;刘筱:"城市运行管理体制中的能效策略及顽症化解——以深圳宝安区精细化管理为例",《上海城市管理》2015 年第 24 期(02),第 36—43 页;冯奎:"城市精细化管理亟需'突破口'",《城乡建设》2017 年第 13 期,第 24—25 页;周霆钧:"精细化管理与治理'城市病'",《城市开发》2016 年第 4 期,第 20—23 页;褚大建:"提升城市精细化管理水平需做好顶层设计",《城乡建设》2017 年第 13 期,第 23—24 页;唐亚林,钱坤,"城市精细化治理的经验及其优化对策——以上海'五违四必'生态环境综合治理为例",《上海行政学院学报》2019 年第 20 期(02),第 43—52 页。

⑤ 林宇慧,陈军强,黄志旺:"广东省水库移民项目精细化管理系统的研究与实现",《人民珠江》2014年第 35 期(03),第 123—127 页;韦力行:"明确救助标准 规范资金发放 全面推进灾害救助精细化管理",《中国减灾》2016 年第 7 期,第 28—29 页;余敏江:"环境精细化治理:何以必要与可能?",《行政论坛》2018 年第 25 期(06),第 116—122 页。

⑥ 丁青石:"对领导权力运行也要精细化管理",《领导科学》2013 年第 27 期,第 15—16 页;汪智汉,宋世明:"我国政府职能精细化管理和流程再造的主要内容和路径选择",《中国行政管理》2013 年第 6期,第 22—26 页;李勇,卢鑫:"经济新常态下行政机构编制管理策略选择——基于济南市行政机构编制精细化管理分析",《机构与行政》2017 年第 2 期,第 28—31 页;狄英娜:"'街乡吹哨、部门报到'——强化党建引领基层治理,促进城市精细化管理的北京实践",《红旗文稿》2018 年第 23 期,第 13—15 页;王郁,李凌冰,魏程瑞:"超大城市精细化管理的概念内涵与实现路径——以上海为例",《上海交通大学学报》(哲学社会科学版)2019 年第 27 期(02),第 41—49 页,96 页。

行精细化管理,①以及对不同地方和区域的城市精细化管理进行比较分析。②综观精细化研究的现存成果,描述性、概念性的论述居多;虽偶有案例研究,但缺乏定量分析等实证研究支撑;提出的政策建议停留于理论层面、不具有针对性,在实际操作层面的效果欠佳。此外,现有研究多关注从政府管理职能角度出发,忽视了社会主体在社会治理过程中的能动作用。

(二) 公众认知与城市品牌建设的关系

随着全球化和城市化进程不断深入发展,城市品牌建设的研究得到了国内外众多学者的关注。国外学者从城市品牌建设思想的提出、③城市品牌的影响因素④等方面进行探讨,对城市品牌的定位、⑤城市品牌建设与公共政策的联系、⑥城市品牌的推广⑦以及城市品牌建设方法策略⑧等方面进行了剖析。

---

① 杨燕绥:"数字人社:精细化管理的必由之路",《中国社会保障》2015 年第 7 期,第 24—25 页;谭绮娟:"遥感技术在城市精细化管理中的应用",《城市管理与科技》2016 年第 18 期(02),第 58—59 页;李冠群:"科学处理垃圾 建设美丽城市——国外城市精细化管理系列研究之一",《当代世界》2018 年第 8 期,第 76—78 页。

② 王占益.:"以精细化管理促进城市管理模式转变的有益探索——以烟台市为例",《城市管理与科技》2015 年第 17 期(03),第 74—75 页;石建莹、黄嵘,杨蕊:"发达国家和地区城市精细化管理的经验及启示",《陕西行政学院学报》2016 年第 30 期(04),第 76—79 页;王少峰:"特大型城市中心城区如何精细化管理——以北京市西城区为例",《中国党政干部论坛》2016 年第 4 期,第 13—17 页。

③ Anholt, S. (2013). "Beyond the nation brand: the role of image and identity in international relations". *The Journal of Public Diplomacy 2*.

④ Bazargani S M. (2014). "Identifying and Ranking the Effective Factors on City Brand Determination (Tehran)". *Research Journal of Applied Sciences, Engineering and Technology*; R. Holeywell, "Are municipal branding campaigns worth the price?", *Governing the states and localities*, December 2012. http://www. governing. com/topics/economic-dev/gov-municipal-branding-campaigns-worth-price. html Accessed on April 15,2017.

⑤ Anholt, S. (2006), "Public diplomacy and place branding: Where's the link?", *Place Branding*, Vol. 2, No. 4, pp. 271 – 275.

⑥ Govers, R. (2013),"Why place branding is not about logos and slogans", *Place Branding and Public Diplomacy*, Vol. 9, Issue 2, pp. 71 – 75.

⑦ Ooi, C. S. (2011). "Paradoxes of city branding and societal changes", *City Branding: Theory and Cases*. UK: Palgrave Macmillan, pp. 54 – 61.

⑧ J. Heaton, "The difference between marketing and branding", *Tronvig group*. http://www. tronviggroup. com/the-difference-between-marketing-and-branding/Accessed on April 15,2017.

国内学者在此领域的研究亦有一定积累，①但国内外研究均忽视了城市品牌的评估者——"人"的研究，即：公众认知的研究。

公共关系研究领域的金科玉律——"认知即是现实（Perception is reality）"告诉我们：城市品牌建设核心在于公众认知（Perception）。② 尽管很多城市的政府公共管理部门正在实施城市品牌战略，但其核心不是城市被建设得有多么好，而是公众认为这个城市有多么好。城市是否是国际知名大都市，不是由该市政府判断的，而是由居住或访问过这座城市的公众，尤其是外国公众的认知决定的。政府公共管理部门应基于对目标群体（Target Audience）的调研，了解公众的认知图表，发挥行政主体的职能，运用精细化管理的相关策略，将"加工过的信息"（Tailored Message）投送给受众，从而促使公众形成更为良性的认知，城市品牌建设也由此被看作是一套完整的传递形象、塑造认知的治理策略。

在上海城市品牌建设的过程中，如何做好精细化管理？ 以下三个问题是精细化管理过程中不可回避的问题：（1）了解和把握"他者"对上海的认知；（2）剖析影响上海城市品牌建设的核心要素；（3）基于公众的现有认知，提出改进策略，进而优化和提升公众的认知。为此，本文将依据城市品牌建设的核心理念，针对在沪居住的外国人展开实验性调研（Pilot Survey）。依据调研结果，反思当前上海城市品牌建设过程中需完善和提高的方面，为将上海打造为卓越全球城市提供发展思路。

二、研究思路和方法

本项研究在借鉴西蒙·安霍特（Simon Anholt）创设的城市品牌六维指标③基础上，结合上海城市发展的具体特点和目标定位，构建了上海城市品牌

---

① 宋欢迎，张旭阳："中国城市品牌形象受众感知评价研究——基于全国 36 座城市的实证调查分析"，《新闻界》2017 年第 3 期，第 33—41 页；黄良奇："城市元素与城市品牌形象的互动传播机制"《中国广播电视学刊》2016 年第 2 期，第 66—69 页；祁明德："城市发展成就与城市品牌感知实证研究——来自广东省 21 个城市的实证经验"，《系统工程》2013 年第 31 期（06），第 22—29 页；钟羽："城市品牌传播策略分析"，《新闻界》2012 年第 9 期，第 19—21 页，29 页；赖明勇，周玉波："国内外城市品牌建设模式差异研究"，《求索》2011 年第 8 期，第 87—88 页，160 页。

② Seitel, Fraser P. (2007), *The Practice of Public Relations* (10th ed.), Upper Saddle River, NJ: Pearson Prentice Hall.

③ 安霍特创设的城市品牌六维指标是指：地缘面貌、城市活力、先天优势、发展潜力、市民素质和知晓程度。

建设的六维量表——经济发展、政府管理、历史文化、国际交流、市民素质、宜居城市(如图1所示)。并围绕着这六个方面对居住在沪一百多名外国人,通过访谈和问卷调查的方法,开展实验性调研,透视影响上海在城市品牌建设的核心要素以及各要素目前发展的优劣势,对公众关于城市品牌的认知进行精细化管理,进而提出完善上海城市品牌精细化管理的具体对策和建议。

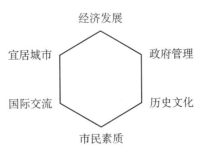

图1 上海城市品牌建设的六维量表

为确保问卷设计的科学性和准确性,项目组先后组织了两次焦点小组访谈(Focus Grouping),邀请在沪居住的外国人和熟悉上海城市资源的政府有关部门主管领导进行访谈。在访谈的基础上设计调查问卷,且在留学生中试做问卷,修改和完善问卷之后,利用问卷星在网上发放问卷。

此次调查共回收到来自25个不同国籍的104份问卷。其中,法国籍的有效问卷数量居于首位,为28份;美国籍和英国籍的有效问卷数量位居其后,分别为11份和8份。调查问卷中针对调查对象涉及性别、年龄、职业、学历、国籍、居住城市、在上海居住时长、收入等基本信息。前文已经表明上海希望吸纳高学历人才来沪生活工作,本次调查对象中研究生及以上学历者高达73.3%,对开展本文研究具有非常重要的现实意义。从调查对象整体情况看,调查对象的身份分布情况良好,同时涵盖了短期(在上海居住还不到1年)、中期(在上海居住时间为1—5年)、长期(在上海居住超过5年)比例分别为24.5%、48.8%、26.7%。受访者在沪居住一年以上的比例为75.5%,对上海有较为深入的了解。

三、研究发现

1. 上海经济发展要素调查

该部分调查围绕"经济发展"议题展开,具体调查结果如下图2—6所示。

问题1　您认为上海的就业机会如何？

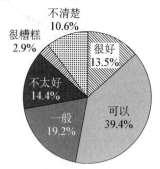

图2　上海就业机会的调查意见

问题2　您是否赞同在上海获取就业信息是容易的？

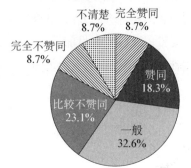

图3　在上海获取就业信息的调查意见

问题3　您认为上海成为全球科技创新中心需要有哪些前提条件？

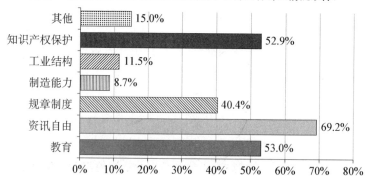

图4　上海成为全球科技中心须具备的前提条件的调查意见

问题4　您认为上海未来5年内在全球的经济实力会如何？

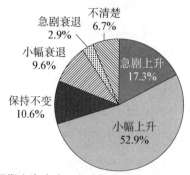

图5　预期上海未来5年内全球经济实力的调查意见

问题5 您认为与东京、新加坡、香港相比，上海
可以被称作"亚洲经济和金融中心"吗?

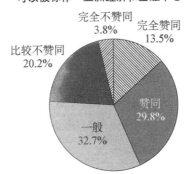

图6 上海被称作亚洲经济和金融中心的调查意见

从调查对象对上海城市品牌建设经济发展要素的回答情况可以发现(详见上图2—6),52.9%受访者对上海的工作机会持积极态度,17.3%的受访者对在上海找工作一事态度较为消极,其中2.9%的受访者认为在上海工作机会渺茫。对于"是否赞同在上海获取就业信息是容易的",受访者回答"比较不赞同"和"完全不赞同"的比例共为31.8%,高于"完全赞同"和"赞同"加起来的比例为27%。这表明上海政府在提供就业信息方面有待改进。在对上海成为全球科技创新中心的前提条件调查中,"资讯自由""教育""知识产权保护"和"规章制度"四个要素较为突出,分别占69.2%、53.8%、52.9%、40.4%,这些数据表明上海在城市品牌建设中需要着力关注这四个方面。受访者普遍对上海未来五年内在全球的经济实力抱有乐观态度,占70.2%;其中有52.9%的受访者认为其经济实力会小幅上升,更有17.3%的受访者认为上海的经济实力会急剧上升。对于上海是否能被称作"亚洲经济和金融中心",43.3%的受访者表示赞同,但仍有24%的受访者对此并不赞同,还有32.7%的受访者表示不清楚。这一结果表明,上海还需为加强和巩固亚洲经济和金融中心地位不断做出努力。

2. 上海政府管理要素调查

该部分调查围绕"政府管理"议题展开,具体调查结果如下图7—8所示。

从调查对象对上海城市品牌建设政府管理要素的回答情况可以发现,大部分受访者表示对居住在上海的治安和交通情况甚为满意,比例均达到89.4%;但是对上海食品安全的调查中,只有40.4%的受访者认为安全,另外

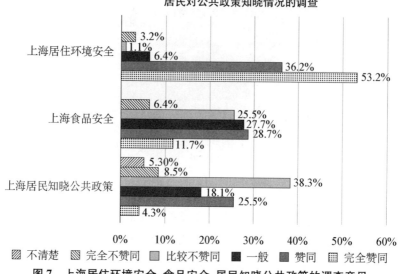

图7　上海居住环境安全、食品安全、居民知晓公共政策的调查意见

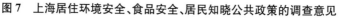

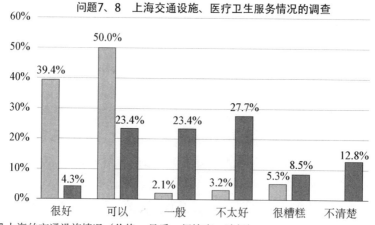

图8　上海交通设施、医疗卫生服务情况的调查意见

31.9%的受访者认为不安全。在上海的医疗卫生服务的满意度调查中,仅仅只有4.3%的受访者持较高的评价,持不满意态度的受访者达36.2%,这一调查结果表明上海在进行品牌建设过程中尤其需要更加关注食品安全和医疗卫

生服务。此外,46.8%的受访者对上海居民知晓公共政策这一问题持消极看法,向公众普及和宣传公共政策有待改进。

3. 上海历史文化要素调查

该部分调查围绕"历史文化"议题展开,具体调查结果如下图9—12所示。

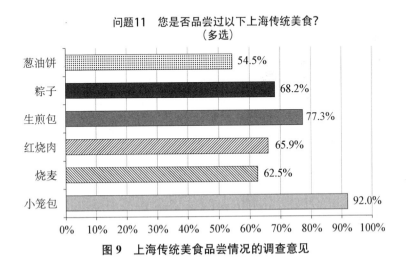

图9　上海传统美食品尝情况的调查意见

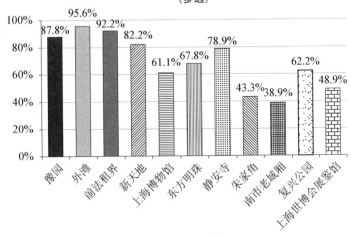

图10　参观上海名胜古迹的调查意见

从调查对象对上海城市品牌建设历史文化要素的回答情况可以发现(详

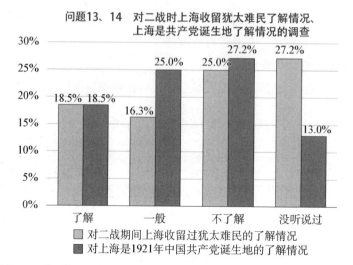

图 11　对二战时上海收留犹太难民及上海是共产党诞生地的调查意见

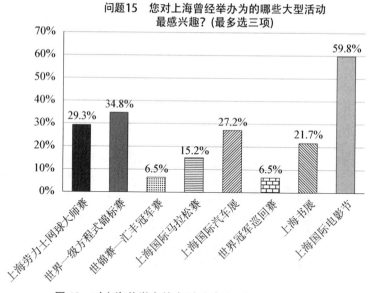

图 12　对上海曾举办的大型活动感兴趣的调查意见

见上图 9—12），受访者对于上海的传统美食普遍较为了解，品尝过小笼包的比例高达 92％，其他五种传统美食比例也均超过 50％。受访者对于上海名胜古迹的熟悉度同样很高，有 95.6％的受访者表示游览过外滩，92.2％的受访者参观过前法租界，87.8％的受访者到过豫园；其中回答朱家角和南市老城厢的比例较低,分别为43.3%和38.9%,说明外国人对这两处景点的知晓度或兴趣不高,但朱家角距离市中心较远(约1.5小时的公交车程)是导致其比例低的原因之一。大部分受访者对上海在二战期间曾经收留过犹太难民的历史并不是很了解,回答"不了解"人数比例为25%,甚至有27.2%的受访者表示"没听说过"。对上海是1921年中国共产党诞生地的回答中,40.2%的受访者表示对此不太了解,其中有13%的受访者表示"没听说过"。对于上海曾经举办过的大型国际活动赛事,大部分受访者对上海国际电影节较感兴趣,感兴趣的人数比例为59.8%,此外,上海世界一级方程式锦标赛和上海劳力士网球大师赛是受访者除国际电影节外最喜欢的两项国际体育赛事,比例分别为34.8%和29.3%。从这一模块的调查结果表明受访者对于上海历史熟悉程度较低。

4. 上海国际交流要素调查

该部分调查围绕"国际交流"议题展开,具体调查结果如下图13—15所示。

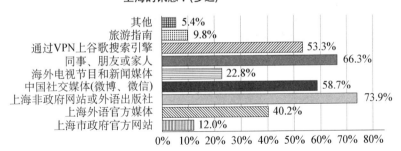

图 13　获得有关上海讯息的途径的调查意见

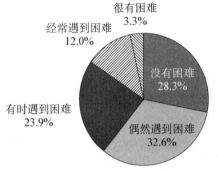

图 14　个人在上海期间遇到语言障碍的调查意见

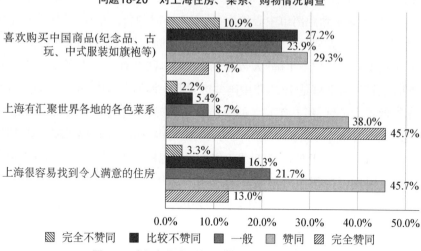

问题18-20　对上海住房、菜系、购物情况调查

喜欢购买中国商品(纪念品、古玩、中式服装如旗袍等)　10.9%　27.2%　23.9%　29.3%　8.7%

上海有汇聚世界各地的各色菜系　2.2%　5.4%　8.7%　38.0%　45.7%

上海很容易找到令人满意的住房　3.3%　16.3%　21.7%　45.7%　13.0%

0.0%　10.0%　20.0%　30.0%　40.0%　50.0%

完全不赞同　　比较不赞同　　一般　　赞同　　完全赞同

图15　对上海住房、菜系、购物情况的调查意见

从调查对象对上海城市品牌建设历史文化要素的回答情况可以发现(详见上图13—15),83.7%的受访者对上海有来自世界各地的菜系持积极态度。对是否喜欢在上海购买中国商品的调查中,38%的受访者持乐观态度,同时也有38.1%的受访者持消极态度,两者不相上下。由于此次调查问卷无法体现这些受访者持消极态度的原因,因此很难探究这一调查结果背后的深层原因。绝大多数受访者并不认为语言障碍(路标、菜单)是其留在上海的干扰因素,因为只有3.3%的受访者表示在语言方面很有困难,以及12%的受访者认为经常会遇到困难,原因在于上海的路标和菜单上不仅标有拼音而且绝大部分标有英文。对受访者获得上海资讯渠道的调查,可以发现他们获取资讯的主要渠道为"上海非政府网站或外语出版社""同事、朋友或家人""中国社交媒体"和"谷歌搜索引擎",比例分别为73.9%、66.3%、58.7%、53.3%,这表明在获得上海资讯方面传统渠道并不太受欢迎,受访者普遍通过非官方渠道获取上海资讯。

5. 上海市民素质要素调查

该部分调查围绕"市民素质"议题展开,具体调查结果如下图16—20所示。

从调查对象对上海城市品牌建设市民素质要素的回答情况可以发现(详见下图16—20),受访者对上海市民的整体印象较为复杂:35.6%的受访者较

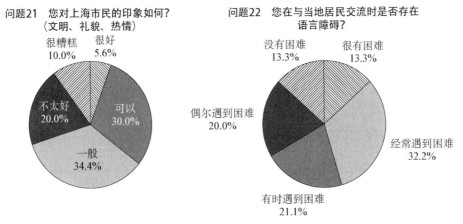

问题21　您对上海市民的印象如何？
（文明、礼貌、热情）
很糟糕
10.0%
很好
5.6%
不太好
20.0%
可以
30.0%
一般
34.4%

图 16　对上海市民印象的调查意见

问题22　您在与当地居民交流时是否存在
语言障碍？
没有困难
13.3%
很有困难
13.3%
偶尔遇到困难
20.0%
经常遇到困难
32.2%
有时遇到困难
21.1%

图 17　与上海当地居民交流无障碍的调查意见

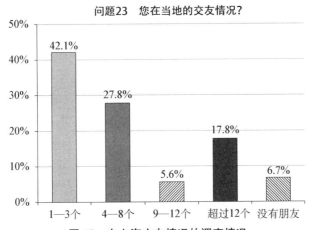

问题23　您在当地的交友情况？
50%
40%
30%
20%
10%
0%
42.1%
27.8%
5.6%
17.8%
6.7%
1—3个
4—8个
9—12个
超过12个
没有朋友

图 18　在上海交友情况的调查情况

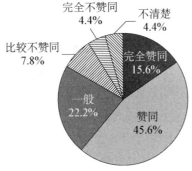

问题24　您是否赞同在上海很容易加入某个团体
（出于宗教、共同爱好和国别）？
完全不赞同
4.4%
不清楚
4.4%
比较不赞同
7.8%
完全赞同
15.6%
一般
22.2%
赞同
45.6%

图 19　在上海是否容易融入团体活动的调查意见

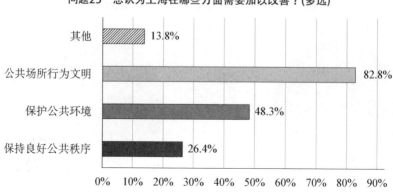

问题25　您认为上海在哪些方面需要加以改善？(多选)

图20　上海需在市民素质方面加以改进的调查意见

为认可,34.4%的受访者中立态度,还有30%的受访者对上海市民素质印象很消极,其中有1%的受访者对此很不满意。大多数受访者表示上海市民在公共场合的行为举止需要进一步改进,因为西方人并不能接受公共场所吐痰或地铁推搡等行为;但也有受访者表示"上海当地人在公共场所行为举止并不存在问题,主要问题发生在上海的外来务工人员身上"。在对受访者在上海交友情况的调查中,有6.7%的受访者在上海没有朋友,但是考虑到上文调查结果显示有5.8%的受访者在上海居住时间不到一个月,所以这一结果较为正常。此外,在全部受访者中有1—3个朋友的比例只有42.1%,这个比例较低的原因是出于语言障碍,因为在上文的调查中发现只有13.3%的受访者认为在语言交流上没有问题,而认为语言交流偶尔或经常存在困难的比例达73.4%。与此同时,有61.2%的受访者表示在上海很容易融入团体,这一结果表明没有很多当地朋友并不会影响外国人在上海居住,因为还有其他方式开展社交活动。

6. 上海宜居城市要素调查

该部分调查围绕"宜居城市"议题展开,具体调查结果如下图21所示。

从调查对象对上海城市品牌建设宜居城市的回答情况可以发现(详见下图21),绝大多数受访者对上海交通出行模式(例如自行车、地铁、公交车)较为满意,比例高达74.4%。在上海城市绿化空间的满意度调查中,40%的受访者认为一般,32.2%的受访者持满意态度,27.7%的受访者持消极态度,这一结果表明上海在绿化方面有待提高。上海城市整洁度的调查结果同样如

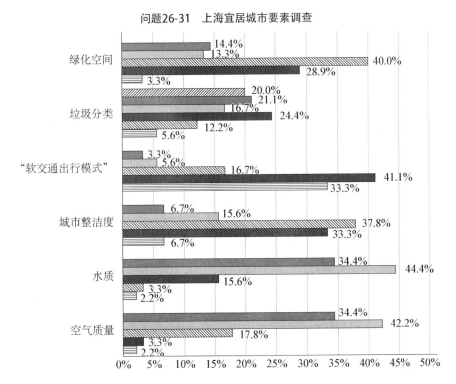

问题26-31　上海宜居城市要素调查

图 21　上海宜居城市要素调查意见

此,虽然有 40% 的受访者表示满意,然而有 37.8% 的受访者认为一般,22.3%
的受访者认为上海城市整洁度有待提升。此外,上海垃圾分类情况也需要加
以改善,因为有 37.8% 的受访者表示不满意,12.2% 的受访者认为一般。在
上海空气质量的调查中有相当大部分受访者对此持消极态度,比例高达
76.6%,甚至有 34.4% 的受访者认为很糟糕;有关上海水质的调查情况亦如
此,高达 78.8% 的受访者持消极态度,其中有 34.4% 的受访者表示很糟糕。
此次问卷调查结果表明大部分受访者显然对上海水质和空气质量不满意,而
空气质量和水质直接影响到居民身体健康和生活质量,同时会影响到外国人
决定在上海中长期工作生活的意愿。

7. 上海整体印象要素调查

该部分调查围绕"城市整体印象"议题展开,具体调查结果如下图 22—25

所示。

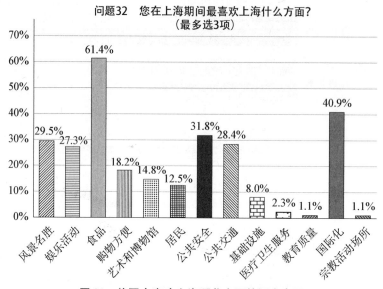

图 22   外国人喜欢上海哪些方面的调查意见

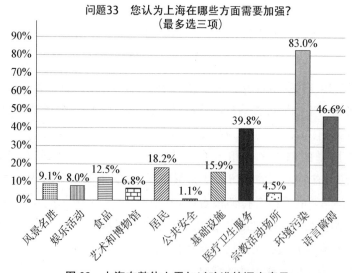

图 23   上海在整体上需加以改进的调查意见

调查对象对上海城市品牌建设整体印象要素的回答情况可以发现（详见上图22—25），受访者普遍最喜欢上海食品和上海国际化的特征，分别占

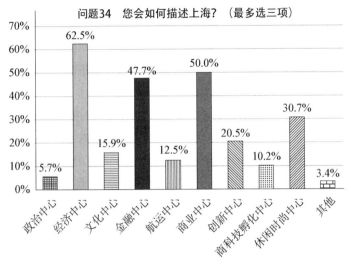

图 24 对上海城市描述的回答情况

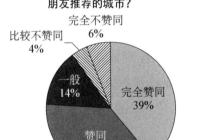

图 25 上海是否值得向家人、朋友推荐的调查意见

61.4%和40.9%。受访者认为上海需要改进方面的调查结果显示,高达83%的受访者表示上海的"环境污染"情况需要改善,其次是"语言障碍"和"医疗卫生服务"方面,分别为46.6%和39.8%。62.5%的受访者认为上海最适宜称作"经济中心"、"商业中心"和"金融中心",比例分别为62.5%、50%和47.7%。另外,在这些受访者中有76.0%的外国人表示上海值得向家人和朋友推荐,表明上海很大程度上拥有吸纳外国优秀人才来沪生活和工作的机遇。

四、启示

综观问卷设计、调研和结果分析的全过程,城市管理者与来沪外国人之间存在一定的认知偏差(Perception Gap),而这种认知偏差恰恰是实施精细化管理的主要领域之所在,具体有以下几方面。

在经济发展方面,在沪外国人更为关注就业机会和相关就业信息的获取途径。但从城市管理者的角度看,则普遍关注地方经济发展的 GDP、人均收入和就业率。此外,伴随来沪外国人数量增多,因非法入境、非法居留和非法就业产生的"三非问题"为城市的出入境管理提出新的挑战。在问及未来五年上海的经济发展状况时,70.2%的受访者对上海的发展持乐观态度。但当问及与东京、新加坡、香港相比,上海能否被称之为"亚洲经济和金融中心"时,32.7%的受访者持不确定态度,持肯定态度的比例为 43.3%。受访者因身份的不同,对上海经济发展活力的理解不同。从精细化管理的角度看,应细化在沪外国人的职业比例构成,根据职业分布区域和领域,有针对性的投送信息,满足不同层次人员的需求。

从政府治理的层面看,高达 89.4%的受访者对上海的社会治安状况和公共交通设施表示满意。当问及是否对上海的食品安全放心时,27.7%的受访者未置可否,认为食品是安全的仅为 40.4%。开展食品安全的系列宣传,打消受访者对沪产食品安全的疑惑和不信任,是提升上海食品安全可信度的重要步骤。在医疗服务方面,因语言不通、就医难、就医贵等因素,造成差评比例为 36.2%,高于好评比例 27.7%。优化在沪外国人的医疗服务,公立医院增设翻译导诊等服务将是弥补语言沟通障碍的重要举措。

在对上海的城市历史和历史贡献方面,受访者的信息非常有限。90%以上的受访者会光顾新天地酒吧,却对附近的中共一大会址知之甚少,40.2%的受访者表示对此不甚了解。上海在 1933—1941 年间,总共接纳了近三万名为逃离纳粹的屠杀和迫害而从欧洲来沪的犹太难民,为他们造起了一艘"诺亚方舟"。但对于这段历史,以及位于虹口区长阳路 62 号犹太难民纪念馆,27.2%的受访者表示从未听说过,25%表示不甚了解。

上海是国家历史文化名城,拥有深厚的近代城市文化底蕴和众多历史古迹。江浙吴越文化与西方传入的工业文化相融合形成上海特有的海派文化。1843 年后上海成为对外开放商埠,并迅速发展成为远东第一大城市。但是,在此次调研中,受访者普遍感受到上海的城市现代性和活力,而忽视了对城市历史的感受。这从侧面反应出公共历史知识普及的不足。比照伦敦、巴黎和纽约,这些国际一线大都市,均在弘扬历史古迹和文化底蕴的基础上,彰显其时代特征。若忽视了对历史资源的继承,城市的现代化发展则显得底气不足。此间,信息不对称,以及传播渠道的不顺畅,是直接影响来沪外国人了解上海城市历史的症结。调研显示:73.9%在沪外国人多通过非政府网站,如:smartshanghai, timeout 等网站获取信息。了解和把握在沪外国公众的媒介消费习惯,精准地投送相关信息将是实现精细化管理的必要条件。

Research on Shanghai City Brand Building from a Delicacy Management Perspective
——Based on Findings from an Experimental Survey of Foreigners in Shanghai

Hou Caihong Tao Lina Veronique Ye

Abstract:City brand building is an important issue closely related to soft power and comprehensive influence in the current global urban competition. Focusing on the construction of Shanghai city brand, the delicacy management needs to follow the golden rule of "Perception is reality" in public relations research, to investigate and understand the cognition of target groups, and then to set work objectives based on the survey results. Therefore, referring to the "Anholt-GMI City Brands Index" from Simon Anholt and combining with the characteristics of Shanghai city development, the research established the six-dimensional scale of Shanghai city brand construction. With hundreds of foreigners working and living in Shanghai as the research subjects, through the way of questionnaire and interview, the authors investigated seven aspects about Shanghai city: the economic development, government management, history and culture, international exchange, citizen quality, livable city and city overall impression, in order to understand the foreigners' city brand cognition of Shanghai. The ultimate objective of this research is to put forward some concrete countermeasures and suggestions to perfect the delicacy management and Shanghai city brand building.

Keywords:delicacy management; city brand; Shanghai

作者简介：侯彩虹，女，上海交通大学国际与公共事务学院 2017 级博士研究生；陶丽娜，上海交通大学国际与公共事务学院 2017 级硕士生；叶薇妮（Veronique Ye），上海交通大学国际与公共事务学院"中国政治与经济全英文国际硕士项目"2017 届硕士研究生。

"白丁"之言：文学视阈下的
列奥纳多·达·芬奇笔记

李婧敬

摘　要：作为意大利文艺复兴运动的代表性人物，列奥纳多·达·芬奇 (Leonardo da Vinci)留给后人的不仅有百世不朽的艺术杰作，还有浩如烟海的丰富文稿。这些文稿的内容包罗万象，既是达·芬奇在绘画、建筑、军事、工程、音乐、数学、天文等诸多领域非凡造诣的见证，也忠实记录了一个生活在文艺复兴鼎盛时期的"全能通才"的人生经历及其所见所闻和所思所感。本文旨在从文学视角对达·芬奇的笔记进行研读，以分析文本的方式尝试探寻作为"写作者"的达·芬奇的内心世界，挖掘其艺术创作和科学探索背后的人文情怀，为学界同行提供一个研究达·芬奇的新视角。

关键词：列奥纳多·达·芬奇　笔记　文本研读　文学视阈

引言：对列奥纳多·达·芬奇的两种误读

长久以来，列奥纳多·达·芬奇(Leonardo da Vinci，1452 - 1519)一直被冠以"文艺复兴时期美术三杰之一"的美誉。在 500 年后的今天，这一评价虽得到普遍认可，却在一定程度上导致对达·芬奇的研究过于狭窄地聚焦于他在艺术领域内的成就。

直到 18 世纪末期，人们对于该人物的了解主要基于三条渠道：一是达·芬奇的若干艺术作品；二是乔尔乔·瓦萨里的《艺苑名人传》——在那部传记里，达·芬奇被描绘为一个因过于追求完美而留下大量未竟之作的画家；三是达·芬奇唯一一部得以出版的文集《绘画论》（*Trattato della pittura*）。因此，在那一时期，人们对达·芬奇的认知往往局限于他在艺术（尤其是绘画领域）所取得的成就，亦在情理之中。

自 19 世纪中叶起，随着一系列有关机械装置和军事武器的图稿重现天日，作为"科学家"的达·芬奇出现在公众的视野中，其受关注的程度甚至超过了原先的"画家"达·芬奇。在这一时期，他的名字开始与"超人"①"先锋"②等具有传奇色彩的词汇相关联。有学者（如邓南遮、佩特等）将他的天才理念视作某种超越其所处时代的，与史前科技或中世纪晚期魔法有关的奇思妙想，③也有以弗洛伊德为代表的学者将他有别于同时代人的思维方式解读为某种精神疾患的产物。④ 近年来，随着某些文学和影视作品的传播，达·芬奇的形象被进一步传奇化，几乎成为某种不可描述的神秘力量的代名词。

从单纯的"画家"到堪比神灵的"传奇人物"，五个世纪以来，对达·芬奇的形象解读经历了从过度局限到无限神化的过程。针对上述两种不同方向的误读，笔者以为，有必要将该人物还原至他所处的历史场景中去。基于此，在

----

① 见沃尔特·佩特：《文艺复兴》，李丽译，北京：外语教学与研究出版社，2010 年，第 179 页："（达·芬奇）比其他任何艺术家更能反映出内在的想法、观点和某种世界格局。所以，在同时代的人眼中，他似乎具有某种渎神的、隐秘的智慧。对米什莱和其他人来说，他预测了现代的思想。"同时见 Gabriele D'Annunzio, *Vergini delle Rocce*, Milano, 1905, p. 84："他身上有一股不羁的精神，要将生活赐予他的一切统统挖掘而出。他有一种野心，绝不盲从生活的道路，而是要借着科学的手段，成为生活的主宰。有了科学，操作者的力量就能成倍扩大并汇聚于一处，帮助操作者实现目标。"

② 见 Demtrio Mereshkovsky, *La Resurrezione degli Dei-Leonardo da Vinci*, Milano, 1936, p. 394："他在深夜中过早醒来：身处仍在沉睡的人们中间，他感到茕茕孑立。他用隐秘文字写就的日记是留给遥远未来的人们去研究的。他是荒原里的播种者，不等黎明到来，就来到田野，凭借不可动摇的意志奋力耕耘。"同时见 Edouard Schuré, *I profeti del Rinascimento：Dante，Leonardo da Vinci，Raffaello，Michelangiolo，Correggio*, traduzione di Emmanuel, Bari：Gius. Laterza & Figli, 1946, p. 86："他难道不曾给我们留下那些最为珍贵也最为神秘的杰作吗？……凭他在科学和艺术领域的造诣，难道算不上一位令人景仰的，极富现代精神的先行者吗？"

③ Carlo Vecce, *La biblioteca perduta：i libri di eonardo*, Roma, 2017, p. 16.

④ 见［奥］西格蒙德·弗洛伊德：《达·芬奇的童年记忆》，李雪涛译，北京：社会科学文献出版社，2017 年，第 84 页："根据列奥纳多自身的一些细微症状，我们认为他和我们称作'强迫类型'的精神症很相似，为此，我们可以将他的研究和神经症患者的'强迫性思考'，将他精神和肉体上的压抑和精神症患者的所谓的'意志缺损'进行比较。"同时见 Gabriel Séailles, *Léonard de Vinci，l'artiste et le savant：1452-1519，essai de biographie psychologique*, Paris, 1892, p. 521："病痛带来的困扰只是对正常现象的一种夸张形式。所以说，疾病是一种工具，在孤立被观察对象的同时将其放大。"

达·芬奇逝世 500 周年之际，针对他本人留下的文稿展开研究，对客观解读其真实的面貌具有十分重要的意义。

一、"白丁"列奥纳多·达·芬奇的读写生涯

在《大西洋抄本》(*Codice Atlantico*，又译作《亚特兰蒂斯抄本》)第 327 张纸背面，有一段题为《前言》的文字：

> 我知道，由于我不懂拉丁文，某些妄自尊大的家伙便振振有词地指责我是白丁(*omo sanza lettere*)……他们会说，我不通文字，无法阐述想要探讨的论题。但他们却不知道，我研究的论题是通过实际经验，而非他人的言论来论证的。实践是所有妙笔生花者的导师……我将在所有的研究中仰仗这一导师。①

上述文字写于 1490 年。时年，达·芬奇计划创作一部关于绘画的著作。在前言里，他针对某些傲慢之人的诟病展开了自我辩护：他并不否认自己"不懂拉丁文"，却拒绝"白丁"这一蔑称，并反复强调自己是以实际经验，而非以书本中的教条为师。这一反驳铿锵有力，但字里行间却流露出他对自己不通晓拉丁文这一事实的尴尬。由于少年时期不曾接受过系统的读写训练，达·芬奇的拉丁文功底的确薄弱。这在客观上使他难以读懂经典的科学和哲学原著，也令他在系统阐述自身观点时颇感捉襟见肘。1490 年前后，达·芬奇曾数次在笔记中表达著书立说的意愿："1489 年 4 月 2 日，题为《论人体形态》的书"(《温莎抄本》之《解剖学手稿 B》，第 42 张纸正面)、"1490 年 4 月 23 日，我开始撰写这本书，②同时再度开始打造骑马塑像"(《抄本 C》，第 15 张纸背面)、"1490 年 4 月 23 日"(《大西洋抄本》，第 207 张纸正面)。达·芬奇为何会在这一时期产生如此强烈的愿望，想要成为一名"写作者"呢？对于当时已并不年轻的达·芬奇而言，与其说是纯粹的个人爱好催生了这种愿望，不如认为这种愿望来自某种关乎生存和发展的现实需求。就社会环境而言，美第奇家族统治下的佛罗伦萨是全欧洲的文化名城。达·芬奇清晰地意识到，在这座艺术

---

① Carlo Vecce, *Leonardo*，p. 121.
② "这本书"指的是《绘画之书》，见 Carlo Vecce, *Leonardo*，p. 120.

家、工程师和学者云集的城市里，拉丁文是进入高层文化圈的一块必不可少的敲门砖。此外，从开展科学与艺术研究的需求来看，由于当时的古典科学文献——尤其是达·芬奇格外崇拜的阿基米德的论著——大多只有拉丁文译本，而俗语译本寥寥，因此，掌握拉丁文便成为达·芬奇探索自然科学的一把新钥匙。为了实现这一目标，大量的阅读是不可逾越的必经之路。1487 年的一份藏书清单见证了他在这一方面作出的努力。在 40 本书目中，有 5 部语言工具书：埃里奥·多纳托(Elio Donato)的经典拉丁文教科书《基础拉丁文法》(*Ars minor*)、亚历桑德罗·迪·维勒迪约(Alessandro di Villedieu)的《论语法》(*Dottrinale*)、相传为兰蒂诺(Cristoforo Landino)所作的《书信体例》(*Formulario di pistole*)、《新修辞学》(*Rettorica nova*)和帕西奥利(Luca Pacioli)的《论算术》(*D'abaco*)。古典拉丁作家的作品(多半是俗语译本)也有相当的数量：老普林尼的拉丁文作品、李维的三卷史学作品、游斯丁的作品、奥维德的书信作品、《石头寓言集》(*Lapidario*)、《伊索寓言》以及第欧根尼·拉尔修的《哲人言行录》。可见达·芬奇对掌握拉丁文的强烈愿望非同一般，只有如此，他才有可能逾越那道将他与同时代文人分隔开来的屏障。

在 1503 年的另一份书单里，出现了一大批当代人文主义家用拉丁文写就的理论论著：乔尔乔·瓦拉(Giorgio Valla)编纂的大型百科全书《论应追求与避免之事》(*De expetendis et fugiendis rebus*)、加斯帕里诺·德贝加莫(Gasparino Barzizza)的《书信集》(*Epistolae*)、洛伦佐·瓦拉(Lorenzo Valla)的《论拉丁文之优雅》(*Elegantiae linguae Latinae*)、斯特凡诺·弗里斯科(Stefano Flisco)的《句法与同义词的多样性》(*Varietates sententiarum seu synonima*)、乔凡尼·巴尔比(Giovanni Balbi)的《通用拉丁文词典》(*Summa grammaticalis quae vocatur Catholicon*)。[①] 与前一时期相比，上述作品的语言难度和理论深度均有明显增加，从某种程度上见证了达·芬奇在阅读方面的不断深入和积累。

伴随着大量的阅读，达·芬奇开始思考如何提升自身的文采。他效仿路易吉·普尔奇(Luigi Pulci)在《词集》(*Vocabulista*)中的做法，在阅读过程中收集有趣的词汇，查找其词源，并将难词、怪词和带有拉丁语色彩的词汇分门别

---

① 见 Ladislao Reti, *I codici di Madrid*, III, pp. 91 – 109；同时见 Carlo Maccagni, *Riconsiderando il problema delle fonti di Leonardo：l'elenco di libri ai ff. 2v - 3r del cod. 8936 della Biblioteca Nacional di Madrid*, Firenze, 1971, pp. 283 - 308。

类地加以标注，以便随时用在对文采要求较高的文章里。这些词汇积累主要收藏在《提福兹欧抄本》(*Codice Trivulziano*)里，构成了随后完成的《我的词汇手册》(*Libro di mia vocaboli*)的主体内容。遗憾的是，如今这部小册子已经失传了。

达·芬奇有充足的理由否认自己是"白丁"，他留下的大量笔记便是明证。当然，由于特殊的成长环境和教育背景，他的笔记与普通人文主义学者的论著存在明显差异。从书写习惯来看，达·芬奇采取了一种旁人难以读懂的"镜面反向"书写方式。[1] 就书写载体而言，达·芬奇习惯将大幅的绘图用纸多次折叠，做成他特有的小型笔记本随身携带，及时记录下各种一闪而过的念头。由于长期辗转于各地，达·芬奇无暇系统地保管自己的手稿，只是随性地存放于书箱之中。直至1508年，达·芬奇重返佛罗伦萨并借住于人文主义学者皮耶罗·迪·布拉乔·马尔特里(Piero di Braccio Martelli)的家中时，才在这位好友的鼓励下着手誊抄、整理自己的手稿。然而，即使是整理过后的手稿，也仍然是"一本不讲求顺序的集子，用来抄录从前在零碎纸张上写下的内容，希望随后能按照相应的主题归整到正确的位置"。在这一过程中，作者"可能就同一主题多次重复……因为这其中的内容着实繁杂……"(《阿伦德尔抄本》，第1张纸正面)。[2]

不难看出，达·芬奇的笔记如同他跳跃的思维，呈现出零散、无序和开放的特征：纸张的排序并不依照日期的先后，同一张稿纸上的文字可能涉及多个主题，关于同一个主题的论述也常常出现在不同时期的多张稿纸上。这种"重复和无序"并非单纯由于记忆不佳所导致，而是出于达·芬奇固守的研究习惯：宁可多次重复，也要避免遗漏，以免在论据不充分的情况下妄下论断。这一方面体现了作者的勤勉和谨慎，但在另一方面也从客观上反映出作者在

---

[1] 见 Carlo Vecce, *Leonardo*, 2006, p. 385: "关于达·芬奇的'镜面反向'书写习惯，卢卡·帕西奥利曾写道：'我应采取某种书写方式，若不用镜子，便无法读懂其中的内容。用左手反向书写，如果不用镜子，或将纸张翻过来对着光线进行阅读便不知所云。闲话少叙，举个简单的例子，先前多次提到的列奥纳多·达·芬奇就是一个左撇子，其书写习惯就是如此……'此种特殊的方式源于达·芬奇幼年的习惯：由于缺乏系统的启蒙教育，当他开始依着自己的天性用左手反向写字时，并未得到师长的纠正。所谓的"镜面"反向书法就这样随性产生了：左撇子在写字画画时，头脑中的意象也与正常人相反。尽管如此，达·芬奇的字迹却并不粗劣，甚至早早就体现出些许书法作品的意味，风格优雅考究。"

[2] Carlo Vecce, *Leonardo*, 2006, pp. 272–273.

概括能力上的欠缺。可以说,笔记中的文字是他写给自己的提示,远远达不到系统有序的论著水准。正因如此,他没能将许多已从直觉层面上窥见端倪的现象和事实进行有效的归纳,将其提炼为真正意义上的科学发现。

　　1519 年,处于弥留之际的达·芬奇将已整理的抄本和待整理的手稿留给了弟子弗朗西斯科·梅尔兹(Francesco Melzi)。梅尔兹穷尽毕生之力,将《绘画之书》(*Libro della pittura*)的文稿整理完成。在 1570 年前后,有人抄写了该抄本的第二部分和第三部分(关于绘画的基本原则和人体运动姿态的描绘),却截去了包括《艺术比较论》(*Paragoni*)在内的第一部分。几经誊抄之后,该抄本于 1651 年在巴黎出版,题为《绘画论》。1570 年,梅尔兹逝世。由于其子嗣的懒怠,达·芬奇的手稿四下飘散,只有少数文稿得以保存至今。

二、文学视阈下的达·芬奇笔记

　　通过对现存的达·芬奇笔记进行研读,我们的确可以认为,这些文稿所涉及的领域之广,内容之深,绝非一位"白丁"作者所能驾驭。

　　关于达·芬奇的描述能力,小说家马提欧·班戴罗(Matteo Bandello)曾在其小说作品集——《故事集》(*Le Novelle*)的第 158 篇里有所提及:"列奥纳多讲述了一则趣闻……我也在场聆听他的描述,并将他所述的内容记在脑子里……当我开始写《故事集》时,还能将那则趣闻复述出来。"①班戴罗虽未对达·芬奇的口才进行正面评价,却明确表示自己将对方叙述的内容长久地保存于记忆之中,由此可见,达·芬奇对语言的驾驭能力颇得班戴罗的欣赏。

　　在笔记中,达·芬奇写下了若干富有文学色彩的段落和篇章,表现出某种别具一格的写作天赋。

1. 关于绘画与诗歌的高下之辩

　　在《绘画之书》的《艺术比较论》部分,达·芬奇就绘画与其他艺术和文学形式进行了对比。当年,在反对经院主义哲学的过程中,人文主义者不断强调诗歌和文字的高贵。但是绘画作为一种形象艺术形式,始终被归为机械艺术的范畴。达·芬奇打破了传统的等级划分,不仅深受阿尔伯蒂的影响,将包括绘画在内的视觉艺术视为"凝固的音乐",甚至更进一步,强调绘画较之诗歌和音乐等听觉艺术的优越性:

---

① Matteo Bandello, *Novelle*, Torino, 1853, vol. II, p. 177.

人们说眼睛是心灵的窗户,也是知解力得以最大量地欣赏大自然无穷作品的主要工具。耳朵处在其次,其高贵之处在于它可听取基于眼睛所见的描述……诗人通过耳朵服务于感官,画家则通过更为高贵的眼睛达到目的……你若请一位诗人把某女子的美貌描述给她的恋人听,又请一位画家将那女子的美貌描绘给她的恋人看,便会知晓她的恋人究竟更钟情于哪件作品(《抄本A》,第99张纸正面-背面)。[①]

在达·芬奇看来,画作中的视觉信号具有实时传达且能长久保存的优势,而诗歌这类需要通过听觉传达的艺术则需要更长的时间依次传达信号,且如转瞬即逝的音乐一般,"几乎在诞生的瞬间便已消亡"。显然,达·芬奇的主要目的并非刻意贬低诗歌等文学形式的价值,而是极力捍卫绘画的地位,试图将其视作一个与诗歌享有同样尊严的艺术门类,而非一种简单的谋生手段。达·芬奇认为,画家的使命是对可视世界的再创造。基于此,画家不仅应具备接近天主的头脑,还应深谙自然界的种种奥妙——仿佛世间万物就是由他创作的。如此,画家才能将画中的主题表现得"形""神"兼备。在达·芬奇那里,画家不再是依靠订单维持生计的匠人,而是通过手中的画笔再现自然之物和世界图景的艺术家,其高贵程度与诗人不分伯仲。

2. 写作的画面感与绘画的层次性

基于对绘画的捍卫,达·芬奇提出写作与绘画在表现手法上具有异曲同工之妙:好的画面需要体现"叙事的层次和节奏",精彩的文字则应具备栩栩如生的"画面感",二者都需要精心的谋篇布局。

1490年,达·芬奇以画家的视角写下了一段论述如何描绘战争场面的文字,那是他为日后的《绘画之书》一书所准备的段落(《抄本A》,第31张纸正面至第30张纸背面)。

他首先指导绘画者营造烟尘滚滚、炮火纷飞的整体氛围:"首先描绘炮烟在空气中的状态。炮烟和尘土混杂在一起。尘土被鏖战的人马搅起,升腾于半空中……但尘埃是土质的东西,虽然细微,毕竟具有重量,会重新降落……烟和尘土弥漫的空气混合物升到某一高度之后,就与一团乌云相仿了……"此处,达·芬奇以物理学研究者的视角对烟尘的成分、颜色和亮度进行了分析,文风清晰、从容,展现出科学家的理性思维。他似乎并不急于描绘战斗者的具

---

① Carlo Vecce, *Leonardo*, pp. 123 - 124.

体姿态,而是希望通过光影效果的处理充分渲染战场上的喧嚣混乱之景:

> 至于格斗者,他们愈是处于混战当中,就愈难看见,他们的明暗对比也愈不明显。你应当给脸庞、人和他们周围的空气、给枪手和在他们左右的人画上绯红的光辉。这光辉离开它的成因愈远,就愈暗淡。介于你和光源之间的人若在远处,则会在明亮的背景上显得黝黑,腿部愈近地面愈隐蔽难见,因为这里的尘土最是浓厚。①

针对不同高度和不同远近的烟尘,达·芬奇提示绘画者应进行不同的处理。这些阐释性文字并非来自他作为一个画家的富有浪漫色彩的想象,而是常年在实际生活中留心观察和积累的成果。

在充分勾画作为战场背景的滚滚硝烟之后,达·芬奇转而讲解兵戎相见的局部细节。在这一部分中,他频繁使用命令式这一语态:"使胜利者紧皱眉头向前冲锋"、"使被征服的战败者脸容苍白,蹙着眉头,使两眉上方的皮肤布满痛苦的皱纹"、"使鼻子两侧具有形如弯弓的纹路,从鼻孔伸到眼角,使鼻翼扩张"、"你可见到一人被敌人打倒,解除了武装,但扑向敌人"……他如同一位"导演",不断切换"镜头",先后描绘了"四向乱飞"的箭支、"尾拖一条烟带"的沉重炮弹以及一系列典型战斗者的形象:他们有的一鼓作气,乘胜追击,"头发和别的轻的东西都在风中披靡";有的半途跌倒,惨遭马蹄的践踏,在尘土上留下的痕迹变成"血渍斑斑的泥污";有的已经丧命,在战场上"留下被马匹拖过的痕迹";有的不堪苦痛,"嘴唇拱起露出上齿,牙齿分开,跟痛哭时一样";有的惊恐万分,"用手挡住他那受惊的双眼,掌心朝着敌人,另一只手撑在地上支持他半抬的身体";战场上散落着诸多兵器——"破盾、残矛、断剑",呈现出一片泥泞血腥——"尘土和正在冒出的血水混合……用血的颜色,表现血水从尸身汩汩流向地面的情景"。在描绘濒死者时,达·芬奇也根据他们的不同的心理状态为之设计了迥异多变的神情:挣扎者的剧痛——"在死亡的痛苦中咬牙齿,翻眼珠"、不甘者的反击——"用牙齿和手指进行凶残猛烈的报复"、重伤者的顽抗——"捏紧拳头抵住身体,腿脚歪斜"……

马匹也是画面中不可或缺的元素:它们有的威风凛凛——"在敌阵中横

---

① Carlo Vecce, *Leonardo*, pp. 231 - 232.

冲直撞,鬃毛临风飘舞,用它的蹄子给敌军造成很大的损伤";有的"从人群中疾驰而去";也有的随着主人悲惨地丧命——"许多人成堆地倒在一匹死马身上"。

随后,他的镜头推向更远处的画面,勾勒出远处援兵部队的关切和焦急之态——"你可看到一队队援兵满怀希望而又关切地站着,眉毛竖起,用手在眼睛前方搭篷,向厚重而混沌的烟尘窥探,听候队长命令"。最后,作者以一句话为整幅场景作结:"切勿留下任何空白,除非是踏满血污脚印的空地。"

在这段文稿中,达·芬奇将画家与作家的身份合二为一,以绘画的技巧赋予文字以浓淡相间的色彩,又凭借文字的描述赋予画面以连续不断的动感。他的笔调从容理智,叙述有条不紊,将令一幅人仰马翻、尸横遍野、残酷狰狞、鬼哭神嚎的场面跃然纸上。在这一过程中,他努力地试图将事物变化的每一个过程描述得清晰、准确、客观、尽可能贴合事实。因此,分明的条理和层次、高度的精确性以及逼真的即视感构成了达·芬奇此类文字的鲜明特征。

3. 驰骋的想象与深刻的哲思

在同一时期的另一张稿纸上,达·芬奇虚构了一幅"沙漠巨人"出现时的奇景,写下了一段天马行空的文字(《大西洋抄本》,第 265 张纸背面)。

在作者的笔下,沙漠巨人的出场并不威武:他的身体笨重,行动迟缓,当他摔倒在地时,"犹如大山轰然坍塌,周边村庄地动山摇,惊恐万状,恍若冥界地狱"。强烈的震荡过后,巨人一度晕厥,成为人类群起而攻的对象——他们"如蚂蚁一般愤怒爬上倒地巨人的身躯,一时间,人类占据了那巨人的身体,刺得他伤痕累累"。

然而,局势很快就发生了逆转,清醒之后的巨人面对"爬满浑身上下"的人类,"感到刺痛难耐,发出一声雷鸣般的怒吼",开始愤然反击。作者将巨人与人类在体型和力量上的强烈反差描绘得格外鲜明:"他发现自己的头发上也挂满了人,犹如那些容易在肮脏环境里滋生的小生物。他剧烈晃动头部,引起一阵狂风,人类如冰雹颗粒般纷纷摔下,或被砸死,或被踩死,无数人从天而降……"直到此时,人类才意识到只有谨慎行事,才能保全性命:"一些人紧紧攀住巨人的头发,藏身其间,好似遭遇风暴的海员,紧抓缆绳,降下船帆,减小风力。"

在这场肉搏战中,巨人形单影只,但力大无穷;芸芸众生虽在数量和智慧上占据优势,却难以抵挡巨人的一抖身、一投足——"恼羞成怒之际,他将粗壮的腿脚踏入人群,将众人猛然踢至半空……直到他踢得烟尘漫天,才收敛地狱怒火,停下这残暴行径,愤然离去"。针对二者之间的悬殊对比,达·芬奇发出了相当精彩的感叹:

> 噢,在这恶魔般的庞然大物面前,人类的攻击简直是白费力气,无法伤他分毫! 噢,可悲的人类,堡垒要塞何用,铁壁铜墙何用,人多势众何用,官殿楼宇何用! 在那巨人面前,人类就如螃蟹、蟋蟀或其他昆虫,只能在区区小洞里苟且偷生![①]

上述文字完全出于达·芬奇的想象,精彩纷呈,令人目不暇接,充满激情的文字表传递出作者自由驰骋的想象和极为强烈的沟通欲望。然而,在这无拘无束的想象背后,我们看到的是作者对人类与自然之间的关系的深刻反思。达·芬奇笔下的巨人实乃大自然无穷之力的象征;相比之下,人类纵然有成千上万之众,巧夺天工之技,一旦引发自然的愤怒,其杰作终将被毁灭殆尽。达·芬奇似乎并不认同"人定胜天"的理念:对于自然之母,他的内心充满了敬畏:在这位母亲面前,人类渺小得仿佛不值一提的碎屑和尘埃。不仅人类无法与之抗衡,就连比人类强悍许多的庞然大物,同样也逃不脱沧海桑田的自然变迁。以下是3段描述某种大型海怪的文字:

> 噢,多少次在苍茫大海的滚滚波涛间看到你,满是芒刺的黑色脊背,如高山一般,持重而高傲地前行!
>
> 常常在苍茫大海的滚滚波涛间看到你,持重而高傲地盘旋于海水,满是芒刺的黑色脊背,如高山一般,凌驾于海水之上。
>
> 噢,多少次在苍茫大海的滚滚波涛看看到你,如高山一般,凌驾于海水之上,满是芒刺的黑色脊背,持重而高傲地破浪前行!(《大西洋抄本》,第715张纸背面)[②]

上述3段文字以连续的方式呈现,内容既有大幅重叠,也不乏微妙的细节

---

① Carlo Vecce, *Leonardo*, pp. 98 - 99.

② Ibid. , p. 69.

变化。作者仿佛是在尝试用文字表现头脑中的虚拟动态场景。如同一场多机位的影像拍摄,达·芬奇试图以相应的词汇变化追随脑海中相继闪现的一组连续的画面,逼真地展现庞大的海怪在茫茫海面若隐若现,破浪前行的恢宏场景。

随后,作者的笔锋一转,即使那海怪"如高山一般,凌驾于海水之上",也必须遵从无所不在的自然法则:万物皆有一死,最终尘归尘,土归土。在"掠夺一切被造之物""摧毁无数王侯将相""引发朝代更迭,世事变迁"的光阴面前,那庞然海怪最终"皮肉尽失,只剩白骨""干枯的体腔"被融入大地,化为岩洞的骨架,支撑上方的山体(《阿伦德尔抄本》,第 156 张纸正面)。①

通过对自然生死法则的思考,达·芬奇隐隐感到自然界中的万物都处于永不停歇的循环之中,且都怀有某种与生俱来的,"回归初始混沌状态"的渴望。此处,达·芬奇将时间视作世间万物的主宰和一切生命及美好事物的吞噬者。这一观念令人不禁联想到彼特拉克(Francesco Petrarca)的史诗《凯旋》(*I trionfi*)。在另一页稿纸上,达·芬奇写下了满满一页关于时间的诗抄:

> 噢,光阴,你是万物的消耗者。噢,充满嫉妒之心的历史,你摧毁一切,你用坚硬的牙齿令一切变得衰老,缓缓走向死亡。当暮年的海伦在镜中看到满脸的皱纹,必将潸然泪下,哀叹自己被掳走了两次(《大西洋抄本》,第 195 张纸正面)。②

上述文字来自达·芬奇对《变形记》俗语译本的摘抄。他对奥维德关于时间的慨叹相当钟情,多次应用于自己的文本之中,不仅是对整体人类命运的反思,也是对其个人生活经历的感悟。在他眼里,人作为最尊贵的造物,具备巨大的潜能,可以凭借对各门类科学和技艺的掌握,达成对自身的不断完善。然而,这种可能性终归是有界限的,最为重要的一条边界便是横亘于"可朽的万物"与"不朽的造物主"之间的不可逾越的生命之界。在记录个人生活经历的文本里,此种对于时间的悲观主义随处可见。在一篇关于解剖学的笔记里,达·芬奇对自己创作 120 本解剖学书籍的原定计划颇感忧心:"如果说实施起

---

① Carlo Vecce, *Leonardo*, p. 70.
② Ibid., p. 71.

来确有困难,这困难不是贪婪,也不是懒惰,而是时间"(《温莎抄本》,第 19070 页纸背面)。

4. 日常事物背后的隐喻

在达·芬奇的笔记中,寓言这一文学形式占据了相当大一部分篇幅。这类作品往往取材于被拟人化的日常事物或自然现象,其中涉及的元素构成了一幅幅优美的意大利风景画。当然,达·芬奇的目的并非单纯的描述景物,而是通过隐喻和象征表达他在寻常所见中获得的感悟——这充分体现了他在文学和修辞学领域的某种抱负。例如,"海水蒸发变成气体,随后以下雨的形式回归大地"这一完整的水循环过程在达·芬奇笔下变成了一则寓言:他将水气的上升比作"趾高气扬之举",又将下雨解释为"高傲之人灰溜溜地逃离天空,被干渴的大地吸收并长久囚禁,令其对先前的过错有所悔悟"。[①] 上述文字既是作者从科学角度对自然现象作出的解释,也体现出作者独有的文学情趣。正如卡尔维诺(Italo Calvino)所说:"科技文献中的语言并非完全中性的文字,其中必然添加了作者的文学意识、表达习惯、个人想象,以及他的诗意情怀。"

在一段描绘飞蛾扑火的文字里,达·芬奇以艺术家特有的敏感写下了他对诱惑、欲望和生命的思考,展现出极为感性的一面:"一只花蛾子四处游荡,在黑暗中飞来飞去,忽然瞧见一束光……她不禁向那火光扑了过去,仿佛那是一朵芬芳的花。"摇曳绚烂的火光充满了诱惑,好奇的飞蛾固执而痴狂,当她"鼓起勇气从中穿行而过,火烧伤了她的翅膀、腿脚和其他部位……她无论如何也想不到,如此美丽的事物会造成此种伤害"。直到奄奄一息之际,蛾子才终于悟到受伤的原因,对那亮光叹息道:"该死的火光,我原以为能在你那里找到幸福! 都怪我这疯狂的妄想。经过这伤害,我总算看清了你的害人本性。"(《大西洋抄本》,第 692 张纸正面)[②]此处,作者的意图并不仅仅为了谴责火光虚幻的引诱,也无意嘲笑飞蛾的自取灭亡之举;在他看来,飞蛾的结局仿佛某种无法逃脱的宿命——每个生命的内心深处都隐藏着一种向死亡投怀送抱,回归至初始状态的原始欲望。另一则与柳树有关的寓言也有异曲同工之妙:柳树请求喜鹊将一些南瓜种子衔到自己的树根旁边,结果被不断蔓延的南瓜

---

① Carlo Vecce, *Leonardo*, p. 103.
② Ibid., pp. 103 – 104.

藤要了性命。

类似的寓言或长或短，为数众多，其灵感大多来自对 14 世纪晚期的道德小品《美德之花》（*Fiore di virtù*）、切科·迪·阿斯科里的《生涩年华》（*Acerba*）以及老普林尼作品的缩写和改编。达·芬奇有意将这些文字编成一部独立的寓言集，只可惜他生前并没能完成这类文稿的整理。

结语：不完美的"全能通才"

1503 年底，达·芬奇曾对自己的手稿进行清点："25 册小规格手稿、2 册大规格手稿、16 册极大规格手稿、6 册羊皮纸手稿、1 册带绿色油鞣革封面的手稿，48 册……"（《马德里抄本》II，第 3 张纸背面）这样的文本规模足以证明达·芬奇的才华绝不仅仅局限于绘画艺术。在写给米兰大公卢多维科·斯福尔扎的自荐信里，达·芬奇本人也从未称自己为单纯的"画家"或"艺术家"。换言之，一个或数个职业标签并不足以界定这一人物的身份。

倘若一定要为达·芬奇标上某种印记，我们不妨将其视为一个人文主义时期"通才之梦"的逐梦人。在他眼中，各个艺术与科学门类之间融会贯通，并无障碍。他虽不算严格意义上的人文主义者，却如他创作的《维特鲁威人》一般，将自己置于宇宙的中心，倾尽一生之力孜孜不倦地汲取各个学科的知识、工具和方法——这是文艺复兴时期"通才"的普遍特征，而达·芬奇无疑是其中最为杰出的代表。尽管他在青少年时期未曾接受系统的学校教育，但无拘无束的童年生活却使他有机会长期亲近自然，并取法和求证于自然，进而得以摆脱经院派研究传统的桎梏。如果说 15 世纪的意大利文艺复兴运动所蕴含的"现代精神"包含着两种回归——回归古典和回归自然，那么达·芬奇无疑是第二种回归趋势中的典型代表。

在追逐通才之梦的道路上，达·芬奇所表现出的对各个学科的广泛兴趣并不意味着他如传闻所述，具备充满魔力、堪比神灵的头脑，能够轻而易举地获知自然界的奥妙。他格外强烈的求知欲源于有限的生命带给他的紧迫感。正因为生命可朽，时光有限，他才更加督促自己勤勉求知。若说他走的是一条异于常人的"捷径"，那么这条捷径也是一条超乎寻常的艰辛之路——即使是在他并不擅长的文学领域，被人嘲笑为"白丁"的他也凭借普通人难以企及的持之以恒，常年手不释卷、笔耕不息，表现出不俗的文学造诣。

值得注意的是，尽管被后人誉为"全能通才"，但这种"能"，指的是"潜能"，而并非"能够"。"全能"并不等同于"完美":大量半途而止的艺术作品、在生前从未得以整理出版的海量文稿、难以胜数的未能最终提炼为科学发现或发明的灵感碎片……在他的生命历程里,比比皆是的"不完美"造成的遗憾甚至超过了诸多成就所带来的满足感。然而,这又何妨我们将其视为一位伟大的旷世奇才呢?

当我们为达·芬奇摘下了狭隘的"画家"标签,同时也揭去那层"无所不能,完美无缺"的神秘面纱,便可以将其放入"全人"的维度中加以审视。如此,我们得以知晓他作为一个"寻常人"的满足与遗憾,也能真正理解和欣赏他蕴于平凡之中的伟大,并对人的智慧和潜能肃然起敬。这或许是在达·芬奇逝世 500 周年之际,再提这位"全能通才"的最重要的意义所在。

Words of an "omo sanza lettere": A Study of Leonardo da Vinci's Manuscripts from a Literary Perspective

Li Jingjing

Abstract:As a representative figure of the Italian Renaissance, Leonardo da Vinci (1452 - 1519) had left to later generations not only immortal masterpieces of art, but also numerous manuscripts presenting his extraordinary accomplishments in painting, architecture, military, engineering, music, mathematics and astronomy, etc. Meanwhile, these manuscripts had also faithfully recorded the life experience and the thoughts of this "universal genius" representing the High Renaissance. From a literary perspective, this thesis aims to probe into Da Vinci's inner world as an "author" by analyzing the text of his manuscripts, to explore the humanistic values behind his art and scientific explorations, in the meantime, to commemorate his greatness on the occasion of the 500th anniversary of his death by providing a new perspective of study.

Keywords:Leonardo da Vinci; manuscripts; text study; literary perspective

作者简介:李婧敬,北京外国语大学欧洲语言文化学院副教授。

澳大利亚原住民社会工作研究的发展及启示①

谢晓啸

摘　要：原住民社会工作是当前澳大利亚的社会工作实践和研究中一个十分重要的组成部分。通过对过去半个多世纪以来,《澳大利亚的社会工作》上发表的相关文章的梳理和分析,本文试图初步勾勒出澳大利亚的原住民社会工作研究的总体发展概况和最新趋势。本研究表明,20 世纪 60 年代中期以前,澳大利亚的社工学界始终未能对当地的原住民群体予以足够的重视,但在近二十年来,受澳大利亚国内"原住民权力运动"的兴起和政府相关政策变化的影响,以原住民群体为服务对象的社会工作迅速升温。与此同时,对于早期的原住民社会工作中存在的种族主义和殖民主义的倾向,新一代的澳大利亚社工学者也有所批判和反思,并在此基础上提出要尊重和学习当地原住民群体的风俗和习惯。尽管中澳两国的基本国情不尽相同,但对于我国的社会工作者而言,吸取澳大利亚的原住民社会工作的经验与教训,特别是了解以"白人的特权地位"为代表的相关理论以及从事原住民社会工作所必须具备的前提条件和技巧,仍具有一定的启示意义和借鉴价值。

关键词：澳大利亚的社会工作　原住民社会工作　"白人的特权地位"理论　原住民的世界观与知识体系

---

① 本文系国家社科基金青年项目：建国初澳大利亚访华人士与中澳关系研究(1949—1965)(项目编号：18CSS036)的系列研究成果之一。

社会工作在澳大利亚的历史最早可被追溯至上世纪二十年代末三十年代初。在当时的悉尼和墨尔本这两个城市，诞生了一批最初的社会工作者以及几个规模较小的社会工作者组织。[①] 成立于 1946 年的澳大利亚社会工作者协会（Australian Association of Social Workers）是社会工作在澳大利亚逐渐走向成熟和专业化的一个重要标志。[②]

以澳大利亚的原住民（Indigenous Australians）群体为服务对象的社会工作，是目前澳大利亚的社会工作实践和研究中非常重要的一个组成部分。但是在 20 世纪 60 年代以前，由于受到种族主义和殖民主义思想的影响，许多澳大利亚白人社会工作者，非但未能对当地备受压迫的原住民群体施以援手，反而曾在政府推行的针对原住民群体的强制"同化"（assimilation）[③]政策中，扮演过一个并不十分光彩的"帮凶"角色。[④]

20 世纪 60 年代中后期以来，随着澳大利亚的"原住民权力运动"（Aboriginal Rights movement）的声势不断壮大，澳洲政府和社会各界开始逐渐认识到过去的政府相关政策对当地原住民社会和个人造成的严重危害以及

① Jane Miller, "The People and the Times: Founding of the Australian Association of Social Workers in 1946", *Social Work Focus*, Vol. 1, No. 1, 2016, pp. 9 - 10.

② 澳大利亚社会工作者协会是目前澳大利亚境内规模和影响力最大的专业社会工作者协会之一，在经历了长达七十多余年的发展之后，该协会的会员人数已经从最初的四百多人增长至 2016 年的一万一千余人，并拥有超过九个分会。https://www.aasw.asn.au/about-aasw/about-aasw，2018 年 11 月 8 日访问有效。关于该协会的早期历史，参见 Jane Miller, "The People and the Times: Founding of the Australian Association of Social Workers in 1946", *Social Work Focus*, Vol. 1, No. 1, 2016, pp. 9 - 15. 另可参见 R. J. Lawrence, *Professional Social Work in Australia*, Australian National University Press, 1965.

③ 自澳大利亚沦为英国的一个殖民地起至二十世纪六十年代末期，澳大利亚各州的殖民地政府以及随后成立的联邦政府在"社会达尔文主义"思想的影响下，曾经为了解决所谓的"原住民问题"，推行过一项贻害无穷的"同化"政策。据澳大利亚政府的估算，自 1910 年起至 1970 年期间，在每三名至十名原住民儿童之中，就有一人被迫与他们的原生家庭分离。参见澳大利亚政府于 1997 年出版的 *Bringing them home Report*：https://www.humanrights.gov.au/sites/default/files/content/pdf/social_justice/bringing_them_home_report.pdf，2018 年 11 月 8 日访问有效。

④ 关于澳大利亚社工在政府实施的"强制同化"政策中扮演的角色，以及澳大利亚社会工作者日后对此表示的"遗憾"（regret），参见 *Bringing them home Report*：https://www.humanrights.gov.au/sites/default/files/content/pdf/social_justice/bringing_them_home_report.pdf，2018 年 11 月 8 日访问有效。另可见澳大利亚工作者协会于 2004 年发表的正式声明：Australian Association of Social Workers (AASW), "Australian Association of Social Workers Acknowledgement Statement to Aboriginal and Torres Strait Islander People", https://www.aasw.asn.au/document/item/618，2018 年 11 月 9 日访问有效。

原住民与非原住民群体在政治权力、经济地位、教育资源等多个方面存在的不平等现象。这一认识上的变化,不但最终促使澳大利亚政府废除了错误的"同化"政策,同时也间接推动了原住民社会工作的实践和研究的发展。

由澳大利亚社会工作者协会主办,创刊于1947年的《澳大利亚的社会工作》(Australian Social Work),是目前澳大利亚社工学界内最具影响力的权威学术刊物之一,也是我们了解澳大利亚的社会工作的一个重要窗口。[①] 通过对该刊历年来发表的原住民社会工作类的文章类型和具体内容进行归纳和分析,下文将首先简单勾勒出迄今为止澳大利亚的原住民社会工作(Indigenous Australian social work)研究的总体发展概况。在此基础上,本文还将对近年来同一领域内涌现出的一系列新议题和新趋势做进一步的讨论。

一、澳大利亚的原住民社会工作研究的总体概况及发展趋势

根据我们的初步统计,《澳大利亚的社会工作》自1947年创刊以来,总共发表过至少六十五篇涉及澳大利亚的原住民社会工作的文章,而这其中包括了十篇书评和五篇编者按。[②] 从发表的时间段和频率(详见下表一)来看,以原住民社会工作为题的论文首次在《澳大利亚的社会工作》上出现,是在上世纪六十年代中后期。[③] 但是,根据安东尼·麦克马洪(Anthony McMahon)的

①《澳大利亚的社会工作》的前身是《论坛》(Forum),后者最早是由澳大利亚社会工作者协会维多利亚分会于1947年所创办的。自1951年起,《论坛》开始由澳大利亚社会工作者协会总会负责出版。该刊的英文名称曾发生过两次改动,第一次是在1959年,由最初的《论坛》改为《澳大利亚的社会工作杂志》(Australian Journal of Social Work),随后又于1971年改为现在的《澳大利亚的社会工作》(Australian Social Work)。参见:"Editorial",Australian Journal of Social Work,Vol. 16,No. 1,1963,p. 1;"Editorial",Australian Social Work,Vol. 24,No. 3&4,1971,p. 1.

② 需要说明的是,文中提到的这一统计结果,一方面吸纳了下文中将会重点提到的安东尼·麦克马洪(Anthony McMahon)的早期研究成果,另一方面则是通过搜索标题关键词indigenous和aboriginal的方式得出的。因此,六十五篇这个数字很可能并未囊括所有与原住民社会工作相关的论文。尽管如此,我们仍然认为,基于上述方法得出的统计结果仍具有一定的参考价值。

③ 由费依·盖尔(Fay Gale)撰写的《土著与常规的社会福利渠道》(Aborigines and the normal social welfare channels)是《澳大利亚的社会工作》发表的第一篇直接与原住民社会工作相关的论文。Fay Gale,"Aborigines and the normal social welfare channels",Australian Journal of Social Work,Vol. 19,No. 2,1966,pp. 5 - 9. 但值得一提的是,在盖尔之前,在《澳大利亚的社会工作》上发表的文章中也曾偶尔提到过原住民社会工作。Anthony McMahon,"Writing Diversity:Ethnicity and Race in Australian Social Work,1947 - 1997",Australian Social Work,Vol. 55,No. 3,2002,p. 178.

统计,在随后的三十年时间里(即从 1966 年起至 1997 年),《澳大利亚的社会工作》总共只刊载过十六篇与原住民社会工作相关的文章,仅占到历年来该刊发表的论文总数的 1.71%。[①] 我们认为,这一数字清楚地反映了早期的澳大利亚社工学界对于当地的原住民群体和个人生存处境和福祉的严重漠视。

进入到二十一世纪之后,《澳大利亚的社会工作》上发表的原住民社会工作类的文章的数量明显增多,而这一变化很可能是受到了以下两大因素的影响。首先是澳大利亚的原住民群体的生存环境的急剧恶化以及澳大利亚国内媒体和国际社会对于前者的关注程度的不断提高。其次则是澳洲政府和社会各界对于过去带有歧视和压迫性质的原住民政策以及殖民主义本身的认识和反思的不断加深。在这一大背景下,近几年来,如何通过专业的社会工作者的介入来帮助当地的原住民群体和个人应对他们面临的各种严峻挑战,已经成为了《澳大利亚的社会工作》上频繁出现的一个焦点议题之一(见表二)。事实上,《澳大利亚的社会工作》的官网的统计数据表明,在其所有发表过的文章中,被点击阅览次数最多的前六篇都与原住民社会工作类有关,而这也从一个侧面表明,后者目前在澳大利亚的社会工作实践和研究工作中占据着一个极其重要,甚至可以说是最为重要的位置。[②]

表一　原住民社会工作类论文统计

发表时间	发表文章总数
1960 年至 1969 年	3 篇
1970 年至 1979 年	5 篇
1980 年至 1989 年	2 篇
1990 年至 1999 年	7 篇
2000 年至 2009 年	8 篇
2010 年至 2018 年	40 篇
总计	65 篇

数据来源:《澳大利亚的社会工作》

[①] "Writing Diversity: Ethnicity and Race in Australian Social Work, 1947 - 1997", p. 178.

[②] 参见: https://www.tandfonline.com/action/showMostReadArticles? journalCode = rasw20, 2018 年 11 月 8 日访问有效。

从发表的文章数量来看,我们注意到有以下几名学者做出了特别突出的贡献。首先是澳大利亚原住民社会工作研究的先驱费依·盖尔(Fay Gale),他是原住民儿童的寄养问题和原住民群体福利制度研究的奠基者之一。[①] 其次是近年来试图将"赋权理论"(Empowerment)的视角引入原住民社会工作中的玛丽·怀特塞德(Mary Whiteside)、[②]强调吸取工作在第一线的原住民社会工作者的经验和技巧的宾蒂·班尼特(Bindi Bennett)[③]和关注原住民的精神健康以及酒精和毒品滥用问题的尤莱纳·爱伦(Julaine Allan)。[④] 值得一提的是,在研究问题的选择上,作为早期原住民社会工作研究代表人物之一的盖尔同其他几名新一代的学者有着明显的差异。而这种差异性,恰恰表明原住民社会工作的研究重心和范式在近年来已经发生了迁移。

① Fay Gale and Joy Wundersitz, "Aboriginal Visibility in the 'System'", *Australian Social Work*, Vol. 39, No. 1, 1986, pp. 21 - 26; Fay Gale, "Aborigines and the Normal Social Welfare Channels", *Australian Social Work*, Vol. 19, No. 2, 1966, pp. 5 - 9; "Foster Homes for Aboriginal Children", *Australian Journal of Social Work*, Vol. 21, No. 1, 1968, pp. 8 - 14.

② Mary Whiteside et al. , "Acceptability of an Aboriginal Wellbeing Intervention for Supporters of People Using Methamphetamines", *Australian Social Work*, Vol. 71, No. 3, 2018, pp. 358 - 366; "Connecting and Strengthening Young Aboriginal Men: A Family Wellbeing Pilot Study", *Australian Social Work*, Vol. 69, No. 2, 2016, pp. 241 - 252; "Empowerment as a Framework for Indigenous Workforce Development and Organisational Change", *Australian Social Work*, Vol. 59, No. 4, 2006, pp. 422 - 434; "Locating Empowerment in the Context of Indigenous Australia", *Australian Social Work*, Vol. 64, No. 1, 2011, pp. 113 - 129; "A Theoretical Empowerment Framework for Transdisciplinary Team Building", *Australian Social Work*, Vol. 64, No. 2, 2011, pp. 228 - 232.

③ Bindi Bennett and Joanna Zubrzycki, "Hearing the Stories of Australian Aboriginal and Torres Strait Islander Social Workers: Challenging and Educating the System", *Australian Social Work*, Vol. 56, No. 1, 2003, pp. 61 - 70; Bindi Bennett, "Stop Deploying Your White Privilege on Me!" Aboriginal and Torres Strait Islander Engagement with the Australian Association of Social Workers", *Australian Social Work*, Vol. 68, No. 1, 2015, pp. 19 - 31; Bindi Bennett, Joanna Zubrzycki and Violet Bacon, "What Do We Know? The Experiences of Social Workers Working Alongside Aboriginal People", *Australian Social Work*, Vol. 64, No. 1, 2011, pp. 20 - 37.

④ Julaine Allan and Michael Kemp, "Aboriginal and Non Aboriginal Women in New South Wales Non Government Organisation (Ngo) Drug and Alcohol Treatment and the Implications for Social Work: Who Starts, Who Finishes, and Where Do They Come From?", *Australian Social Work*, Vol. 61, No. 1, 2011, pp. 68 - 83; Jim Stewart and Julaine Allan, "Building Relationships with Aboriginal People: A Cultural Mapping Toolbox", *Australian Social Work*, Vol. 66, No. 1, 2013, pp. 118 - 129; Alice Munro and Julaine Allan, "Can Family-Focussed Interventions Improve Problematic Substance Use in Aboriginal Communities? A Role for Social Work". *Australian Social Work*, Vol. 64, No. 2, 2011, pp. 169 - 182.

　　此外,我们还注意到,近年来在《澳大利亚的社会工作》上发表的原住民社会工作类的文章,无论是从采用的研究视角和方法、语言的表述,还是基本的政治立场等方面来看,都发生了一些显著的变化。首先,有必要提到的是由麦克马洪于 2002 年发表的一篇题为:《书写多样性:澳大利亚的社会工作中的族群与种族,1947—1997》(*Writing Diversity: Ethnicity and Race in Australian Social Work, 1947–1997*)的评论文章。在该文中,麦克马洪对早期的原住民社会工作研究做了初步的归类和分析,他指出,自 1966 年起至 1997 年,所有在《澳大利亚的社会工作》上刊发的原住民社会工作类的文章可以被大致归为三类。第一类是被其称之为带有研究性质的论文(共七篇),第二类是政策分析类的论文(共两篇),最后一类则是介绍原住民社会工作的实践经验的论文(共七篇)。麦克马洪注意到,上述三种不同类型的论文在关注的焦点和遣词造句上有着显著的差异,部分研究类论文在描述原住民的生活状态时,往往会得出一些带有明显歧视性和诋毁性的结论,而与之形成鲜明对比的是,在实践类的文章中呈现的原住民的形象,则更多地突出了一种反映了原住民抗争精神的“反抗性的政治”(politics of resistance)以及他们所具备的一种“主体的能动性”(agency)和“主导自身生活的能力”(power in their own lives)。麦克马洪认为,造成研究类和实践类文章之间的这种差异性的一个可能原因在于,实践类文章的作者通常有过与原住民群体共同生活和工作的切身经验或者作者本人就是原住民。此外,麦克马洪还发现,尽管“从总体上来看,《澳大利亚的社会工作》刊发的原住民社会工作类的文章,大多倾向于反映而不是挑战相关的社会政策”,但绝大部分的研究类的文章都是从一种赞成“同化政策”的立场出发,希望将作为研究对象的原住民群体纳入到一个“道德层面的管控框架”之中,而与之形成鲜明对比的是,实践类的文章则强调原住民具有一种“自我管理的能力”(self-management)以及他们对于“土地权力”(land rights)的诉求,此外,还有一些作者提到了“被偷走了的一代”和原住民对于“社工/福利工作者”的负面看法。①

　　其次,在麦克马洪的上述研究的基础之上,我们对近二十一年来(1997 年至 2018 年)《澳大利亚的社会工作》上发表过的原住民社会工作类的文章做了

---

① Anthony McMahon, “Writing Diversity: Ethnicity and Race in Australian Social Work, 1947–1997”, *Australian Social Work*, Vol. 55, No. 3, 2002, pp. 176–177.

进一步的梳理和分析(见下表二),并得出了以下三个结论。首先,我们发现,以下几个议题在近年来以原住民社会工作为对象的研究中占据着较大的比重,它们分别是原住民禁毒社会工作、女性原住民社会工作、原住民社会工作的理论和方法、原住民社会工作的教育、原住民儿童社会工作、原住民社区社会工作、原住民社会工作的实践经验。上述议题中的前四项,在 1997 年之前的研究中几乎没有出现过,因此,他们很显然是近年来澳大利亚社工学界才开始逐渐关注到的一些新热点。我们认为,一方面,毒品以及女性原住民社会工作等议题的涌现,表明澳大利亚的社会工作者正在努力回应当地原住民社会目前面临的一系列新的挑战;另一方面,以怀特塞德为代表的部分学者在理论建构上的尝试,亦折射出原住民社会工作研究的专业性的不断增强。其次,从研究方法的角度而言,我们注意到,澳大利亚的原住民社会工作研究在近年来呈现出一种日益多样化的趋势。虽然大多数学者采用的仍然是基于访谈的个案研究和定性分析的方法,但是也有部分学者在他们的研究中采用了定量分析的方法。

表二　原住民社会工作类论文的类型分析

主题	文章总数
毒品问题与禁毒工作	3 篇
原住民儿童保护	8 篇
原住民青年社会工作	2 篇
原住民社区社会工作	3 篇
原住民妇女与性别相关的社会工作	3 篇
原住民社会工作理论与方法	8 篇
原住民社会工作实践	3 篇
原住民社会工作教育	3 篇

数据来源:《澳大利亚的社会工作》(1997—2018)

其三,如果说,新的研究议题和研究方法的浮现和运用是近年来澳大利亚的原住民社会工作研究的两大新动向,那么,对过去的原住民社会工作中存在的种族主义和殖民主义倾向的反思,以及在这一反思的基础上,试图将原住民的知识体系引入到社会工作中的努力,则是当前澳大利亚的原住民社会工作研究中出现的第三个(可能也是最为重要的一个)新趋势。在下文中,我们将结合两篇具有一定代表性的论文,着重对这一反思的具体内容做进一步的介绍。

二、"白人特权地位理论"与原住民的世界观及其知识体系

长期以来,白人女性始终是澳大利亚的社工队伍中的一支中坚力量,而这一点也决定了面向原住民群体的社会工作不可避免地会受到社会工作者本人"白人"的种族身份的影响。但是,澳大利亚社工学者麦琪·沃尔特(Maggie Walter)、桑德拉·泰勒(Sandra Taylor)和达芙妮·哈比比斯(Daphne Habibis)却指出,对于这一显而易见的事实,许多澳大利亚的社会工作者却或许从未进行过真正的思考。在他们于2011年发表的一篇题为《澳大利亚的社会工作究竟有多白?》(How White Is Social Work in Australia?)的文章中,沃尔特及其合作者首先对"白人"(whiteness)这一概念本身进行了界定,他们认为后者并不是一个单纯的生物学或者生理学的现象,而是一种"多层次的社会建构"(multilayered social construct),一种反映了种族主义的意识形态的社会特权地位。[①]

基于上述定义,沃尔特及其合作者进一步指出,这种"白人的特权地位",不仅催生了一种事实上的种族隔离(具体表现为澳大利亚的原住民和非原住民群体在经济上的不平等以及在居住空间和社会交往这两个层面上的分离),同时还衍生出一种"白人的惯习"(white habitus),也就是一系列打上了种族主义烙印的观念、品味和情感。更关键的是,大多数澳大利亚的白人社会工作者都或多或少地受到这种"白人的惯习"的影响,因此,他们一方面在工作之外的日常生活中与原住民的接触极其有限,另一方面还常常会忽视不同的原住民群体之间的差异,并且对后者抱有一种缺乏事实依据的偏见。[②]

在上述分析的基础之上,沃尔特等人又对现有的社工教育中存在的不足和缺陷进行了反思,在他们看来,尽管当前的社工教育确实会涉及包括女权主义、反种族主义、反压迫主义在内的各种批判性理论,但是所有这些源于西方的理论,都未能真正有效地回应"白人的特权地位"(white privilege)这一既成

---

① Maggie Walter, Sandra Taylor and Daphne Habibis, "How White Is Social Work in Australia?", *Australian Social Work*, Vol. 64, No. 1, 2011, pp. 7 - 8.

② Ibid., pp. 9 - 11.

事实对社会工作本身提出的挑战。最后,沃尔特及其合作者表示,他们希望未来的澳大利亚的社会工作者能够不再将原住民群体视作是一个亟需得到妥善解决的"问题",而是把关注的焦点从原住民群体转移至"白人的特权地位"上,并就后者对原住民社会工作造成的影响展开一种批判性的分析。①

我们认为,正视"白人的特权地位"对原住民社会工作的影响,固然非常重要,但这或许只是成为一名合格的原住民社会工作者的前提条件之一。在他们于 2011 年发表的一篇题为《我们知道什么? 与原住民一同工作的社会工作者的经验》(What Do We Know? The Experiences of Social Workers Working Alongside Aboriginal People)的论文中,宾蒂·班尼特(Bindi Bennett)、乔安娜·祖布齐斯基(Joanna Zubrzycki)和禾奥莱·培根(Violet Bacon)这三名学者基于他们对前人研究的梳理和归纳发现,要开展真正有效并且合乎伦理的原住民社会工作,我们还必须掌握以下四类社会工作的技巧和理论知识:首先是要熟悉澳大利亚原住民的历史,特别是要正视殖民主义对当地原住民社会造成的危害,以及社会工作者在这个殖民化的过程中扮演的不光彩的角色。其次是要在掌握各种社会工作的相关理论的同时还要熟悉包括"创伤(trauma)、种族主义、白人的特权地位、人权"在内的多种社会学和心理学理论和知识。其三是要熟知原住民群体对过去和当下的"福利制度"的看法和认识。最后则是需要对澳大利亚的土著和托雷斯海峡的居民的世界观有所了解,并且能够在此基础之上建立起一整套与原住民自身的文化理念相契合的社会工作的实践体系。②

尽管从理论上来说,从事原住民社会工作必须掌握上述四大类的知识,但是,班尼特及其合作者进一步指出,澳大利亚的社工学界事实上对那些工作在第一线的原住民社会工作者究竟在他们的日常工作中运用了哪些特定的知识和技巧所知甚少。为了填补这一现有研究中的空白,班尼特等人对 19 名拥有丰富工作经验、并且在原住民社区内享有较高声誉的社会工作者进行了采访。受访者被要求就以下三个问题发表他们自己的看法:首先,"原住民社会工作

---

① Maggie Walter, Sandra Taylor and Daphne Habibis, "How White Is Social Work in Australia?", *Australian Social Work*, Vol. 64, No. 1, 2011, pp. 11 - 17.

② Bindi Bennett, Joanna Zubrzycki and Violet Bacon, "What Do We Know? The Experiences of Social Workers Working Alongside Aboriginal People", *Australian Social Work*, Vol. 64, No. 1, 2011, pp. 20 - 21.

者是怎样服务于其他原住民个人和群体的?"其次,"非原住民社会工作者又是怎样服务于原住民个人和群体的?"最后,"在上述两组不同身份的社会工作者看来,什么才是符合原住民群体的文化传统并且恰当的社会工作?"①

通过对这19名受访者给出的答案所做的定性分析,班尼特及其合作者归纳出以下三个重要的结论。首先,优秀的原住民社会工作往往需要具备一种反身性的批判思考能力,这具体指的是原住民社会工作者需要"认识到过去的殖民主义历史以及延续至今的殖民主义式的实践,对于社会工作者个人的文化身份和他们的工作造成的巨大影响"。其次,是要与原住民案主建立起一种"有意义并且目标明确的关系"(meaningful and purposeful relationships),特别是要重视向自己的服务对象做自我介绍的这一环节,因为这将会决定双方是否能够建立起一种相互信任的关系。班尼特及其合作者强调,无论社会工作者本人是否是原住民,当他们首次向原住民者社区做自我介绍时,都有必要真诚地分享自己个人的一部分基本情况。这样做的意义在于,在原住民社会中,一个人的个人和职业身份之间并不存在一条十分清晰的界限。因此,能够与自己服务的原住民对象建立一种一对一的私人关系对于社会工作者开展他们的工作而言是十分重要的。其三是需要具备一种"深度的,尊重对方的倾听能力。"这种能力具体指的是当原住民案主在讲述自己的故事时,社会工作者应当尽可能的保持沉默,不去过多地提出自己的问题,以免打断对方的叙述。通过这种有意识的沉默,社会工作者可以让原住民感受到他们获得了足够的尊重,并由此建立起一种双向的信任以及对于彼此的尊重,而这种互信关系也是开展有效的原住民社会工作的第四个关键点。②

班尼特及其合作者得出的第二个重要结论是,社会工作者对于自身身份的认知,以及他们与原住民社区之间建立的羁绊关系,是前者学会"尊重、理解和重视原住民的知识"的一大基础。事实上,每一个接受采访的社工都提到,理解和尊重原住民社会的知识体系和世界观,是他们的工作得以顺利展开的一个前提条件。具体而言,这些不同于西方社会的世界观和信仰主要体现在澳大利亚的原住民对于"精神健康和疾病、国家和灵性之间的关系、生育和抚

---

① Bindi Bennett, Joanna Zubrzycki and Violet Bacon, "What Do We Know? The Experiences of Social Workers Working Alongside Aboriginal People", *Australian Social Work*, Vol. 64, No. 1, 2011, pp. 21 - 23.

② Ibid., pp. 25 - 30.

养小孩的方式、时间本身的相对性和不确定性"有着自己独特的认识。此外，在原住民的社会中，个人还"承担着照顾家庭和群体的责任，并且家庭在日常生活中的每个方面都扮演着一个十分重要的角色"。①

最后，班尼特及其合作者强调，原住民社会工作要真正落到实处，还有赖于合理地运用西方社会工作的理论和实践经验。首先，白人的原住民社会工作者必须要经历一个"去殖民化"的过程，具体而言，这指的是后者应当充分认识到殖民主义的历史及其政治和文化上的遗产对当下的社会工作实践的影响。此外，原住民社会工作者还必须学习"白人的特权地位"的理论，并且对于自身的身份以及与之相关联的一系列偏见和假设，进行一种批判性的反思。其次，社会工作者需要改变他们长期以来奉行的一种个人主义式的工作模式。易言之，他们不但需要将家庭、社区和集体都纳入到工作中来，还需要学会聆听不同的原住民群体的意见，并且支持后者自发组织发动的各种社区活动。最后，原住民社会工作者还需要掌握的是系统理论（systems theory）以及一种"强调案主自身力量"的工作视角。这不仅仅意味着社会工作者需要帮助"原住民个人、家庭和社区加强他们自己解决问题的能力，并且协助他们改善和建立与（现有的）资源之间的联系"，还决定了社会工作者必须肩负起对"那些不利于（原住民群体）的社会政策进行分析，同时发起和推动那些有助于原住民社区认识到自身所具备的力量和资源的社会活动"的重责。②

结论

自十九世纪中后期社会工作在英美等西方国家诞生以来，关心和扶助社会弱势群体一直以来都是前者赋予自身的一项重要使命之一。然而，在上世纪六十年代之前，以白人为主体的澳大利亚的社会工作者非但未能对当地饱受殖民主义之苦的原住民群体施以援手，反而成为了政府实行的错误的"同化"政策的实际执行者之一。与此同时，对于澳大利亚的原住民群体的长期漠视甚至是蔑视，亦决定了以后者为服务对象的社会工作的实践和研究在很长一段时间里都处于停滞状态。

---

① Bindi Bennett, Joanna Zubrzycki and Violet Bacon, "What Do We Know? The Experiences of Social Workers Working Alongside Aboriginal People", *Australian Social Work*, Vol. 64, No. 1, 2011, pp. 30 - 31.

② Ibid., pp. 31 - 32.

通过对于在业内享有较高声誉的《澳大利亚的社会工作》历年来发表的原住民社会工作类的文章进行梳理和分析,本文得出了以下两个初步的结论。首先,我们注意到,在经历了五十余年的探索和积累之后,目前澳大利亚的原住民社会工作的研究已经初具规模。除了不断尝试运用新的方法和挖掘新的研究议题之外,新一代的社工学者还对早期澳大利亚的社会工作中普遍存在的种族主义和殖民主义的倾向进行了深刻的反思。一方面,以沃尔特为代表的一部分学者指出,要开展有效并且合乎伦理的原住民社会工作,必须首先就"白人的特权地位"对社会工作者本人的影响建立起一种正确的认识。另一方面,班尼特等学者则强调,一名合格的原住民社会工作者不但需要具备一种批判性的自我反思能力,同时还必须要了解和尊重原住民的世界观和价值理念,并且学会将其融入到自身的工作中。

其次,我们认为,近年来澳大利亚社工学界对早期的原住民社会工作中暴露出来的种族主义和殖民主义思维的反思和批判,对我国的少数民族社会工作者来说,也有一定的启示意义和借鉴价值。尤其是沃尔特和班尼特等学者提出的一系列从事原住民社会工作所必须具备的条件、技巧和知识,在某些情况下也可能适用于我国的少数民族社会工作者;对后者而言,正确认识自身的族群身份对本职工作的影响、了解并且尊重自己服务的少数民族群体的风俗习惯及宗教信仰同样非常重要。因此,尽管我国与澳大利亚的基本国情不尽相同,但是吸取澳洲原住民社会工作的经验教训,仍将有助于我们更好地开展面向我国的少数民族的社会工作。而作为一项试图以"一叶知秋"的个案研究,本文也希望能够起到抛砖引玉的效果,激发国内学界对澳大利亚的原住民社会工作的理论和实践做进一步深入研究的兴趣。

The Development of Indigenous Australian Social Work Research and Its Lessons for Chinese Social Work

Xie Xiaoxiao

Abstract: Indigenous social work forms an important part of present social work practice and research in Australia. Through a close analysis of all the research articles on indigenous social work published in the *Australian Social Work* over the past seven decades, this article attempts to provide an overview of the Indigenous Australian social work research, particularly, its most recent development. The findings of this study show that, until the mid-1960s, social work researchers in Australia failed to pay sufficient attention to the local indigenous peoples. However, due to the changes of relevant government policies, but also influenced by the rising Aboriginal Rights movement, Indigenous Australian social work practice and research has experienced a significant growth in the last two decades or so. This development is clearly manifested in the new research topics, theories and methods adopted by some recent articles published by the *Australian Social Work*. Besides, a new generation of social work researchers also started to reflect upon the racist and colonialist tendencies embedded in previous indigenous social work, while emphasizing the necessities of learning and respecting the cultures and customs of Indigenous communities in Australia. This paper concludes with a suggestion that, despite the notable difference between China and Australia, the experiences and lessons of Indigenous Australian social work, particularly the Whiteness theory and the emphasis upon the importance of Aboriginal world views and knowledge for conducting indigenous social work, might also benefit, if applied properly, the Chinese social workers.

Keywords: social work in Australia; indigenous social work; Whiteness theory; Aboriginal worldviews and knowledge

作者简介: 谢晓啸,上海大学文学院历史系博士后。

美国社会转型期中产阶级女性婚姻与家庭生活的变迁(1870—1920)

洪　君

摘　要：19世纪末20世纪初,美国社会政治、经济和文化生活的变化带来传统家庭和两性关系的变动,中产阶级女性的婚姻和家庭生活在延续传统的基础上出现了新的变化。家用电器的逐渐普及以及消费主义文化在城市生活的兴起极大地减轻了中产女性的家务负担;随着中产阶级女性生育率下降,中产阶级家庭规模逐步缩小;以父权制为主导的家庭关系逐步瓦解,新的夫妻关系开始成型。这一切为中产阶级女性走出家庭,积极参与社会活动奠定基石。

关键词：美国　社会转型　中产阶级女性　婚姻　家庭

一、前言

　　家庭是社会的重要组成部分,社会的发展和变化毫无例外地影响着社会中的个人和家庭,带来家庭的变革。19世纪末,伴随着工业化和城市化的快速发展,美国人的居住环境和日常生活发生巨大变化,由此带来家庭生活的重大改变。以机器生产为基础的工厂制度的建立使得许多原本复杂的工艺逐步分解为简单、对体力要求不高的工作,为女性就业提供便利前提,越来越多的女性离开家庭走进劳动力市场。与此同时,教育机会的增加和社会上新思想的广泛传播引发人们婚姻观念的转变,美国社会离婚率逐渐上升。哥伦比亚一位著名教授认为美国社会离婚率惊人上涨的背后是"女性的不断解放"。

"现在很多女性可以自己养活自己,对于给她们带来不幸甚至个人伤害的婚姻,她们没理由也没必要继续维系"。① 随着经济地位的上升,女性要求婚姻改革的呼声日渐高涨。19 世纪中后期,美国社会通过了《已婚女性财产法案》(Married Women's Property Acts),②标志着女性获得了更多管理财产的权利。虽然大部分中产阶级女性没有追随时代的脚步外出工作,她们的家庭和婚姻生活也不可避免地经历着变化,她们在家庭和婚姻中的地位也有了大幅提升。

二、家务劳动的简化

第二次工业革命的蓬勃开展给美国社会带来日新月异的变化,生产力飞速发展,新产业层出不穷。19 世纪末,美国已基本成为一个门类齐全的现代化工业国家。1860 年美国工业生产总值在主要资本主义国家中居第四位,不到英国工业总产值的 1/2,1894 年,美国工业产值跃居世界首位,工业产值达到 95 亿美元,相当于全球工业总产值的 1/3。③ 伴随着工业产值的急剧增长,美国人均国内生产总值也迅速上升。19 世纪 70 年代初,美国的人均国内生产总值为 164 美元,19 世纪 90 年代初为 215 美元,1914 年则上升到400 美元。④ 工业革命的兴起和层出不穷的科技发明不仅带来美国人生活方式的重大变革,也永远地改变了美国女性,尤其是中产阶级女性的生活经历。

富裕的家庭总是最先受益于科技进步带来的福利,科技发展最引人注目的影响主要体现在不断发展壮大的城市中产阶级家庭。以电力服务为例,20世纪初,伴随着美国电力工业的迅速发展,电力价格开始有所下降。1912 年,大约 16% 的美国居民家中使用电力服务。1920 年,这一数据上涨到 37%。然而,生活在农村地区的人们不得不等到 20 世纪 30 年代新政实施后才开始享受电力服务。⑤ 在城市中产阶级家庭,电力逐渐取代天然气成为室内照明的

---

① M. J. Buhle, T. Murphy, and J. Gerhard, *Women and the Making of America*, Upper Saddle River, N. J.: Pearson Prentive Hall, 2009, p. 441.

② 1861 年制定的已婚妇女财产法确立了分别财产制。妻子婚前和婚后取得的财产,包括其个人收入,继承的财产或接受他人赠与的财产,均归妻子个人所有,夫妻双方对其取得的财产独立享有所有权。

③ R. W. Smuts, *Women and Work in America*, New York: Schocken Books, 1959, p. 4.

④ 李庆余、周桂银:《美国现代化道路》,北京:人民出版社,1994 年,第 49 页。

⑤ M. J. Buhle, T. Murphy, and J. Gerhard, *Women and the American Experience*, New Jersey: Pearson Education, Inc. , 2009, p. 390.

来源。此外,各种家用电的发明和推广大大减轻了中产阶级女性的家庭负担,提高了家庭生活的舒适度和便利度。1870 年,大多数城市中产阶级女性花费大部分时间烘烤面包、制作水果和蔬菜罐头、手洗衣服、给炭炉生火等家务事上。然而,到了 20 世纪初,不同型号的炉具,以及洗碗机、洗衣机、熨衣机和吸尘器等"奢侈"电器进入中产阶级家庭,改变了女性处理家务的方式。[1] 世纪之交,煤气取代了木材和煤炭,成为最新设计的厨灶使用的主要燃料。与以往的平炉相比,铸铁炉的发明和使用不仅节省燃料,还使得做饭变得更为方便和安全;自动电力洗衣机的发明在很大程度上减轻了中产阶级女性的洗衣负担,原本耗时耗力的洗衣工作只需一个上午就能解决。玛丽恩·哈兰德[2]曾宣称,洗衣是"白人女性的负担,是美国家庭妇女的苦恼之根和烦扰之源"。[3] 中产阶级家庭主妇对这些节省劳力的技术发明抱以极大的热情,虽然妻子抱怨丈夫不愿意投资购买任何与耕种无关的设备,她们却依然热衷收集有关吸尘器、洗衣机、绞肉机、无烟厨具和奶油分离器等物品的信息。政府对城市下水道和淡水系统等公共卫生条件的改善也在一定程度上减轻了中产阶级女性的家务负担。或许没有哪项技术能像下水管道那样带来女性生活的巨大变化。运水回家做饭、洗衣、打扫卫生、给全家人洗澡,并倒掉脏水,是当时家庭主妇最为繁重的家务之一。19 世纪末 20 世纪初,一部分中产阶级家庭开始使用室内管道,尽管农村和工薪阶层家庭还得外出接水和上厕所。

工业化的过程就是人类生活社会化的过程,在这个过程中,不仅经济生产活动会从家庭中分离出来,而且一些家务劳动也在逐渐社会化。[4] 随着工厂体系的发展壮大,家庭的生产功能持续下滑,中产阶级家庭的家务劳动发生了很大的变化。在迅速扩张的城市地区,消费品(特别是服装)和劳动服务(例如洗衣和膳食准备)以相对低廉的价格出现在市场。1900 年,马萨诸塞州劳工统计局指出许多家务活现在能以便宜的价格在外面完成。[5] 例如,在服装行

[1] M. J. Buhle, T. Murphy, and J. Gerhard, *Women and the American Experience*, New Jersery: Pearson Education, Inc., 2009, p. 391.

[2] Marion Harland,19 世纪末 20 世纪初美国社会最多产的家庭指导书籍作家。

[3] Rothman, S. M. *Woman's Proper Place*, New York: Basic Books, Inc., Publishers, 1878, p. 15.

[4] 钱乘旦:《第一个工业化社会》,四川:四川人民出版社,1988 年,第 344 页。

[5] Massachusetts Bureau of Labor, The Relative Cost of Home-Cooked and Purchased Food, Bulletin 19 (August 1901), Kessler-Harris, A. *Out to Work: A History of Wage-Earning Women in the United States*, Oxford University Press, 2003, p. 110.

业,缝纫机的广泛使用深刻地改变了服装工业。南北战争以前,手工制作的衬衫需要缝制将近 3 万针,历时 14 个小时才能完成。因此,当时大多数人穿旧衣服,而且衣服的款式都比较简单。到了 19 世纪 80 年代,标准尺寸的短裤机器不超过 2 小时就可缝制完成。这带来一个明显的结果,那就是,中产阶级和上层阶级衣柜里的衣服越来越多。衣橱逐渐成为司空见惯的家庭用品,有效地弥补了家庭中原有小柜子容量有限的不足,服装越来越成为识别社会阶层的一个最重要的标志。

食品技术领域的革新带来了人们饮食习惯的改变,一定程度上减轻了女性的劳务负担。19 世纪 80 年代,加工罐头食品已然成为家家必备的食物。早餐麦片的发明让女性从繁琐的早餐准备工作中解脱出来。1878 年,来自密西根州的医生约翰·哈维·凯洛格(John Harvey Kellogg)在市场上推出格兰诺拉即食麦片,一款小麦、玉米和燕麦混合的早餐食品。他声称这款早餐比香肠、鸡蛋和土豆所搭配的传统早餐更健康。不久,该领域大量投资者蜂拥而入。查尔斯·波斯特(Charles Post)发明了葡萄坚果麦片以及由糠麸皮、小麦和糖浆制作而成的早餐热饮——波斯特早餐饮料。波斯特吹捧此款饮料将替代过度刺激且不健康的咖啡成为人们早餐饮料的不二之选。[1] 19 世纪末 20 世纪初,拥有健康意识的中上层美国人开始把麦片和热饮作为自己的标准早餐,女性不再需要花费大量时间为家人准备早餐。这段时期内,政府高度关注食品安全。1906 年总统西奥多·罗斯福签署通过了《纯净食品和药品法》(Pure Food and Drugs Act),禁止错误标签和掺假药品在各州之间流通。[2] 食物、牛奶和饮用水的安全问题成为各城市工作的重中之重。联邦政府和州政府也颁布新的食品和药品法以加强城市对食品系统安全的保障。

19 世纪下半叶,越来越多的城市家庭进入中产阶级,伴随着财富的积累,他们对于商品和服务的消费水平大幅提高。中产阶级家庭开始在经济允许的范围内试图模仿以前只有少部分有钱家庭才能享受的优雅的生活方式。然而,房子越精致优雅,女性在家庭日常生活的经营中就越有必要获得某种形式

---

[1] P. S. Boyer, J. F. Kett, and N. Salisbury, *The Enduring Vision: A History of the American People*, *vol.* 1, Lexington, Mass.: D. C. Heath and Co., 1995, p. 560.

[2] M. C. Law, "The Origins of State Pure Food Regulation," *Journal of Economic History*, Vol. 63, No. 4, 2003, p. 1104.

的帮助。此外,在试图模仿富人的生活方式时,妻子应当成为一位高贵的女士,最好不要从事家务劳动。对于一些富裕的中产阶级家庭来说,问题的解决答案就在于佣人的雇佣。然而,对于许多中产阶级家庭而言,他们负担不起他们想要的仆人的数量。即使家中有佣人相助,佣人的数量也远没有想象中的那么多。19世纪末,从事家政服务的人数大幅下降,进步主义运动时期,家政行业的从业人数持续下滑。1900年到1920年间,全美家政行业总人数下降了15%以上。① 1900年,美国75,000,000人口中只有1,000,000人从事诸如保姆、厨师、洗衣女工等家政工作。② 每10个家庭中约有1户家庭雇佣住家保姆,每10个家庭主妇中有7人得自己做家务。③ 事实上,随着新科技产品的不断涌入,中产阶级家庭的全职仆人,特别是住家仆人,逐渐消失。此外,许多中产阶级家庭没有足够的钱去支付他们梦寐以求的家政服务。在卖方市场,他们不得不面对较高的人员流动率,忍受家政人员的马虎、无理以及关键时候突然离开的现状。马里恩·伍德伯是3个孩子的母亲,丈夫是大学教授,她家中只雇佣一名洗衣清洁工和一名学生。洗衣清洁工一周来一天半打扫卫生和清洗衣物。学生每天午饭和晚饭后过来清理厨房,帮忙带孩子以及擦地板。伍德伯自己每周在家务上花费的时间将近60个小时。④ 通常中产阶级家庭主妇倾向于雇佣兼职而不是全职帮手,她们依旧需要花费相当多的时间处理家务和管理家事。

相较于她们的祖辈,伴随着科技的发展,中产阶级家庭主妇的体力劳动有所减少,但与此同时她们的脑力工作有所增加。例如,她们需要掌握一些科学知识以避免家人从工作场所感染病菌在家庭传播以及买回血汗工厂生产的不卫生物品;她们要学习科学的管理方法,并知道如何选择家电以提高家务劳动的效率。此外,她们还要安排和记录家人的医疗服务和家庭的日常开支,熟记商品的报价、家人的衣服数量和他们的生日。她

---

① C. Delger, *At Odds*: *Women and the Family in America from the Revolution to the Present*, New York: Oxford University Press, 1980, p. 410.

② S. Lewis, *The Job*: *An American Novel*, New York: Scribner's, 1906, p. 86.

③ D. Hayden, *The Grand Domestic Revolution*: *A History of Feminist Designs for American Homes*, *Neighborhoods*, *and Cities*, Cambridge: MIT press, 1981, p. 21.

④ R. S. Cowan, *More Work for Mother*: *The Ironies of Household Technology from the Open Hearth to the Microwave*, New York: Basic Books, 1983, p. 160.

们时不时还得牢记一些笑话供饭后闲谈之用。① 如果说家务负担的减轻没有直接带来中产阶级母亲的巨大解放,它至少解放了中产阶级家庭的年轻女儿。不再需要协助母亲处理家事,越来越多年轻中产阶级女性发现自己在家中无事可做,她们有的寻求高等教育,有的把目光投向外界,在婚前进入职场,寻求自我发展的机会。尽管有些女性出于对中产阶级社会习俗的尊重选择继续呆在家中,然而鼓吹女性献身于家庭的传统法规越来越引起她们的不满。

三、家庭规模的缩减

社会的进步和时代的变迁会不可避免地带来家庭规模和家庭结构的变化。19 世纪末 20 世纪初,伴随着经济的腾飞和城市化进程的加速,美国人的家庭生活水平有了大幅度提高,家庭收入逐步增加。家庭收入水平不仅决定着家庭中科技产品和消费品的使用情况,还在很大程度上影响家庭的规模、家庭成员的寿命、家庭中的婴儿死亡率以及父母和子女间的关系。虽然 19 世纪末 20 世纪初美国联邦人口普查数据并没有体现出社会各阶层间的差异、农村人口和城市人口以及美国本土人口和少数民族人口之间的差异,我们从这些数据中仍能看出内战结束后美国家庭结构的变化。统计数据显示从 1860 年到 1900 年,大部分美国人生活在核心家庭,即只有父母和子女组成的家庭。核心家庭中经常会有寄宿者和仆人居住,但祖父母和其他亲属通常不会住在里面。同时,家庭人口越来越少,总的来说,当时核心家庭的平均人口保持在 5—6 人。其中最主要的原因是母亲生育孩子的数量开始减少。根据 1910 年美国人口统计局统计:美国人口增长率 1870—1880 年为 26%,1880—1890 年为 24.9%,1890—1900 年为 20.7%,且人口增长率持续下滑。1860 至 1890 年,每 1000 个女性拥有五岁以下孩子的比例下降了近三分之一。② 以白人女性为例,1800 年到 1900 年,美国白人女性的生育率下降了 50%。1840 年,白人女性平均生育 6.14 个孩子,1880 年 4.24 个,到 1900 年,平均生育孩子的数量下降到 3.56(见表一)。家庭结构简单化和家庭规模小型化成为社会转型

---

① N. Woloch, *Women and the American Experience*, New York: Alfred A. Knopf, 1984, p. 191;
② W. H. Grabill, C. W. Kiser, and P. K. Whelpton, *The Fertility of American Women*, New York: John Wiley, 1958, pp. 12 - 14.

期美国家庭功能变迁的一个重要趋势。

表一 1800 年到 1968 年白人女性总生育率

年份	总生育率	年份	总生育率	年份	总生育率
1800	7.04	1860	5.21	1920	3.17
1810	6.92	1870	4.55	1930	2.45
1820	6.73	1880	4.24	1940	2.19
1830	6.55	1890	3.87	1950	3.00
1840	6.14	1900	3.56	1960	3.52
1850	5.42	1910	3.42	1968	2.36

资料来源：For 1800 - 1960，Coale, A. J. , Zelnik, M. *New Estimates of Fertility and Population in the United States*，Princeton：Princeton University Press，1963：36；For 1968, Taueber, I. B. "Growth of the Population of the United States in Twentieth Century," Westoff, C. F. , Parke, R. *U. S. Commission on Population Growth and the American Future*，*vol.* 1，Washington，D. C.：Government Printing Office，1972：33.

婚内生育率显著下降的一个最常见解释是工业化和城市化的发展带来了人口出生率的下降,因为城市人口的出生率一般总是低于农村地区。然而,这并不能完全解释美国人口出生率的下降。在美国工业化和城市化快速发展之前,美国的人口出生率已经开始下降。1850 年,80％的美国人口生活在农村地区,而这时人口出生率已经从 1800 年的 7.04 下降到 5.43,下降了 23％。[1]还有一种解释认为生育率的下降与婴儿死亡率的上升有关。如表二所示,1860 年到 1910 年,白人女性的活产率下降了近 1/3。虽然外国出生的女性往往比本地出生女性生育更多孩子,然而,即使在她们中间,1891 年至 1925 年间,婴儿成活率也下降了约 26％。在婴儿出生率明显高于白人女性的黑人女性中,同时期内她们的生育率也有所下降。另一种解释是生育率的下降与女性就业机会的增加也密切相关。工业化的迅速发展产生了大量适合女性的工作岗位,为女性走出家庭涌入劳动力市场提供充分的前提条件。随着女性就业的增多,女性的经济地位和社会地位上升,养育孩子的成本增加,这些使得女性对生育更为谨慎。此外,家庭人口的减少能让出生的孩子有更大的机会活到

---

[1] C. Delger, *At Odds*：*Women and the Family in America from the Revolution to the Present*，New York：Oxford University Press，1980，p. 181.

表二　1800—1930 年 15—44 岁白人女性婴儿成活数量(单位：千)

年份	白人女性	年份	白人女性
1800	278.0	1870	167.0
1810	274.0	1880	155.0
1820	260.0	1890	137.0
1830	240.0	1900	130.0
1840	222.0	1910	123.8
1850	194.0	1920	117.2
1860	184.0	1930	87.1

资料来源：U. S., Bureau of the Census, *Historical Statistics of the U. S.*: *Colonial Times to 1970*, Kessler-Harris, A. *Out to Work*: *A History of Wage-Earning Women in the United States*, New York: Oxford University Press, 2003, p. 356.

成年。1860—1900 年,美国社会男女的平均寿命有所增长,男性从之前的 38.4 岁增长到 46.3 岁,女性从 40.5 岁增长到 48.3 岁。[1]

　　然而,这些数据掩盖了不同社会阶层和不同种族在家庭规模和家庭人口上的重大差异。事实上,家庭规模的缩减并不是均匀分布的。农民和城市工人阶级因需要依靠子女的劳动维持家庭生计,他们仍然有着庞大的家庭。在当时,移民和农民家庭生育 6 至 8 个孩子是常有之事。相比之下,城市中产阶级和上层阶级因不需要依赖孩子的劳动,因而选择限制家庭规模。哈维·格林指出盎格鲁-撒克逊人白人家庭规模从 1800 年每个家庭平均 5 个孩子下降到 1910 年的 3.42 个孩子。[2] 纽约州的水牛城是一个典型的移民城市,即便在此,1900 年,不同职业家庭生育孩子的数量也有着巨大差异：体力劳动者生育 5.7 个孩子,技术工人生育 5.2 个孩子,而企业所有者和企业管理者仅生育 3.5 个孩子。[3] 事实上,出生率的明显下降主要出现在受到良好教育的白人女性中。

　　中产阶级家庭人口规模的缩小并非偶然。中产阶级家庭生育率的下降主

---

[1] P. S. Boyer, J. F. Kett, and N. Salisbury, *The Enduring Vision*: *A History of the American People*, Vol. 1, Lexington, Mass.: D. C. Heath and Co., 1995, p. 564.

[2] E. M. Plante, *Women at Home in Victorian America*, New York: Facts on File, Inc., 1997, p. 78.

[3] P. S. Boyer, J. F. Kett, and N. Salisbury, *The Enduring Vision*: *A History of the American People*, Vol. 1, Lexington, Mass.: D. C. Heath and Co., 1995, pp. 564 - 565.

要归因于他们对婚内生育子女数量的控制。① 虽然19世纪末激进的社会改革者主张限制家庭规模，对儿童福利的关注和对中产阶级生活方式的追求却是中产阶级限制家庭规模的主要因素。中产阶级认为家庭子女人数的减少能让父母，尤其是母亲，有更多的时间和精力关注孩子的成长和满足孩子的需求，从而让他们成人后能成功地跻身中产阶级。来自贫困家庭和农村地区的母亲继续把孩子当做家庭中的额外劳动力，必要的时候会送他们到工厂上班或田地劳作。相比之下，城市中产阶级母亲从孩子出生那一刻起就力图为他们提供一个有利于其成长的情感环境，她们不再简单地满足孩子的基本需求，而是养育他们。她们研习最新的科学育儿方法，鼓励孩子们在人生的发展道路不断前进。值得强调的是，在大多数中产阶级家庭，限制子女的数量是丈夫和妻子共同协商的结果。

19世纪早期，社会上没有有效的避孕方法，到了19世纪后期，虽然堕胎依然是贫穷女性节育的主要方法，有效的避孕方法开始在中产阶级和上层阶级女性中流行起来。周期性禁欲、特殊冲洗器、避孕套以及原始女性子宫帽的使用让中产阶级有效地降低了婚内生育率。对于很多夫妻来说，中断性交和禁欲仍然是当时最常用的避孕方式。20世纪初，冲洗法作为一种避孕措施开始流行起来，女性常用冷水、金鸡纳碱甚至危险的二氯化汞冲洗阴道。此外，诸如避孕套和宫颈帽等各类型的"机械装置"也开始逐渐普及。1907年，亨利·莱曼在《实用家庭医生》一书中宣称时下最流行、最普遍的避孕方法是各种机械装置的使用，它们被广泛宣传，甚至被沿街售卖。② 虽然许多美国人认为避孕知识的推广会助长滥交，但是计划生育的倡导者，诸如埃玛·戈尔德曼（Emma Goldman）这样的社会主义和无政府主义女性者，则相信控制生育是女性获得政治赋权的必要前提。这一时期最著名计划生育倡导者是玛格丽特·桑格（Margaret Sanger）。1914年3月，桑格创办了《叛逆妇女》杂志，开始传授女性避孕知识。两年后，桑格在纽约布鲁克林开办了美国第一家计划生育诊所，对女性的避孕和生育提供从知识到技术的全方位指导。桑格认为，节制生育将让性不再成为纯粹的欲望满足，使女人不再成为性欲满足的工具，

---

① Y. Yasuba, *Birth Rates of the White Population in the United States*, *1800 - 1860*, Baltimore: Johns Hopkins Press, 1961, p. 119.

② M. G. Wilson, *The American Woman in Transition: The Urban Influence*, *1870 - 1920*, Westport, Connecticut: Greenwood Press, Inc. , 1979, p. 57.

从而远离作为情欲对象的现实。[①]

此外，为了终止意外怀孕，堕胎现象也并不少见。1880 年以前，堕胎药物是一个蓬勃发展的生意。堕胎在美国是合法的，且被广泛实践，女性只有在有胎动后选择堕胎才违法。然而，出于对白人女性生育率不断下降的担心，1873 年国会通过了《康斯托克法》(Comstock Law)，禁止邮寄任何含有淫秽、色情和挑逗内容的书籍，甚至包括避孕知识的文章，并规定避孕药具也属于淫秽品。到了 1880 年，堕胎几乎在所有州都变成非法行为，除非是为了拯救孕妇的性命。然而，堕胎仍是普遍现象，特别是对那些无力支付避孕药具费用的女性而言。白人中产阶级女性的堕胎率也不断上升，一些已婚中产阶级女性继续选择堕胎，至少她们中的一些人认为生育更多的孩子会妨碍她们对快乐的追求。婚姻手册的撰写者爱丽丝·斯托克姆曾描述过这样一个案例：一位富有律师的妻子想要堕胎，因为怀孕妨碍了她的欧洲之行。[②]

中产阶级人口出生率下降的另一个重要原因是中等教育的普及和大学教育的快速发展推迟了中产阶级女性的结婚和生育年龄，同时越来越多的女性选择永久单身。1880 年，一项针对马萨诸塞州 3 所城市的调研显示每 1000 名识字女性生育 601 个孩子，与之相对的是，不识字女性每 1000 人生育 938 个孩子。1926 年收集的数据表明 19 世纪后几十年女性高中毕业生平均生育 2.4 个孩子，而同时期的已婚女性平均生育 3.7 个孩子。对美国中西部家庭的研究发现，与男性相比，女性教育水平的提高对生育率的发展有着更大的影响。接受小学教育的男性平均生育 5.65 个孩子，接受小学教育的女性平均生育 5.85 个孩子，然而到了中学教育阶段，情况则有所不同，接受高中教育的男性平均拥有5.02 个孩子，而接受高中教育的女性只有 4.57 个孩子。[③] 事实表明女性教育水平与其生育意愿密切相关。女性教育水平越高，其生育意愿越低。

19 世纪末，伴随公立高中的兴起，大部分中产阶级女性接受了较为普遍的中等教育。女子学院和男女同校制大学的发展让一部分中产阶级女性获得了大学教育的机会，高等教育为中产阶级女性在婚姻和家庭外提供广阔的选

---

① M. Sanger, *The Pivot of Civilization*, Amherst, New York: Humanity Books, 2003, p. 204.
② M. G. Wilson, *The American Woman in Transition: The Urban Influence, 1870 - 1920*, Westport, Connecticut: Greenwood Press, Inc., 1979, p. 46
③ C. Delger, *At Odds: Women and the Family in America from the Revolution to the Present*, New York: Oxford University Press, 1980, p. 207.

择机会,推迟结婚的中产阶级女性人数不断增长。1890 年,美国女性首婚的平均年龄为 22 岁,而女大学生的首婚年龄则要更大。1900 年,玛丽·罗伯茨·史密斯(Mary Roberts Smith)进行了一项针对大学女性和非大学女性的研究,该研究表明受过高等教育的中上层女性普遍结婚较晚。在她的研究中,史密斯将来自相同社会阶层的受过大学教育的女性和没有接受大学教育的女性进行对比,试图找出她们间结婚年龄的差异。结果显示,两组女性结婚都相对比较晚,然而,受过大学教育的女性比没受过大学教育的女性结婚更晚(见表三)。这两组女性在婚姻年龄上的差距很可能与她们婚前不同的职场经历有关。相较于未接受大学教育的女性,接受大学教育的女性事业心更强,她们中有 3/4 的人在婚前有着不同形式的职场参与经历,而未受过大学教育的女性,只有 1/3 的人在婚前工作过。[1] 一部分中产阶级女大学生在面对家庭和事业的冲突中果断放弃婚姻。1940 年,年龄在 45—49 岁之间的本土白人女大学生中有 3% 的人从未结过婚。[2] 于此同时,中产阶级女性的生育率不断下降。19 世纪 70 年代,中产阶级女性通常在高中毕业 7—8 年后才结婚,且生育的孩子数量低于全国标准。1900 年,美国女性一生的平均生育数已经下降到不到 4 个孩子,但那些为了获得大学学位而推迟结婚的女性其生育数更低。

表三　1900 年受过大学教育女性(A)与未接受大学教育女性(B)的平均结婚年龄

	结婚≤10 年		结婚 10—20 年		结婚 21 年以上	
	A	B	A	B	A	B
平均结婚年龄	26.8	25.9	26.1	24.2	24.2	21.6

来源: Mary Roberts Smith, "Statistics of College and Non-college Women," *Publications of the American Statistical Association*, Vol. 7, No. 49/50, p. 8
备注: 表格中未接受大学教育的女性虽未正式接受过大学教育,但她们普遍在私立学校,公办学校或女子学园学习过,有些女性接受过艺术和音乐学习,也有些人受过部分大学教育,还有些女性请私人老师在家接受教育。

---

[1] M. R. Smith, "Statistics of College and Non-college Women," *Publications of the American Statistical Association*, Vol. 7, No. 49/50, 1900, pp. 17 - 19.

[2] N. Woloch, *Women and the American Experience*, New York: Alfred A. Knopf, 1984, p. 70; P. R. Uhlenberg, "A Study of Cohort Life Cycles: Cohorts of Native Born Massachusetts Women, 1830 - 1920," *Population Studies*, Vol. 23, No. 3, 1969, p. 413; W. H. Grabill, C. V. Kiser & P. K. Whelpton, *The Fertility of American Women*, New York: John Wiley & Sons, Inc., 1958, p. 14.

　　低生育率带来中产阶级家庭平均规模的急剧缩小。1790 年，美国半数人口居住在超过 5 人的家庭，超过 1/3 的人居住在 7 人以上的家庭。1900 年，不到 1/3 的美国人生活在 5 人以上的家庭，只有 20％ 的家庭人口超过 7 人。①到 20 世纪 20 年代，大多数美国家庭，尤其是中产阶级家庭，主要由一个养家糊口的丈夫，一个家庭主妇的妻子和上学的孩子组成。许多史学家认为这一人口的变动是当代女性史上的一个重要变量。它使女性从不断的怀孕生育的苦难中得以解脱，女性拥有更多可支配的时间，可以投入更多的精力关注孩子的教育和培养，有更多的机会享受娱乐休闲生活。生育率的下降给中产阶级女性带来很多发展的可能性。无论在身体方面还是精神方面，更多的孩子意味着女性无尽的付出。生育期的缩短让中产阶级女性在有生之年有了更多属于自己的时间和空间，有了更多人生选择的机会。随着对子女教育的重视，许多中产阶级家庭孩子的受教育年龄开始提前，孩子们的大部分时间都在学校里度过。20 世纪初，已婚中产阶级女性在照顾子女方面花费的时间比 19 世纪的中产阶级女性要少上至少 5 年。对中产阶级女性来说，家庭不再是消耗她们时间和精力的场所。一些女性开始把目光转向社会去寻找生命的意义和生存的价值。

四、趋于平等的夫妻关系

　　19 世纪早期，美国社会的家庭父权制传统根深蒂固，父亲在家庭和社会中占主导地位，妇女和儿童几乎没有合法权利。事实上，殖民地时期父权制就已存在。玛丽·贝思·诺顿（Mary Beth Norton）认为殖民地时期丈夫和妻子间的称谓体现着夫妻间的不平等。妻子给丈夫写信时往往用"先生"这一正式称呼，但丈夫给妻子写信时则倾向直呼其名或使用诸如"亲爱的孩子"这样的表达方式。18 世纪美国社会的离婚记录表明在处理家庭经济问题时人们显然区别对待夫妻双方的经济角色：丈夫赚钱养家；妻子勤俭持家。南希·柯特（Nancy Cott）认为从经济角度看"传统的婚姻契约就像主仆间的契约"。丹尼尔·史密斯（Daniel Smith）对 18 世纪上半叶上流社会家庭的研究发现，夫妻并不是和谐平等的婚姻伴侣。②美国白人男性"希望他们的妻子温柔顺

---

① R. Wells, "Demographic Change and the Life Cycle of American Families," T. Raab, R. I. Rutberg eds. *The Family in History*, New York: Harper & Row, 1971, pp. 88 - 91.

② N. F. Cott, *The Bonds of Womanhood*: *"Woman's Sphere" in New England*, *1780 - 1835*, New Haven and London: Yale University Press, 1977, pp. 20, 22.

从",而事实上,"许多妻子试图满足他们的这种期望,无论她们是有意的还是无意的。"①18 世纪中后期,早期女性权利活动家苏珊娜·罗森②(Susanna Rowson)和朱迪思·萨金特·莫利③(Judith Sargent Murray)开始不断攻击父权权威。她们拒绝接受父亲有权支配孩子的事业或婚姻伙伴的选择,认为在养育孩子方面爱的力量优于武力,女性比男性更擅长教导出听话顺从的孩子。④

19 世纪上半叶,社会经济结构的转变开始带来中产阶级家庭夫妻关系的变化,家庭父权制传统有所松懈。伴随着工作场所与家庭的日益分离,中产阶级家庭的生产职能严重弱化,家庭的精神和情感功能得到加强。中产阶级家庭与经济生产功能的分离并没有减少家庭在人们心中的重要性,中产阶级女性在家庭范围内的工作依旧有着重要的经济价值。历史学家认为,从传统家庭向新型家庭的转变实质上意味着中产阶级女性家庭地位的提高。⑤ 虽然中产阶级女性从劳动市场退出并生活在远离男性世界的私人空间,但她们在家庭的自主权逐步扩大,她们在养育孩子和家庭决策上开始获得越来越多的权力,甚至有机会参与丈夫的市场决策。50 年代认为"女性的唯一天职是母亲"的理念大为削弱,人们主张丈夫和妻子共同决定家庭经济问题,共同分担家庭琐事和照看孩子。事实上,社会和家庭对中产阶级女性价值的认可不仅提升了她们的自我形象,增强了她们的家庭权威,从长远角度看,还有助于女性运动的开展,有利于女性在家庭外获得更大独立。

19 世纪末 20 世纪初,美国社会的巨大转型带来中产阶级家庭两性关系的巨大变化,基于"伙伴关系"的新婚姻模式在城市中产阶级家庭中孕育发展。⑥ 中产阶级女性对家庭生活的成功管理使男性开始更多地关注她们的

---

① M. B. Norton, *Liberty's Daughters*: *The Revolutionary Experience of American Women*, *1750 - 1800*, Boston: Little, Brown, 1980, pp. 61 - 62.
② 苏珊娜·罗森(1762—1824),是美国最早的职业小说家之一,她于 1797 年写出了美国第一本畅销书《夏洛特·坦普尔》。
③ 1790 年在《马萨诸塞州杂志》发表《两性的平等》一文,比英国女性政论家玛丽·沃斯通克拉夫特发表的著作《女性权利的辩护》早两年。
④ S. Mintz, "Introduction: Does the American Family Have a History? Family Images and Realities," *OAH Magazine of History*, Vol. 15, No. 4, 2001, pp. 4 - 10.
⑤ E. W. Brownlee, "Household Values, Women's Work, and Economic Growth, 1800 - 1930," *The Journal of Economic History*, Vol. 39, No. 1, 1979, pp. 199 - 209.
⑥ E. M. Plante, *Women at Home in Victorian America*, New York: Facts on File, Inc., 1997, p. 34.

角色,家务不再被认为是微不足道的事情,中产阶级女性的家庭地位有所上升。同时,在商业世界打拼的男性觉得自己正逐渐丧失人性中美好的部分,他们试图从女性身上找回失去的自我。家庭逐渐成为男性的情感寄托。在许多中产阶级家庭,夫妻关系更加平等,他们和谐相处,彼此尊重。人们建议丈夫对妻子必须要关爱体贴,尽量避免与妻子争吵。理查德·威尔斯(Richard Wells)写到:"如果与妻子产生小争端,如果你的妻子不能很好地陈述自己的理由,又或者她决意要按自己的方式做,不要生气,保持沉默,让事情暂时放一放。等到合适的机会再和妻子心平气和地谈,会收获意想不到的结果"。① 有的夫妻甚至公开表达对彼此的爱意,互称对方为"亲爱的"。中产阶级传统的等级式家庭模式开始逐步解体,情感开始成为维系家庭生活的主要纽带。

随着家庭地位的提高和自主意识的高涨,一些中产阶级女性不再认为婚姻是人生的最终归宿,她们开始向家庭提出挑战,在婚内挑战传统的夫妻关系,在婚姻无法给予自主和幸福时主动放弃。许多学者认为 19 世纪美国社会婚姻和家庭关系的演变主要体现在中产阶级家庭,离婚主要是中产阶级摆脱糟糕婚姻的手段。19 世纪 60 年代后期,法院受理批准的离婚案件中,女性起诉离婚的约占 2/3。1889 年卡罗尔·莱特的离婚研究报告表明仅仅 1886 年一年全美的离婚数就已超过了 25,000 起。② 通过对离婚理由的分析我们发现离婚率增长背后的真正原因是女性对自主权的争取。1872 年到 1876 年,女性起诉离婚的案件中以丈夫与人通奸为离婚理由的占 14%。女性起诉离婚并获得法院批准的案件中 63% 以丈夫在家中行为不足或行为不当为理由。30 年后,妻子对丈夫的指控中只有 10% 以丈夫与人通奸为由,与男性家庭职责有关的指控占总数的 73%。离婚率的急剧上升引起了社会的极大关注。19 世纪末的离婚高潮可以被解读为女性希望在婚姻和家庭中获得更大的自主权,对女性来说,男性的忠诚远没有对家庭是否尽责来得重要。离婚诉讼中男性对妻子的指控从一个侧面反映出女性在婚姻家庭中日益增长的自信。在 1872 年到 1876 年的离婚诉讼中,80% 男性对女性的指控以妻子不再温顺为

① R. A. Wells, *Manners, Culture and Dress of the Best American Society*, Springfield, Mass.: King, Richardson &Co., 1891, p. 264.

② C. Delger, *At Odds: Women and the Family in America from the Revolution to the Present*, New York: Oxford University Press, 1980, p. 166.

理由,44.8%以妻子在家中没有尽责为理由,30年后,这一比例上升到49.6%。① 对早期的离婚文件、法律文件和证人证言的研究发现"离婚危机"实质上是现代家庭出现的必然结果。威廉·奥尼尔(William O'Neill)认为离婚是人们逃避19世纪家庭生活高要求的一种必要手段。② 男人和女人走进离婚法庭,看似是在指责自己的配偶没有达到某些标准,实际上是在抱怨他们未能满足社会变化的要求。

从女性角度出发,离婚率的上升有着积极意义。离婚数量的增加标志着人们对婚姻的期望越来越高,鉴于大多数离婚诉讼由女性提出,这表明女性对婚姻水平有了更高的标准。中产阶级女性,而不是她们的丈夫,越来越频繁地诉诸离婚法院。1907年,保守派评论家安娜·罗杰斯(Anna Rogers)在《美国家庭婚姻为什么会失败》一书中评论到,年轻时尚的太太们喝酒,吸烟,使用化妆品,打桥牌,并开始索要"绝对独立的权力"。③ 如果用这句话概括总结20世纪初美国社会中产阶级女性的行为,未免有点夸大其词,但至少我们能从中发现她们在时尚和生活方式领域的重要变化。中产阶级女性在婚姻中的角色变化表明女性在管理家庭和营建家庭道德氛围方面开始获得越来越多的自主权。如果理想的家庭模式是夫妻相亲相爱、互相尊重、相互体谅,那么,当这些品质不再存在时,离婚就理所当然。19世纪末20世纪初,美国社会不断上升的离婚率从一个侧面体现了中产阶级家庭两性关系的改变。1880年,每21对夫妻中1对离婚。1900年,每12对夫妻中有1对离婚。到1916年,每9对夫妻有1对离婚。④ 如果说现代社会的核心特征之一就是个人的独立,那么家庭中女性自主性的提高很好地体现了这一点。

中产阶级女性对婚姻期望值的提高还表现在一小部分女性开始质疑婚姻的绝对必要性,并选择终身不嫁。当她们不能如期遇到心仪的男生,当婚姻无法给予她们想要的自由和平等,在她们看来,与其痛苦一生,还不如孑然一生。

---

① C. Delger, *At Odds: Women and the Family in America from the Revolution to the Present*, New York: Oxford University Press, 1980, pp. 168 - 169.

② W. L. O'Neill, *Divorce in the Progressive Era*, New Haven: Yale University Press, 1967, pp. 6 - 7.

③ L. W. Banner, *Women in Modern America: A Brief History*, New York: Harcourt Brace Jovanovich, Inc., 1984, p. 54.

④ P. S. Boyer, J. F. Kett and N. Salisbury, *The Enduring Vision: A History of the American People*, *Vol. 2*, Boston: Houghton Mifflin Company, 2000, p. 580.

1835 年到 1855 年间出生的美国女性中,只有 7% 到 8% 的人一生未婚;1860 年到 1880 年,这一比例上升到将近 11%。[1] 到了 19 世纪末,曾是社会边缘人群的未婚女性突然成为社会的焦点,成为"新女性"的领军人物,活跃在职业、改革和女性教育领域,引导着女性进步的潮流。社区改良运动中的简·亚当斯(Jane Addams)和莉莲·沃尔德(Lillian Wald),禁酒运动中的弗朗西丝·威拉德(Frances Willard),以及女子高等教育领域的卡蕾·托马斯(Carey Thomas)都是中产阶级不婚女性的杰出代表。

中产阶级不婚女性的出现,一方面是由于她们对婚姻有着日益增长的期望,另一方面,适婚男性的缺乏也在一定程度上影响着她们的婚姻抉择。虽然内战造成的男女人口比例的失衡最终被新一代年轻人的崛起有效化解,海外移民的到来也在一定范围内弥补了美国男性人口的不足。例如,1880 年到 1920 年,美国 60% 的外来移民为男性。然而,这并没有给土生土长的中上层阶级女性带来更多的婚姻选择。在美国的东部地区和城市,这种婚姻危机尤其严重。1880 年,马萨诸塞州的男女比例为 86∶100。同年,罗得岛州首府普罗维登斯(Providence)的男女比例为 93∶100。20 到 29 岁年龄段的男女比例失衡最为严重,为 86∶100。[2] 类似的问题困扰着无数的东部城镇,给婚姻市场上的女性带来巨大困境,尤其是那些具有较高社会地位和教育水平的女性,因为与其他女性相比,她们在婚姻市场的选择机会最少。19 世纪后期,高等教育的发展、职业机会的增加以及女性社团运动的兴起为她们提供了广阔的释放空间。

虽然有些中产阶级女性出于自愿选择独身,"波士顿婚姻"却在有些中产阶级女性中流行起来。19 世纪末 20 世纪初,"波士顿婚姻"这一术语在新英格兰地区被广泛使用,主要用来描述两个单身女性生活在一起,不依赖男性的经济资助。教育家维达·斯卡德(Vida Scudder)和诗人艾米·洛威尔(Amy Lowell)都是践行"波士顿婚姻"的典型代表。女权运动家苏珊·安东尼(Susan Anthony)与她的妹妹玛丽也一起生活了很多年。在当时,"女同性恋"的概念还没有真正浮出水面,所以我们很难界定女性间的这种感情到底是浪

---

[1] N. Woloch, *Women and the American Experience: A Concise History*, New York: McGraw-Hill, 1996, p. 172.

[2] N. Woloch, *Women and the American Experience: A Concise History*, New York: McGraw-Hill, 1996, p. 173.

漫的友谊还是女同性恋关系。但是显然,女性与其他女性之间存在着非常强烈的情感联系。

19 世纪绝大多数中产阶级女性呆在家中相夫教子,但这并不意味着女性对家庭生活没有任何影响,一部分女性通过结束婚姻的方式寻求自主和自由,一部分女性选择终身不婚,挑战着传统的家庭观。大部分美国人因担心家庭的消亡对离婚持消极否定的态度,一些州的立法机关甚至收紧现有的离婚法案并颁布新的离婚法案,例如,纽约州规定只有存在通奸行为的婚姻才可以以离婚的方式结束,南卡罗来纳州则完全禁止离婚。① 然而,我们仍有充分的理由相信中产阶级女性带来了 19 世纪美国社会家庭生活的变化。

五、结语

19 世纪末 20 世纪初,美国社会发生的前所未有的深刻转变带来中产阶级女性婚姻和家庭生活的重大变迁。虽然中产阶级"家庭天使"的文化形象仍然是一种理想,但在现实生活中,中产阶级女性与这一形象渐行渐远。② 随着资本主义生产规模的壮大,科学管理方法的广泛采用,美国社会进入了消费品极大丰富的时代,越来越多的生活用品和先进电器设备进入中产阶级家庭,在提供了便利和舒适的同时大大地减轻了中产阶级女性的家庭负担,她们不再需要花费大量的时间料理家务,有了更多属于自己的时间。中产阶级女性婚内生育率大幅下降,她们开始以更理性、更健康的方式养育孩子。她们把家营造成孩子们的避风港湾,在孩子的成长过程中一直陪伴其左右,直到他们离开家门开启人生的新篇章。与此同时,和谐家庭观的出现含蓄地否定了父权制,中产阶级典型的父权制家庭逐步演变为夫妻权力均衡、互相尊重的场所。中产阶级女性的家庭权力和地位有着明显的提高,她们在婚姻中对性和生育有着越来越多的控制权。

19 世纪后期,中产阶级女性逐渐厌倦家庭生活的束缚,并开始质疑她们作为妻子和母亲的主要社会角色。她们不再把主要精力放在寻找配偶上,开始在家庭之外的生活领域寻求精神满足。英国女性政论家玛丽·沃斯通克拉

---

① M. J. Buhle, T. Murphy and J. Gerhard, *Women and the Making of America*, Upper Saddle River, N. J.: Pearson Prentive Hall, 2009, p. 443.

② L. W. Rosenzweig, "The Anchor of My Life: Middle-Class American Mothers and College-Educated Daughters, 1880-1920," *Journal of Social History*, Vol. 25, No. 1, 1991, p. 5.

夫特(Mary Wollstonecraft)早在 18 世纪就说过女性应该涉足公众生活,获得经济和精神上的独立,而不是囚禁在家庭的小圈子里。"有多少女性就这样忧郁地虚度了一生;她们原本可以成为医生,或是管理庄园,经营店铺,靠她们自己的劳动独立谋生,而不是现在的多愁善感,以泪洗面,甚至无法抬起头"。[1]有些中产阶级女性离开家庭开始独立生活,她们对这种生活的追求完全是出于自身选择,绝不是因为社会上缺乏适合她们的男人;有些女性投身社会改革的浪潮,积极争取女性选举权;还有些女性踏入职场,开启了白领之路。总之,在 19 世纪末 20 世纪初的美国社会,中产阶级女性不再是理想中幽居家中的、柔弱的、无所事事的"家庭天使",而是活跃在社会活动领域的历史行为主体。

Changes in the Marriage and Family Life of American Middle-Class Women in Social Transition (1870 - 1920)

Hong Jun

Abstract:In the late 19th and early 20th century, the rapid political, economic and social changes in American society brought about tremendous changes in the traditional family life. Unavoidably, new changes took place in the marriage and family life of many middle-class women. The gradual popularization of household appliances and the rise of consumerism in urban life greatly lightened the household burden of middle-class women; with the decline in the fertility rate of middle-class women, the size of middle-class families was gradually shrinking; The family relationship dominated by patriarchy gradually collapsed, and the new relationship between husband and wife began to take shape. All this laid the foundation for middle class women to step out of their families and participate actively in the social and political life.

Keywords:America; Social Transition; Middle-class Women; Family; Marriage

作者简介:洪君,女,博士,华东师范大学外语学院讲师。

---

[1] [美]约瑟芬·多诺万:《女权主义的知识分子传统》,赵育春译,南京:江苏人民出版社,2003 年,第 17 页。

"为美利坚合众国干杯"

——《障碍都烧毁了》中的美国国家认同①

王青松

摘　要:《障碍都烧毁了》是第一部以 1871 年 10 月 8 日的芝加哥大火为题材的小说,也堪称是第一部以芝加哥为背景的小说,出版后广受欢迎,是当时的畅销书。然而长期以来,批评家们都偏重解读其中的宗教与道德指向,并加以诟病,忽略了小说丰富的国家认同内涵。本文认为,从特定的政治历史语境看,小说在人物塑造和情节设计等方面都融合了国家认同意识,与南北战争后高涨的美国国家认同形成共鸣共振。

关键词:《障碍都烧毁了》　爱德华·佩森·罗　芝加哥大火　美国国家认同　熔炉

《障碍都烧毁了》(Barriers Burned Away, 1872)②是第一部以 1871 年的芝加哥大火(The Great Chicago Fire)为题材的小说,也是第一部以芝加哥为背景的小说,是美国小说家爱德华·佩森·罗(Edward Payson Roe, 1838 - 1888)的处女作和代表作,2010 年还曾占据"四十部最佳芝加哥小说"中的一席地位。③《障

---

① 本文为教育部人文社科基金项目"芝加哥文艺复兴时期的城市书写(1870—1920)"(17YJA752016)的阶段性成果。另外,本文写作得到了上海外国语大学张和龙教授的大力帮助。

② Edward Payson Roe, *Barriers Burned Away*, New York: Dodd, Mead, 1892. 后文中简称《障碍》,且出自小说的引文将随文标注页码,不再另注。

③ Geoffrey Johnson, "Top 40 Chicago Novels", Page 1 | Chicago magazine | June 2010, 〈https://www.chicagomag.com/Chicago-Magazine/June-2010/Best-Chicago-Novels-Books/index.php?cparticle=1&siarticle=0(2018 - 11 - 24).

碍》出版后深受欢迎，十分畅销，令作者一举登上美国文坛，可从文学批评角度看，同时代的好评并不多见。① 据称，作者曾收到一则匿名的评论，结语是，"故事彻头彻尾地叫人恶心"。② 1874 年，英国著名学者、翻译家安德鲁·兰(Andrew Lang)在一则书刊短评中说："我们不喜欢心灵鸡汤类的小说，也不喜欢时常把最神圣的名字和弱爆了的胡说八道联系到一起；但是诚如修昔底德所言：'关于显而易见的废话，何必要编一个冗长的故事？'"③时隔一百年，类似的批评依然不绝于耳。1977 年的一则评论同样抨击《障碍》是彻头彻尾的宗教小说，"他的每一部书都是一场福音布道，都遵循同样的公式：一位信教的或男或女的主人公努力争取一名怀疑者（通常是一名异性）皈依基督教。"④事实上，罗的小说创作宗教意图明显，在内容上有点像布道，艺术上乏善可陈。英国著名学者马修·阿诺德曾经到访美国，对罗的作品非常畅销十分惊诧，于是写到："我们听说，眼下养育西部各州的是一位叫罗的本土作家的小说，却不是狄更斯和司各特的作品。"⑤其冷嘲热讽意味不言而喻。然而，随着 20 世纪下半叶文化研究的兴起，罗的作品引起了研究美国文化与文学史学者们的关注。有的关注其中的大众文化，从芝加哥大火后城市重建角度研究其中的伦理问题，有的探讨其中的禁酒现象。⑥ 美国学者伊丽莎白·朗曾指出，"畅销小说之所以是重要的文化产品是因为，与其说它们是一种文学现象，不如说是一种社会文化现象，它们广为传播的主要不是文学审美，更多是社会文化气质与时代精神。"⑦ 她的论断十分精辟。此种语境下，本文则试图回归小说《障碍》所处的政治历史语境，审视小说对重大历史事件芝加哥大火的想

---

① Philip Mathew Johnson, "America's Native Author: E. P. Roe and the Strategies of Religious Fiction." Ph. D. Dissertation, University of Texas at Dallas, 1996, p. 147.

② Qtd. in Neal R. Shipley, "A forgotten best-seller: E. P. Roe." *Journal of American Culture* (8: 2), 1985, p. 59.

③ A. Lang, "New Novels." *The Academy*, Dec. 12, 1874, p. 629.

④ Cecil Finley, "E. P. Roe: successful and sentimental religious novels." *Great Lakes Review* (4: 1)1977, p. 2.

⑤ Qtd. in Glenn O. Carey, *Edward Payson Roe*, Boston, MA: G. K. Hall, 1985, p. 3.

⑥ 比如有 Elaine Lewinnek, "Domestic and Respectable": Suburbanization and Social Control after the Great Chicago Fire." *Iowa Journal of Cultural Studies*, Fall 2003; Susan Zieger, "Impostors of freedom: Southern White manhood, hypodermic morphine, and E. P. Roe's *Without a Home*." *American Literature* (80: 3) 2008 等。

⑦ Elizabeth Long, *The American Dream and the Popular Novel*, Boston, Mass.: Routledge and Kegan Paul, 1985, pp. 5 - 6.

象视角,进而发现其人物成长故事、宗教信仰矛盾、火灾、人间惨剧的影响等都超越了单纯的宗教布道,从属于一个更深层的意图,即对美国国家认同的坚定响应与期许。

一

小说《障碍》的第四十九章,即倒数第二章中有一个耐人寻味的场面。芝加哥大火后,成千上万人受火灾影响无家可归,此时,小说中几乎所有的中心人物,平民青年画家丹尼斯、芝加哥艺术商店店主女儿克里斯丁、牲口贩子克朗克、医生阿顿、莱奥纳德教授夫妇、德裔孤儿恩斯特兄妹等,都汇聚在一座赈灾教堂,围着一张桌子吃饭,而为众人侍奉服务的是拥有德国贵族血统的克里斯丁。这时,克朗克似乎明白了什么,举起凑合着喝咖啡的小罐子情不自禁地说:

> "团聚在此的美丽的女士们、尊贵的先生们,我诚挚地邀请你们用这种毫无害处的饮料一起干杯,为美利坚合众国干杯! 当两个伟大的基本的种族——粗俗的扬基人和冷峻的日耳曼人——融为一体,就像我面前这一对,"(他一只手在丹尼斯和克里斯丁的头顶庄严地挥舞)"把各种各样的人聚集到一起,合众国的航船将会勇往直前!"(《障碍》,428)

克朗克演说完毕,扬起脖子把咖啡喝了,一旁的丹尼斯则面露尴尬,克里斯丁也"满脸通红,艳如牡丹"(《障碍》,428)。这一切逗得莱奥纳德夫妇和阿顿医生哈哈大笑。几句祝酒词何以会引出如此的连锁反应? 只因为这些言行中蕴含着丰富深刻的内涵。首先,克朗克是在表达对一对年轻人的祝福。他看到丹尼斯和克里斯丁关系亲密,突然明白这场大火使他们深入了解到彼此的性格和人生追求,彻底冲破社会等级、金钱、种族等障碍走到一起。其次,他要为自己和这群人祝福。大火烧毁了近三分之一的芝加哥,造成巨大损失,但是却让医生、学者、商人、画家、贵族小姐、德裔孤儿等各个社会阶层的国民团结在一起,共度时艰。再次,他更要为伟大的美利坚合众国祝福。大火是人间灾难,但大火也是生命的源泉,能催生新的生活。一场灾难让他们一无所有,但是因为有共同的信仰,有坚贞的道德理想,有统一的美国信念,他们将凝成一体共创新生活。他们这群来自社会不同阶层的人能聚集到一起,亲如一家,是美利坚合众国的光荣,他为伟大的美利坚合众国感到骄傲、自豪。

这番话从一名牲畜贩子口中说出,夹杂着粗话,当时当地显得有些不雅,但实质上却是发自内心的有感而发,其深刻的时代内涵值得深思。克朗克的祝福在火灾后的氛围中显得有些突兀,他上升到要为美利坚合众国干杯则似乎更没有引起众人的同感,但联系整部小说中丹尼斯与克里斯丁的爱情故事,联系火灾中劫后余生的激动,这一切可谓是水到渠成。在他的话语中蕴含着个人成功的喜悦,宗教皈依的欢乐和跨种族通婚的期待,也寄予着爱国的热情,总之,是对美国国家认同的追求。

历史上,美国的国民身份和国家认同一直是个问题。① 相比于世界上的许多民族,"美利坚民族是一个脆弱的和历史不长的结构。""独立革命使殖民者成了美国人,但没有造成人们的国民同一性。"②或许因为如此,美国有一个独特的"美国问题",即"美国人的身份认同困惑与焦虑"。③ 就是说,自美国建国后,"我是谁""什么是美国人"这样的问题一直萦绕在人们的心头。1782年,法裔学者圣约翰·德·克雷夫科尔提问说:"美国人——这个新的人到底是什么人?"④1950年,著名文学史家亨利·纳什·史密斯在其经典著作《处女地》开门见山地问:"美国人是什么样的一种人民? 在革命前圣约翰·德·克雷夫科尔就提出过这个问题。从那时到现在每一代人都一再重复提出这个问题。诗人与小说家、历史学家与政治家都曾试图回答这个问题,但是他们试图想捕捉的变化多端的民族自我意识总能在最后的陈述中避开最终的结论。"⑤史密斯的提问堪称经典。这个问题令美国人困惑与着迷,吸引着历来学者、作家、诗人的思考。而几乎每一个提问的人,包括他自己,也都会试图对此做出

---

① 国家认同是"一个人确认自己属于哪个国家,以及这个国家究竟是怎样一个国家"的心灵性活动。基于对国家认同内容维度的分析,国家认同一般包括族群认同、文化认同和制度认同三部分。参阅江宜桦:《自由主义、民族主义与国家认同》,台北:扬智文化事业股份有限公司,1998年,第6—17页。"国家认同"一词的英文原文是 National Identity,也译作"民族认同"、"国民特性"等,本文统一作"国家认同"。

② [美]塞缪尔·亨廷顿:《谁是美国人:美国国民特性面临的挑战》,程克雄译,北京:新华出版社,2010年,第80、86页。

③ 江宁康:《美国当代文学与美利坚民族认同》,南京:南京大学出版社,2008年,第45页。

④ [美]戴安娜·拉维奇编:《美国读本》,林本椿等译,北京:生活·读书·新知三联书店,1995年,第74页。

⑤ [美]Henry Nash Smith:《处女地:作为象征和神话的美国西部》,薛蕃康等译,上海:上海外语教育出版社,1991年,第3页。

解答,但结果也的确如他所言,难以有终结性的结论,至少至今依然如此。最近的一次提问出自著名政治学家、哈佛大学教授萨缪尔·亨廷顿,他生前最后一部著作的标题就是:《谁是美国人:美国国民特性面临的挑战》。

美国人的"国家认同"是个问题,而如何建构美国国家认同则更是个问题。对于后者,克雷夫科尔认为,美国人是"你在任何其他国家都找不到的混血人……在这里,来自世界各国的人融合成一个新的民族"。① 他的意思是,美国人是各民族的人通婚而成的新民族,美国的文化则是这些人原有文化融合之后形成的新文化。他的观点被誉为现在广为人知的美国国家认同"熔炉说"(Melting-pot)的发端。

自那以后,这样的说法不绝于耳。1811 年,美国第六任总统约翰·昆西·亚当斯(John Quincy Adams)在致父亲的信中说:"现在看来,整个北美大陆将遵从上帝的旨意成为一个国家,讲着同一种语言,信守同一套宗教与政治原则体系。"② 其中展现了他清晰明确的美利坚帝国意识和统一的美国身份追求。美国思想家爱默生在 1845 年指出,在北美大陆,"欧洲所有的各族,非洲人、波利尼西亚人,他们的活力正在融合起来,形成一个新的种族,一种新的宗教,一种新的国家,一种新的文学"。③ 或许受他影响,1855 年,著名诗人惠特曼在《草叶集》初版序言中说,"合众国本身实质上就是一首伟大的诗","这里不仅是一个民族,而且是由多民族融为一体的民族"。④ 1893 年,西奥多·罗斯福在一次演讲中曾说,"我们有权利要求每个人,无论是生于本地还是外国,都应该像一个美国人一样生活……我们不希望有带连字符的美国人;我们不希望你的举止像个爱尔兰-美国人,不列颠-美国人,或本土裔美国人,而是纯纯粹粹的美国人"。⑤ 他明确而强烈地要求各个民族融入美国,实现美国化。他的政治观点激起了剧作家伊斯雷尔·赞格威尔(Israel Zangwill)的共鸣。1908 年,赞格威尔用剧作《熔炉》向他致敬。剧中主人公说:"美利坚是上帝的坩埚,大熔炉,来自欧洲的各个种族在其中融化、成型!……德国人、法国人、

---

① [美]戴安娜·拉维奇编:《美国读本》,第 74 页。

② 转引自张涛:《美国民族意识的开端》,北京:民族出版社,2008 年,第 141 页。

③ 转引自[美]塞缪尔·埃利奥特·莫里森等:《美利坚共和国的成长》(下卷),南开大学历史系美国史研究室译,天津:天津人民出版社,1991 年,第 139 页。

④ [美]惠特曼:《草叶集》(下),楚图南、李野光译,北京:人民文学出版社,1994 年,第 1075 页。

⑤ Cyrus R. K. Patell and Bryan Waterman, eds, *The Cambridge Companion to the Literature of New York*, New York: Cambridge University Press, 2010, p. 141.

爱尔兰人、英国人、犹太人、俄罗斯人——全都和你一起在这口坩埚里！上帝正在铸造美国人！"①剧作因凸现了当时大量新移民进入美国是否有可能同化和如何同化的社会热点问题而引发热烈讨论，更因为受到时任美国总统西奥多·罗斯福的背书而轰动。②自那之后，作为美国移民同化重要理念之一的"熔炉说"正式确立，彰显了美国对于各种族之间通婚和创建一种新的共同文化的政治期待。

返顾小说《障碍》，克里斯丁曾面对燃烧的大火自言自语道："凡是能在一夜之间灰飞烟灭的不可能被拥有，也不可能是我们本身的一部分。经受大火的坩埚淬炼出的只能是我的品格，我本身"（《障碍》，386）。她的话语直面大火的考验，展现出她对于萌芽中的"熔炉"象征的个性化认同，希望面前无情的大火能成为锻造自己灵魂的"坩埚"。在她这番独白后不久，小说就迎来了本节开头的一幕。一定意义上，在小说家罗的眼中，芝加哥的这场大火正是铸造美利坚合众国新人的"坩埚""熔炉"，而克朗克"把各种各样的人聚集到一起，合众国的航船将会勇往直前！"一语，表达的正是小说深层关于国家认同思考的呐喊。

二

在《障碍》前言中，小说家罗曾直截了当地提出，"大约一年前，我们都心系芝加哥同胞的遭遇，并感到深切同情，于是我想，在杂志报章关于那骇人听闻的事件的各种关注渐渐消逝之后，他们的损失、苦难和坚毅可能会给我们提供某些教益。"（《障碍》，v）的确，无论大火是天灾或是人祸，都不能停留在灾难的哀叹中，而应该找准未来的方向，接受教育，不断成长。就此而言，小说《障碍》通过全面描绘主人公丹尼斯个人成长的历程，展现了追求自由、民主、人生幸福的美国梦主题，彰显了美国信念的力量。③

丹尼斯是当代美国年轻人的代表，他的成长是典型的美国梦寻的历程。他受过良好的教育，品行端正，俭朴忠诚，行动上积极进取，刻苦勇敢。他自幼

---

① Israel Zangwill, *The Melting-Pot*. New York: Macmillan, 1911, p. 37.

② Guy Szuberla, "Zangwill's *The Melting Pot* plays Chicago", *MELUS*, Vol. 20, Iss. 3, (Fall, 1995), p. 3.

③ ［美］塞缪尔·亨廷顿：《谁是美国人》，第50页；王立新，《美国国家认同的形成及其对美国外交的影响》，《历史研究》2003年第4期，第130页。

在母亲熏陶下养成严格自律的新教信仰规范,是个虔诚的新教徒,也做着简明有力的幸福人生梦:努力奋斗就有机会实现人生幸福。事实也证明,他身上的美国信念特性突破了物质条件对他的限制。母亲的宗教虔诚和父亲至死不断追逐成功的新教徒准则成为他美德的基础。他在芝加哥闯荡时,甘愿从街头扫雪的卑贱工作起步,依靠自己的勤劳、聪明,一步步站稳艺术大厦职员的职位,并利用业余时间跟随布鲁德尔学习绘画,不断展现才华,迈向成功。他性格坚韧,在受到克里斯丁、布朗小姐等侮辱欺骗时坚强隐忍。换句话说,他一定意义上是清教文化和美国信念的化身。就在小说《障碍》诞生的时代,美国文学史上最成功的美国梦故事,霍雷肖·阿尔杰创作的《衣衫褴褛的狄克》("Ragged Dick",1868)正在美国走红,演绎出一条"破衣烂衫到富翁"的程式,成为美国镀金时代的典型象征之一。① 与之相呼应,罗的小说也是美国寻梦母题,不过罗找到了一条属于自己的成功之路,那就是,他更倾向于将主人公置于历史上真实发生的火灾、地震、洪水、船只失事等天灾人祸中经受考验,并取得成功。② 事实证明,罗的艺术策略是成功的。投射在真实事件背景上的美国梦故事,更加具有现实感和动人心魄的魅力。这也成为罗的小说成功的重要因素。

新英格兰人丹尼斯作为上帝的"选民",不但要实现个人的梦想,还要承当集体的光荣,建立"山巅之城"。"就个人来说,美国人有责任追求美国梦,尽自己的能力、性格和努力,实现其奋斗目标。就集体而言,美国人有责任确保自己的社会真正是希望之乡。"③于是,在个人奋斗成长的同时,丹尼斯要为上帝的荣耀服务,要在与克里斯丁父女的信仰争斗中获胜。克里斯丁是丹尼斯工作的艺术大厦主人鲁道夫先生的女儿。他在工作中认识了她,并对她萌生爱意,可是却发现她受其父亲的影响,不信仰上帝。于是,引导她摆脱宗教困境,皈依上帝构成他的重大挑战。在丹尼斯看来,不信仰上帝是克里斯丁艺术创作中无法达到最高境界的根本障碍。他指出克里斯丁的仿作与原作的差别在于,仿作缺少"发自灵魂深处的悲悯情怀"(《障碍》,203)。她也被迫认可,"缺少感动人心的力量,她绝不可能成为一名伟大的艺术家"(《障碍》,204)。不相

---

① Herbert F. Smith, *the American Popular Novel 1865 - 1920*, Boston, MA: G. K. Hall, 1980, pp. 1 - 2.

② Neal R. Shipley, "A forgotten best-seller: E. P. Roe", *Journal of American Culture*, vol. 8, No. 2 (June, 1985), p. 59.

③〔美〕塞缪尔·亨廷顿:《谁是美国人》,第 57 页。

信上帝还是她孤独的重要原因。她因为心中没有上帝而缺少爱心,缺少对待他人的平等观念,不适合"民主的"芝加哥。她仰慕丹尼斯的艺术才华,但是对他既冷漠又傲慢,不把他当作平等的人看待,而只是父亲的雇工,是自己任意驱遣的仆从。因为没有信仰,她美丽的面庞也遭受原罪的伤害,变得自私傲慢、冷酷僵硬。(《障碍》,126)再次,不信仰上帝还导致她对爱情的玩世不恭。她年轻美貌,是芝加哥上流社会的宠儿,但是在父亲教导下,她把芝加哥当客栈,蔑视芝加哥的社交生活,戏弄感情,冷酷地享受着芝加哥"成群结队的追慕人、求偶者"的调情与奉承,"仿佛希腊女神理所当然地享受人们在自己的庙宇中点燃的熏香"(《障碍》,82)。她知道自己对丹尼斯渐生情愫,也知道他爱慕自己,却依然暗中把他作为工具使用,走向极度利己主义。

清教徒身份要求丹尼斯要勇敢地充任"传教士"之职,因为在美国 19 世纪前所未有的清教主义复兴中,"人民在其中扮演着传教士的角色"。[1] 丹尼斯与克里斯丁关于信仰的第一次交锋是在布朗小姐家。克里斯丁言辞激烈地痛斥当今基督教信仰的没落。面对她的诘难,众人无言以对,唯有丹尼斯以十字架背负者的勇气和她争辩。10 月 8 日的大火中,信仰的力量再次通过丹尼斯在克里斯丁面前展现。差不多已成陌路之人的他们的命运因为火灾再次联系到一起。火海中,他无私无畏地帮助克里斯丁逃离火场。在火光冲天的密歇根湖畔,在几乎没顶的湖水里,他守卫着克里斯丁和陌生的逃难人。不仅如此,他还不失时机地与她讨论信仰。大火的洗礼让她认清了丹尼斯身上奔涌的力量的源泉,促使她投入上帝的怀抱。扫除宗教障碍标志着丹尼斯人生的新转折。

清教信仰对于国家认同中的文化认同也具有重要意义。自 1820 年代第二次大觉醒以来,美国神职人员的布道坛也是"宣扬美国方式的讲坛",著名学者佩里·米勒认为,"当宗教领袖们在表面上谈论各种教会之间的和谐时,他们实际上在勾画走向一个同质性美国的蓝图。"[2]在宗教奋兴精神鼓动下,各种社团纷纷成立,推进节制欲望,制止卖淫,反对吸烟,禁止酗酒等社会改良。同样,小说《障碍》中的丹尼斯不仅是传教人,也是新教道德风尚的行动人。他初到城市,对未来充满希望,"芝加哥是西部一个年轻的巨人般的城市,仿佛一个黄金国,这里遍地财富,或许还能迅速声名赫赫。"(《障碍》,20)但是城市也

---

[1] [美]萨克凡·伯克维奇:《惯于赞同:美国象征建构的转化》,钱满素等译,上海:上海译文出版社,2006 年,第 50 页。

[2] 转引自伯克维奇:《惯于赞同》,第 50 页。

有各种问题。城市人口众多,但"人在其中有时候仿佛置身荒岛"(《障碍》,46)。城市通常有自己的"诡计",充斥着赌博、酗酒、不良夜生活的诱惑。这些都是丹尼斯成长道路上的障碍,也是考验他的试金石。丹尼斯的面前就有赌博、酒精在诱引他。① 对此,他一贯保持着清醒。初到芝加哥他住在一家小旅店,可在得知那里是一个赌徒酒鬼出没的地方时,他宁愿损失房费也从那里搬了出去。丹尼斯不但成功抗拒酒的诱惑,还努力拯救酗酒者。丹尼斯的意志力感动了牲口贩子克朗克,帮助其改掉酗酒的恶习;画家布鲁德尔经过他的规劝戒除酒瘾,重新创作出艺术佳作。作为节制者的对立面,小说也描写了许多酒鬼的悲惨结局。店员帕特·墨菲是个嗜酒的爱尔兰人,经常醉酒误事,最终因为喝酒耽误了扫雪,被鲁道夫解雇。芝加哥火灾中,有的酒鬼醉卧不起,被倒塌的墙壁掩埋,另一个酒鬼参与洗劫售酒商店,喝醉后跌倒在路边阴沟里,被大火吞噬。这样的场景真实而令人悲叹,但也是作者罗出于清教主义道德认同做出的必然抉择。②

三

构建美利坚国家认同,在美国内战后的特定历史时期,不仅涉及坚定的美国信念,清教信仰和道德律令,还需要面对移民的美国化问题。人种和民族属性是美国的一个敏感话题。维护盎格鲁-撒克逊种族与文化的正统地位自独立革命时期就引起华盛顿、富兰克林、杰斐逊等政治精英的忧虑。③ 而自从"美国人在18世纪末定出了'移民'这一名词的含义和理念,也就定出了美国化的含义和理念。他们看到了有必要使新来到这里的人成为美国人"。④ 正如本文第一节所述,美国化在19世纪之前主要是熔炉理念,即克雷夫科尔提出的,美国人在种族特性上是个民族通婚而成的新民族,在文化特性上,新的美国人应"撇下其祖先的一切偏见和习俗,而接受新的思想和习俗,其来源是

---

① 关于酒精销售与禁酒运动,特别是禁酒运动在19世纪上半叶的情况,可以参阅 Tyrrell, Ian R.. *Sobering up*:*From Temperance to Prohibition in Antebellum America*,*1800 - 1860*. Westport, Conn.:Greenwood Press. 1979. 罗曾写过禁酒运动主题的短篇小说《温柔女子的觉醒》("Gentle Woman Roused",1874)。

② Donald L. Miller,*City of the Century*:*the epic of Chicago and the making of America*,New York:Simon & Schuster,1997, p. 150.

③ 张涛:《美国民族意识的开端》,第309—310页。

④ [美]塞缪尔·亨廷顿:《谁是美国人》,第98页。

他所拥抱的新的生活模式、他所服从的新的政府以及他所具有的新的地位"。① 历史上,美国移民是个无比复杂的问题,有过无数的争夺与反复,但就19世纪中叶而言,随着大批德国、爱尔兰移民的到来,原有的英裔定居者中间存在对这些族群的敌对情绪,其主要原因是德裔美国人在公共场合不放弃使用德语并坚守德国文化,敌视爱尔兰人则出于宗教、政治和经济等方面的因素。② 对此,小说《障碍》也隐蓄地表达了关注与认同。

爱德华·萨义德认为,"每一文化的发展和维护都需要一种与其相异质并且与其相竞争的另一个自我(alter ego)的存在"。③ 要有别人,人们才能给自己界定身份;认清并排除"他者",才能实现自身认同的同一性。就这个意义上说,芝加哥大火是埋葬美国"他者"的坟场。小说《障碍》中表面上的"他者"是克里斯丁,但真正的他者在她身后,是她的父亲鲁道夫先生。鲁道夫先生是德国贵族后裔,移居美国但拒不认同美国的政治制度。他满脑子封建思想、贵族等级观念,固守封建家长制,剥夺女儿在婚姻和人生追求上的自主权。他视女儿的一切为自己功利主义目标的附庸。当他察觉女儿与丹尼斯之间的恋情时,立即派人暗中监视,进行干涉。他眼睛里只有金钱,理想是"在美国发大财,然后回来重拾祖上的财富和家族的荣耀"(《障碍》,74—75)。他也不认同美国的清教信仰。他不信仰上帝,教导女儿"宗教是一种粗鄙的迷信,女性的美德和真理则纯粹是诗意的虚构"(《障碍》,81)。他还拒不接受美国同化。虽然童年即被父母送到纽约学习经营画廊,在美国生活了数十年,事业取得了相当大的成功,但他"从来没有被美国化"。他在美国生活,但是心中充满对故国的留恋;他在家里主要说德语;即便是艺术商店里面聘用的也主要是德国移民;他在芝加哥的生意日益红火,但他并不把这里当家,始终不购置房屋,而是像一个旅客一直居住在旅馆里。鲁道夫的贵族情结、等级观念、封建家长思想、故国情结等等,与信奉自由、平等、民主的美国格格不入。对于这样的移民,美国不可能是他的安身立命之所。正因为如此,当一场无情的火灾烧掉他

---

① 转引自[美]塞缪尔·亨廷顿:《谁是美国人》,第96页。

② [美]塞缪尔·亨廷顿:《谁是美国人》,第42—43页;张涛:《美国民族意识的开端》,第九章;[美]埃里克·方纳:《美国历史:理想与现实》(上册),王希译,北京:商务印书馆,2017年,第411—415页。

③ [美]爱德华·萨义德:《东方学》,王宇根译,北京:生活·读书·新知三联书店,2007年,第426页。

经营半生得来的产业——芝加哥艺术大厦,彻底毁灭他的人生梦想时,他感到万念俱灰,闯进已经被火势包围的大厦,与之同归于尽。鲁道夫的死是可惜的,但又是必须的,因为他是作者心目中背叛美国的重要典型,是必须要清除的"障碍"。

在保证国家纯洁性方面,国家认同还要求国民的忠诚,也就是要求移民们尽快切断与故国的关系,在制度、族群文化、道德等方面向美国靠拢,主动融入美国。大火是考验并归化克里斯丁的重要时机。在逃离火场过程中她曾在一处墓地待了一夜,而透过这显而易见的象征,她获得了新生。她在湖边沙滩上真诚地皈依上帝,在一处教堂赈灾点里暂时栖身。她放弃"勋爵"小姐的身架,担当起"家庭主妇"的责任,为逃难的人群服务。她不再留恋贵族的头衔和产业,毅然放弃回德国的计划,要在芝加哥生活下去。她在得知父亲葬身火海后,要求丹尼斯带她去看看艺术大厦和昔日的房屋,因为"她希望今晚向昔日的生活道别——陌生、悲哀的过去,以及它神秘的罪恶;然后她将毅然决然地走向更美好的生活——一个更美好的国度"(《障碍》,431)。一场大火斩断了她和故国的联系,消除对上帝信仰的怀疑,见证上帝的仁善和崇高,造就她对美国的坚定认同。

如今,她唯一的身份是"一个单纯的美国姑娘",但是她在与丹尼斯的爱情问题上如何抉择是走向"真正"美国人的最后一道关隘。他们在内心彼此相爱,但是,一方面,丹尼斯的谦卑、个人荣誉感禁止他在克里斯丁家人遭难时做出冒昧举动,另一方面,克里斯丁能否抛弃曾经的身份羁绊,放下傲慢的面孔,成为自由的个体?能否实现与丹尼斯身份的平等?对此,她的回答是"当然",因为"爱情正在联手,建造一个更加美好的家"(《障碍》,434)。于是,一个扬基人和一个日耳曼人跨越"所有的障碍"组成了新的家庭。正是在这层意义上,小说中医生阿顿情不自禁地赞美上帝的这场火灾(《障碍》,396)。这和克朗克的祝贺有异曲同工之妙。

四

当然,如果可以的话,克朗克的祝酒词中还可以加上"为芝加哥人干杯"。小说《障碍》讲述的不只是个人主义的故事,还是所有芝加哥人的故事。芝加哥位于美国密歇根湖畔,最初是一处毛皮贸易站点,1803 年美国人在此设立迪尔伯恩要塞,1833 年建镇,然后由于特定地理、历史和经济因素的推动,"在建市不到 40 年的 1871 年,(芝加哥)成为美国物质力量和勇往直前精神的象征。"①不过,自从 1871 年 10 月 8 日的大火之后,"芝加哥人都愿意用简单的三个字词语来形容他们的过去——'大火前',或者'大火后'。要书写芝加哥的历史,'大火'既是其主要的分界点,又是其主要的转折点"。②芝加哥大火是这个城市乃至美国的政治、历史、文化领域的重要研究对象。据称,在大火还在燃烧的时候,火灾的消息就已经通过电报发往全国,各路报刊杂志记者蜂拥而至,紧接着各种长篇通讯不断涌现。到 1871 年底,也就是大火发生后仅仅三个半月,各家出版社出版的颇具分量的火灾纪实就不少于七部;历史学家约瑟夫·柯克兰(Joseph Kirkland)曾感慨,出版的报道足够装满一座小型图书馆。③大火发生时,罗从报纸上看到消息,随即听从本能的召唤放下正在准备的布道,从纽约赶赴火灾现场。他"日日夜夜在曾经的城市中游走,在那些收留了各个阶层难民的临时难民收容所之间徘徊"。一天深夜,他在一座教堂的台阶上枯坐良久,天空是一轮圆月,地上是断壁残垣,小说的故事雏形在脑海中浮现。④

作为第一部以芝加哥大火为题材的小说,⑤《障碍》的意义还在于,它将一个芝加哥人的美国梦和大火结合起来,不仅让芝加哥人直面火的威力,而且还以一种非同寻常的程度,使众人彼此面对面,认识一个国家或者城市中常规的伦理标准和秩序,蕴含了对于芝加哥的同情和坚定信念。

小说的名称《障碍都烧毁了》可能会令人有些疑惑。障碍被烧毁了?小说描写的是芝加哥历史上最令人记忆深刻的大火,它毫无疑问是一场人间灾难,可望文生义的话,题目似乎在说大火将所有的"障碍"都清除了,是一件好事?可清除的是什么障碍?一个个疑问回旋在读者心头。读完小说后,我们明白了,作者罗是"在通过这个城市发生的一切证明,尽管大火是一场

---

① Donald L. Miller, *City of the Century*, p. 131.

② Donald L. Miller, *City of the Century*, pp. 141 – 142.

③ Karen Sawislak, *Smoldering City*: *Chicagoans and the Great Fire 1871 – 1874*, Chicago: The University of Chicago Press, 1995, p. 23.

④ Edward Payson Roe, "A Native author called Roe" in *Taken Alive*, *and other stories*, New York: Dodd, Mead, 1889, p. 20.

⑤ 关于芝加哥大火的历史研究几乎难以尽数,笔者参考的是 Karen Sawislak, *Smoldering City* 和 Donald L. Miller, *City of the Century*,另外还有网站 https://chicagology.com/Chicago-fire/与 https://www.greratchicagofire.org 等。

灾难,但是它却带来一种完全正面的结果:彻底清除了芝加哥人之间根深蒂固的'诸多障碍',那些经常和各种社会差别联系在一起、出于偏见和怀疑而形成的各种藩篱"。① 的确,作者罗认为,火灾烧毁了芝加哥,但是一个以基督教信仰与美国信念为基石的新的芝加哥将重新屹立在密歇根湖畔。事实上,甚至大火还在燃烧之时,关于火灾的起因与过程的各种含政治、宗教色彩或道德倾向的报道和解读就已经开始传扬。② 这一点,作者罗当然知道,所以他的写法和那些纪实报道既有联系也有区别。最重要的是,作为一部小说,《障碍》的主体部分并不是大火。小说共计 50 章,描写大火的部分只是最后的 10 章,但是由于罗在之前的章节里细致描绘了男女主人公成长经历中的各种矛盾,而积蓄已久的能量就待这场大火来纾解,所以小说的真正高潮是大火。

小说以丹尼斯的行动轨迹为线索再现了历史上那场火灾发生、发展的过程,既真实又惊心动魄,其镜头堪称历史纪实。从时间维度看,他的行动贯穿了火灾全过程。在空间上,他的行踪更是异常丰富具体。芝加哥城市的独特地理空间,即被芝加哥河分割出来的西区、南区、北区都有生动描绘。1871 年10 月 8 日晚,丹尼斯在参加完教堂礼拜返回住处的途中听到火灾警报。他看到城市西南方出现的火光,想到自己恩师布鲁德尔的遗孀和孩子就住在那附近,于是赶往火警方向。他先是救出布鲁德尔夫人和她的几个孩子,接着穿过东西向的华盛顿街隧道进入城市南区,试图返回住处,途中他冒险救下困在三楼的布朗小姐,并亲眼目睹鲁道夫先生葬身艺术大厦。他在听说火势越过芝加哥河向北区蔓延时,急忙改变计划跟随拥挤慌乱的人群穿过拉萨尔街隧道,来到位于北区的克里斯丁的家,将她救出火海。二人在逃离火场过程中,慌不择路爬上一辆马车,被带至东面密歇根湖的沙滩上。这里有数以千计逃难的人被困在此。丹尼斯和克里斯丁 8 日夜间逃到沙滩上,在此煎熬了一整天,然后在北面火线渐渐远去的情况下沿着沙滩向北,于 9 日夜间来到一处天主教墓地避雨。10 日白天,他们跨过北区的过火区域,来到西区一个教堂救助站,结束火灾历险。

小说中各式各样、立体化的物理空间成为展现芝加哥人勇敢、崇高道德情

---

① Karen Sawislak, *Smoldering City*, p. 37.

② Elaine Lewinnek, "Domestic and Respectable", p. 22; Donald L. Miller, *City of the Century*, pp. 149 – 150.

怀的舞台。在具体细致的时空中,小说塑造了重大公共事件中不顾个人安危、无私奉献的丹尼斯英雄主义形象。面对突如其来的大火,丹尼斯首先想到的不是个人安危和财产损失,而是大火肆虐下的众人。他全力救人的行动体现了人本主义精神。他既救助有恩于自己的孤儿寡母,也救助曾经羞辱自己的布朗小姐。他还毫不犹豫地帮助一位陌生妇女扛着笨重的缝纫机逃离火场,甚至为了保护一位妇女被一群歹徒打伤。从平民住房、路边杂货店到商务大楼,从大街小巷、隧道到密歇根湖畔,从墓地到教堂,有高空,有地面,有陆地,有水面,有拥挤的人流,有马车的无情碾压。在这个时空体中,丹尼斯用奋不顾身的勇敢带领众人与灾难作斗争,维护社会秩序,用自己的歌声鼓舞士气。正是在这样的历史时空里,丹尼斯作为一代美国年轻人充满英雄主义情怀的形象丰满而生动地矗立起来。

当然,小说中的英雄不只他一人,而是一群人。阿顿医生不顾疲劳四处救治伤病员;曾经的酒徒克朗克在火灾中勇敢救人,焕发着高尚的荣光。发生最大变化的是克里斯丁。火灾中,她见证了丹尼斯的勇敢无私和真诚善良,心中渐渐现出人性的慈爱,在沙滩上呵护受伤的他人,并最终冲破各种障碍投入上帝的怀抱,实现了灵魂的升华,同时放弃回归德国的愿望,决心像祖辈拓殖者一样做一个美国梦的追求者。

这些人或许是被烧成废墟的城市芝加哥的未来。城市发展有其自身很多的问题,比如住房、卫生、酗酒、犯罪、交通等,芝加哥在迅速发展的过程中同样难以避免,但是面对这些问题没有捷径,必须勇敢地面对,在混乱中看到秩序,在灾难中看到希望。大火席卷了芝加哥,造成重大损失,是一场人间悲剧,但它仿佛圣经中的所多玛大火,荡涤了罪恶,清除了酒鬼懒汉恶徒,以及缺少身份认同的陌路异族。在灾难面前芝加哥虽然有些混乱、野蛮,但那些是局部的,是暂时的,它总体上是充满人情温暖的都市。火灾催生其绽放出崇高与优雅,映射着美利坚民族精神之光,因此值得在同情惋惜之余,更为每一个芝加哥人自豪,为这个城市干杯。

结语

国家认同一直是美国思想家、政治家热切思考的问题,也是文学家艺术遐想的重要主题。独立战争后,殖民者成了美国人,但是国民统一性并没有产生。相反,从独立革命直到内战,国民身份与州、地区、政党等身份处于不断竞争的状态，是内战把 United States 从一个复数名词变成一个单数名词。① 内战后的美国，爱国主义、民族精神高涨，其中有战争胜利的激情，有经济飞速发展带来的自豪，有自发的群体性组织的推动，也有作为民族文化核心组成部分的文学艺术贡献的力量。② 一代又一代的美国诗人、小说家，华盛顿·欧文、库柏、惠特曼、斯托夫人、马克·吐温等以辉煌的想象辉映了政治理论家的分析，用生动有力的艺术形象建构了美国民族身份和国家认同。③ 在这个声名显赫的家族中，作者罗和他的《障碍》并不起眼，但或许也有自己的一片空间。芝加哥大火是一场灾难，但是也有其积极伟大的力量。《障碍》是芝加哥大火的直接产物，更是南北战争后高涨的美国国家认同的产物，另一方面，它宣告了对芝加哥的真切同情，成为展现美国国家认同和爱国情怀的舞台。

"Drink a toast to the United States of America":
American National Identity in *Barriers Burned Away*
Wang Qingsong

Abstract: *Barriers Burned Away* is the first novel which adopts The Great Chicago Fire of October 8, 1871 as its main subject. The book was greatly popular among the middle-class readers since its publication, but the critics had always dismissed it as a sermon cast in the form of a novel and ignored its implied theme of American National Identity. The paper proposes that the novel, with the characterization and the well-designed plot, conveys the beliefs of American National Identity and resonates with the growing sentiment of national identity in the Post-bellum years.

Keywords: *Barriers Burned Away*; Edward Payson Roe; the Great Chicago Fire; American national identity; Melting-pot

作者简介：王青松，上海师范大学人文学院比较文学与世界文学中心副教授，主要从事美国文学与文化研究。

---

① ［美］塞缪尔·亨廷顿：《谁是美国人》，第 87、90 页。
② 江宁康：《美国当代文学与美利坚民族认同》，第 iii 页。
③ 同上书，第 24—41 页。

战争视域下的美国城市环境危机
——以尼亚加拉瀑布市为个案

刘鹏娇

摘　要：第二次世界大战与冷战对美国社会历史进程产生了深远影响。在此期间，美国本土进行了大规模的军事战备行动，尼亚加拉瀑布市凭借得天独厚的自然条件成为美国军方重要的军用化学品生产和铀矿石冶炼基地。然而，由此带来的众多有毒化学废弃物填埋地与大型放射性废弃物倾倒场对该市的城市环境，特别是底层城市居民的生存环境造成严重威胁。20 世纪 70 年代末，该市爆发的拉夫运河事件成为美国环境正义运动标志性事件，在一定程度上揭露了底层民众在爱国名义裹挟下所遭受的不合理环境胁迫。

关键词：战争　尼亚加拉瀑布市　有毒化学废弃物　放射性废弃物　底层民众

城市是人类社会生活的重要载体，它的建立与发展离不开一定的自然环境，也将带来难以预料的环境问题。美国长期处于全球急速发展的城市化进程之最前沿，20 世纪九十年代，其城市环境问题成为环境史研究的重要领域。美国史学界对这一领域的研究聚焦于：城市与乡村关系、城市污染治理与城市公共基础设施建设以及不同社会阶层不平等的环境权益。① 然而，从战争视域系统剖析美国城市环境问题的学术成果尚不多见。第二次世界大战及冷战初期，自然条件优越的尼亚加拉瀑布市成为美国重要的军用化学品生产和铀矿

---

① 参见高国荣：《城市环境史在美国的缘起及其发展动向》，《史学理论研究》2010 年第 3 期。

石冶炼基地,但有毒化学废弃物污染和放射性废弃物污染也随之而来。七十年代末,该市爆发的拉夫运河事件震惊全美,掀起了美国有毒废弃物污染的冰山一角,加速 1980 年超级基金法的通过,成为环境正义运动标志性事件。本文将从战争视域出发,以尼亚加拉瀑布市为个案,系统探究二战及冷战期间军用化工业与曼哈顿工程对该市环境的严峻威胁,并试图阐明:战争对美国的影响并不限定于传统的政治、经济、军事和外交领域,也触及城市环境等内政领域;底层城市居民在美国政府爱国名义的裹挟下成为环境弱势群体,不得不奋起抗争。①

一、尼亚加拉瀑布市的军用化学废弃物污染

尼亚加拉瀑布市位于美国纽约州尼亚加拉县,毗邻加拿大安大略省。该市自然风景壮美,水电资源充沛,大文豪狄更斯曾在瀑布前感叹:"它势不可挡,永不停息……在大洪水遵照造物神旨到来之前,那幽冥之光便在此晶莹显现。"②1892 年,实业家威廉·拉夫意图在此建造世界上最大的水力发电运河及一座可容纳数百万人的"模范都市"。他预计拉夫运河将为都市建设提供大量廉价的直流发电电力,"模范都市"将成为"时代进步精神及美国人民天赋、美德与伟大的永久典范"。③ 但 1893 年的经济危机和高效交流发电机的问世击溃了拉夫的梦想,只留下一段长 3000 英尺、深 10 英尺、宽 60 英尺的废弃水道。④ 拉夫的失败没有影响该市的进一步发展,20 世纪中叶,尼亚加拉瀑布市

---

① 美国学界对尼亚加拉瀑布市环境危机的研究集中于拉夫运河事件,如艾德琳·莱文从环境社会学视角剖析了政府、居民、媒体及化学公司等各方力量的博弈对抗;理查德·纽曼长时段解读拉夫运河从自然风景区到有毒废弃物填埋地,再到化学废弃物代名词的历史变迁。见 Adeline Levine, *Love Canal: Science, Politics, and People*, D. C. Heach and Company, 1982; Richard Newman, *Love Canal: A Toxic History from Colonial Times to the Present*, Oxford University Press, 2016。安德鲁·詹克斯探究了二战及冷战期间安大略湖军械厂的核废料污染,见 Andrew Jenks, "Model City USA: The Environmental Cost of Victory in World War II and the Cold War", *Environmental History*, Vol. 12, No. 3 (Jul., 2007), pp. 552 – 577。总体来说,现有研究大多选取该市环境问题的某一方面进行论述,这为人们了解该市环境危机提供了借鉴,但显然只有从战争视域系统剖析该市面临的有毒废弃物污染、放射性废弃物污染及底层社区环保行动,才能进一步揭露二战及冷战对美国城市环境问题的深远影响。

② [英]查尔斯·狄更斯:《美国的故事:狄更斯游记》,刘洋译,江苏:凤凰文艺出版社 2014 年,第 310 页。

③ Andrew Jenks, "Model City USA: The Environmental Cost of Victory in World War II and the Cold War", pp. 552 – 553.

④ Chris J. Magoc, *Environmental issues in American History: A Reference Guide with Primary Documents*, Greewood Press, 2006, p. 248.

成为美国重要的军用化学品生产基地,但繁荣的化工业造就了以拉夫运河填埋地为代表的诸多环境隐患。

20 世纪初期,大量的军用化学品需求与优越的自然资源促使尼亚加拉瀑布市军用化学工业的兴起。化学工业对美国战争机器的影响日益增长,化学材料逐步将美国士兵从头到脚武装起来:塑料制成士兵防护头盔的里衬,并保持对讲机绝缘,确保战场通讯顺畅;磷酸制成的防锈材料用于维护士兵的枪支武器;橡胶能制做防毒面具和缓冲减震的军鞋,还能在士兵受伤的手和脚上固定绷带;碳化纺织品使得士兵的裤子和衬衫在恶劣环境下经久耐用;一堆酸性化合物合成了士兵们每日依赖的炸药。① 此外,一战期间,德国与英国的毒气战也引发美国警觉,威尔逊总统认为化学战意义重大,于 1918 年成立美国化学战服务处,美军步入化学战时代。② 与此同时,尼亚加拉瀑布市满足了电化学工业三大生产要素,即盐、水源和水电:"它距离西半球最大的盐矿 60 英里;距离世界上最大的淡水供给地——尼亚加拉河和五大湖区仅几百码;还有尼亚加拉瀑布充沛的水电"。③ 众多化学公司纷纷在此投资设厂,化学工业成为该地的主导产业,超过三分之二的工业岗位与化学相关。至二战时,尼亚加拉瀑布市在生产氯胺、脱脂剂、炸药、杀虫剂、塑料及其他化学药剂方面成为全球领导者。④

二战及冷战期间,美国军方不仅在尼亚加拉瀑布市批量采购战时所需的化学原材料,还直接监管该市的军用化工业生产。二战期间,美国化学战服务处、美国陆军、战时生产委员会及曼哈顿工程等部门与杜邦公司、胡克电化学公司、⑤联合碳化物公司、尼亚加拉碱业公司、斯托弗化学公司等数十家化学公司设立在尼亚加拉瀑布市的化工厂签订化学采购合同,其中杜邦公司尼亚加拉瀑布工厂的采购合同近 1500 万美元,胡克公司的采购合同超过 560 万美元。⑥ 二战及冷战初期,政府相继在尼亚加拉瀑布市成立或监管了近十家大

---

① Richard S. Newman, *Love Canal: A Toxic History from Colonial Times to the Present*, p. 76.
② Charles E. Heller, *Chemical Warfare in World War I: The American Experience*, *1917 - 1918*, Leavenworth Papers, 1984, p. 45. 1946 年,美国化学战服务处更名为美国陆军化学部队。
③ Robert Evans Thomas, *Salt & Water, Power & People: A Short History of Hooker Electrochemical Company*, Hooker Electrochemical Company, 1955, p. 21.
④ Richard S. Newman, *Love Canal: A Toxic History from Colonial Times to the Present*, p. 53.
⑤ 先后改名为胡克化学公司、胡克化学与塑料公司等,简称胡克公司,1968 年成为西方石油公司子公司。
⑥ New York State Assembly Task Force on Toxic Substances, *The Federal Connection: A History of U. S. Military Involvement in the Toxic Contamination of Love Canal and the Niagara Frontier Region*, *volume 1*, The Assembly of New York, 1981, pp. 34 - 37.

型化工厂：尼亚加拉瀑布化学战工厂，隶属于化学战服务处，1942 年至 1951 年由杜邦公司运营，1951 至 1968 年由胡克公司运营，先后生产了超过 1800 万磅用于应对毒气战的浸物剂；东北化学战服务处仓库，1944 年投入使用，主要用于存储化学战服务处的燃烧弹、烈性炸药等；亚硫酰氯工厂，由化学战服务处监管，胡克公司运营，共计生产约 390 万磅亚硫酰氯试剂，1943 年底停产；十二烷基硫醇工厂，由政府资助的重建金融公司出资，胡克公司运营，用于生产合成橡胶，1943 年投产，年平均产量近 380 万磅；六氯乙烷工厂，由化学战服务处监管，胡克公司运营，用于制造烟幕，年均产量 3600 吨；三氯化砷工厂，属胡克公司所有，用于生产糜烂性毒气，应化学战服务处要求将原本 100 吨产量提升了 3500％；P - 45 工厂，隶属于曼哈顿工程，胡克公司运营，生产了近 160 万磅六氟二甲苯并运往橡树岭；电冶金工厂，属联合碳化物公司所有，1943 年至 1953 年为曼哈顿工程将四氟化铀转化为金属铀等。[①] 政府在二战及冷战期间的军用化学品需求刺激尼亚加拉瀑布市化工业的持续发展，使得该市成为美国最为重要的军用化学品生产基地之一。

20 世纪中叶，随着大规模军用化学工业的发展，尼亚加拉瀑布市的有毒化学废弃物污染问题日益严峻。二战前，众多化工厂直接将化学废弃物排放到下水道或就地处理。自 1942 年起，化工厂附近的居民长期向市政府投诉工厂排放的有毒气体导致树木死亡，民众患病，然而，市政部门无力也无意改变这一状况。1944 年，一名市议员提出，化工厂应在不影响战时军用生产的情况下，考虑该市居民的福祉，减少排放或无害化有毒气体，但市政经理认为他们无法阻止化工厂。尼亚加拉瀑布化学战工厂的负责人曾表示将无害化全部有毒气体，讽刺的是，他们在表态的当天直接向该市下水道倾倒了 15 吨氯气。[②] 当地居民只能继续承受愈加严重的空气污染。相较于肆意排放的有毒气体，数量更多的液体和固体化学废弃物被装入金属桶，集中填埋。1942 年至 1953 年间，胡克公司向邻近化工厂的拉夫运河倾倒了超过 200 种、总量为

---

① New York State Assembly Task Force on Toxic Substances, *The Federal Connection: A History of U. S. Military Involvement in the Toxic Contamination of Love Canal and the Niagara Frontier Region*, *volume 1*, pp. 55 - 92.

② New York State Assembly Task Force on Toxic Substances, *The Federal Connection: A History of U. S. Military Involvement in the Toxic Contamination of Love Canal and the Niagara Frontier Region*, *volume 1*, pp. 59 - 61.

21800 吨化学废弃物,其中包括六氯化苯、氯苯、二恶英、四氯化碳等剧毒物质。1948 年,胡克公司工程师杰罗姆·威尔肯菲尔德在察看拉夫运河填埋地后表示:"这种处理方式是非常合理的。"①在当时来说,他是正确的,因为这就是 20 世纪中叶美国化学工业的现状。胡克公司完全忽视了尼亚加拉瀑布地区复杂的土壤条件及水位偏高排水不畅等不利因素,他们认为自然就像一个海绵状的黏土坑,只要将有毒化学废弃物填埋,她会处理剩余的问题。1953 年 4 月 28 日,胡克公司将填满的拉夫运河以一美元的象征性价格卖给尼亚加拉瀑布市教育委员会,要求当地教育委员会拥有全部的所有权,公司不再承担任何责任。② 事实上,在 1970 年联邦环保局成立前,美国没有任何一个州建立起一整套的污染物排放标准,企业在污染物排放和处置方面几乎拥有完全的自主权,各地政府因企业所带来的经济效益漠视环境问题。这一时期,不加约束的粗放的化学废弃物处理方式留下了诸多环境隐患,美国国家环境保护部调查指出,尼亚加拉瀑布地区至少存在 100 处有毒化学废弃物填埋地。③

　　70 年代初,随着美国环境保护法规的完善,美国军方逐步将设立在尼亚加拉瀑布市的化工厂转卖于私人,以规避安装升级大量昂贵的污染处理设施,转移环境风险。然而,军用化工业造成的有毒废弃物问题对当地的环境危害是复杂而深远的,它不仅会直接污染空气、水源和土壤,阻碍当地社会经济的进一步发展,也会渗透迁移至五大湖区,危及大湖区的鱼类、淡水资源等,同时填埋地不当的再次开发将严重危害人类生命健康。1976 年,美国和加拿大在监测五大湖时发现安大略湖中的鱼含有微量杀虫剂灭蚊灵,纽约州环境保护局发现这些灭蚊灵源自尼亚加拉瀑布市 103 街的一处化学废弃物填埋地。④ 1977 年,《尼亚加拉瀑布报》记者迈克·布朗实地探访在拉夫运河填埋地之上修建的底层居民住宅区,目睹了社区的狗毛皮受伤,婴儿先天畸形,整个社区

---

① United States v. Hooker Chemicals and Plastics Corp. 850 F. Supp. 993 (W. D. N. Y. 1994).

② Niagara County Clerk's Office,"Hooker Chemical Company Deeds Abandoned Canal to Niagara Falls School Board",Jul. 6,1953.

③ New York Department of Health,"Love Canal:A Special Report to the Governor & Legislature:April 1981",accessed May 6,2019,https://www.health.ny.gov/environmental/investigations/love_canal/lcreport.htm♯toxicological.

④ Allan Mazur,*A Hazardous Inquiry:The Rashomon Effect at Love Canal*,Harvard University Press,1998,p. 11.

陷入了无法解释的不健康状态。① 1980 年,卡特总统在尼亚加拉瀑布市表示:"整个有毒废弃物处置问题,特别是有毒化学物质处置问题,将成为 20 世纪 80 年代最大的环境挑战之一。"②

二、尼亚加拉瀑布市郊的放射性废弃物污染

美国于 1942 年秘密启动曼哈顿工程,历时三年成功研制出原子弹,此举不仅改变了第二次世界大战的局势,也奠定了其在核领域的垄断地位。尼亚加拉瀑布地区的化学公司深度参与了曼哈顿工程的铀矿石冶炼工作,但他们不当的放射性废弃物处置方式严重危及当地自然环境,修建于"模范都市"原址、地处市郊的安大略湖军械厂也在战后沦为美国东部的放射性废弃物倾倒场。

曼哈顿工程启动以来,铀矿石冶炼工作主要在美加两国展开,地处美加边界、化工业发达的尼亚加拉瀑布地区成为美国境内主要的铀矿石冶炼基地。1940 年至 1947 年间,曼哈顿工程从比属刚果、美国本土、加拿大购买的铀矿石分别为 6983 吨、1349 吨、1137 吨,其中比属刚果铀矿石的氧化铀含量高达 65%,美国本土与加拿大的氧化铀含量则低至 0.25% 与 1%。③ 林德气体公司位于纽约州伊利县托纳旺达市,西邻尼亚加拉河,北靠尼亚加拉瀑布市,该公司承担了 50% 左右的比属刚果与美国本土铀矿石的初步冶炼工作,主要负责将大宗铀矿石逐步加工成氧化铀、四氟化铀,截止至 1946 年 7 月,相继产出 2428 吨氧化铀、2060 吨四氟化铀。尼亚加拉瀑布市的联合碳化物公司在此基础上进一步冶炼出 1538 吨金属铀,成为工程中重要的金属铀冶炼公司。④

曼哈顿工程的成功离不开尼亚加拉瀑布地区化学公司大量的持续的铀矿

① Michael Brown, *Laying Waste*: *The Poisoning of America by Toxic Chemicals*, Washington Square Press, 1981, p. xiii.

② "Remarks on Signing the West Valley Demonstration Project Act and the Love Canal Agreement", Oct. 1,1980, *The Public Papers of the Presidents of the United States*: *Jimmy Carter*: *1980 −81(in three books)*[*Book 3*], Ann Arbor, University of Michigan Library, 2005, p. 2003.

③ Bruce Reed, *The History and Science of the Manhattan Project*, Springer-Verlag, 2019, p. 265.

④ Bruce Reed, "The Feed Materials Program of the Manhattan Project: A Foundational Component of the Nuclear Weapons Complex", *Phys. Perspect*, Vol. 16, No. 4(2014), pp. 469 − 472.

石提炼供应,但美国军方默许当地化学公司随意倾倒放射性化学废弃物,严重危及当地的自然环境。二战期间,当地众多国防承包商将铀矿石冶炼过程中产生的放射性化学废弃物或排放到通往尼亚加拉河的沟渠中或填埋至拉夫运河,甚至直接露天堆放在工厂附近。林德气体公司则清楚地意识到随意排放废弃物的责任,他们拒绝将含放射性污染的有毒废液直接排入沟渠,"尽管军方要求我们这样做,但他们不愿为我们签署排入沟渠的命令以免除我们可能面临的任何刑事或民事法律诉讼"。他们曾建议曼哈顿官员使用硫酸中和放射性废弃物,但这种方法非常昂贵,不仅需要额外添置 4000 美元的处理设备,每天还将消耗 246 美元的硫酸。[①] 林德气体公司最终在 1944 年至 1946 年间将超过 3700 万加仑含有放射性污染的有毒废液灌入工厂附近的地下井中。文件显示曼哈顿工程官员及公司明确知道这些产生于铀矿石冶炼加工第一阶段的废液,将永久污染工厂周围地区的水源,他们之所以选择此类方式既因为挖掘一口水井仅需 7000 美元,还因为地下污染很难追溯到源头。80 年代初,纽约州议会有毒废弃物工作组对此展开调查时也无法具体定位水井的位置,难以评估该地区有毒废液的整体污染状况。[②] 关于联合碳化物公司放射性废液的记载甚少,一位曼哈顿工程官员回忆说,那些可能被铀轻微污染的废液已经排入了市政下水道。[③]

二战后期,美国军方迫切需要集中处置大量放射性废弃物,特别是比属刚果铀矿石的废料,地处尼亚加拉瀑布市郊的安大略湖军械厂成为他们理想的倾倒区域。首先,比属刚果铀矿石废料亟需妥善保管。联邦政府在与比利时的非洲金属公司商定购买铀矿石时,协议曼哈顿工程只购买比属刚果铀矿石中的铀,冶炼废料中的镭及其他重金属仍属非洲金属公司。鉴于废料直接运回比利时可能会落入敌人掌控之中,联邦政府负责保管废料直至公司有能力接收。林德气体公司负责冶炼了大量比属刚果铀矿石,由此产生的放射性废

---

① New York State Assembly Task Force on Toxic Substances, *The Federal Connection: A History of U.S. Military Involvement in the Toxic Contamination of Love Canal and the Niagara Frontier Region*, volume 1, p. 144.

② Ralph Blumenthal, "Big Atom Waste Site Reported Found Near Buffalo", *New York Times*, Feb. 1, 1981.

③ New York State Assembly Task Force on Toxic Substances, *The Federal Connection: A History of U.S. Military Involvement in the Toxic Contamination of Love Canal and the Niagara Frontier Region*, volume 1, p. 92.

料直接堆放在托纳旺达市的私有土地上,需要妥善安置。其次,安大略湖军械厂距离尼亚加拉瀑布地区的铀矿石冶炼工厂不到 20 英里,地处偏远,人烟稀少,运输便利。安大略湖军械厂兴建于 1942 年,占地 1500 英亩,耗资 3300 万美元,搬迁超过 150 户居住在"模范都市"原址的居民,原本用于生产烈性炸药,投产九个月即因过剩关停。① 复次,安大略湖军械厂属美国军方所有,由军方管控。在此倾倒放射性废料不仅能有效减少废料遗失、盗窃的可能性,而且废料所造成的环境污染只与联邦政府相关,与私人业主无关。军方表示既然这片土地已被烈性炸药厂污染,它就应该继续成为放射性核废料倾倒场。② "二战"结束之前,超过 18000 吨放射性废弃物运往安大略湖军械厂,其中 10105 吨属非洲金属公司、8475 吨属美国能源部。③

"二战"结束后,美国核武器生产并未随之减少,反因美苏冷战对峙持续增长。这也造成安大略湖军械厂在冷战初期管理混乱,不仅未能改善存储条件,反而进一步成为美国东部的放射性废料倾倒场。1946 年,美国原子能委员会代替曼哈顿工程掌管军械厂,他们依然没能意识到尼亚加拉瀑布地区的高水位及丰富的年降水量将造成污染迁移蔓延,放射性废弃物持续运往此处。战后,除了本地区林德气体公司的冶炼设施,圣路易斯、卡农斯堡、克利夫兰、温彻斯特等地受到放射性污染的金属、混凝土、陶瓷、木材等也都运往军械厂,有些军械厂的废弃物也运至其他倾倒场。50 年代,纽约州诺尔斯原子能实验室产生的近 900 桶放射性废料与罗彻斯特大学放射性实验室遗留的动物尸体均倾倒于军械厂。水牛城拉克瓦纳钢铁公司的铀棒与坯块也以此为中转站。④ 然而,安大略湖军械厂管理混乱,几乎没有关于放射性废弃物来源与具体存储地点的记载,大部分废弃物已经无法辨认。直到 1955 年,橡树岭项目经理萨皮里指出军械厂的环境危机:"选择此处是因为这里比其他地点更容易获

---

① "Love Canal and the Manhattan Project-Garbage Gangsters and Greed," accessed May 6, 2019, http://www.garbagegangstersandgreed.com/blog/love-canal-and-the-manhattan-project1.

② Andrew Jenks, "Model City USA: The Environmental Cost of Victory in World War II and the Cold War", p. 558.

③ New York State Assembly Task Force on Toxic Substances, *The Federal Connection: A History of U. S. Military Involvement in the Toxic Contamination of Love Canal and the Niagara Frontier Region*, *volume 1*, p. 221.

④ King Groundwater Science, Inc., "The Community LOOW Project: A Review of Environmental Investigations and Remediation at the Former Lake Ontario Ordnance Works", Report prepared for Niagara County Department of Health, pp. 3 - 8.

取……安大略湖军械厂的废料或堆在一起或装入集装箱，集装箱大多已破败不堪，完全不能抵御放射性废弃物的危害。"由于尼亚加拉瀑布地区春季多雨，军械厂纵横交错的排水系统通向安大略湖，放射性污染很可能扩散至公共供水系统，但原子能委员会没有采取切实措施补救。①

冷战中后期，安大略湖军械厂部分土地被分割为垃圾和有毒废弃物倾倒场，而存储比属刚果铀矿石废料的 191 英亩土地，亦称为尼亚加拉瀑布存储点，直到 80 年代才以最廉价的方式加以处理。1954 年至 1955 年，原子能委员会雇佣胡克公司掩盖军械厂的放射性废弃物，此后他们定期出售部分军械厂土地以转移环境风险、推脱污染责任，他们在土地转让前没有进行过系统的辐射测试，也没有清除掩埋的放射性物质等。至 70 年代，大部分军械厂的土地已被出售，美国最大的有毒废弃物处理公司，即化学废弃物管理公司在此购得 710 英亩土地用于有毒化学废弃物填埋，现代处理服务公司也购买了 380 英亩用于固体垃圾填埋。② 80 年代初，美国与比利时就尼亚加拉瀑布存储点的 25 万立方码放射性污染土壤和近 4000 立方码的含镭废弃物进行多次协商。③ 非洲金属公司曾寄希望于战后的新技术能提炼废料中的重金属，然而，60、70 年代人们认识到镭的危险性，公司意识到存储的铀矿石废料并非潜在的资产而是经济和环境负担。而原子能委员会认为他们无需为铀矿石废弃物污染问题负责，只要等到 1983 年双方协议到期，非洲金属公司就应运走废弃物，支付清理费用。1982 年底，在比利时大使与美国国务卿乔治·舒尔茨的斡旋下，双方就尼亚加拉瀑布存储点达成一致协议：比利时政府代表非洲金属公司支付 800 万美元清理费用，解除非洲金属公司与铀矿石废弃物的任何责任，废弃物完全归美国所有。美国能源部一位官员称，如果联邦政府接受这批废弃物，比利时政府将全力支持美国在欧洲升级核武库。④ 此后数年间，美国能源部在此建造了一个时效 25 年的围堵结构，拆除了存储点的地面建筑，将挖掘出放射性污染土壤填埋在黏土和草皮之下，以最廉价的处理方式掩盖了放射性污染的真相。

① "Love Canal and the Manhattan Project-Garbage Gangsters and Greed".
② King Groundwater Science, Inc., "The Community LOOW Project: A Review of Environmental Investigations and Remediation at the Former Lake Ontario Ordnance Works", pp. 14 - 20.
③ Stephen I. Schwartz, ed., *Atomic Audit: The Costs and Consequences of U. S. Nuclear Weapons Since 1940*, Brookings Institution Press, 1998, p. 600.
④ Andrew Jenks, "Model City USA: The Environmental Cost of Victory in World War II and the Cold War", pp. 567 - 569.

三、爱国名义下的环境胁迫与底层环境抗争

战争视域下的城市环境危机不仅反映出人与自然关系的失调，更揭示了人与人之间社会关系的失调。二战及冷战初期，美国军方与尼亚加拉瀑布市众多化学公司在军用化工生产和废弃物倾倒过程中并未考虑底层城市居民的工作与生活环境，反以爱国名义裹挟他们做出不必要的牺牲。此后极力掩饰转移污染责任，导致涌入的底层居民暴露于有毒废弃物污染和放射性污染之中，不得不承受不成比例的环境风险。70 年代末，该市爆发的拉夫运河事件成为美国环境正义运动标志性事件，在一定程度上揭露了底层居民所遭受的不合理环境胁迫。

"二战"及冷战初期，美国军方与尼亚加拉瀑布市众多化学公司在军用化学品生产和铀矿石冶炼过程中从未关注当地底层工人的工作环境和生命健康。70 年代末，胡克公司宣称以当时的科学技术认识不到化学废弃物的危险性，但绝大多数底层工人都意识到了废弃物的危险性，他们在工作过程中经常被废弃物灼伤。[1] 一位身患氯痤疮的工人曾表示他想要参加一场集体诉讼，却又害怕损失胡克公司提供的退休金，而氯痤疮正是二噁英中毒症状之一，拉夫运河填埋地就有此类物质。[2] 鉴于当时没有相关法律规定保护工人健康，众多化学公司同胡克公司一样对此漠不关心。铀矿石冶炼工作更为危险，成吨的原矿石被粉碎、洗涤、排干、沉淀、烘烤，底层工人的工作环境肮脏，气味难闻、噪音大。据纽约州议会有毒废弃物工作组收集的十余份工人放射性损伤报告显示，底层工人未被告知这些物质的名称，也不清楚工作的风险，大多数工人持续暴露于过量辐射或有毒灰尘中。[3] 杜鲁门总统曾在 1945 年 8 月 6 日广岛爆炸后的演讲中表示："尽管那些军用工厂的工人们一直致力于制造历史上最具破坏性力量的原材料，但他们本身并没有受到超过其他职业的危险，因为已尽最大努力来保护工人们的安全。"[4] 显然，尽最大努力来保护的不是工

① United States v. Hooker Chemicals and Plastics Corp. 850 F. Supp. 993（W. D. N. Y. 1994）.

② Lois Marie Gibbs. *Love Canal*：*My Story*，State University of New York Press，1982，p. 22.

③ New York State Assembly Task Force on Toxic Substances，*The Federal Connection*：*A History of U. S. Military Involvement in the Toxic Contamination of Love Canal and the Niagara Frontier Region*，*volume 1*，pp. 164 - 171.

④ "Statement by the President Announcing the Use of the A-Bomb at Hiroshima"，Aug. 6，1945，*Harry S. Truman*：*1945*：*Containing the Public Messages*，*Speeches*，*and Statements of the President*，*April 12 to December 31*，*1945*，Ann Arbor，University of Michigan Library，2005，p. 199.

人的健康与安全,而是生产的进度与机密。

与此同时,美国政府以爱国名义裹挟尼亚加拉瀑布市的底层民众,要求居民快速地、秘密地做出牺牲,却没有顾及他们的生活环境。1942 年冬,美国军方为修建安大略湖军械厂要求周围超过 150 户农民家庭在 30 天之内搬离。当地农民非常配合,他们表示:"我们的国家处于战争状态。我们的政府需要一个地方制造烈性炸药……我们准备搬家。"然而,四五十年代,原子能委员会向当地民众宣称堆满放射性废弃物的军械厂是无害的,他们几乎不会制止底层居民借用或偷窃那些遭到放射性污染的梯子、镍盘、铜管、木板等。① 拉夫运河周边许多民众也目睹了军方人员反复公开地在此倾倒有毒废弃物。一位目击者说,他看到一辆陆军卡车里的士兵向运河中倒金属桶,此后他们不得不停止去运河游泳,因为那些化学物质灼伤了他们的皮肤。另一位目击者声称,金属桶扬起的粉末让他们呼吸困难,但邻居们对此习以为常。② 当地居民没有对美国政府以国家安全名义开展的活动提出疑虑,美国政府却以战争为由,让底层民众从事危险的工作,放弃原有的土地家园;将有毒废弃物肆意排放至空气中,冲入市政下水道,填埋在底层社区周围;向公众隐藏放射性污染的情况,致使为曼哈顿工程工作的工人们回家时毫不犹豫地拥抱家人,忽视了放射性微粒附着在他们衣服上的事实。

20 世纪 50、60 年代,美国政府开始出售军用化工厂及安大略湖军械厂的部分土地,掩盖转移环境污染责任,放任受到有毒废弃物和放射性物质污染的土地被再次开发为底层居民生活区,涌入的底层城市居民不得不承担不成比例的环境风险。50 年代,随着尼亚加拉瀑布市人口数量突破十万,该市亟需大量新的住房、学校及社区基础设施,有毒废弃物填埋地等不宜建筑之地被重新开发为底层城市居民生活区。当地教育委员会在得知拉夫运河已填满化学废弃物的情况下,依然在此修建学校,并于 1955 年和 1962 年将部分土地出售给私人开发者修建底层社区,至 1978 年,总计建成约 800 套单亲家庭住宅房和 240 套工薪族公寓。③ 在联邦政府的低成本抵押贷款支持下,底层城市居民涌入标准化批量开发的拉夫运河社区,绝大多数居民未注意到,也未被告知拉

---

① Andrew Jenks, "Model City USA: The Environmental Cost of Victory in World War II and the Cold War", pp. 556 - 564.

② "Love Canal and the Manhattan Project-Garbage Gangsters and Greed".

③ Richard Newman, *Love Canal: A Toxic History from Colonial Times to the Present*, p. 89.

夫运河曾是有毒废弃物填埋地。[1] 地价低廉的市郊也被再次开发。距离安大略湖军械厂西部不到半英里的地方修建了公立高中、初中和小学,紧邻尼亚加拉瀑布存储点的地方兴建了露宿营地、私人鱼塘和公园。当问及与污染区域的安全距离时,原子能委员会一位官员表示:"我只能猜测,我想大概是一英里。我们每天都在研究放射性物质,但直到全面了解后,才能采取进一步预防措施。"[2]然而,美国政府没有制定补救方案,反而快速低价转售了大部分污染土地,迫使大多数底层城市居民在不知情的情况下陷入环境弱势处境。

70 年代末,尼亚加拉瀑布市爆发的拉夫运河事件震惊全美,但联邦政府在这一事件中推脱污染责任,坚称胡克公司应承担全部后果。拉夫运河社区内疾病肆虐,56%的儿童患有先天性缺陷,妇女流产率增加了 300%,周围 1000 多户居民受到不同程度的影响。[3] 直至 1978 年,居民们才意识到他们的社区建立在胡克公司的有毒化学废弃物填埋地之上。为了保卫家园、保护子女,未上过大学的家庭主妇洛伊斯·吉布斯带领社区居民成立拉夫运河社区业主协会,在科学家、新闻媒体等协助下,坚持不懈地集会、游行、示威,甚至不惜扣押两名联邦环保局官员,历经两次紧急状态和三次大规模撤离,最终迫使卡特总统拨款 2000 万美元妥善安置全部居民。拉夫运河事件掀开了美国有毒化学废弃物污染的冰山一角,它将社区环境问题提升至国家层面,不仅直接加速了 1980 年超级基金法的通过,确立了污染者永久的环境修复责任,更揭露了底层民众的环境弱势处境,推动了美国环境正义运动的兴起。事件爆发后,美国政府始终坚持胡克公司是主要污染责任者。1988 年,联邦政府和纽约州政府依据超级基金法起诉胡克公司,要求其赔偿拉夫运河清理费用,获得法院支持。[4] 美国军方曾于 1978 年进行短暂调查后宣布与事件无关。但据胡克公司负责人估计,公司 60%至 70%的业务与战争相关。其母公司西方石油公司不满独自担负所有污染、赔偿责任,于 1991 年反诉美国政府,要求军方承

① Lois Gibbs, "Love Canal: the Start of a Movement", accessed May 2, 2019, https://www.bu.edu/lovecanal/canal/.

② Andrew Jenks, "Model City USA: The Environmental Cost of Victory in World War II and the Cold War", p. 558.

③ Beverly Paigen, "Health Hazards at Love Canal", Testimony presented to the US House of Representatives Subcommittee on Oversight and Investigations, Mar. 21, 1979.

④ United States v. Hooker Chemicals & Plastics Corp. 680 F. Supp. 546 (W. D. N. Y. 1988).

担严格的连带责任。① 1994 年,联邦政府与纽约州政府要求判处胡克公司惩罚性损害赔偿,但被法院驳回。② 1995 年,美国政府与西方石油公司达成和解协议,西方石油公司同意偿还 1.29 亿美元清理费用,美国军方同意支付 800 万美元清理费用。③ 2004 年,拉夫运河清理工作宣告完成。

七十年代末的拉夫运河事件、三里岛事件促使美国政府认识到不能再以简单地保密搪塞安大略湖军械厂的放射性污染问题。美国军方早已转卖了军械厂的大部分土地,此后将尼亚加拉瀑布存储点的污染责任完全归咎于比利时的非洲金属公司。八十年代,美国军方将存储点的放射性污染土壤填埋处理,但这种廉价简单方式并不能根除军械厂的放射性污染。放射物质会不停地渗透至河流和地下水系统,致命的放射微粒将在整个地区持续散播,至今没人知道如何全面清理放射性污染。④ 相对于成为化学废弃物污染代名词的拉夫运河社区,安大略湖军械厂则同众多核废料倾倒场一样默默无闻,鲜为人知。

四、结语

战争没有清晰的边界,也没有明确的战场。第二次世界大战与冷战期间,美国本土虽未遭到大规模袭击,但战争依然深刻影响着美国的政治、经济、军事、外交以及环境等。随着科学技术的进步,化工业和核武器极大地升级了人类军事行动的规模,既左右着前线战事进程,也危及后方城市环境等内政领域。尼亚加拉瀑布市的众多有毒化学废弃物填埋地和大型放射性物质倾倒场便是战争的环境代价之一。"秘密进行的战备行动通常会隐藏记录和位置。那些废墟是未被承认的战争纪念碑,它们没有解释性的标识,只有时代的印记。"⑤

美国政府以国家安全和国家利益为由要求民众甘于服从,勇于牺牲,却

---

① United States v. Hooker Chemicals & Plastics Corp. 136 F. R. D. 559 (W. D. N. Y. 1991).

② United States v. Hooker Chemicals & Plastics Corp. 850 F. Supp. 993 (W. D. N. Y. 1994).

③ Department of Justice, "U. S. V. Occidental Chem. Corp. (LOVE CANAL)", accessed Feb. 6, 2019, justice. gov/enrd/us-v-occidental-chem-corp.

④ Michael D'Antonio, *Atomic Harvest*: *Hanford and the Lethal Toll of America's Nuclear Arsenal*, Crown Publishers, 1993, p. 6.

⑤ Tom Vanderbilt, *Survival City*: *Adventures Among the Ruins of Atomic America*, The University of Chicago Press, 2002, p. 88.

不相信民众会依据所有的事实做出正确的选择,只是简单地宣称这些事实需要保密,为他们自己保留了权力,被恐惧所驱使的民众基本上放弃了他们决定国家利益的责任。① 尼亚加拉瀑布市底层城市居民没有质疑美国政府的战备行动,政府却没有力所能及地保障他们基本的工作、生活环境,迫使他们面临健康威胁、房产贬值以及由此带来的强烈不安全感,不得不成为环境弱势群体。

20世纪70、80年代,尼亚加拉瀑布市的军用化学废弃物污染和放射性废弃物污染的处理方式意味着历史遗留环境问题与美国未来环保之路的博弈。拉夫运河事件在一定程度上揭露了底层城市居民所遭受的不合理环境胁迫,唤醒了底层民众捍卫社区家园、追求环境正义的强烈渴望,推动美国关注环境风险的不公平分配。"超级基金法"为底层民众解决有毒废弃物填埋地问题提供了法律依据,但放射性污染问题至今依然无法解决。在战争视域下,如何监督约束政府的战备行为、怎样保障底层民众的生存环境将是值得美国民众深思的问题。

American Urban Environmental Crisis on the Sight of War
——A Case Study on Niagara Falls City

Liu Pengjiao

(**Modern World History Studies Center, Nankai University, Tianjin, 300350**)

Abstract: World War II and Cold War had exerted a far-reaching influence on the social and historical process of the United States. During the time, America has carried out large-scale arms actions, and Niagara Falls city became a major military manufacturing base for chemicals and uranium ores due to its superior natural conditions. However, the resulting landfills of toxic chemical wastes and the large radioactive waste dump site constituted a grave threat against urban environment, especially the living environment of low-income residents. In the late 1970s, the outburst of love canal incident in the city, which is one of the landmark events of the American Environmental Justice Movement, at least partly exposing the unreasonable environmental stress of low-income residents under the name of patriotism.

---

① Michael D'Antonio, *Atomic Harvest: Hanford and the Lethal Toll of America's Nuclear Arsenal*, p. 7.

Keywords：War；Niagara Falls City；Toxic Chemical Wastes；Radioactive Wastes；Low-income Residents

作者简介：刘鹏娇，南开大学世界近现代史研究中心博士研究生。

艺术中的都市文化

写在一组别现代论文前面的话

王建疆

近年来随着别现代理论的发展,引来了多方面的关注和探讨,对夯实别现代理论的思想基础和对加强理论的内涵建设不无积极的意义。这里辑录了五位学者的论文,展示他们对别现代理论的直接的或者间接的看法。

基顿·韦恩选取了一位在美国产生较大国际影响的中国当代艺术家曹斐,对别现代社会的"未定"和"将是"进行了分析,表达了对别现代主义如何克服西方现代化过程中的物质现代性弊端的担忧,不无警醒和启示。

赵诗华对别现代理论应该从现实出发还是从理论推演;从时代背景和社会人文关怀出发还是谨守学科边界问题展开论辩,批评了狭隘的学科主义思想,展示了别现代理论的人文主义视域、效度和方法,试图正本清源。

简圣宇把别现代主义中具有哲学意义的跨越式停顿理论用在了对古典文化包括古典美学、古代文论的现代转换上,认为,在继承和传承方面,首先需要跨越式停顿,只有中断前现代旧说在思想、方法和表达上的惯性,才能融入现代美学和现代文艺理论。

彭恺从 AI 带来的变化,说明时空观念改变的必然性,将别现代的有关社会形态的时间空间化理论用在了 AI 技术实施和技术效果上,别有新意。人工智能带给人类别一种现代情状,其共时态具有普遍意义。

阿列西·艾尔雅维茨所谈是西方出版业的行规,以亲身体会告诉我们发表和出版什么,如何出版。但他也间或涉及别现代理论在西方的出版问题,读来颇受启发。别现代也在西方发表了不少论文,甚至是专栏论文,但尚未出版专著,他的叙述不无助益。

总之,别现代理论正在走向纵深,也在走向世界,其内涵建设、话语权建设、影响力构建日趋系统化和专门化。

作者简介: 王建疆,上海师范大学中国语言文学创新团队教授,文艺学博士生导师,别现代理论创始人,从事哲学、美学、艺术学理论研究。

别现代：未定与将是[*]

〔美国〕基顿·韦恩　高洋　译

摘　要：在这篇论文中我会将一些由王建疆教授提出的重要概念应用到当代艺术家曹斐的作品上，并以此对这些概念做出回应。过去五十年来出现在西方思想中的批判性自我审视赋予了现代主义观念去完成其未竟主张的使命，而这种自我审视是不容忽视的。已经形成自己传统的后现代主义批评必须贯穿于我们对于"真现代"之观念所作的任何假定之中。这篇论文将以提出一些"圈套"（pitfalls）做结，而这些"圈套"可能会对王建疆教授希望在艺术与文化中所促成的"现代"之形式提出警示。此外，我还会在文中讨论别现代主义的"现在与未定"性，它"是什么"以及当"伪"现代变为"真"现代时我们希望它"将是什么"。借鉴赫伯特·马尔库塞对"审美之维"的处理以及他关于激变乃"植根于个体的主观性之中"的论述，我们可以在曹斐对于身份（自我）的运用中——这种运用既是时间性的又是虚拟性的——看到一种从"别"（伪）现代转变为"别"（真）现代的别现代欲望。^②

关键词：曹斐作品　别现代　现在与未定　伪现代　真现代

主义"未定"？

王建疆因主张学术上的主义和别现代主义（Bie-modernism）而引起中国、美国、欧洲的一些学者的讨论。^③ 在针对王建疆教授呼吁发展一种本土化的

---

* 本文为上海师范大学中国语言文学创新团队成果。

② 〔美〕赫伯特·马尔库塞：《审美之维》，波士顿：灯塔出版社，1978年。

③ 王建疆：《别现代：主义与本体——兼回应国内的别现代问题讨论》，《西北师大学报》2018年第5期，英文摘要。

中国理论（主义）的回应中，阿列西·艾尔雅维茨认为中国的美学界还"尚未"做好发展到西方实践水平的准备。[①] 他认为王建疆教授发展主义的呼吁尚未成熟。为了支撑这种论断，艾尔亚维奇引述了路德维希·维特根斯坦的观点："如果你想知道一个词语的含义，需看它是如何被使用的。进而言之：需看它是在何种频度和强度下被使用的。"[②]作为一名研究后社会主义艺术的专家，艾尔雅维茨发现了一种横亘在中国的艺术生产与中国学者贫乏的批评性论述之间的断裂，并以此来阐明自己的观点。中国当代艺术在全球舞台上举足轻重，但是却缺乏一种批评性声音与主义（理论）为其提供语境。这就是为什么王建疆教授呼吁主义的发展以及对别现代（Bie-modern）的认知。"别"字的使用不仅仅是一个描述性字眼，更是一个富有生产力的积极词汇，其为别现代理论的论述开辟了空间。对于在别（伪）现代（我们或可将其定义为"未定"）与别（真）现代（或可称之为"将是"）的张力中促进思想而言，王建疆对于"论述创新"或"话语创新"的发展显得尤为必要。西方是否有资格告诉中国学者什么是"未定"？重要的是在这种对主义的呼吁中发现一种开端，一种从"未定"到"未来"的转换。王建疆的理论中的关键问题就是这种从别（伪）现代到别（真）现代的转换。[③] 这种转换如何发生？"真"现代主义会是什么面貌？"真"现代主义真的存在吗？抑或它真的有可能存在吗？如果它能存在，别（伪）形式又是如何转换成一种别"现实"/真实？

别现代理论是现实与主张的结合，因而具有多重叙事带来的思想张力。这种张力首先来自于我最早表示过的它是一个思想的容器。别现代现实就如王建疆教授所说是现代性发育不良，不成熟，不充分，因而非标的现代冒充真正的现代。记得他在给美国的学生讲课时讲到中国的假冒伪劣商品，美国的学生一个个目瞪口呆，觉得这是不可能发生的，但事实上却每日每时每刻都在发生。作为主张的别现代主义就是要改变这种现状。改变的方式是反思和批判。这种描述真实现状，敢于改造现实的精神的确是别现代主义理论赢得普遍认同的根本原因。但是，中国毕竟是从"文革"那种接近于禁欲的时代走出来的，加上经济改革，人们对于物质现代性的欲望很强烈。在

---

① 阿列西·艾尔雅维茨：《琐事与真理——对王建疆"主义的缺位"命题的进一步讨论》，《探索与争鸣》2018 年第 5 期。

② 同上。

③ 王建疆：《导论：别现代别在哪里》，北京：中国社会科学出版社，2017 年。

这种情况下,别现代主义艺术能否抵挡得住物质现代化的诱惑,尤其是能否抵挡得住艺术中资本的诱惑和绑架,无疑是一个将要面临的课题。

中国要走现代化道路,能否避免西方人走过的一些现代化过程中的物质至上,金钱崇拜的老路,直接决定着中国现代化的未来。因此,我对别现代主义的某些质疑在更多的意义上讲可能是一种警醒,是一种提示,这种警醒和提示的目的不是否定别现代主义,相反,是为了别现代主义的"未定"能够减少盲目性和随机性。

别(真)现代?

何为"真"现代性? 西方是否展现了一些我们可以称之为真现代的事物? 有人会争辩说当代西方存在着诸多"伪"现代。虽然对个人权利的呼吁、平等、理性世界观的运用、科学发展以及其他进步要素都是真实现代性的表现,但是,伴随着这些启蒙运动的丰硕成果却是同样多的失败。从启蒙运动中发展而来的事物其骇人性不逊于其解放性。对现代化"进展"的盲目信仰(或者说理性选择)构成了哲学家查尔斯·泰勒所描述的"现代社会幻象":一系列关于真实的假定与推测。它们将人类存在陷入到一种"固有框架",一种赤裸裸的物质现实之中,其在本质上对人类不可估量的内在生命视而不见且限制了我们对于何为真实的理解。正是这种主观内在经验的力量被赫伯特·马尔库塞称之为社会变革的引擎。认识到物质现实的惰性(如果不能称之为僵死的话),一把铁锤等待着横空出世以便使用它铸造或者摧毁人类的精神生活。而启蒙运动怀着打碎迷信和非理性枷锁的信念所锻造的铁锤却变成一把打造更有效力的铁链的锤子。这是一种反人性的人道主义。对那种被称之为"真现代性"的信仰可能只是另一种形式的迷信和非理性。别(真)现代也许会意识到这种信念只不过是别(伪)现代中的一个迷梦罢了。有什么存在于那赋予物质以方向与目的的固有框架之外呢? 谁擎握着那把铁锤?"别现代主义"——一种从伪到真的转变力——也许就存在于这种"不可估量的内在生命"之中。从被忽视的个体内在生命中生发出来的"审美之维"可以重新想象固有框架内的既定现实并赋予这种框架新的形态,由此来打破其在如何判定和命名现实上的垄断权并借助主观内在生命之力来彰显有变革力的"将是什么",或至少"能是什么"。

马尔库塞所揭示的"主体性……内在性、情感以及想象力的全面贬值"道出了物质主义的惰性。① 从"伪"现代到"真"现代的解放,这种据王建疆所言充满活力的"别现代主义"与马尔库塞"主体性奋力摆脱其内在性以进入一种物质的与智识的文化之中"的主张不谋而合。② 为了"物质基础乃是真正现实这种寻常观念"而贬低"内在性、情感和想象力"③的行为构成了泰勒所言的向着纯然"固有框架"的极端蜕变。④

曹斐与"别现代主义":从"伪"到"真";从不可估量的"内在生命"到物质世界

曹斐是一名以北京为活动据点的中国当代艺术家。她的父亲曹崇恩是一位以传统的社会现实主义风格来表现党和国家重要领导人而见长的雕塑家。作为一名"官方"雕塑家,通过摒弃个人审美视点——或者将其限制在能被中国的公共事业所接受的范围内——曹崇恩成功地渡过了种种政治风波。在他的作品中艺术家的角色让位于更重要的社会公益,而他的女儿曹斐则展示了中国的艺术世界发生了何许的变化。出身于广州美术学院,曹斐从学生时代就开始了国际化的参展活动。在过去十年的时间里她创作了一系列聚焦于珠三角经济大潮中的人们的作品。这些作品在当代艺术世界的最高领域受到了广泛的好评。人们甚至可以说她在西方的知名度比在自己的母国更高。

曹斐作品的核心之处在于隐秘且无法测度的内在生命。她称扬的是那些在她父亲的作品中所没有表达出来的东西。这一点体现在他们父女合作的名为《国父》(*National Father*, 2005)⑤的作品中。正如西尔维娅·霍所言,作为"一名积极地透过自己的视点检视老一辈艺术家的生涯的年轻艺术家",曹斐在这部作品中记录下了其父为孙中山创作一幅肖像画的过程。此间的区别是鲜明的,它们反映了中国创造性文化变换中的风景。这种既是批判性的但又充满爱怜的视点揭示了新一代如今的能力所及。通过形式的创新来礼赞自我,并与不可限量的内在生命进行对话。诚如曹崇恩对这部作品所做的评论那样,"社会绝不会停滞在一个特定的阶段……我觉得艺术的发展同样要顺应

---

① [美]赫伯特·马尔库塞:《审美之维》,波士顿:灯塔出版社,1978年,第551页。

② 同上书,第552页。

③ 同上书,第551页。

④ 参阅查尔·斯泰勒的《世俗时代》。

⑤ 曹斐网站:www.caofei.com/works/exhibitions/2007。2017年9月23日访问。

社会的进步。"①这就是被别现代同时揭示的"未定的"别（伪）现代和"未来的"别（真）现代。它同样展示了一种时间段上的重叠，这种重叠融合了父女关系中的前现代传统、对父亲作品中的社会现实主义艺术的社会性强调、以及曹斐自身那些在技术上受到影响的后现代主义作品。曹斐所看到的是一个处于激烈转变期的艺术世界，其间老一辈让位给新一代。通过在 2007 年的巴塞尔艺术展展出这部装置作品，曹斐不仅为她对父亲的爱与尊敬赋予了血肉，也为其父提供了一个他本来绝不可能获得的能够赢得国际性声誉的平台。

http://www.vitamincreativespace.com/en/? artfair＝art-basel-38,《艺术市场》

在她的名为《疯狗》（Rabid Dogs，2002）的早期作品中，曹斐直观地展现了"别"（伪）现代——一种将压抑个性视为进步的虚假现代。服从职场的要求，听命于管理者的个体工作者变成了一只驯顺的"狗"。正如曹斐所言，"我们热爱鞭子，我们需要焦虑，我们不敢吠叫，我们服帖地工作"。② 一种内在的经验、感情或者说回应变得有血有肉，被彰显，成为真实。这种被赋予血肉的内在生命使一种别样的现实——一种被个体内在生命的需求所重构的现实——成为可能。

她完成于 2004 年的《Cos-players》是对珠三角的一些年轻人的记录，这些年轻人在广州的各种场所扮演着电子游戏中的角色形象或者超级英雄。当这

---

① 汉斯-乌尔里奇·奥布利斯特对曹崇恩的访谈，2007 年 6 月 http://www.caofei.com/texts.aspx? id=18&year=2007&aitid=1。

② 曹斐网站。

https://art21. org/gallery/cao-fei-artwork-survey-2000s/,《艺术品——调查》

些年轻人穿上戏服上演华丽的战斗时,年轻想象力的奇幻生命转变成了表演性游戏。当在这些年轻人的家庭背景下审视他们时,从这种幼稚行为到解放性行动的转变中能阐发出什么呢? 在压倒性的物质现实下,这些年轻人努力保持自己纯真的奇思妙想与希望的举动既充满风趣又是苦乐参半的。他们那

http://afmuseet. no/en/samlingen/utvalgte-kunstnere/c/cao-fei/cosplayers,《角色扮演者》

些努力工作的父母却有着更加讲求实际的底线，他们尝过更苦的日子并愿意容忍这些离奇的举动。很难解释这种自恋的幻想如何服务于公益。借助于表演和戏服——它们在固有框架内提供了精神净化和希望——那些隐没不彰的内在欲望、梦想与希翼成为现实。这彰显了一种解放性的非物质之力。

https://art21. org/gallery/cao-fei-cao-fei-cosplayers-2004/《角色扮演者》

　　表演的这些特质被更加直接地应用在创作于 2005 年的名为《PRD 反英雄》(*PRD Anti-heroes*)的戏剧作品中。在一系列被称为"微叙事"(micronarratives)①的小品中，我们可以发现一种融合了众多表演形式——其多样性横跨粤剧到电视烹饪节目——的杂糅。尽管这看起来像一锅后现代式的乱炖

http://magazine. art21. org/2011/04/15/cao-fei-prd-anti-heroes/ ♯.
Wcfmxq2ZP9A,《PRD 反英雄》

---

① 西尔维娅·霍(概念由让-弗朗索瓦·利奥塔提出)语。

菜,它仍不失为中国的别现代当代经验的深度"时间空间化"的一个例证。[①] 前
现代、现代和后现代同时展现在一种别现代之中。

《谁的乌托邦》(*Whose Utopia*, **2006－2007**)

https://www.ocma.net/exhibition/cao-fei-whose-utopia,《谁的乌托邦》

http://inhalemag.com/cao-fei-whose-utopia-2006-tate-modern/,《谁的乌托邦》

---

① 王建疆:《导论:别现代别在哪里》。

曹斐的极端内在性——个人主义的前沿阵地——在西方属于被人所熟知的现代主义范畴，但是对曹斐自身而言则更像是一种探索。

《我—镜像》(*I-mirror*，2007)，由曹斐的虚拟化身"中国特蕾西"(China Tracy)指导和剪辑的影片《人民币城》(*RMB City*，2008－2011)《明日末世》(*Apocalypse Tomorrow*，2011)。

市场——作为一种伪装成别(真)现代且被神化了的别(伪)现代和一种不容质疑的"现代社会幻想"——不折不扣地为"固有框架"划定了边界与界限。它自我肯定式地为万事万物进行正当化与确证。这种对市场逻辑的简单援引抹杀了所有论辩。"伪"现代正是通过转变性信仰被化为"真"，而我们皆屈膝臣服于它。

现在我们会越来越明白，别现代与别现代主义代表了这样的时间维度：现在与未定。未定包含了形态的未定，也包含了思想的未定，这种未定给艺术的表达赋予一个很大的空间。因此，别现代主义是对艺术表达和创造的开发。

马尔库塞曾说：唯一真正的艺术由上升阶级创造或者代表此阶级。但是，中国是全球艺术界中的上升阶级吗？我想，这种说法只是一个圈套，而非真理，它在一个个未来变为现实时，可能会经不起现实的挑战。

曹斐对内在生命的强调可以被视为一种通过展示来搁置她自己内在生命的行为。那种看似自我中心或者自恋式的聚焦也许正是通过展示来将自我悬置，从而为他者提供一种间接体验式的宣泄渠道。赋予非物质的内在生命物质真实性,此乃一种窥察内在生命的方式。

　　总之,曹斐的作品体现了别现代或伪现代的未定性特征,同时也通过她自己内心真实的流露,表现了别现代主义的反思和讽喻,表现了她对一个时代应该是什么的"将是"的期许和意愿。别现代理论就是这样一个具有巨大内涵和包容能量的对于"未定"和"将是"统一所构成的张力结构。但这种"将是"并非西方艺术世界所表现的物质主义的进步。我对别现代理论的巨大创造力是由衷地赞赏的,就如我对别现代主义的"将是"会不会步西方现代性的物质主义后尘表示巨大的怀疑一样。正是在这个意义上,我发现曹斐的冷静和对现实的警惕与反思,具有重要的意义和价值。也许她的艺术会走向别现代主义声称的那种去伪存真,建立真正现代性的道路。但无论如何,艺术堕入资本的框架,并不是真正现代性的进步。别现代主义在这个问题上应该有自己的清醒的认识和足够的警惕性,虽然也许我的这种提醒根本上就是中国的成语所说的"杞人忧天"。

Bie-Modern: the Now and the Not Yet and Will Be of Zhuyi

Keaton Wynn

Abstract: In this paper I will respond to some of the major concepts proposed by Professor Wang Jianjiang by applying them to the work of the contemporary artist Cao Fei. While the observations and proactive call for a fresh and transformative progressive modernism within Chinese culture is admirable I will also question some of the assumptions he has made about western modernism and modernization that are clearly seen through rose colored glasses. The critical self-examination that has been taking place in western thought over the past 50 years by holding modernist assumptions to task for its unfulfilled claims can't be overlooked. The Postmodern critique which now forms its own tradition must inform any assumptions we make about ideas about what is "truelly modern". This paper will conclude with suggestions of pitfalls which may derail the form of "modern" Professor Wang hopes to promote in art and culture. I will also discuss the "now and the not yet" quality of Bie-modernism, the "what is" and what we hope "will be" as the "Psuedo" modern becomes "real". Through Herbert Marcuse's treatment of the "Aesthetic Dimension" and his claim that radical change is "rooted in the subjectivity of individuals themselves" we can see in Cao Fei's use of identity (self) both temporal and virtual as the Bie-modern desire to move from the "Bie" (Pseudo) modern to the "Bie" (Real) modern.

Keywords：Cao Fei's works；Bie-modern；The Now and The Not Yet；Pseudo modern；Real modern

作者简介：基顿·韦恩（Keaton Wynn），上海师范大学中国语言文学创新团队外聘教授，美国佐治亚州西南州立大学美术系艺术史教授，中国别现代研究中心（CCBMS）主任，雕塑家，从事艺术史和别现代理论研究，同时进行陶艺创作。

译者简介：高洋，上海戏剧学院博士后，从事戏剧理论研究。

敞开与生成：建构中的别现代理论[*]

——兼与赵耀等商榷

赵诗华

摘　要：近期，赵耀在他的博士学位论文《新时期美学论争现场透析与学理反思》将别现代理论单列一节进行了评述，认为"别现代"理论是近年原创的"中国特色"美学话语，是对中国审美现状的精准概括，为推动中国本土美学话语走向国际参与世界对话提供了必要的平台。同时，他还批评别现代理论存在的主要不足在于突破了美学学科边界，沉湎于对审美现代性的社会学分析，缺乏哲学依托而变为审美现象描述。他的批评暴露了新时期以来美学发展存在沉醉体系建构以致脱离社会生活乃至漠视理论建构逻辑起点的不良倾向依然严重，具有典型性。本文以别现代理论建构为个案，就当下中国美学和人文社科研究回归现实本位、关注现代性主题以及理论原创的基本品质几个方面进行讨论，以期促进人文社科研究的反思。

关键词：别现代　现代性　社会形态　审美形态

引言

别现代理论自2014年提出以来，作为一种本土原创学术话语，吸引了来自欧洲、美国以及国内外哲学、美学、艺术、法学、旅游、经济、文字学等学科多

* 本文为安徽省高校人文社科一般项目成果(SKHS2016B08)及黄山学院工艺美术传统技艺研究中心成果(Kypt201816)。

名学者的持续关注和讨论,产生了一定影响。目前,美国佐治亚州西南州立大学艺术学院和斯洛文尼亚普利莫斯卡大学人文学院分别成立了以此为主题的别现代研究中心"CCBMS""CBMS"。[①] 在国内,除了相关学者参与讨论外,近期吉林大学文学院赵耀博士在其学位论文《新时期美学论争现场透析与学理反思》中将"别现代"作为"中国特色"的理论原创单列一节进行了评述,认为:"'别现代'理论的提出,是基于当前中国社会转型期复杂多元审美现状的一次概括性描述,不仅从学理层面上对当前的审美发展走向进行了必要且充分的反思,而且为发展相对滞后的中国本土美学话语理论建构注射了一剂强心针,为中国美学话语走出国门、参与世界美学对话提供了必要的话语平台。"[②]在充分肯定别现代原创意义的同时,他认为别现代理论存在的主要不足在于突破了美学学科边界,沉湎于对审美现代性的社会学分析,缺乏哲学依托而显得理论体系基础建构不足以致滑入"社会审美现象描述"。从赵耀整体的批评来看,他因对别现代理论的发展缺少全面把握和动态观察,批判显得偏颇而草率,最为重要的是他对当下中国美学研究的批判和分析所流露出来"理论优先"的观念,表现出新时期以来中国美学研究存在脱离具体社会历史语境和现实观照的不良倾向依然严重,具有典型性。赵耀等对别现代理论发展以及新时期中国美学研究的评述引发当下中国美学研究转型和人文科学发展等一系列重要问题,本文以别现代理论发展为个案,尝试从如下三个方面来进行探讨,以期深化对别现代理论及中国美学发展的再思考。

　　1. 转型中国,美学研究的根本逻辑起点在哪里?

　　2. 全球视野下美学研究如何深化对中国现代性的认识?

　　3. 面对文明全球化交汇,新时代美学理论建构的基本品质是什么?

一、美学研究的起点何在?

　　作为一种知识的生产,美学研究不仅要面对的是转型中的中国,而且还要面对转型中的世界和全球化。无论是美学研究还是人文学科的研究,若要在新的历史条件下实现新的发展和突破,我们无法忽视转型中的中国以及全球化世界这两个视域。显然一味固守学科边界、窄化研究视野早已不再适应全

---

① 可在美国和斯洛文尼亚的这两所大学的网站上搜到,也可在上海师范大学网站和上海对外经贸大学网站上搜到。

② 赵耀:《新时期美学论争现场透析与学理反思》,吉林大学博士学位论文,2018 年,第 174 页。

球化的知识生产。当然,这也并不意味着完全抛弃美学学科本位、无限夸大美学研究的视野,而是应该将美学研究置入中国现实生活土壤以及与其它学科互鉴中获得思想原创的力量,而不仅仅是美学观念先行。赵耀在充分肯定别现代推动国际对话、致力中国本土话语创新时批评道:

　　"别现代"理论的矛盾之处在于除了对部分美学现象分析之外,并非深入到美学理论的细部,相反更多的是采取一种社会学式的理论建构方式。……别现代理论从对当前中国本土理论建构的呼吁出发,致力于对中国问题进行自我阐释而实现的与西方理论的平等对话与良性交流,但在具体理论建构与表述的过程中却滑向社会学领域,不再将关注的焦点放置在具体审美现象的理论阐释和审美解放的可能性探索,而是转向社会现实的社会学说明与对策性指导,造成难以超越的内在矛盾。①

　　上述批评代表了"别现代论争"中多数批评者的观点,具有一定的代表性。就批评本身而言,它反映了对美学研究学科边界和纯粹性坚守的真诚,但这不能替代或遮蔽对美学理论研究基础和理论建构逻辑起点——社会现实生活的思考。美学之所以称之为理论,它源于对一定社会基础上社会生活和美学现象的反思、提炼和概括,是对审美感性现象的凝聚和升华。其包括对社会问题的反思以及与其相适应的社会审美现象的认识,在反思和认识的基础上进行理性的提炼,从而形成理论。武断地批评别现代理论"滑入社会学领域"的论断恰恰暴露了其忽视美学研究与社会生活的关联,因此,脱离社会生活、文化现实以及人的思考,美学"理论"研究往往大而无当甚至沦为无源之水,无根之魂。

　　新时期以来美学研究时有表现出缺乏有效问题视域乃至脱离社会生活和实际而陷入虚涨的现象,其深层的动因与研究者存在"犬儒主义"心态、缺少思想文化建设的担当精神和人文关怀精神不无关系。一方面 20 世纪 80 年代以来学界习惯于"拿来主义",形成了对西方理论过度阐释和依赖,理论建构的主体性不足。另一方面,对西方理论的过度依赖导致美学理论建构疏于从中国经验、中国问题进行总结和思考,以致产生脱离中国历史语境、无法面对西方的集体性理论焦虑。别现代恰恰从当下的社会形态出发,将理论建构扎根于转型中国的现实土壤,把对美学理论发展的思考蕴于文化主张、社会形态、审

---

① 赵耀:《新时期美学论争现场透析与学理反思》,吉林大学博士学位论文,2018 年,第 185 页。

美形态、艺术形态以及与之相关的中国审美现代性多维互动中，以此来寻找理论建构的生长点。作为一种本土学术话语，以"别"为标识，"别现代"理论本身作为问题的主义和主义的建构，它不仅是对中国社会形态的高度概括，揭示了社会发展的现代性问题，还显示了对西方现代性超越的取向，具有新时代文化发展和审美现代性建构的价值维度。为此，别现代不仅触及到转型中国文化发展与社会现代性重塑的基础和本原，还为人文社科的发展提供了有效的发展思路，具有宏大的全球理论视野。

反观美学研究的起点，究竟我们从何出发？有别于从理论到理论，别现代从社会形态入手。马克思在《政治经济学批判·序言》就社会经济结构分析时指出："物质生活的生产方式制约着整个社会生活、政治生活和精神生活的过程。"[①]这为我们理论和美学研究提供了一个参考基点，社会的精神生活源于其社会物质生活的生产方式，这决定了我们从事社会审美研究或人文社科研究需要从对社会生活和经济结构的分析和探查入手，而不是相反。作为社会形态的概括，别现代指出"就经济基础而言，别现代的特征在于公有制经济与私有制经济并存，内资与外资融合，以股份占比的方式实现共谋共赢，使得以生产资料占有和分配为标准的社会形态划分因边界模糊而难以厘清"[②]。由此，我们得出，作为一种社会形态，别现代既不同于现代、后现代、前现代，但同时又具有现代、后现代和前现代的属性和特征，此种还原揭示了社会发展的别现代本质，为我们认识和分析转型社会审美现代的复杂化提供了一个理性的思考窗口。

新时期以来艺术及审美形态呈现了多元化、复杂化发展趋势。文艺形态出现的伤痕文学、寻根文学、先锋派、新写实等文学样式，20世纪90年代随着大众文化的兴起加上消费主义热潮催发，"下半身"写作及文艺欲望化特征显著；就美术发展形态来看，从星星美展到85美术运动中所涌现的西方现代各种艺术流派，以及后来出现了新文人画及实验水墨到政治波普和玩世现实主义、艳俗艺术等。建筑艺术表现比较明显的是随着90年代消费主义催发，天坛与白宫杂凑的石家庄影视城、五粮液酒瓶、大闸蟹等媚俗的仿生、仿真建筑兴起；影视艺术中伴随娱乐化出现了大量宫廷剧、抗日神剧、穿越剧、囧剧等；就审美形体来看，中外古典和现代审美形态与新型审美形态冷幽默、奇葩建筑

---

① 中共中央编译局：《马克思恩格斯选集》（第1卷），北京：人民出版社，1995年，第32页。
② 王建疆：《别现代：空间遭遇和时代跨越》，北京：中国社会科学出版社，2017年，第101页。

和囧剧的疑似审美形态共存,同时后现代去中心、解构、平面化、碎片化手法在艺术中与古典艺术中的象征、隐喻、比兴和现代艺术反讽、戏虐等并置形成混杂的审美特点。从别现代社会形态视角出发,我们不难发现文艺和审美形态的复杂化与别现代社会前现代、现代与后现代多重因素的交错有关,比如境外资本、私人资本与权力资本合谋催发了文艺娱乐化、感官化和媚俗化,英雄审美解构以及社会达尔文主义发展促进了日常审美自恋化倾向严重等等。别现代美学从社会形态的现实出发提出的别现代主义美学发展观、人生论美学观、审美形态论、美学功能论、美学与文论的待有论、美学之外论等理论,为我们分析阐释当下社会文艺现象及审美现象提供了新的视角。除别现代美学之外,别现代理论还包括以"别现代"为标识而统摄的"别现代哲学""别现代艺术"以及具体的"别现代主义"等,其中每一个部分都包含着具体的内容。① 别现代对社会形态的还原,为我们就建立其上的文化艺术以及审美现象进行重新审视提供了可能,这也为学界打破西方理论强制阐释,聚焦中国问题以及从中国问题出发进行理论原创作了一个很好的示范。因此,学术研究或美学理论建构当从现实生活、社会形态出发,应坚持问题导向,聚焦现实,才能建构带有自身印记和特色的理论,才能在世界话语市场上进行交流,这需要引起我们注意。

二、别现代:"新概念"下的"老问题"还是"老问题"下的"新开掘"?

别现代是关于现代性反思和批判的研究,是新时代历史条件下中国人文学者通过对新时期以来中国文化现代性发展经验的反思和批判,尝试通过本土学术思想创新推动中国学术走向世界交流的一次实践。它对百年中国美学发展的省思和批判涵摄着对中国审美现代性的批判思考,赵耀批评别现代理论流于审美"现象描述","所触及的是老问题",②所谓的"老问题"在其看来是李泽厚先生所指出的鲁迅思想所启示的中国现代性"启蒙与超越启蒙"的矛盾。有的学者认为:"'别现代'力图寻求一种本土话语方式,这种努力值得赞赏,不过是否真的有必要将本土话语和西方理论对立起来呢? 而即使是'别现代'这个概念,现代或现代性也仍是一个纯粹西方的表达,也仍是在用西方的框架

① 王建疆:《别现代:主义与本体——兼回应国内的别现代问题讨论》,《西北师大学报(社会科学版)》2018年第5期。
② 赵耀:《新时期美学论争现场透析与学理反思》,吉林大学博士学位论文,2018年,第187页。

来解释中国问题。"①二者的批评涉及到理论研究和美学研究是否需要关注现代性这一根本性问题。

从他们的评述中,隐含着两层意涵:其一,时下讨论现代性似乎是一个过时的话题,"别现代"概念本身隐含在现代性之中,再怎么讨论也"难以逾越西方的话语牢笼"。② 其二,基于构建本土话语的良好愿望,无需将别现代与现代、现代性对立起来。两种批评意向暴露了我们面对西方现代性强势话语无力突围的"顺化"心态,但更为严重的是这种意向折射了学术研究避重就轻的犬儒主义倾向,缺少"知之不可为而为之"的文化担当精神。反思并不意味着对抗,批判并非拒绝,不拘一隅、合乎理性的认知和实践是学术研究应有之义。不同于20世纪80年代,历经40年的发展,对现代性反思我们客观上获得了一种更为广阔的理论视野和现实基础,这需要我们文化发展心态作相应的调整和进一步的解放,"对现代性的反思不是对于现代经验的全面的否定,相反,它首先是一种解放运动,一种从历史目的论和历史决定论的思想方式中解放出来的运动,一种从各种各样的制度拜物教中解放出来的运动,一种把中国和其它社会经验作为理论创新和制度创新源泉的努力"。③ 可见,思想解放是新的时代学术及美学研究的前提,摆脱东/西、中/西二元思维模式,破除"他者"与"我者"的对立是推动中国审美现代性发展的应有态度。

别现代恰恰从思想解放的角度对中国现代化经验进行新的反思,是一种"老话题"下的"新开掘",体现了一种积极有为的现实主义品格。别现代作为一种新的学术话语和理论创构的新范式,其理论指向不是局限于美学研究,而是从中国发展经验出发,将文艺、哲学、美学置于全球化以及中国社会形态变化的动态发展中加以考察,以此推动中国文化现代性的思考和发展,具有宏大的理论视野和文化价值取向。作为一种本土学术话语,别现代对当下文化和美学现代性的思考主要体现在如下三个方面:

其一,通过"别"这一独特汉语标识拒斥西方现代性话语对中国现实的强制阐释和规约,为中国学术话语的创造和文化现代性的重构带来

① 潘黎勇:《"别现代时期思想欠发达国家的学术策略"高端专题研讨会综述》,《上海文化》2016年第2期。
② 赵耀:《新时期美学论争现场透析与学理反思》,吉林大学博士学位论文,2018年,第183页。
③ 汪晖:《去政治化的政治:短20世纪的终结与90年代》,北京:生活·读书·新知三联书店,2008年,第475—476页。

了积极思考，"别现代理论体系是对西方中心主义、西方话语霸权的自觉悖反"。① 可以说，别现代理论的出现是中国学人文化主体意识自觉的结果，从话语的层面来说，是在反思批判现代、后现代等西方话语模式基础上而实施的一次自我革新和创造，通过"别现代"这一充满悖论的言说表达了文化创造的主张和诉求。它的提出与充满创造性的建构赢得了西方同行的注意，正如著名美学家、前国际美协主席阿列西·艾尔雅维茨评价道："王建疆教授近年来在建立具有中国性的人文科学（包括美学）与社会学方面进行了前所未有的探索。他在研究过程中使用了两个基本概念：'主义'与'别现代'。"②

其二，别现代理论创新的独特性在于它逆反新时期以来中国学术话语体系所呈现的"主义的喧嚣"，是一种带有"问题"意识的"主义"建构。它将理论建构扎根于中国现代性发展的现实土壤，通过对中国问题和中国经验的反思来凝聚理论的创造力和源动力。首先，它从马克思主义的社会形态理论入手，将新时期中国社会的发展概括为"别现代"社会形态，这一概括为从社会形态来观照新时期以来中国文化形态、艺术形态以及美学形态提供了有效的解读视角。特别是它对"前现代、现代与后现代"多元因素的杂糅和并置造成的"现代性困境"的还原和揭示，为社会系统实施自我调节提供了启示。在此基础之上，其所提出的"跨越式停顿"和"别现代主义"去伪存真的方法论带有强烈的新人文主义精神。

其三，别现代作为一种社会形态和文化主张的概括，它有着明确的社会发展策略、文化发展主张。同时，它基于中国"时间的空间化"的社会现实主张一种"跨越式停顿"的发展思路，对社会现象的分析突显了一种蕴普遍性于特殊性的价值维度。作为一种社会形态话语，它是对中国现代性发展的阶段性概括，作为一种审美形态，它体现了一种普遍的美学形态，具有一定的普适性。从社会形态来说，基于"别"这一哲学主体，它倡导一种"去伪存真"的"别现代主义"，是对中国现代性困境的分析和求解。具体表现为它对"前现代"观念、后现代思想与现代性思想合谋而形成的社会异化景观的批判，具有强烈的去伪功能。从审美形态来看，它对中国新时期别现代社会文艺发展出现的新型审美形态"囧剧""英雄解构""冷幽默""奇葩建筑"③等杂糅的美学功能分析，具

---

① 余凡：《别现代理论："后焦虑时期"本土话语再造的新维度》，《内蒙古社会科学》2019 年第 1 期。
② 王建疆、阿列西·艾尔雅维茨：《别现代：话语创新与国际学术对话》，北京：中国社会科学出版社，2018 年，第 1 页。
③ 详见王建疆：《别现代：从社会形态到审美形态》，《甘肃社会科学》2019 年第 1 期。

有很强的解读性,进一步丰富了当代审美形态研究。同时,作为一种文化分析,别现代的国际传播显示了一定的普世性,来自美国佐治亚西南州立大学艺术系的研究生凯特琳·达格里斯在 2018 年"别现代"理论探索与艺术实践国际学术研讨会上发言认为:"当西方尤其是美国的思想者关注西方的农村和城市地区社会和文化氛围时,别现代理论中的时间空间化理论就有珍贵的借鉴作用。"[①]

综上所述,美学研究不应该回避现代性和审美现代性研究,脱离现代性视野的美学研究,我们无法把握当下审美产生的生活语境和历史语境,当然也很难形成对审美现象的整体性把握,有时还陷入脱离现实的理论虚涨。别现代理论恰相反,从当下特殊的社会形态出发,从社会、文化、审美以及艺术多维互动中对中国现代性进行分析,具有普适性、综合性和超越性,通过这种聚焦中国问题的理论建构,显示了本土理论创造的主体性和自主性。

三、敞开与生成的理论建构

面对全球文化的交互和碰撞,新的时代,美学发展的基本品质应该将理论建构与视域敞开、艺术实践、现实人文关怀结合起来。别现代理论的建构,它最大特点是理论本身具有极强的包容性和开放性,体现出一种理论视域的"敞开性",这种开放性源于三个较为宽广的实践维度,一是将理论建构置于国际交流对话中;二是就美学而言,它将理论建构置于生活世界与艺术世界的双向互动中;三是聚焦现代社会发展中的个体生命存在,倡导一种新人文主义生命伦理精神。

面向世界的敞开。"别现代"理论创构伊始就本着一种开放心态,坚持实事求是,在平等交流碰撞中促进文化现代性思考的深入,以此探索民族话语建构的可能。首先,以平等实然的心态作为交流的基础。阿列西·艾尔雅维茨隐含西方中心主义就别现代倡导中国人文社科和美学研究通过本土"主义"建构来推动中国人文思想发展等系列议题提出了质疑,并以"语言"与"声音"之异比拟西方与中国哲学与美学,质疑中国知识分子因知识贫乏、受制官方计划研究、缺乏独立性等诸多要素的制肘难以胜任个人"主义"的建构。他还批评"中国美学家对当代艺术的无知"。[②] 认为

① [美]凯特琳·达格里斯:《为什么学习别现代理论? 交流、同情与西方的反思》,陆纯艺译,《跨越时空的创造:别现代理论探索和艺术实践国际学术会议研讨会会议论文集》,2018 年,第 601 页。
② 王建疆:《中国的哲学和美学没有必要领先世界吗? ——回应阿列西·艾尔雅维茨等》,《探索与争鸣》2018 年第 5 期。

中国哲学与美学乃至人文科学与中国当代视觉艺术在西方赢得的地位相比，中国哲学与美学无需领先世界。面对来自艾尔雅维茨为代表的西方同行对中国哲学美学乃至人文科学发展的质疑，别现代无意于"对抗"，而是从中国哲学、美学的百年发展史和当前的发展现状给予了回应，并在反思的基础上进行了实事求是的总结，认为中国人文科学包括哲学、美学发展面临西方设置或自设的"四道坎"，①从客观的角度理性分析了中国人文社科（含哲学、美学）内在的不足和困境，认为通过适应人文社科的特点促进个人研究"主义"的建构从而凝聚发展的动力，方能寻求破解之道。

别现代通过国际对话推动理论建构是当下人文研究领域中需要引起重视的方面，其所展现的实事求是和理性的态度是当下人文学者自信的一种表现。尽管当下全球化思潮风起云涌、波诡谲怪，但是政治和经济的多元化的潮流是无法阻挡的，与之相关学术上的思想和主义的多元化亦然，固守残缺或一味坚持狭隘的民粹主义的心态无法融入世界，更谈不上思想创造和发展，就如中国经济入世时适应规则到现在参与规则制定，都是在交流中倒逼自身发展、在发展中推动交流深入，中国美学和人文科学的发展也需要在世界思想市场中查找不足，通过增强补弱才能获得对自身的清晰定位和真正发展，无视或漠视西方话语的优点都有违思想创新的规律，开放和包容的心态以及理性的文化创造才是推动美学建设以及文化发展的基本前提，这是别现代在国际学术交流中得到的重要启示之一。

面向艺术的敞开。艺术是生活世界的表现与再现，而生活世界是艺术得以表征的根源。无论是形而上或形而下层面，艺术是时代精神及其生活世界的集中体现，因此美学研究和人文科学研究无法离开对艺术及现实生活世界的关注。别现代主义美学研究将新时期以来的艺术发展融入理论建构的思考，提出了"别现代艺术"和"别现代主义艺术"观，以此促进美学研究和艺术发展的交流、碰撞，从而推动美学、艺术对现实生活世界的批判、改造乃至自身的自主性发展。别现代艺术主要是指新时期以来吸收西方现代艺术观念而产生的系列艺术形式，大多数作品体现的是对中国社会主义现实主义艺术观念的革新，更多倾向于对新

---

① "四道坎"即：所谓的哲学/美学是中国哲学和中国美学还是西方哲学和西方美学在中国？中国哲学和中国美学这样的概念本身是否有必要存在？中国的人文学科包括哲学和美学有必要领先世界吗？中国哲学和美学在国际上的发声是人和动物都有的"声音"还是唯有人才有的"语言"？详见王建疆：《别现代：如何面对西方哲学和美学的四道坎》，《贵州社会科学》2019年第2期。

时期现代精神启蒙的表达,蕴含艺术革新和个体自由理想的双重诉求,带有较多的"匠意"和政治意识形态性。别现代艺术是专指别现代社会形态中艺术形态的统称,它包括西方现代艺术观念的模仿之作以及少数融入中国现实元素的创新作品。别现代主义艺术关注的是能够真正反映别现代社会生活世界的创新作品,强调的是融入中国元素能够体现中国现代性的作品,而不是迎合西方看客对中国审美意识形态兴趣的作品,具有真正的当代现实主义品格。

别现代提出以来,着重从艺术的审美叙事出发推动美学研究和当代艺术实践的双向交流和对话,这是一件重要的学术事件和实践,取得了良好开端。2018年9月和11月,"此时此刻:别现代·中国"别现代艺术国际巡展和"当时当下:别现代·中国"艺术国际巡展分别在上海师范大学和华东师范大学举行,共展出了来自北京、上海、广东、湖南、山西、甘肃等地40余位具有别现代主义特征的当代优秀艺术家作品,并举办别现代艺术创作和美学方法论研讨会,先后共有20余位美学及艺术批评家就别现代理论、中国美学艺术现代性实践、困境及发展等话题与参展艺术家进行了友好交流和讨论,有力推动了美学和艺术实践的发展。同时就中国美学研究和艺术实践在关注文化创新、生态环境、个体关怀等方面达成共识,认为回归新时代生活世界和中国生命经验是美学和艺术创新发展和理论建构的本原。可见,推动美学研究和艺术实践的互动是别现代美学建构的重要基础,在美学发展上具有重要的意义,正如策展人陆蕾平所言"美学与美术仅一字之差,却老死不相往来,但别现代却将二者统合在一起。"①

面向生命真理的敞开。"别现代"理论基于社会现实对社会形态和审美形态理论深化的同时,在以"别"为本体的基础上,由差异性、主体性的建构延伸至对个体生命存在的关注,具有强烈的现代精神。针对别现代社会发展,前现代思想与后现代、现代观念合谋对个体生存的挤压和威胁,"别现代"理论提出了"别现代:往哪里别?"的理论诉求和"生命股权"说,这是对"别现代"理论"跨越式停顿"的拓展和深化,在其看来,生命股权就是"每个个体与身俱来的生命权,以及这个生命权在社会财富中所持有的终身不可被剥夺的股份。""生命股权不是一个抽象的概念,而是一个与物质财务紧密相连的权利。生命本身首先是物质的,是身体的,而不是社会的,但他的生命要在社会中实现。生

---

① 王建疆:《别现代主义:一种理解现实的角度》,《社会科学报·文化批评》,2018年11月8日。

命股权在社会中的实现首先体现在衣食住行保障、疾病与灾难救助、交配权、生育权，等等"。① "别现代"之"生命股权"说是基于"别"本体对个体"差异性""主体性"和"特殊性"的拓展和深化，是对个体生命本真的回望和珍视，也是对"别现代"社会生存之困的拷问，其中蕴含珍惜生命、爱护生命、生存超越的生命真理观，体现了一种生命伦理精神。

可见，别现代理论（美学）建构摆脱了庸俗现实主义及新时期以来理论发展的"自恋主义"倾向，将理论的建构扎根于生活世界和文化发展的现实土壤，体现了新现实主义的品质，在面向世界、艺术（生活）、个体关怀的三个维度中推进中国本土理论的发展和创造，具有显著的新人文精神。

四、别现代的理论架构

别现代作为一种涵盖性很强的本土理论原创，具体表现在它站在后现代之后，吸收了现代主体性思想并融入老庄哲学返本开新的"'创新性'生成思维"②模式，初步建构了一种带有民族印记的现代理论。它的建构有着深厚的学养积淀和明确的价值追求，而非"哲学依托的缺失"，实现了哲学本体论、方法论和价值论的三者统一。

以"别"为标识的哲学本体论。"别现代的别，既是存在之别、本质之别，也是存在与本质之别。与混沌无感知之别以确立我的存在，与现象之别以确立事物的本体存在，与他者之别以确定自我价值和我的主体性，与过去之别以确定自我更新，与自我之别以确立自我生成，与现在之别以建立一个世界，这就是本体论的价值观。"③乍一看起来，对习惯于"对象性思维"的人来说，似乎"别现代"之"别"作为哲学本体看起来显得别扭，没有思辨性可言，这恰恰是"别现代"吸收中国传统"主体性思维"④的不别而"别"，它的特点就是在"现

---

① 王建疆：《别现代时期英雄空间解构与建构的路线与生命股权英雄理论的意义》，《跨越时空的创造：别现代理论探索和艺术实践国际学术会议研讨会会议论文集》，2018 年，第 226 页。

② 创新性生成思维是指一种在事物衍生过程中形成的一种整体性、多维度、开放性的思维。可参见孙海霞、孙伟平：《马克思与怀特海哲学思维方式的聚合》，《江苏师范大学学报（哲学社会科学版）》2019 年第 2 期。

③ 王建疆：《别现代：主义与本体——兼回应国内的别现代问题讨论》，《西北师大学报》2018 年第 5 期。

④ "主体性思维"和"对象性思维"是蒙培元先生立足中西哲学差异提出的两个概念，他认为"主体性思维"是中国哲学的长处，它侧重于"自我反思""情感体验""主体实践"和"自我的内在超越"，而"对象性思维"是西方的专长，侧重于逻辑分析和推理，但两者又不是截然对立、互不相干的，主要是就中西哲学的主要特征而言的。具体可参见蒙培元《中国哲学主体思维》，北京：人民出版社，1993 年。

象"的描述中,揭示世界的本质和意义,而不是完全的逻辑推理和演绎,它带有强烈的情感倾向和实践特征。

以"真"为致思取向的方法论和价值论的统一。别现代"与现象之别、与他者之别、与过去之别、与自我之别、与现在之别"中对真实存在、事物本然、主体本真以及理想世界建构。"去伪存真"即在分别中区别真伪现代性。别现代理论在"别"这一哲学本体的观照下,将会发现"别现代"理论基于"主义"的建构而形成了至少五个方面的内容和发展路径,即以别现代主义的建构超越"中国哲学/美学"和"哲学/美学在中国"的追问,立足于"时间空间化"深化社会形态学基础上的社会发展阶段论认识,以超越性视野析取前现代、现代与后现代精华致力于人文科学及美学的创新,在跨越式停顿的基础上实现对前现代的腐朽思想的切割和推动学术艺术和文化上的革新,从社会形态出发并在社会形态和审美形态的辩证互动中推动中国美学和文化的发展。

总之,别现代是新时代本土学术话语创新的重要实践和尝试,随着理论的发展和完善,它作为一种带有个人印记的主体性文化发展主张愈发明显,有着清晰的发展脉络和价值追求,集本体论、价值论、方法论为一体,其理论架构简略如下:

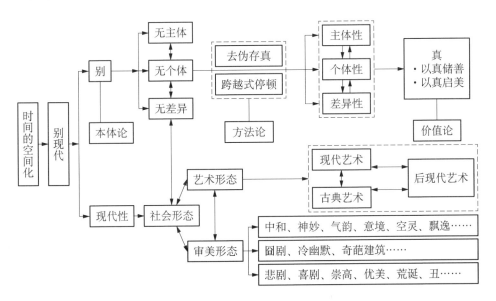

五、结语

　　作为新时代一种原创的本土学术话语，别现代立足中国新时期以来社会形态转型的现实，聚焦中国文化艺术以及审美形态变迁的中国经验，提出了以"别"为标识的中国现代性话语建构范式，为中国学术话语走向国际交流对话作出了重要示范。而以赵耀博士为代表的学人和学者认为别现代因陷入社会现象分析而缺少哲学依托、陷入社会学理论建构，这恰恰反映了他们忽视美学研究社会基础，与其对别现代理论缺少全面掌握和细读有关，实际上别现代理论包括别现代哲学、别现代美学以及别现代主义艺术等，是一种涵盖性很强的原创理论。可以说，它的产生，从某种程度上是对新时期以来中国学术话语过度依赖西方以及脱离具体历史语境的纠正和反拨，显示了重要的学术史意义和价值，尤其是它表现出面向世界、面向生活（艺术）以及对生命真理的倾心显示了一种新现实主义的理论建构品格，为我们新时代推进人文社科发展有着重要的启示作用。

Openness and Generation：Theory of "Bie-Modern" in Construction
——A Discussion with Dr. Zhao Yao and Other Reviewers

Zhao Shihua

Abstract：Recently, Dr Zhao Yao, in his dissertation "Analysis and Reflection on Aesthetics in the New Period", commented on the theory of "Bie-modern" as a special Aesthetics of theoretical innovation in the new era. He also think Bie-modern is a precision on the description of the Chinese aesthetic generalization. And it also provides a necessary platform which promotes exchanges between Chinese aesthetics discourse and abroad. At the same time he also criticizes "Bie-modern" has a main deficiency which breaks through the boundary of aesthetics, indulges in sociological analysis of Chinese aesthetic modernity, lacks of philosophy and focus on the description of aesthetic phenomenon. His criticism reveals that there is still a unhealthy development of aesthetic which indulges in system construction but disregard social reality and the logical starting point of theoretical construction. Taking "Bie-modern" for an example which pays close attention to social reality，this paper will discusses the current Chinese aesthetics、humanities and social science research which should return to social reality、life and focuse on the theme of modernity. It may help the reflection of humanities and social science research.

Keywords：Bie-modern；Modernity；Social-form；Aesthetic-form

作者简介：赵诗华，上海师范大学人文与传播学院文艺学博士研究生、黄山学院文化与传播学院讲师，主要研究方向为中国古代美学、艺术学理论。

中国古典美学亦需"跨越式停顿"

——从王建疆教授"中国美学形态"说谈起

简圣宇

摘　要：王建疆教授所提"跨越式停顿"的概念具有原创性,其中包含了诸多可资借鉴的精神资源。"跨越式停顿"是否也适用于对中国古典美学的审视,这是一个有待回答的问题。而且"中国美学形态"的称呼隐含着一个默认的前提:中国古典美学可以直接为今人所用。但其实这些源自古代语境的理论同样需要从旧范式中挣脱出来,只有经过现代转型,它们才能进入现代美学的场域,成为中国美学话语走向世界的重要组成部分。中国古典美学业已发展到了自己的最高峰,在经过"跨越式停顿"之后,重归"问题意识"是中国古典美学自我救赎的关键。

关键词：中国古典美学　跨越式停顿　问题意识　现代转型

王建疆教授提出了"跨越式停顿"的概念,提醒学界对既有的成熟模式亦需保持冷静的审视态度。因为"成熟"有时候也就意味着"固化",事物发展到一定阶段就会显示出某些弊端,所以需要在发展的过程中审视和克服这些弊端。同时他还提出必须重视中国审美形态,因为这其中包含了诸多可资借鉴的精神资源。但他没有明确说明"跨越式停顿"是否也适用于对中国古典美学的审视。① 比如他在谈及"意境""气韵""空灵""飘逸"等古典概念时,缺少批

---

① 严格说来,其实笔者这里所提"中国古典美学"更应当被称为"艺理",因为"美学"是近代以后的范畴。中国在近代之前的传统,是围绕诗话、琴棋书画等门类艺术展开的理论探讨,故而称为"艺理"更符合历史原貌,但为了叙述方便,本文还是依照学术界的惯例统称这段时期的"艺理"为"中国古典美学"。

判性的论述,更多的是集中于欣赏和赞许的层面。^① 王建疆教授将中国古典美学称之为"中国美学形态",不过笔者认为,"中国美学形态"的称呼隐含着一个默认的前提:中国古典美学可以直接为今人所用。但其实这些源自古代语境的理论同样需要从旧范式中挣脱出来,只有经过现代转型,它们才能进入现代美学的场域,成为中国美学话语走向世界的重要组成部分。批判是继承的前提,继承是批判的目标,两者互为犄角,不可偏废。中国古典美学不是僵死不变的"遗产",而应当被视为可资运用的"资产"。有时候阻碍我们进步的不是我们面对的种种困惑,而恰恰是我们开始缺乏困惑。中国古典美学最致命的问题在于其"立"多"破"少,后世大都是在给所谓经典理论做"注释性阐释",以至于在长期的思维惯性中丧失了以"破"为基底的"问题意识"。没有"跨越式停顿",中国古典美学就很难升级为能参与国际学术对话的中国当代美学。必须经过批判后的现代转型,中国古典美学才能抖落自己身上的历代积尘,从"遗产"转化为"资产",成为今日可用以"创造性转化"和"创新性发展"的经典精神资源。

一、需要反思的中国古典美学诸概念

"跨越式停顿"作为王建疆教授提出的一个重要学术概念,其内涵为:"在发展的惯性中突然停止,目的在于使人们从突然的停顿和暂时的丧失中居安思危,反省自己的行为,寻求最佳、长久的生存之道。这种突然的停顿是主动的选择,而非被动的接受。它只能发生在人类发展的高级、高速阶段,而非低级、低速阶段,充分反映了人类对于自己生存环境和发展前景的忧患意识,是一种高度自觉的行为。"而且他强调,这种"跨越式停顿"不是被迫停顿,而是"在欣欣向荣之日,甚至是在如日中天之际"自己主动停顿。

笔者对他的这一提法十分赞同。常言道,"有时候我们得走得慢一点,让灵魂追上身体的脚步"。无论是在日常生活语境中,还是在学术研究和理论建构中,我们都需要以"跨越式停顿"的勇气、魄力和远见,在发展的高峰停下来,冷静审视自己正逐步陷入的"路径依赖",跳出既有的框架来思考那些自认为已经思考成熟的问题。

佛学有所谓"所知障"之说:一般人在生活和求学过程中遇到的困惑,往

---

① 王建疆:《中国审美形态与中华文化特性》,《西北师大学报(社会科学版)》2016 年第 1 期。

往源自于自己的"无知",因为自身学识的缺憾而无法洞悉事物和现象背后深邃的意义。但这种由于"无知"而造成的障碍只是浅层次的范畴,真正最难客服的乃是"所知障"——这种判断和认知上的障碍不是来自于我们的无知,而恰恰是由于太过熟悉,结果习见而不察,被自己熟烂于心的"已知"给遮蔽了。当时代发展到一定高度的时候,就会涌现出取代旧范式的新范式,如果不跟着时代发展趋势而改变,那么就会站在时代的对立面,坐失发展的良机。所以"跨越式停顿"给我们一个重要而深刻的提醒:世界的发展不是线性进程,而是一种非线性的多维度发展模式,如果任由"路径依赖"的懒惰而长期停留在自己所谙熟的旧范式当中,那么这种范式越是精致和成熟,给发展造成的负面影响也就越大。

王建疆对中国古典美学的诸多概念、理论颇为重视,曾反复提出必须重视诸如意境、气韵、空灵、飘逸等古典审美形态范畴。他提出:"近代以来中国哲学、美学理论、文学理论、艺术理论,无一不是从西方来的,无一不打上西方的烙印。但是,许多审美形态范畴,如意境、气韵、空灵、飘逸等,是中国独有而西方所无的,又如何从西方美学中找到理论根据呢? 因此,中国要想摆脱这种困境,就必须自己创建理论,而非跟着西方后现代主义者去逃避理论、解构理论。"①

如他上述这段对中国古典美学范畴的论述,既有时代意义又带着道义力量,但问题在于,这其中也包含着一个被他遗落的问题:其实中国古典美学理论不仅同样适用于"跨越式停顿",而且迫切需要用"跨越式停顿"来直面其无法回避却总是被有意无意回避的结构性的麻烦——古代的美学范畴无法在不经过现代转型的情况下,就自动进入当代语境中被用于具体阐释活动中。他认为"别现代理论就是立足于对脚下缺陷的清醒认识,然后始于足下,建构自身"。② 那么就需要认识到中国古典美学的问题之所在。

学者关煜提出,"跨越式停顿理论是对西方艺术史的最好总结"。③ 而笔者认为,"跨越式停顿"更直接适用于需要进行现代转型的中国古典美学理论。王建疆所提到的这些传统理论的确是我国文化瑰宝,特别是意境、意象、气韵等理论尤其具有研究和应用价值,我们进行美学理论创新时不应忽视和疏离

---

① 王建疆:《别现代:跨越式停顿》,《探索与争鸣》2015 年第 12 期。
② 王建疆:《别现代:别在哪里?》,《湖南社会科学》2017 年第 5 期。
③ 关煜:《杂糅与断裂:别现代主义与后现代主义的异质同构》,《上海文化》2017 年第 8 期。

这些理论。但必须清醒意识到,他提到的这些中国古典美学理论毕竟是古代理论,要进入我们的语境成为当代美学话语就不能不经过升级转型,特别是需要脱离旧范式的精神窠臼。

其实我们无论自诩多么客观,都会带有某种预设前提的思维惯性或思想偏见,在具体论述时往往会由于对某些范畴的偏爱而将之设定为"不证自明"的状态。这方面最显著的表现,就在于我们往往用"超地域性"的态度对待西方哲学、美学理论,有意无意地将西方的"地方性知识"当成了普适性的理论;又喜欢用"超时间性"的态度对待中国古典美学理论,将古代的范畴默认为可以在当下直接使用的术语概念。

比如,我们在使用诸如德国学者尼采所提出的"酒神精神"和"日神精神"之类的概念时,往往会不加质疑地就将之作为普遍适用的范畴来谈论。其实这两个范畴更多地只是欧洲文化背景下的"地方性知识",在中国语境下"醉狂"和"梦幻"大多是二合一的内容,都隶属于老庄思维中的"出世"范畴,正好皆与儒家强调的"入世"范畴针锋相对,至于两种精神背后所代表的"非理性"和"理性"都是中国文化背景下所隔膜的西方哲学二分法。所以中国人很难按照西方的神话谱系分为"酒神"狄奥尼索斯的精神和"日神"阿波罗的精神,更难以将这两种西式概念不加改造地移植进中国语境下的文艺批评当中。

无论是西方现代美学还是中国古典美学,其涉及到的术语概念背后是一整套的宇宙观、世界观。就中国古典美学而言,如"天人合一"确定的是人在世界中的位置和终极精神的指向,而"道—象—器"追寻的是一种无形却支配天地万物的秩序观念,这些中华文化的宇宙观、世界观以及审美观若想在世界范围内获得普遍认同,那么须挖掘出所谓古典审美范畴中所包含的"现代价值因子",寻找到与其他文化圈在此场域内的最大公约数。①

正如"酒神精神"和"日神精神"并不具备在空间上的普适性一样,中国古典美学里包括意境、气韵、空灵、飘逸等在内的范畴也不具备在时间上的延续性,这些建立在诸如阴阳、气、仙等古代宇宙观、世界观等古代意识形态基础之上的范畴无法直接在现代美学阐释中加以运用。而且我国学者在阐述诸如气韵、空灵等中国古典美学范畴时,往往缺乏将这些概念推向世界的准备,在现实效果上使得这些概念仿佛仅仅是独属于中国的"地方性知识",没有能够将

---

① 朱志荣:《论意象的特质及其现代价值——答简圣宇等教授》,《东岳论丛》2019年第1期。

其现代转型为足以影响世界美学界的、有着巨大潜力却尚待发掘的中国当代美学发展过程中的传统精神资源。缺少对这些资源的创造性开发,不利于我们让中国美学和艺术获得相应的世界地位,我们必须如同王建疆所言那样,"有自己的识别标志,有自己的标杆,有自己的道路,有自己的辉煌",①不但要引入思想,而且要"向世界输出思想"。②

二、作为"资产"而非"遗产"的中国古典美学

王建疆提出"别现代"理论在当代中国学界的重要历史意义就在于,其提醒当代中国学者直面目前中国所处的"思想欠发达"现实窘境,不能只满足于做些"跟班式"理论研究而忘记自己建构中国文化身份的当代使命。③ 而笔者想补充的是,我们不但不应当去跟着西方做"跟班式"理论研究,也不应当跟着传统理论做"注释性阐释"而将源于古代文化语境的传统理论奉为圭臬,忽略了其时空局限性。

笔者在此想与王建疆教授商榷的延伸性问题还包括,他提到的这些中国古典美学理论如果是"中国独有而西方所无的",那么它们该如何获得世界性的认可、认同和传播? 我们还需要做哪些后续工作? 笔者感觉,如果这些源自中国文化土壤的概念范畴无法超越中华文化的"所知障",具备普遍可传达性,那么就算它们再精妙,也不过只是一些中国学者孤芳自赏的"地方性知识"。如果无法融入全球理论对话之中,那么也就削弱了中国话语走向世界的实质性效果。

笔者对于"非物质文化遗产"(Intangible cultural heritage)这个术语一直表示疑议,因为"物质文化遗产"(Tangible cultural heritage)由于其"修旧如旧"的保持原貌的要求,称为"遗产"尚不为过,但将"实践、表演、表现形式、知识体系和技能"这些无形财富也定义为"遗产"而非"资产",就等于从一开始就限制了它们在当代的发展延续,将"活性"的东西限制为僵死的存在。在这一点上,日本方面阐发的"无形文化财"(Intangible cultural properties)概念就颇值得我们借鉴,他们将之视为"财"(Properties)而非"遗产"(Heritage)是理念上的一大进步。毕竟,"遗产"仿佛停留在了过去,而"资产"着重于开创未来。

---

① 王建疆:《别现代:国际学术对话中的哲学与美学》,《西北师大学报(社会科学版)》2017 年第 5 期。
② 王建疆:《中国美学:主义的喧嚣与缺位——百年中国美学批判》,《探索与争鸣》2012 年第 2 期。
③ 王建疆:《思想欠发达时代的学术策略——以美学为例》,《中国社会科学评价》2015 年第 4 期。

同理,如果我们总是以对待"遗产"的方式来看待中国古典美学,那我们很有可能沦为"捧着金饭碗讨饭的乞丐"。只有在现代语境下盘活这些资产,我们才可能进一步攀登高峰。"遗产"必须保持原样,严禁触碰和修改。但是"资产"的运用则是侧重从庞大的遗产当中汲取最精华的资源,为了实现这个目的,可以允许将中国古典美学庞大建筑上最好的砖瓦拆卸下来,在当下的语境中,以这个时代的话语将之进行升级重构,这一过程当中,甚至可以不惜打破其原有结构,从而赋予其现代外壳和内涵。

整体而言,我们在面对诸如意境、意象等古典范畴时,一定得防止两个方面的偏见:一是将它们预设为具有"超时间性"的范畴,不考虑它们的古代属性就直接运用在当代理论阐释之中;二是没有意识到它们其实具有超地域性,经过现代转型和重构之后完全可以具备普适性,作为源于中国的世界美学范畴推向全球。前一种偏见容易在过度自信的运用中导致语境错置,后一种偏见容易导致文化自闭,没能深度挖掘出古典美学范畴的内在潜力。而笔者在本文中着重分析的是前一种忽视将这些古代理论加以现代转型的"超时间性"偏见。以王建疆提到的几个范畴为例,它们在面对世界学界时的局限性是显而易见的,同时也给我们提出了一项迫切解决的时代命题:如何在当代重构这些概念,赋予其新的生命活力。

比如"神妙"一词,我们不应继续让其停留在古典语义学层次上,因为在参与国际学术对话时,我们不可能仅以"Shen miao"这样的话语去跟世界上其他文化圈的学者交流,因为"神"的多义性("高邈""不可测"等)同时也导致了其作为"概念"的模糊性,《周易·系辞上》曾言,"阴阳不测谓之神",而《说卦》释为"神也者,妙万物而为言者也",所以"神"这一术语的关键在于其难以框定的流变性和多义性。笔者尝试将"神妙"一词用现代汉语"灵动的精神"来表述,侧重在"妙"那种灵动、衍生性、不可预测性的内涵特征,然而由于"灵动"在英文中缺少与中文完全对应的单词,如果笔者将之为翻译为"Unpredictable spirit"或者"Dynamic and smart spirit"不仅显得非常像是"中式英语",而且缺少文字上的韵味,即便是以"空灵"来译为"intangibility",[1]其实仍然没能把"灵动"的核心意味表述出来。笔者最后意识到这个概念是无法直接进入现代语境的,因为它缺少概念上的明确性和可传达性。所以与其视之为"遗产"来继承,

---

[1] 王建疆:《中国审美形态的划分标准和种类》,《贵州社会科学》2015 年第 1 期。

还不如视为"资产"来重组,我们不必停留在这个古典概念的原态阐述上。与其守着这个"鸡肋"感慨"食之无味,弃之可惜",倒不如索性脱离旧范畴的束缚,只撷取其中的核心精华,跳出既有框架去创造出新的中国当代美学概念。

须知,"神妙"之所以被传统美学视为"美"的最高境界,其实是因为它既契合了古人推崇"易"的核心理念——生生不息、超越固定框架,又契合了古人看重的"意义对语言的超越"——言不尽意、妙不可言,还在一定程度上满足了古人渴望"天人合一"的情结——借助审美的灵动来突破现实的局限。所以我们应该结合我国古典美学的语境,将"神妙"一词拆分为若干个能够跟世界美学界交流的理念:

1. "流动的意义"(Fluent meaning)。强调的是主体的参与能导致原有文本意义出现"自我生长"(self-growth)的现象。即审美活动中,文本意义是一种超越语言既定描述的存在。按照中国美学的理念,"意义是否在持续流动"是判断艺术作品价值的重要标准,无论是在审美过程中呈现的"想象世界"(spiritual world)还是审美鉴赏中生发出的现实生活的"生命意义"(life meaning),都需要是"生生不息"(constantly grows)的状态。

2. "精神自由"(Spiritual freedom)。强调审美活动的精神超越性,这种自由和超越是现实肉身活动所无法具备的,属于审美主体间性的范畴。所谓"灵动",其核心意义就是能不断打破对自己的定义,在新的层次上创造出更高的范畴。具体到艺术鉴赏活动,就是文本必须具备超越自身呈现的潜能,比如一幅优秀的画作就是一个开放性结构,让我们借助它升华到更高的境界。

与此情况相似的还有"意境"这个概念。与"神妙"的难以描述相比,"意境"这个概念就明确许多,可以用所谓"有意味的境界"(Meaningful realm),或"有生命情趣的秩序"(Life-like order),以及"对审美的理想境界之体悟"(Understanding of the ideal realm of aesthetics)来大致形容。现在西欧正流行所谓"气氛美学"(Atmosphere aesthetics),其实跟"意境"有着异曲同工之妙。比如今年德国达姆施塔特工业大学(Darmstadt University of Technology)的格诺·伯梅(Gernot Böhme)教授就从"新美学基础概念"的视角出发,研讨了诸如"气氛美学"在公共空间中的具体呈现问题。[1] 不过他们

---

[1] Gernot Böhme, "L'atmosphère, fondement d'une nouvelle esthétique ?", Communications, vol. no 102, no. 1, 2018, pp. 25 - 49.

所言的"气氛美学"与中国古典美学中的"意境"还是有着较大区别,德国学者谈及"气氛美学",对应的是一种超越主客对立的企图,他们以"气氛"为切入口,确认在审美活动中还存在着具有居间性的"气氛"存在。由于德国近来积淀起来的深厚的空间美学传统,所以他们的"气氛美学"根底还是在于"空间美学"的理论架构之中。这跟中国古典美学范畴中的"意境"是基于特定"空间"和"心境"的文化传统,还是有着显著的文化差异。相比之下,中国的"意境"侧重在主体面对特定对象、环境时构造出的精神世界,主要依托于"静观"才能生发,而德国"气氛美学"则侧重于居间性的"空间",所以无论是在教堂、博物馆、购物商场、还是在大自然中,只要能构成空间张力的都可以成为依托的氛围。

在对比中国"意境"和德国"气氛美学"时,笔者有一种感触,中国当代美学学者在面对这些古典美学概念时,往往有些缺乏"大破大立"的态度,总是"跟着说"而很少"接着说",基于古典美学理念的新阐发就更少了。其实我们最需要继承的是中国古典美学的"理念",而非守着这些看似精美、实则跨不过现代门槛的"概念"。"意境"概念虽然伟大,但古人差不多都已经讲完、讲透、讲绝了。

唐人王昌龄提出"诗有三境",分"物境""情境""意境"。所谓"物境",是"神之于心,处身于境,视境于心,莹然掌中,然后用思,了然境象,故得形似"。所谓"物境",则是"娱乐愁怨,皆张于意而处于身,然后用思,深得其情"。至于"意境",乃是"亦张之于意而思之于心,则得其真矣"。此后历代阐述,无非是在"物—情—心"这个框架里延伸。到王国维提出"何以谓之有意境?曰:写情则沁人心脾,写景则在人耳目,述事则如其口出是也。"还有宗白华阐述"以宇宙人生的具体为对象,赏玩它的色相、秩序、节奏、和谐,借以窥见自我的最深心灵的反映;化实景而为虚境,创形象以为象征,使人类最高的心灵具体化、肉身化"。也都依旧是将对这个古典概念的"注释性阐释"推进得更加精致而已,无法改变"意境"概念的大而空的弊状,至于"意境"的生成机制、阈限范围、生发效用、实景与虚设之互嵌等细化内容,始终都是语焉不详。这导致世界其他文化圈的学者对"意境"的认知至多停留在好奇和称赞的浅层次,极少有人打算在建构自己的美学理论时援引包括"意境"在内的这些古典美学资源。而在中国学界依旧以自娱自乐的态度论证古典美学之伟大,不能实现将"意境"之类的概念对域外文化进行有效传达和影响的同时,西方的"气氛美学"已经进入中国影响我们了。"气氛美学"概念之清晰、上手之容易、应用之便捷、拓展之顺畅等,都是"意境""神妙""心性"之类古典概念所无法望其项背的。所以说,在中国话语走向世界的过程中,所涉及的概念的清晰、明确是重要关键。虽然也可以将中国古典美学这一特征视为"哲学形态的审美化",但不能因为其具有的"涵盖性"和"关联性",就认为其"普适性更强"。①

而且还有一个非常关键的问题,那就是中国古典文学当中的概念很多,但在方向多元性上较为欠缺。无论是"意象""意境""气韵生动",还是"空灵""飘逸""神妙",如果我们尝试将之翻译成英语,或者用现代汉语来表述,又或是去追寻这些概念架构深处的核心理念,就会发现其实他们都是同一个"元概念"衍生出的各个"子概念",彼此之前缺少独立性,大多只是从不同角度来阐释同一个"元问题",无非都是围绕"生生不息""道""意""象""境"等展开,视野相对而言就比较狭窄,让我们难以凭借这些视野有限的古典概念去直接与西方美学界开展话语竞争,这就如同我们很难凭借水墨画这种单一的画种去跟欧洲文艺复兴以来素描、油画、水彩,乃至装置艺术、综合艺术等多样而丰富的画种去竞争一样。

王建疆阐述了中国传统美学这种"以经验型内审美为形态基础"的特征,认为"西方注重文艺和审美方式上的外在表现和外在反映,并不重视个体内心的感悟和体会",而中国"更加注重个体内在的精神体验和感悟式的审美"。②那么我们今日是否可以一方面超越西方"重分析、轻体悟"的局限,另一方面打破中国古典美学狭隘的经验主义框架,以系统分析的理念重构中国古典美学,继而在更多元化的架构上建设中国美学的"大厦"呢? 不客气地说,当21世纪已经快走完五分之一、我们距离晚清"西学东渐"已百余年之时,我们还以这种视之为"遗产"而非"资产"的态度来对待中国古典美学,在道理上是不妥的,这种"注释性阐释"的繁茂,在显示出祖先的伟大的同时,也暴露出了我们的孱弱。是时候让这些古代概念发生"跨越式停顿",并且在新的范式下开始新的征程了。

三、重归"问题意识"是中国古典美学自我救赎的关键

如前所述,笔者之所以认为王建疆提出的诸如意境、气韵等传统美学理论

① 王建疆、王牧云:《中国审美形态的生成和流变规律》,《陕西师范大学学报(哲学社会科学版)》2015 年第 6 期。

② 王建疆:《中国审美形态的性质、特点及成因新探》,《贵州社会科学》2013 年第 7 期。

非常需要进行一场"跨越式停顿",然后推动其跳出既往旧式范畴而进行实现现代转型,关键就在这些旧式范畴经过漫长岁月的发展已经过于精致和熟烂,其由于自身的巨大成功而形成了严重的"路径依赖",在很大程度上沦为一种没有问题意识又极能自圆其说的封闭性范畴。这些旧式范畴最大的问题是其自我阐释能力过于强大,理念过于完美,以至于无法清醒自我意识到自己致命缺陷之所在。

整体观之,王建疆对中国古典美学概念、理论的现代转型、升级方面的论述偏少。尽管如此,他在阐述"跨越式停顿"时还是部分涉及了这方面的内容。他敏锐注意到,中国传统文化艺术总是试图用"变通"和"通变"来实现传承和自我阐释,但新的学术流派的产生需要与以往范畴进行切割,用他的话来说就是"真正的学术都建立在批判的基础上",正是由于中国的传统学派往往回避"切割"问题,结果受到传统过多的制约,导致中国"突变观念"的式微,遇到了尴尬的"瓶颈"问题。①

理论范畴的建构和发展离不开自身的反思、质疑,故而需要以持续的批判性思维来试错、调整。② 只有保持这种持续的"批判—重构",理论范畴才能具备历久弥新的生命力。由于严重缺乏突变,中国艺术理论长期停留在一种愈加精致却故步自封的结构之中无法自拔,四平八稳、头头是道,但却逐渐陷入缺少突变的陈陈相因之中。从某种意义上说,中国美学从一开始就从哲学层面解答了一个艰难而关键的审美问题:"如何抵达'美'的最高境界"。中国从《易》开始,早熟地懂得通过"象"这个概念来融通一切,既然具体之物为"器",而支配世间一切的为"道",那么在"道"与"器"之间,人类就可以而且应该通过"象"来将两者融合起来,所谓"象",就是融"道"入"器"的存在,而由"象"入"道",则是艺术创作和审美阐述最高的目的。有了"象",就能打通主客体的障碍,也能从有限飞升到无限,审美的最高目的就达成了——中国的这一套阐述体系几乎完美涵盖了艺术和审美所需的终极哲学理念,似乎后世学者只需要"萧规曹随"就足够了。然而这种"完美"的范畴缺少系统化、学科化阐释内涵,必须进行现代转型才能真正适应当代需求。比如,何为"象",究竟是主体意向性视域的现实物质具象,还是呈现在主体意识中的心象。又比如,"意"是如何

---

① 王建疆:《别现代的空间遭遇与时代跨越》,《中国政法大学学报》2018 年第 3 期。
② 王宁:《论"后理论"的三种形态》,《广州大学学报(社会科学版)》2019 年第 2 期。

体现"道"的,体现的"道"究竟是伦理学意义上的,还是审美意义上的,体现的领域是认识论还是存在论。等等,诸如此类的问题都不可能在古人那里直接找到答案,而需要我们进一步在对这一理论的批判中细化、调整、重构。

学者夏中义曾提出,"概念"要想成为给定理论的逻辑起点,就必须符合三条件:第一,它应是该理论所设定的一个最普遍、最日常、最本质的研究对象;第二,它应能以全息胚形态浓缩该理论所可能延展的基本论域;第三,该理论作为结构性的概念系列,皆可从它的内涵逐次演绎中被推导出来。① 夏中义此处谈及的不是一般"概念",而是作为"元"范畴的"概念"。不过在我们思考和辨析中国古典美学范畴时,他的论述具有重要的参考意义。笔者认为,"道""象""神"之类概念,正是这种作为"元"范畴的概念。

比如,围绕着"道""神"之类"元"概念及其衍生概念进行注释性阐释,是不少保守学者在阐释传统美学理念时的习惯性特征,虽然他们对这些概念的阐释具有一定的差异,各自的表述也略有不同,但基本没突破被注释的核心概念的藩篱。结果当中国古典美学演化到明清时期的时候,已经彻底陷入它最"结构性"的,同时也是最致命的窠臼之中:它已经没有问题了。不再需要通过自我批判和反思而提出新问题,只需要后人论证它的正确和深刻。

从创新的意义上看,最可怕不是提出问题后一时难以解答,而是连问题都提不出了。提不出问题,本质上就是一种无法意识到自身局限性的表征。须知,进步的前提是察觉到自身的局限性,继而面对这种局限性发问,在尝试解答的过程中为萌生更高层次的思想创造契机。套用北岛的诗句:"缺陷,是缺陷者的通行证;完美,是完美者的墓志铭。"这在明清时期中国古典美学身上得到了某种程度的体现。

与之相对的是,西方美学试图从主体和客体两个途径上解答"美的本质"问题,所以形成了西方美学强调分析的范式,由于无论是从主体还是从客体来分析美学问题,都会陷入片面和狭隘的论述之中,所以西方美学始终陷入"不能自圆其说"的未完成状态之中,结果它每当前进一步,都会遇到各种发展过程中的问题,而为了回答这些问题,他们新创的回答又引出更多新的问题。进而在"文艺复兴"以及特别是在 19 世纪末之后,各种秉承"片面的深刻"的艺术

---

① 夏中义:《重读克罗齐——从〈美学原理〉到〈美学纲要〉》,《华东师范大学学报》(哲学社会科学版)2008 年第 6 期。

流派并起,在相互否定的过程中,将对方又提高到新的思维层次上,于是美学思潮也在这个过程中发生剧烈变化,演化出各种思想,现象学尝试以意向性结构统一主客体,实证主义到马克思主义侧重通过社会历史的外部批评来拓宽审美思维的外部空间,形式主义到结构主义再到新批评尝试从文艺的自律性着手思考文本的深层结构,语言学美学则打算通过对言语结构的分析来思考审美活动及其阐述层次……一言以蔽之,恰恰是由于总是不能自圆其说,所以在某种意义上使得西方美学获得推进的契机,从古希腊开始,经文艺复兴到当下,都因为其内在缺陷而不断在"被质疑——反质疑——再质疑"的过程中持续演化,促使其体系愈加丰富和多元,避免了由于过度精致而导致的僵化。

对比中西方的思维方式,就能看到问题之所在。中国美学由于重感悟而轻分析,所以美学问题早就已经被"完美解答"了。如前所述,所谓"器",它是有限的、非人格化的,我们需要"象"来触摸支配这个世界的最高的本体:"道"。一切艺术都是为了表现这个能以有限抵达无限、以感性到达"超感性"("天人合一"的状态)而存在,而按照中国哲学的观点,推动万物之演化、变动的,是"气"。中国艺术以"气"为论述的基点,而万物在"道"的演化中是有秩序和有节奏的,即为"韵",于是当谢赫最终将此总结为"气韵生动"之后,中国古典美学、艺术理论就已经将美学最艰难的问题差不多回答完毕了:艺术通过追求内在的领悟而呈现"象",于是得以将支配万物的"道",用"气韵生动"的形式展现出来,欣赏者通过气韵生动的审美对象抵达美的本质:"道"。

而印度佛教从汉代传入中土,在唐代达到繁盛之后,佛教的"色空观"从另一个角度将中国的"形神观"推向了存在论的哲理高度:尘世间的一切都是转瞬即逝的"色",而终极的结局都是"空",所以艺术追求的不是将审美对象的外观在创作中精细复现,而是追求抓住对象最根本的"神"(内在精神),这就再次强化了"气韵生动"在艺术创作和审美阐述中的至尊地位。

由于这种重感悟而轻分析的美学思维范式能高度地"自圆其说",所以中国历代学人自"气韵生动""形神"这样能够高度概括的审美范式出现之后,就已经没有问题了。套用现代哲学的话语来说,就是已经面对"历史的终结"——所有问题在先贤那里都已经得到了完美的解答,传统的美学范式是如此精致和自圆其说,不留下任何可以质疑的漏洞,以至于后人已经没有什么好困惑的了。所有的关键论述都在先贤那里完成,后人至多只需要在前人基础上小修小补即可。后人要做的,只是学习前人的经典论述,按照先贤的葫芦画瓢,做"注释性阐释"。既然连问题都没有了,那么"问题意识"就更加不可能产生,结果中国古典美学这个精致得让人窒息的旧范式,就此成为中国历代不少学人难以逾越的"无物之阵"。

即便到了现在,不少中国美学学者仍然在这个"无物之阵"中打转,找不到出口,因为中国的古典美学太能自圆其说了,以至于有时候一旦被旧范式绕进去之后,想从这种思维方式中走出来都极其艰难。有位偏执地钟情于中国古典美学范式的学者在讲座上曾言之凿凿地强调,中国艺术理论早已将西方艺术困惑的问题"全部解答过了",如中国自古强调的"以形写神"已经穷尽了西方现代主义艺术到后现代艺术侧重"观念"的思维趋向。在这些学者看来,欧洲之所以会出现印象派,然后又有现代主义,以及后现代艺术,是因为西方人发现艺术的关键不是"形",而是"神"。于是按照这些学者的逻辑,中国古人早就知道"书不能尽言,言不能尽意",所以西方艺术绕了一个大圈,最终还是要向中国学习。一切西方学界探讨过的以及正在探讨的问题,我们中国的先贤都已经完美解答了。中国古典美学是最完满的美学,不但无需进行艰难地现代转化,而且还可以直接作为圭臬提供给现在的欧美艺术家去领悟。这种高论,恰恰展现了重感悟而轻分析的中国古典美学范式最可怕的一面:由于无法证伪,所以也无法找出自身局限;而找不出自身局限,也就扼杀了创新的可能。故而我们今日在继承传统文化的同时,还需冷静客观反思其中内在局限,以期打破局限,开创新格局。

结语

笔者曾阐述过,我们在审美理论领域内的"文化自信"来自于我们对自身状况的深刻把握,只有理解自身最核心的优势,才能实现最内在的继承和最充分的发挥;同样,也只有明白自身最关键的局限性,才有可能真正实现对局限的突破和超越,通过"扬弃"而抵达更高阶段。故而自信来自于"自知"和"自省"的统一。[①] 须知,文化遗产的背后是"文化债务",只谈"文化债务"而不能意识到文化遗产的珍贵,就有走向文化虚无主义的极端的危险,而只谈文化遗产不提"文化债务",则有落入文化保守主义的陷阱的可能。而自信,是自卑和自大之间重要的平衡点。自卑则看不到自身的内在价值,自大则容易在自我

---

① 简圣宇:《当代美学发展与文化自信》,《中国社会科学报》2018年4月9日第8版。

膨胀中迷失方向。只有以自信的态度面对遗产和债务,才能在正确的唯物史观下搭建起继承传统和创造未来的桥梁,打破文化保守主义和文化虚无主义带来思想摇摆,实现对传统文化的"创造性转化"和"创新性发展"。

综上所述,怎么从古代审美范式中走出来,又与传统中的优秀部分保持批判继承关系,是摆在中国学者面前的一道必须正视和审慎对待的难题。我们需要对中国古典美学的既有思维进行某处程度上的"停顿",跳出既有范式去思考,这样才能为其提供一个"研究问题和解决问题的切口"。[①] 中国古典美学已发展出了自己的高峰,而中国当代美学尚未能创造出与之相匹配的学术成就,今日学者决不能躺在祖先的辉煌上坐享其成,做一些无关痛痒的"注释性阐述",而需要在新的形势下基于并且超越传统审美理念和范畴,创造出属于我们这个时代的新审美范式,以代表当代中国学术高度的"峰值成果"去参与国际学术对话,凝聚新的文化和审美共识,发出我们的"中国声音",为世界提供来自中国的思想方案。

Chinese Classical Aesthetics also Needs "Leap-Forward Pause" ——Talking from the "Chinese Aesthetic Form" Mentioned by Professor Wang Jianjiang

Jian Shengyu

Abstract:Professor Wang Jianjiang's concept of "leap-forward pause", he also proposed that we must pay attention to China's aesthetic form, because it contains many spiritual resources that can be absorbed. However, he did not clearly state whether the "spanning pause" also applies to the examination of Chinese classical aesthetics. Moreover, the term "Chinese aesthetic form" implies a default premise:Chinese classical aesthetics can be directly used by today's people. But in fact, these theories derived from the ancient context also need to break free from the old paradigm. Only through modern transformation, they can enter the field of modern aesthetics and become an important part of the integration of Chinese aesthetic discourse into the world. Chinese classical aesthetics has developed to its highest peak. After the "leap-stop pause", the "problem consciousness" obtained during research is the key to the self-redemption of Chinese

① 王建疆:《别现代:研究中国问题的切口》,《贵州社会科学》2018 年第 4 期。

classical aesthetics.

Keywords：Chinese classical aesthetics；leap-forward pause；problem awareness；modern transformation

作者简介：简圣宇,扬州大学美术与设计学院教师,博士,教授,硕士生导师。从事美学、艺术理论等方面的研究。

从 AI 等科技背景看别现代
理论的现实基础和普适性

彭　恺

摘　要： 现代化的实现基本有两种类型，即自发内生型与后发外生型，中国属于后者。王建疆有感于中国在实现现代化过程中历史状况的特殊性，提出了别现代理论。本文主要从今天科技给世界带来巨变这个角度，谈谈"别现代"理论提出的现实基础及世界意义。别现代显著的标志是两个或多个不应该出现在同一个时空的事物或元素，巧妙的融合，并共时态地出现在同一个地方。科技发展带来惊人的巨变，从视觉层面来讲，就是虚幻与现实的结合，它实质上已经摆脱了常识意义上的时间空间概念。伴随着人工智能的迅猛发展，以机器学习、人工神经网络和自然语言处理语境下的别一种现代情状，使别现代的空间化概念又成为了一种共时态的时间概念。人工智能将旧有的"思想——实体——思想"的影响模式变成了"思想——（人造）实体/实体（自我创造）——思想"影响模式。别现代不只是中国的，而是一个世界性话题。一是还有一些"后发外生型"国家，可能会和中国有着相同或相近的历史境遇，中国的问题很可能也就是它们的问题；二是人工智能把世界带进了一个共同的崭新的天地，人们必须面对这个"别样"的现代。"别现代"，就是这样一个打破了既有思维定势的内涵丰富且充满活力的理论话题，既是理论的，更是实践的。

关键词： 别现代　现实基础　世界意义

2014 年，王建疆教授提出了"别现代"理论，随之在国内外引起了一些反响。我与王先生相识较早，2011 年我以兼职教师身份加盟了他的当代敦煌文化艺术创意研究中心团队。作为团队主要技术人员之一，我当时主持了一个试验项目，并在后续的另一个项目中作为核心成员从事相关研究和开发工作。我认为，王先生的这段经历，对他在后来提出"别现代"理论或有一定的促发作用。作为这个群体中与王先生一起共事的人，我想在本文谈谈对"别现代"的理解，也许可以在某些方面为"别现代"的产生和建构提出一些新的思路，希望能够对该理论产生一些建设性的作用。

问题的提出

从传统农牧业经济社会向工业社会转型以来，实现现代化已经成为世界各国一个共同的目标。在现代化想象初期，人们往往怀着一种比较单纯的期望，认为现代化的实现必然全是正面和美好的，但是在实现的过程中却发现事情并不像预期的那样，甚至有些事与愿违，比如在现代化过程中生态环境不断被破坏，生物多样性逐年减少，物种灭绝速度远远超过进入现代化进程之前；从人类社会角度来看，不少民族逐渐失去了独有的文化特性，大量语种也伴随着现代化进程消失了，等等。这不能不引起人们的焦虑，从而对现代化进行重新思考和认识。从世界范围来看，因为不同地区、不同国家的历史和现实基础不一样，实现现代化的起点不一样，建设现代化的任务和进程也就有了很大的不同，所以就造就了全球走向现代化过程中产生的不平衡、不一致性，乃至出现了现代、后现代和前现代多元共生、矛盾共存现象。与现代化伴生的"现代性"也就必然是多元的。可见，"现代性绝不是一成不变的，而是不断流动和进化的"。鲍曼甚至认为，"现代性是一个由差异性诞生新的差异性（difference makes difference）的过程"。①

从全球角度来看现代化的出现，基本上分为两种类型，一种是自发内生型，一种是后发外生型，而中国是属于后者的。纵观历史，不难发现西方早在文艺复兴时期就开始了现代化进程，而中国直到 19 世纪才开始真正提出现代化这个概念，把现代化当成发展目标更是到了 20 世纪七十年代末才提出的，"实现四个现代化"成为中国新时期时代的最强音。而关于"现代性"话题则来得更晚，直到九十年代才出现，它的到来伴随着世界范围对现代性弊端的反

---

① 沈湘平："现代性的哲学话语与哲学的现代性境遇"，《光明日报》2006 年 9 月 25 日。

思,以及西方世界后现代思潮的崛起和风靡各国,所以现代性在中国不仅是社会整体向往并且追求的目标,而且是一个反思与批判的话题。"中国的现代性,无论从制度还是文化层面都有可能和必要探索一条不同于西方的建构和文化认同。"①王先生正是有感于中国社会在实现现代化过程中历史状况的特殊性,觉得用现代和后现代都无法来概括中国的现实,才提出了别现代的理论。"别现代所以要在西方后现代理论盛行之时被提出是基于中国与西方在发展层级上的代差而导致的主义上的诸多错位。""因此,必须要有自己的表达方式。这个方式就是别开生面、别出一路的"别现代。"②该理论是在差异性理论的前提下提出来的,但仅仅说差异性又不能完全说明这个问题,所以才提出"别现代",首次率先用自己的母语文化符号,阐释中国及世界当下的现实:"与西方断代式的社会发展史相比,即与现代取代前现代、后现代超越现代的历史相比,中国是共时态的社会存在,是前现代、现代、后现代的既和谐共谋又对立冲突。这种社会的杂糅形态不是现代,也不是后现代,更不是前现代,只能是别现代。"③

更深刻的现实基础

王先生就中国实现现代化进程中的特殊境遇,提出了"别现代"这一命题的,主要是从社会历史和文艺学等层面发现"别现代"并提出"别现代"理论,为研究当下中国问题找到了一条可行的路径。而从世界范围的现代化现实来看,人工智能等高新科技的出现,确实已经使当下世界展现出了不同于之前的另外一种"现代化"图景,这种日新月异的"现代化"图景,对于大多数人来说也许都是始料不及的。人类正在经历和面对的这一新的"现代化"境遇,也可以称作是又一种更大范围的"别现代"吧。本文试从今天科技给人类物质世界和精神世界带来巨变这个角度,谈谈对"别现代"的理解。先说说什么是浅层次的别现代,再谈谈为什么会有别现代,以及别现代与后现代的分层问题。

别现代,用简单点的话来讲就是两个或多个不应该出现在同一个时空的事物或元素,巧妙地融合,并共时态地出现在同一个地方。科技发展带给世界

---

① 许纪霖、陈达凯:《中国现代化史》,上海:学林出版社,2006 年。
② 王建疆:《别现代:主义的诉求与建构》,《探索与争鸣》2014 年第 12 期:第 74—75 页。
③ 王建疆:《别现代:别在哪里?》,《湖南社会科学》2017 年第 5 期:第 146 页。

的巨变之一，从视觉层面来讲就是虚幻与现实的结合，这种结合不仅仅停留在二维或三维空间里，它实质上已经摆脱了常识意义上的时间空间概念。与相对传统的后现代只是出现了平面或立体的空间及时间扭曲不同，后现代所创造之物与现实空间是分离的、定型化的，对现实空间的影响更多只是在精神层面互动。而别现代则是将这种空间、时间的扭曲和撕裂，动态地融于现实世界，出现了多个不同空间相互交叉、互动。其实这种有别于后现代的现象或"景象"，并不是今天才出现的，在人类的想象世界里，它出现的更早，只是没有人去很好地总结和分层罢了。早在很多科幻电影中就出现了大量的关于全息影像、光传送，及量子理论上很有名的量子纠缠态等等，这些其实已经告诉世人，未来和今天及过去将会截然不同。而我们今天正是处在这样的过渡时期之中，比如这些年很火爆的光雕投影艺术、全息投影技术，以及虚拟现实（VR）及增强现实技术（AR）等等。它们的表现方法虽说各有不同，但都是将虚拟和现实两个世界连接在了一起，产生了不同程度的互动。所以，从实质上来讲，人类的"别"现代时代其实已经到来了！

"别现代"本身并不是空穴来风，也不是王先生的随意创造。它的出现，与我上面所说的人类科技进步，及带来的社会与个人的生产生活方式所发生的诸多变化是密不可分的。下面我着重阐释一下我认为的别现代定义。关于表象上那种浅层次上的别现代，我上面已经说得足够多了，现在我们就来讲讲表象之外的别现代。上面我们说过，后现代带给人们精神上的影响，是一种"思想——实体——思想"的影响，这种思想施加的主体就是人本身，是后现代风格创造者和理论实践者将他们的思想通过某种表现方法传递给受众，这种表现方法所产生的实物便是实体。而今天这一切都改变了，由于这些年人工智能技术的发展，深度学习、无人驾驶、自然语言处理一度成为高频词汇，并实实在在地影响着我们的生活，不仅走出了计算机学科，与很多科研和工业领域相结合，对人类的生产生活产生了巨大影响，而且让人震撼的是开始在思想上进一步反哺人类了。这是人类社会发展历程中前所未有过的现象，人类所创造出的工具竟然产生了某些创造性的"想法"，人类需要学习跟进。也就是说，人工智能技术的发展，将上述"思想——实体——思想"模式改变成了"思想——（人造）实体/实体（自我创造）——思想"。比如从脑科学上来讲，人工神经网络的发展，起初是想模拟人脑的神经元，但是在一系列的研究发展中，人们逐渐发现我们的人工神经网络中似乎缺少了某些结构，因为我们将一个人脸的器官位置互换后,人工智能依旧会认为是人,但这不是最可怕的,最可怕的是与认知神经科学的相关研究结果相联系后,我们发现人脑也出现了一些类似的问题。之前,我们仅仅是将其归结于视觉欺骗,或是一种认知本能或先验知识的错误,但是随着神经网络的发展,或许我们将意识到,它可能正是人类大脑长期进化过程中产生的某种漏洞。比如将一个人的脸倒过来,但是眼睛和嘴分别都调正,这个时候我们的大脑仍然会把它识别成人,然而这是有明显错误的。其实这种现象,早在1980年就由约克大学心理学教授彼得·汤普森(Peter Thompson)发现,后被称为撒切尔效应(Thatcher effect)如图片1。之前,人们对来自先天或者说是先验的"错误"是无能为力的,但是随着人工神经网络的发展,人类就有可能修复这一漏洞。视觉欺骗图像总体来说,对图像的修改幅度都比较大,往往是非自然的,而最新的对抗样本研究,已经可以通过对自然图像的微小扰动,来扰乱人类的视觉感知系统。①

图片 1
撒切尔效应图(图片取自网络)。

同时人工智能技术也已应用到了人脑记忆力的治疗研究上面,宾夕法尼亚大学就实现了利用机器学习算法记录病人记忆单词时的大脑活动,以此来鉴别病人的大脑有没有正在编码记忆;如果没有,就通过电流刺激病人大脑颞叶侧部来协助记忆编码,并取得了不错的效果。可以预见,未来人工智能很有可能帮助人类增强自身的大脑能力。

当然说了这么多,这种影响还只是浅层次的影响,或许大家并不信服。那么我们再说说更深层次的思维及精神影响吧。阿尔法围棋(AlphaGo)的出

---

① Gamaleldin F. Elsayed. Adversarial Examples that Fool both Human and Computer Vision,预印本 arxiv. org.

现，让人们意识到机器可以在某些领域完败人类，并教给人值得学习的东西。阿尔法围棋零（AlphaGo zero）的出现让人们意识到，机器可以远离人类经验，自行摸索并超越人类。而德州扑克比赛中人工智能冷扑大师（AI冷扑大师）的表现让人明白机器人可以欺骗人类，并在非完美游戏中战胜人类。机器人小冰的出现，让人类意识到原来机器可以写诗，也可以写歌并且还写得不错，虽说我对此表示些许怀疑，更倾向于是他创造了很多首，从中挑出了最好的。再就是机器人写新闻稿，机器人写小说等等。随着对抗神经网络（GAN）对发展，与自然语言处理技术的进步，将来创造一个完全由机器去写剧本，生成场景镜头，并剪辑成成片的纯人工智能影片的时代其实也已经快要到来了。这些从本质上来讲，都是我们创造的物体本身所创造的"思想"开始对人类的思想、精神和意识产生直接或间接的影响了。所以说，别现代的时代从深层次上来讲也已经到来了！

为了更好的解释这种现象，我设计了一个交叉模型来帮助大家理解"别现代"和"别现代"之前的不同及分层，见下图：

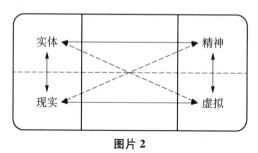

图片2

交叉模型图。

从这个模型中我们不难发现，其实别现代的本质就是一种复杂的精神互动，虚拟与现实互融，人与世界的关系与"现代"和"后现代"时态下的呈现模式已经表现出很大的不同。实现现代化，包括了实现人自身的"现代化"，以人为本，人是创造者也是接受者，人造物体只是个人精神的表述者、传递者。而在别现代语境下，人造智慧体本身也可以是精神创造者，对人们进行精神反哺，从而影响整个人类的精神世界，甚至可能对既有世界观产生颠覆作用。别现代系统中的多元交互影响也正体现于此。

这样一来，一个立足于中国现实的话题就获得了世界性的意义。

一个具有世界意义的话题

别现代不止是中国的,而是一个世界性话题。别现代话题的世界性意义在于,一是还有一些"后发外生型"国家,可能会和中国有着相同或相近的历史境遇,中国的问题很可能也就是他们的问题;二是人工智能的横空出世、迅猛发展,把世界带进了一个共同的崭新的天地,旧有的一切都将随之改变,人们必须面对这个别样的现代。美国比较现代化学者布莱克(C. E. Black)认为,人类历史中,有三次伟大的革命性转变。第一次革命性转变发生在100万年前,原始生命经过亿万年的进化以后,出现了人类;第二次革命性转变是人类从原始状态进入文明社会;而第三次革命转变则是近几个世纪正在经历中的事,全世界不同的地域、不同的民族和不同的国家从农业文明或游牧文明逐渐过渡到工业文明。① 笔者认为,现在我们或许正在进入人类历史的第四次革命性转变时期,这就是以人工智能迅猛发展带来的诸多领域的革命,此次革命不同于工业文明的工具理性和人文主义,而是去人类中心化的智慧再造。通过文艺复兴后几次伟大的技术革命来看,工业革命、电力革命、计算机革命都表现出了现代化的趋同性、建构性,减少了个体的差异性;互联网的出现所引起的信息化革命则制造了大量的信息孤岛,微信、微博等自媒体的出现,与后现代的解构所带来的碎片化是不无关系的。而云计算、大数据、物联网、人工智能、全息技术以及未来将会出现的脑联网则更像是别现代,是一种大一统式的整合(无论是虚拟与现实融合,还是时间空间扭曲,这一切其实都是信息整合),却又极力地维护着个体差异性、独特性。这里,我着重解释一下大一统式的整合下为什么却会出现极力维护个体差异性和独特性的现象。我认为,这主要与社会经济结构发生的重大变化有着密切的联系。现在,第三产业已经成为世界经济中很重要的组成部分,服务业的核心就是关注用户需求,而大数据本身就是利用大量的数据进行整合,获取可利用的关联性数据,为销售者提供准确的客户需求信息,使其为消费者提供细致入微的差别性服务成为可能。比如以后我们想要买某件货物,很有可能电商平台通过人工智能的分析提前几周就已经对此做出了准确的判断,然后通过心理暗示不断加强购买者的欲望,稳定消费者的购买情绪,在多种综合因素的促进下,精准的确定顾客对该

---

① 布莱克:《现代化的动力:一个比较史的研究》,杭州:浙江人民出版社,1989年,第1—4页。

货物可能的购买时段，并将货物放在离客户最近的仓库，就等着顾客来买，或直接送达客户手中。

在"别现代"这个命题提出之前，"现代""后现代"和"现代主义"、"后现代主义"是世界性的通用语，前者多指社会形态，后者指社会思潮包括文艺思潮及其艺术特征。"前"和"后"，在逻辑上表示了一种线性关系，或指方位关系，或指时间次序，或指排序的在前在后，如"房前屋后""工业""后工业""人类""后人类""前汉""后汉"等。"前现代""现代""后现代"，是学界对文艺复兴以来人类不同社会形态层级和代差的表述，既表示出一种线性的延伸关系，又体现出一种内涵上的分层意义。而别现代之"别"，含义则是更加宽泛的，"别"可以理解为"特别"、"区别"，也可以理解为"告别"、"不要"，还可以理解为"别一种或另一种的"。这个来自汉语的"别"字真是一个智慧的发现，它既恰切地揭示了共时态下世界现代化进程的不平衡性这一客观存在，又可以指示人工智能等科技出现引起当今世界发生跨越性迈进这一对世界社会发展史产生整体性影响的划时代的历史巨变。这个术语以其强大的包容性，概括了不同国家、民族的历史遭遇和当前世界的基本状况。过去，我们认为通向现代化之路就是一种模式，然而现实告诉我们却并不是这样的，中国、美国、沙特、日本、英国都走出了不同的道路，这，正是别现代的特点。别现代，既体现着整体的趋同性，又涵括了不同国家、民族的个体性特征。不论大小国家和民族，都有自己的发展历程，有自己的历史传统和现实基础，根据自己的国情寻找一条适合自己的通向现代化的道路，走向世界大同，这应该是符合历史发展规律的。在朝向一个共同的目标下，充分保持个性的自由才是符合人类的需求的，从这个意义上说，别现代是一个关乎人类未来发展的世界性的话题。

现代化一个共同的预设目标，意味着是大转变，一种连续，一个过程，一个当代世界正在持续的历史演进。[①] 就整个世界而言，"现代""后现代"是一个相对缓慢的蔓延及变迁过程，迄今已经过了五六百年，人类社会还处在实现现代化的历史进程中。由于世界不同地域或民族各自的历史、环境、经济基础和文化传统的不同，其全球化、现代化的进程出现了不平衡性，部分亚洲、非洲、南美国家还处在前现代向现代的艰难转变之中，而西方发达国家后现代思潮已风起潮涌弥散全球。后现代以反传统和碎片化为主要特征，这种反传统就

---

① 参阅许纪霖、陈达凯：《中国现代化史》。

包括反"现代"所建立起的传统,它的价值指向总体是解构的。正如陆贵山先生所指出的那样:"后现代主义只强调解构,很少谈建构。有感于对后现代只主张解构这种理论偏执的不满,从后现代营垒中开始分离出以罗蒂为代表的呼吁建构的一翼,开始发出呼吁,但缺少作为,显得空泛不实。"①从现代到后现代,解构带来了严重的生存危机和精神危机。"后现代"这个概念自身有其特定的含义,"后现代"同"现代化"一样,在社会发展史视野下有整体跨越之意,那么,后之后又是什么,该如何界定如何言说? 人们对于现代性的思考在启蒙时期就已开始出现了,而"现代性"话题则是后现代语境下才出现的,是对"现代"的一种反思。王建疆先生正是鉴于中国现代化发生的特殊情景,延续了 20 世纪 90 年代以来的这一个话题,但却跳出了国人"自开眼看世界以来"以舶来品为思想引导的西方中心论这一思维定式,提出"别现代"这一内发自生性概念,指出别现代与现代、后现代、前现代的不同在"别",并对"别现代"社会形态、特别是"别现代主义"艺术从哲学和美学理论层面进行了一些基本的梳理和发掘。从一定意义上说,王建疆的"别现代"就是对于"后现代之后的思考","别现代可以说是立足于汉语的对后现代解构主义的改造、升级和超越。"(见王建疆《话语创新的背后》)别现代理论在价值取向上是积极的,建构的,有建设性意义的。

王先生正是注意到了我国的现代化进程,不同于西方那种自发内生型以时间线型规律出现的前现代、现代、后现代思潮,而是从 20 世纪 90 年代开始,就几乎同时出现了前现代、现代和后现代多元共生、矛盾共存现象,这就把一个时间概念转化成一个空间化的概念,②把一个历时性的话题变成了现实性话题。

如前所述,"现代""后现代"是一个相对缓慢的蔓延及变迁过程,而以人工智能为代表的科技进步所带来的别一种"现代",比之它之前的"现代""后现代"来势更加迅猛,其全球化的进程也大大地提速,对人类社会及其环境的影响更加巨大,由此而引起的生存困惑、伦理和价值思考也更加突出。正是这样,伴随着人工智能等前沿科学技术的迅猛发展,一个共同的世界性的话题悄然而至,这就是以机器学习、人工神经网络和自然语言处理为语境的另一种现代情状,这就使别现代的空间化概念又成为了一种共时态的时间概念。但是,

① 陆贵山:"后现代主义社会文化思潮解析",《文艺报》2013 年 11 月 25 日。
② 参见王建疆:《别现代:别在哪里?》。

由于各个地区和国家的物质和社会基础,民族历史和文化个性的不同,其反应和表现又是各有其"别"的。"别现代",就是这样一个打破了既有思维定势的内涵丰富且充满活力的理论话题。理论总是要为现实服务的,"别现代"既是理论的,更是实践的。当今世界的"现实"已别开生面,理论界及相关领域应该及时跟进,对此做出回应,在理论上应该有所创新了。从这个角度看王建疆先生的别现代理论,其启示意义是显明的,跳出中国,面对更大范围的变化了的世界,"别现代"理论的价值不言自明,当是一个值得丰富和扩大的时代性命题。

The Realistic Basis and Universality of "BIE-MODERN" Theory from The Perspective of AI and Other Science and Technology

Peng Kai

Abstract: There are basically two types of modernization, namely, spontaneous endogenous and exogenous latecomer, and China belongs to the latter. Wang Jianjiang, feeling the particularity of the historical condition in the process of China's modernization, put forward the theory of BIE-MODERN. This paper, from the point of view of the great changes brought about by science and technology in the world today, discusses the realistic basis and significance of "BIE-MODERN". The remarkable sign of "BIE-MODERN" is that two or more things or elements that should not appear in the same place are skillfully fused and present in the same place at the same time. From the visual level, the tremendous changes brought by the development of science and technology are the combination of illusion and reality, which has essentially got rid of the concept of time and space in common sense. With the rapid development of artificial intelligence, other types of "BIE-MODERN", like machine learning, artificial neural network, natural language in the context of processing, make the concept of modern space become a synchronic concept of time. Artificial intelligence has transformed the old effect mode, "thought-entity-thought", into another effect mode, that is "thought-(man-made) entity | Entity (self-creation)-thought". Artificial intelligence has transformed the old effect mode, "thought-entity-thought", into another effect mode, that is "thought-(man-made) entity | Entity (self-creation)-thought". "BIE-MODERN", it's a topic not just for China but for world.

First, some "after-birth" countries, which may have the same or similar historical situation with China, has problems as same as China's; Second, the artificial intelligence has brought the world into a common new place, people have to face this kind of modern. "BIE-MODERN", is such a dynamic theoretical topic, which has broke the existing thinking mode. It is theoretical but more practical.

Keywords："BIE-MODERN"；realistic basis；worldwide significance

作者简介：彭恺，东南大学人文学院博士研究生，甘肃省民俗学会理事；从事美学理论研究。

"不出版就淘汰"

——基于西方学术出版机构或者大学
出版社采稿过程的观察[*]

[斯洛文尼亚]阿列西·艾尔雅维茨　徐　薇　译

摘　要： 如何在西方国家的出版社出版自己的著作，这是中国学者或者东方学者关心的问题。一般来说，首先选题要有编辑感兴趣。与其说你想要你的作品发表在什么地方，不如说某人（出版商）愿意把它发表在什么地方。因此，让你的朋友在他们的国家推荐你的书，并且寻求可能的出版途径。为什么要出版？就像俗话说的，不出版就淘汰。应该强调的是，今天几乎所有的英文出版物都比其它语言（打头的有法语、德语和意大利语）的出版物更适合出版。在哪里出版？明智的策略——在人文学科也是这样——就是与声望高的"大"出版商合作出版。在不同的（欧洲）国家和文化中，占主导地位的是不同风格和种类的学术话语。最好要对各种意见（即使我们往往并不赞同评论者）保持思想开明，自我批评并且开放的态度。最终所有这些目标都是写出一本好书。

关键词： 出版　投稿　审稿　策略　别现代

就我个人经历而言，编辑和作者是一对矛盾体，既有各自的打算，又有共同的目标。今天的发言中^①，我愿意和各位分享一下过去几十年我在西方

＊ 本文为上海师范大学中国语言文学创新团队成果。

① 指 2018 年由上海师范大学人文与传播学院美学与美育研究所（IAAE）与美国中国别现代研究中心（CCBMS）在上海共同举办的"跨越时空的创造——别现代理论探索与艺术实践国际学术研讨会"。——译者

国家以及部分亚洲国家（主要是前苏联的社会主义国家）的一些出版经验。

最近，①王建疆教授出版了 3 部著作，一部是他自己独立撰写的《别现代：空间遭遇与时代跨越》（BIE-MODERN：SPACE ENCOUNTERS AND TIMES SPANS）；一部是他与美国艺术史家基顿·韦恩合著的《别现代：作品与评论》（BIE-MODERN：WORKS AND COMMENTARY）；一部是我和他合著的《别现代：话语创新与国际学术对话》（BIE-MODERN：DISCOUSE INNOVATION & INTERNATIONAL ACADEMIC DIALOGUE）。这些书都是中英文版的，便于阅读，也便于传播。其实，至少他和我撰写的这一本是我们两个"打笔仗"的结果。参加这个笔仗的不止我们两个，还有美国的基顿·韦恩教授，斯洛文尼亚的恩斯特·曾科教授、罗克·本茨研究员，以及中国年轻的博士后郭亚雄。可能还有 3—4 位美国的、欧洲的学者也已经撰文发表了他们对别现代理论的看法，从而体现了一种国际间的合作研究，也体现了一种欧洲传统意义上的"文人共和国"（The Republic of Letters）精神。这场讨论起源于王建疆教授提出的"主义"（zhu yi）的问题和"别现代主义"（Bie-modernism）的问题，现在似乎也没有要停下来的征兆。相反，王建疆教授还有将"战火"燃遍全球的意思，因为他非常关心在欧洲出版别现代理论著作一事。为此，我就自己所知谈一点常识性的东西。

1983 年，我的第一本书以斯洛文尼亚语在斯洛文尼亚出版发行。众所周知，那时的斯洛文尼亚还是南斯拉夫的一部分。第二本书的诞生则纯属偶然：当时一个编辑问我是否有关于当代美学的书稿，于是我放弃了意识形态和艺术主题的研究，把目光转向了法国左翼和马克思主义艺术哲学，这正是我第二本书论述的内容。

我的第四本书，作为我博士论文的修订本，首版于 1988 年的卢布尔雅那（斯洛文尼亚首都），然后 1991 年塞尔维亚—克罗地亚语译本出版。

我的第一部"国际"作品是《后现代主义和后社会主义环境——后社会主义之下的政治化艺术》（*Postmodernism and the Postsocialist Condition. Politicized Art Under Late Socialism*），2003 年和 2008 年分别在美国（加州

---

① 王建疆独立撰写以及王建疆与阿列西和与基顿分别撰写的"别现代三书"出版于 2018 年 9 月中国社会科学出版社。——译者

伯克利)和中国台北出版。

下面我大致描述一下西方大学出版社的采稿过程，结合我个人对其中一些事件的回忆，有意识地为这个主题呈现一种印象式描绘。为了弥补这种非系统性方法的不足，我建议各位从众多有助于在大学出版社出版的书籍中择其一二进行阅读。保罗·帕森斯的《论出版——大学出版社的采稿过程》(田纳西大学出版社，1989 年)就是一本这样的书。这本书和许多其它作品一样，主要针对的是美国和其他以英语为母语(国家)的学者。即使美国、英国或者澳大利亚的大学里不乏欧洲学者的身影，但从数量上看，欧洲学者在前来这些国家寻求工作机会的学者中只占了少数，而绝非多数。不过，自从 1989 年柏林墙倒塌后，这种情况发生了改变，受过良好教育的东欧学者如潮水般涌入，争夺大学里的教职。他们的特点在于，其中的大多数人年轻而且勤奋。一旦在大学里找到一份工作，或者在一家大学出版社出版了一部学术作品，为了保持在学术界的一席之地，他们往往倾向于做出更大的努力。

从大约 1980 年直到现在，在谈到这一时期的时候，我必须要强调这样一个事实：在这几十年里，出版业和人文学科都发生了巨大的变化。仅从计算机创新引发的变革，柏林墙倒塌以及与此相关的人文学科领域出版的全球化就可以窥见一斑。无论是前社会主义国家如俄罗斯还是一个特殊的例子——中国，这些变化正在悄然发生。在这两个国家，以及其它前东欧国家，还有今天的古巴——甚至难以想象的——朝鲜，出版业已经转变为更具竞争力和市场导向的事业。它也变得更加容易：有了电脑和一些专家，你可以很快地写一本书，并且装帧以非常漂亮的封面。

我这里总结了过去几十年人文学科领域出版的一些特点。一个独立却密切相关的领域是艺术。我们可以看到，东方在出版方面的一些特征与西方学术出版中发现的那些特征非常相似。举个例子，很难说苏联等国的学术出版社出版的书与印度或法国的学术出版社出版的书有多大的不同。现在出现了如此多的杂志和书籍，所以很难读完所有的出版物，尤其当它是用英语以外的其他语言(或者可能是德语和法语)出版的时候，更是如此。

从更系统的角度来说，需要考虑以下几个方面的问题：

(1) 如何选择出版物——期刊还是丛书？你期望发表在哪类出版物上面？与其说你想要你的作品发表在什么地方，不如说出版社愿意把它发表在什么地方。现如今越来越多的学者想要发表或者出版他们的作品(论文，已发表文章的合集等），与此同时，出版社承受了巨大的压力。当本地作者希望与本地出版社合作出版其作品时，出版社的压力就更大了，因为他们那里的作品大多以本地语言出版，并且通过评论和销售数据得到了验证。另一方面，外国作者代表了一种潜在的新颖性，出于这个原因，他们也许对出版（社）而言更有吸引力。然而，翻译的成本由此增加了，这个问题可以通过许多不同的方式解决：借助于原作者国家文化部门的帮助，出版社从基金会等渠道获得经费等，甚至是从希望将其作品翻译出版的作者那里得到经济支持。

（2）个人参与：如果你不是齐泽克或者朗西埃，你必须加倍努力完成一部作品。最好是向出版社提交一本已出版的书（即使它是用你的母语写成的：脚注和参考文献也包含了很多信息），或者更好的办法是，让你的朋友在他们的国家推荐你的书，并且寻求可能的出版的途径。

（3）大出版社难度高。有人会认为，与著名的出版社合作出版的方法就是按照出版社在期刊或者书籍中给出的地址把你的文章（或者书稿）寄出去。不幸的是，通常情况并非如此。事实上，没有人会读你的文章或是书中的章节。你的文章或者书稿因此上面落了厚厚一层灰，或者被搁置在电脑之中某处被人遗忘的角落里。只有在期刊编委会的一名成员说服了其他编辑，为你的手稿担保确认之后，这份手稿才会得到适当的关注。在这方面，最糟糕的（或者对作者最不友好的）刊物是"激进"的期刊和"最好"的分析类期刊。

（4）如果你能给出版社提供一些资金，减轻由书籍出版带给出版社的经济压力，这将会有所帮助，甚至在最受欢迎的出版社中也是如此。这是一项最近的趋势，随着学者人数和待出版书籍数量的日益增加，似乎没有办法避免出版业务中这种简单而直接的方式。

（5）由于出版业务的来源主要集中在自然科学领域，所以当今最受欢迎的出版物是文章，其次是书和论文集。

（6）学术出版物不应当是商业出版物。这意味着，出版社想要赢利，却也不希望获得高额利润，因为这将危及它作为一个学术出版机构的地位。比如说，大约20年前，牛津大学出版社出版了《英国美学丛刊》，当时要求期刊的编辑们不要过于追求成功，因为他们获取的利润可能会导致出版社失去其特殊的税收地位。

（7）发行：发行对出版社来说有多重要？这一点毋庸置疑。一般来说，大学会为制作一本书找到资金，但如果它没有很好的分销渠道，那么就会看到成百上千册书躺在那里,与此同时学生和学者们在大学书店里却无法寻觅到它的踪迹。大学或者社团里往往没有专人愿意每个月抽出几个小时,收集那些对本书感兴趣的人的地址,处理正式的(比如财务)等问题。另一方面,对知名的英语作家而言,他的书在全球所有大型书店一经面世,与之相关的目录和评论也就唾手可得了。

(8)为什么要出版?就像俗话说的,不出版就淘汰。访问异地时,你把书拿给别人看或赠予他人,使你在异地停留期间认识的人都有可能了解你的书。这里,我需要强调的是,现在几乎所有的英文出版物都比其它语言如法语、德语和意大利语的出版物要更适合。

(9)在哪里出版?明智的策略——在人文学科也是这样——就是与声望高的"大"出版社合作,比如杜克大学、芝加哥大学、布莱克威尔大学、加州大学出版社等。尽管在这些出版社中,一切都不是百分百的乐观,但这些出版社仍是如此庞大的机构,并且拥有如此重要的地位,他们制作、发行、推广和分销这些来自全球各地人文学科的图书。他们也有专人负责提供你需要的各种服务:版权问题,与堪称专业领域专家的学者们联系,文案编辑等。而且,他们也不着急:出版社为你配备了专员,这个人会在一年的时间里——抽出或者花上几个月的时间负责你的书籍的制作出版。他或她必须考虑你自己可能会遗忘的事情,之所以会忘掉,原因在于,你要么没有时间处理这些问题,要么没有人让你把注意力转到你必须关照它们的事实上来。整个看起来就像是制鞋的过程:所有的鞋子都以几乎一模一样的方式做出来,然而它们同时也是独一无二和与众不同的。

(10)出版什么?你应该出版什么?这常常不是由你自己决定的,或者至少在你职业生涯的一开始,你还没有决定的权利:一次会议上,一个学生走到你那里,告诉你他(或她)非常喜欢你的论文。是的,他(或她)发现一年前你已经出版了一部同名的著作,那么你会有兴趣以学生的母语来出版这本书吗,你能否和国内的出版社协商放弃你那本好书的翻译版权?你告诉学生不要担心版权问题——如果有必要的话,你可以自掏腰包购买(大概400美元),因为对于你来说,让这本书以另一种语言呈现比收到上述金额更重要。请记住,在西方媒体中,书的版权所有人是出版社而不是作者,但插图仍归个体所有。这意味着,对于翻译的书,插图的所有权限都必须重新获得(并且通常是付费的)。因此巨大的版权费用来自于图像的"发布许可",也就是说,这些图像必须单独付费,除非你的书只包含"公共领域"的免费的图片。

(11) 演讲和文章:人们通常处于这样一种情况下,他(或她)必须准备一场演讲,并且事先主办方告诉他(或她),如果他允许他们以学术论文的形式发表他的演讲,他们将会万分感激。演讲和文章这两者之间有什么不同? 区别就在于,演讲更简单,句子结构更容易理解,脚注常常被忽略,并且主要的议题在一开始就被解释了,而且之后经常重复。一场普通的演讲是 45—60 分钟。是否需要连续地(每几句话或一段话)翻译演讲的内容,往往取决于你和你的听众们对于正在使用的语言的相关知识。

补充:在不同的(欧洲)国家和文化中,学术话语的风格和种类占主导地位。以德语和德语文化产生的话语为例:演讲者努力做到尽可能"客观",这也意味着他或她倾向于用科学话语的风格写作,以第三人称发言,并试图避免可能出现的主观风格。

而英语则相反,它倾向于有意识的主观化,往往指出了自己的个人立场。因此,演讲者不会试图回避"我",也不会假装提供客观的知识。一般来说,公众询问演讲者的观点或意见,希望听到的是他或她对于演讲主题的看法,而不是假装提供了一个客观的立场。当然,这并不能阻止演讲者尽可能地争辩。

我认为出版业的前景很光明。当然,有很多工作要做,但是如果你想出版一本好书,一本你引以为傲的书,那么你应该不遗余力。就我而言,这一过程的一个关键因素是审稿人——应出版社要求,阅读和批评书稿的专家们——的评论。这样的评论可以长达 10 到 15 页,非常详细,几乎是这本书的第二稿。这些评论以其严肃性和彻底性,为如何更好地完成书稿提供了宝贵的建议。

在一些文化中,书稿是一件珍贵的物品,不能随意触碰或者批评。相反,人们希望作者可以得到大量的褒奖和赞扬,尤其是如果他或她是一位公认的有影响力的人。然而这样的赞美可能为作者和书稿带来一种糟糕的影响,也就是说,出版社会抛弃它。所以最好保持思想开放,自我批评和乐于接受建议的态度(即使我们经常不同意审稿人的观点)。最终我们所有人的目标是写一本好书。

这些年由于中国的经济发展和与西方在文化上的交流更加广泛,也更加深入,带来了如王建疆教授所说的中国在人文学科领域也要领先世界的欲望,而且这种欲望还很强烈。在这种情况下,努力熟悉西方的出版体系和一些有规律可循的东西,就会加快与西方出版公司的合作。但是,要想在西方出版著作也不是一件容易的事。首先是语言障碍,难以沟通,往往是西方在中国出版图书很容易,相反,中国在西方出版图书尤其是在大的有名望的出版社出书或者发表文章,都相对要难得多。这跟英语在中国知识分子那里受到重视和普及而西方较少学者懂得汉语有关。其次是文化隔阂。意识形态的、文化背景的、理论主张的诸多方面,中西方都存在较大的差异。这种差异需要磨合,因而造成中国在西方出版的困难。但是,我相信,可能随着中国的进一步开放,中国人文学者和西方人文学者间的交往和碰撞更多一点,这个问题最终会得到解决。

"Publish or Perish"
——Some Observations Regarding the Acquisition Process at the University Presses(Or, Academic Publishing Houses in the West)

Aleš Erjavec

Abstract: How to publish works in western countries is an important issue that Chinese or eastern scholars are concerning about. In general, first of all, editors should take interest in your topics. Usually someone (publisher) is willing to publish your works somewhere rather than you want your works published in some place. Therefore, ask your friends to recommend your books in their country and to seek the possible way of publishing. Why to publish? As the saying goes, "Publish or Perish". It should be emphasized that today almost all publications in English are better than those in other languages, starting with French, German and Italian. Next question is where to publish. To work with some big publishers is a smart strategy and it is the same in the humanities. Different styles and kinds of academic discourse are dominating in different European countries and cultures. It is important to be open-minded, self-critical, and open to all kinds of opinions even if you donnot always agree with the reviewers. The ultimate goal of all this is to write a good book.

Keywords: Publishing; Submission; Acquisition; Strategy; Bie - Modern

作者简介: 阿列西·艾尔雅维茨(Ales Erjavec),上海师范大学中国语言文学创新团队外聘教授,著名美学家。曾为斯洛文尼亚科学和艺术科学研究中心哲学研究所研究教授。以斯洛文尼亚文、塞尔维亚文、英文和中文出版了15本美学、哲学、文化研究、视觉研究、当代艺术史、前卫艺术等方面的专著和文集。同时任教于卢布尔雅那和上海。曾任国际美学协会主席(2008—2001)和斯洛文尼亚美学学会主席(1983—1998,2001—2005)。

  译者简介: 徐薇,博士,上海工程技术大学外国语学院讲师,从事文艺学研究。

启蒙现代性在中国的原初形象及其演变

——《新青年》封面与插图研究[①]

万士端

摘　要：作为一种最早最有代表性的中国现代期刊,《新青年》的封面与插图在流变过程中所传递出的那些包含着丰富现代性元素的图像信息值得关注。考察《新青年》的"两种"创刊号封面及其图文互动的基本样态,探讨其人物造像的价值取向与五四启蒙现代性建构之间的关联,关注其封面插图的细节流变与五四现代性探寻之间的互动,聚焦 20 世纪启蒙思想萌动的环境、姿态、演绎与流变,激活中国启蒙的历史图景,从而得以更加直观和深入地认知启蒙现代性在中国的原初形象及其演变。

关键词：《新青年》　封面插图　价值取向　启蒙现代性　形象演变

《新青年》1915 年 9 月 15 日创刊,原名为《青年杂志》,1916 年 9 月第二卷第一期起改名《新青年》。1922 年 7 月 1 日第九卷第六期后休刊。1923 年 6 月 15 日《新青年》以季刊的形式复刊,至 1926 年 7 月 15 日终刊,在此期间,《新青年》已由新文化运动的中心刊物转变为中共中央的机关刊物。学界研究和探讨的《新青年》一般指向它的前九卷。1935 年,亚东图书馆和群益书社联合重印《新青年》。此时《新青年》停刊已近十年,蔡元培和胡适仍分别题词,高度褒扬其在中国现代文学史尤其是思想史上的巨大功绩。蔡元培说："新青年

① 本文系 2016 年国家社科重大项目"中国现代文学图像文献整理与研究"(立项编号 16ZDA188)阶段性成果。

杂志为五四时代之急先锋,现传本渐稀,得此重印本,研讨吾国人最近思想变迁者有所依据,甚可喜也。"①胡适亦指出:"《新青年》是中国文学史和思想史上划分一个时代的刊物,最近二十年的中国文学运动和思想改革,差不多都是从这个刊物出发的。"②

　　研究者多关注《新青年》内容的丰瞻与思想的前卫,其实作为一种最早最有代表性的中国现代期刊,《新青年》的封面与插图也颇具看点。《新青年》的封面与插图风格简洁明快,构图典雅大方,不以唯美浪漫见长,在朴素的装帧艺术中蕴含着独特的文化韵味。最值得引起关注的是其在封面与插图的流变过程中所传递出的那些包含着丰富现代性元素的图像信息,通过考察、解读、思考这些图像信息及其内涵,我们可以从一个特别的角度重新审视《新青年》这一现代中国的精神原典所呈现出的现代性演进路径,从这一经典期刊的图像层面出发,激活中国启蒙的历史图景,从而得以更加直观和深入地认知启蒙现代性在中国的原初形象及其演变。

一、现代期刊的原初形象:《新青年》的"两种"创刊号封面及其图文互动的基本样态

　　《新青年》的"第一种"创刊号封面即是《青年杂志》的第一卷第一号的封面,第一卷其余五期封面版式与其基本一致。创刊号封面以红、绿、黑三色为主色调,以方与圆形为构图的基本形式,设色单纯明朗,构图庄重洗练。这种既大方又活泼的封面设计风格,一方面是受限于经济条件和科技水平,当时的出版物尚处于凸版印刷阶段,一般设计用色限制在三至四色以下;另一方面更是与《新青年》面向青年读者的思想性综合月刊的刊物定位相匹配。封面上方为一方框,框内有一排比肩而坐的学生模样的中国青年,面前的长桌上整齐地放置着纸与笔,众人似在聆听演讲又似在热烈交谈。学生群像正上方是一行红色的法文词"LA JEUNESSE",意为"青年"。封面居中部分为绿色圆框中的人物头像,创刊号这一期为美国人安德鲁·卡内基的头像,他以"艰苦力行之成功者"的形象成为当时青年人的偶像。中间偏右是竖排的红色美术字体刊名"青年杂志",与上方意指"青年"的

---

① 转引自汪原放:《回忆亚东图书馆》,学林出版社1983年版,第184页。
② 转引自同上。

法文词"LA JEUNESSE"相互呼应。中间偏右是竖排的"第一卷第一号"。封面最底端是"上海群益书社印行"八个红色字。此外,创刊号封面上还有一些小的装饰,如上半部分方框下饰以黑、绿二色的音乐五线谱,颇具流动的美感。介于方框与圆框两幅图片之间的还有一个易被人忽略的公鸡图标,鸡形图中有一个大写的字母 Y,图片上方写着出版时间"中华民国四年九月十五日出版"。字母 Y 是英语单词"YOUTH"(青年)的缩写,公鸡形状的图标与中国地图的形状暗合,出版时间以民族国家的时间表示方式标示。

从第二卷第一号开始,《青年杂志》改名《新青年》,因此,这一期的封面可算得新刊名意义上的创刊号封面,它也是《新青年》所有封面中最具标识性的一种经典封面,虽然中间亦有细微变动,但总体样貌还是基本一致的。这"第二种"创刊号封面整体风格更趋简洁大方,封面上没有了青年学生的图画和名人头像,刊名"新青年"以醒目的红色粗体美术字置于封面最上方。刊名的下方紧贴着一行法文词"LA JEUNESSE",以黑着色,与刊名的红色相互映衬。法文词的下方是一行醒目的红色宋体字"陈独秀先生主撰",表明陈独秀对刊物编撰的主导权和重要作用。在这些字符下面是被黑色线条包围的"要目"栏,呈盾牌状,居封面正中央的位置,吸引读者对刊物内容更进一步的关注。要目下有一行黑色小字"原名青年杂志",以示与《青年杂志》一脉相承的延续性。封面最下端还有两行字,一行是红色的期号"第二卷第一号",另一行是黑色的出版机构名称"上海群益书社",红与黑二色也是本期封面的主色调。

纵观这前后两种创刊号封面,我们会发现它们在图像信息中都突出了"青年"这个元素,比如前后的刊名中都包含了"青年"二字,意为"青年"的法文词"LA JEUNESSE"在两期封面中都在醒目的位置标出,且第一卷的封面上方均有青年学生群像出现……诸如此类的封面图像信息向当时的读者昭示,《新青年》刊物的受众定位是青年,将青年作为其面向社会寻求对交流对话的主要对象。结合刊物的内容表述,我们或会对此看得更清楚一些。陈独秀在《青年杂志》第一卷第一号的《社告》(类似发刊词)中,始终将目光聚焦在青年群体身上:"国势陵夷,道衰学弊,后来责任,端在青年。本志之作,盖欲与青年诸君商榷将来所以修身治国之道。……凡学术事情足以发扬青年志趣者,竭力阐述。冀青年诸君于研习科学之余,得精神上之援助。……凡青年诸君对于物情学理有所怀疑或有所阐发,皆可直缄惠示。"①在同期的《敬告青年》一文中,陈独秀又从六个方面进一步建构"青年"的现代性形象。该期还有署名"记者"云:"盖改造青年思想,辅导青年之修养,为本志之天职。"综上,可见《新青年》创刊号不论是在刊物内容的深度阐述上,还是在封面信息的反复凸显上,都鲜明地传达出《新青年》想做青年导师的姿态和倾向。对此还可稍做佐证的是,据粗略统计,在《新青年》1—9 卷所刊文章中以"青年"为关键词的文章就有 34 篇,尚不包括涉及青年生活的大量相关文章。

颇有意味的是,《新青年》的"两种"创刊号封面中还有一个共同的图像信息,那就是法文词"LA JEUNESSE"。其之所以能长期"坚守"在《新青年》的封面上,与主编陈独秀的启蒙理念不无关系,他在西方启蒙思想中又特别钟情法兰西思想。于是,我们看到第一卷第一号即以大量篇幅介绍法兰西思想,在《法兰西与近世文明》中,陈独秀对"法兰西人之嗜平等、博爱、自由根于天性"的思想格外推崇;同期,他还翻译了法国人薛纽伯著的《现代文明史》,文中颂扬法兰西哲学"理性之光,照耀人间",并认为"此哲学乃造成十八世纪之政制,执政多采用之,改革遂盛行于全欧,法兰西人民躬任实行,终之以革命焉"。②

如果说《新青年》"第一种"创刊号封面的图像信息突出了"青年"这一核心元素,那"第二种"创刊号封面则强化了"新"这一关键元素。刊名是期刊的"眼睛"和"灵魂",更是所有封面图像信息中最需要突出的标识。对于任何期刊来说,更换刊名都不是一件小事。《青年杂志》第一卷出版后,基督教青年会的《上海青年》杂志写信责备说《青年杂志》与其同名,要求改名。陈独秀因势利导,和大家商讨之后将《青年杂志》改名为《新青年》。新刊名展现出一种强烈的批判与革命姿态,有历史学家曾对此评论道:"添加一个'新'字,以与其鼓吹新思想、新文化的内容名实相符。"③《新青年》将"新"作为核心竞争力,把"新青年"作为办刊的宗旨,是 19 世纪末以来中国现代启蒙运动启发影响的结果,同时也是受到了"进化论"观点的影响,以今天的眼光来看,进化论的观点有明显的局限性,但自严复翻译出版的《天演论》在 20 世纪初的中国广泛传播以来,进化论已然成为当时解释社会现象的理论基础,在《新青年》的编撰者那里,"新青年"显然是社会的新陈代谢中更适合奋斗而出的主力。

---

① 陈独秀:《社告》,《新青年》第一卷第一号,1915 年 9 月 15 日。
② 陈独秀译:《现代文明史》,《新青年》第一卷第一号,1915 年 9 月 15 日。
③ 萧超然:《北京大学与五四运动》,北京:北京大学出版社,1986 年,第 38 页。

与封面的丰富相较而言,《新青年》的插图并不多,但却有着独特的文化韵味。例如,第二卷第四号发表了《拜伦遗事》,向中国读者介绍了 19 世纪初英国著名诗人拜伦的相关事迹,同期还刊载了拜伦塑像的插图,插图下还有一行说明文字"在米沙郎海即拜伦病殁处"。第三卷第四号李张绍甫《余之病院中经验》一文既有当地的医院建筑照,又有作者旅居苏格兰的肖像照,让读者在阅读时亲切感顿生。

《新青年》文图的互动与配合有时甚至能达致立体的程度,将封面、插图与当期的刊物内容全方位地结合在一起,从而更有效地实现编撰者的意图。易卜生号的策划,是《新青年》新文学新思潮输入的一个重大事件。之前,《新青年》曾三次刊登广告,强调译介易卜生的重大意义。1918 年 6 月,《新青年》第四卷第六号正式推出,专门介绍易卜生的话剧和思想,"以为介绍易卜生入中国之纪念","想亦海内外有心文学改良思想改良者所欢迎也"。从这一期的封面来看,封面上刊名"新青年"下面的法文词"LA JEUNESSE"不见了,取而代之的是"易卜生号"这几个大字。从这一期的插图来看,该期刊载了有关易卜生的三幅插图,第一幅是壮年之易卜生造像,第二幅是易卜生头像雕塑,第三幅是易卜生之手迹。从这一期的所刊内容来看,本期发表了国内第一篇系统评析易卜生剧作的专论即胡适的《易卜生主义》,第一篇中国人写的易卜生的传记即袁振英的《易卜生传》,还有胡适、罗家伦翻译的《娜拉》,陶履恭翻译的《国民公敌》等。封面、插图与内容的紧密配合,造成了对读者视觉的"立体轰炸",如此丰富的阅读体验让这个专号在当时产生了轰动效应,形成了"易卜生热"。

二、启蒙精神的图像范本：
《新青年》封面插图中人物造像的价值取向与五四启蒙现代性的建构

《新青年》第一卷封面中央绿色圆框中的人物头像每期都有不同,依次为卡内基、屠格涅夫、王尔德、托尔斯泰、富兰克林和谭根。在后来的封面中出现的人物像还有罗素,插图中出现的人物像有拜伦、易卜生、罗丹等。下面结合《新青年》相关文字内容,依次梳理这些人物的基本情况,以便可以从中窥见《新青年》选取这些人物为其在封面或插图上造像的价值取向。

《新青年》创刊号封面正中为美国人安德鲁·卡内基的头像。卡内基是彼时著名的企业家。同期刊载了《艰苦力行之成功者卡内基传》,在译后记中译者彭德尊写道:"观卡氏少壮时代之刻苦经营已有惊人之智勇,然其所以度越寻常者艰难创业之余,犹有余力以谋济世散财之道,其理想之高,气魄之强,吾贪鄙侥幸苟安偷惰之民对此老人不知有何面目腼然人类也。"①在第一卷第三期卷首文章《抵抗力》中,陈独秀亦引用了卡内基的名言:"遇难而退,遇苦而悲者,皆无能之人。"②

第一卷第二号封面人物是俄国文学家屠格涅夫,他的作品以深刻揭露农奴制度的残暴见长。《新青年》第一卷一至四号连载了他的中篇小说《春潮》,第一卷第五号至第二卷第二号连载了他的另一部中篇小说《初恋》。

第一卷第三号封面人物是英国文学家王尔德,唯美主义代表人物,以其剧作、诗歌、童话和小说闻名于世。《新青年》第一卷第二、三、四、六号,第二卷第二号连载了由薛琪瑛翻译的王尔德剧本《意中人》,他也是《新青年》前期刊载翻译文本篇幅最多的作家。

第一卷第四号封面人物是俄国伟大的文学家托尔斯泰,其代表作《战争与和平》《安娜·卡列尼娜》《复活》等皆已成为世界文学史上的经典之作。《新青年》第一卷第二号刊登了汝非翻译的《托尔斯泰之逃亡》,文中感喟托氏之死——"我光荣之老人长眠于此,虽然彼之精神永生存也"。

第一卷第五号封面人物是美国科学家富兰克林,他也是美国独立战争时重要的领导人之一,并发明了避雷针。本期正文刊载了英汉对照的《富兰克林自传》,译者刘叔雅赞美其自强精进的精神:"Benjamin Franklin(1706—1790)为十八世纪第一伟人,于文学科学政治皆冠绝一世,其自强不息勇猛精进之气,尤足为青年之典型。"③

第一卷第六号封面人物是华裔飞行家谭根,曾在檀香山中华飞行器公司任设计师,他曾飞越了菲律宾著名的2416米高的马荣火山,创造了当时水上飞机世界飞行高度的最新纪录。1915年应邀在广州、香港、澳门等地作飞行表演。本期刊文《大飞行家谭根》,文中极力推崇他的爱国思想。

自第二卷第一号后,《新青年》封面中就不再出现人物像,但1920年10月1日出版的第八卷第二号是个例外。这一期封面人物是英国大哲学家罗素,

---

① 彭德尊译:《艰苦力行之成功者卡内基传》,《新青年》第一卷第一号,1915年9月15日。
② 陈独秀:《抵抗力》,《新青年》第一卷第三号,1915年11月15日。
③ 刘叔雅译:《富兰克林自传》,《新青年》第一卷第五号,1916年1月。

照片中罗素作为思想家睿智深沉的形象呼之欲出，其下加注曰："就快来到中国底世界的大哲学家罗素先生一九一四年底照像"。罗素后于1921年来华讲学。该期刊载了张崧年撰写的《罗素》，文中这样介绍罗素："现代世界至极伟大的数理哲学家，是于近世在科学思想的发展上开一个新时期的一种最高妙的新学即数理逻辑（名学）。"①本期一连刊载了罗素的五篇文章，在接下来的第八卷第三号中又刊载了多篇罗素的作品及其著作目录介绍与探讨。

在《新青年》插图中出现的人物造像，除第一节中已经提及的英国著名诗人拜伦的塑像和挪威戏剧大师易卜生的壮年造像及头像雕塑外，重要的还有罗丹的自画像。《新青年》第七卷第二号选登了罗丹的一幅自画像和三幅雕塑作品作为插图，该期还刊载了张崧年撰写的《罗丹》，对其艺术推崇备至："罗丹的艺术是有个性的艺术，他能够那样子的在传袭之上超然独立，不受'规矩'，学寮的艺术家又怎能不恨他？因为这种种，他在当时受人计议，被人反对，但是最后怎么样？自然无敌！最后总是真实胜利。"②

如果我们对上述这些人物造像的"主人"稍做分析的话，从中不难看出他们身上的一些特质：其一，这些人物都是欧美人士，其中飞行家谭根虽然祖籍广东，但其出生和成长都是在美国，所以也应看作是欧美人士。其二，这些人物都是欧美成功个体，有些甚至可以算得上是引领时代风气的当世伟人或时代的英雄人物。其三，这些人物大都生活在十九世纪至二十世纪初，对于当时的人们来说这些人不是"古代人"，而是距离他们的时代不远的"现代人"。其四，十人中，作家五人，分别是屠格涅夫、王尔德、托尔斯泰、拜伦、易卜生；哲学家一人，罗素；艺术家一人，罗丹；科学家兼政治家一人，富兰克林；飞行家一人，谭根（亦可看作是科学家）；企业家一人，卡内基。其中作家（包括哲学家和艺术家）的造像最多，表明《新青年》的主创者欲以文艺来影响、启蒙、改造青年思想的强烈愿望。在第一卷第三号《现代欧洲文艺史谈》一文中，陈独秀指出欧洲新近的文艺思潮是自然主义，在他重点列举的代表作家中就有上文已经述及的屠格涅夫、托尔斯泰、易卜生、王尔德等人。其五，在《新青年》主创者看来，这些人物身上都有一些非凡的品质，足为中国青年示范。比如卡内基的艰苦力行、富兰克林的自强不息勇猛精进、罗丹的超然独立等。

① 张崧年：《罗素》，《新青年》第八卷第二号，1920年10月1日。
② 张崧年：《罗素》，《新青年》第七卷第二号，1920年1月1日。

　　考察《新青年》全部的封面与插图,我们会发现人物像是其中最引人瞩目的一种图像形式,这些人物造像的价值取向与五四启蒙现代性的建构之间关系密切,为当时的青年读者提供了一种可供直观、仰慕、追摹的现代人的图像范本,与《新青年》所刊启蒙青年所倡言的"立人"的思想文本一道,在图文的互动与互补中,让我们得以更加直观地重新审视《新青年》在进行启蒙现代性建构时的突破及其限制。

　　体现《新青年》对新文化思想和理念探索深度的一个重要标志,便是其对现代性价值追求的建构。追求人的解放、个性思想解放的"立人"的思想启蒙是这项建构的核心内容之一,其中周作人的阐述最为充分,他在《人的文学》中以欧洲文艺复兴和启蒙运动的有关理论来阐述人的发现:"欧洲关于这'人'的真理的发见,第一次是在十五世纪,于是出了宗教改革和文艺复兴两个结果。第二次成了法国大革命,第三次大约便是欧战以后将来的未知事件了。女人与小儿的发见,却迟至十九世纪,才有萌芽。……中国讲到这类问题,却须从头做起,人的问题,从来未经解决,女人与小儿更不必说了,如今,第一步先从人说起,生了四千余年,现在却还讲人的意义,从新要发见'人',去'辟人荒'。"①在周作人这一代五四启蒙者那里,在中国重新发见"人",建构"新"人,在很大程度上就意味着要运用西方启蒙思想对"新青年"进行想象和建构。尽管今天的研究者对《新青年》在进行现代性价值建构时这种过于"欧化"的做法颇有质疑,但在一定程度上,我们或许不得不承认,中国的现代化在当时无可避免的是欧化。这是因为,现代性首先是在欧洲形成的,第一个现代性就是欧洲现代性。这就是哈贝马斯所说的启蒙事业,或"现代性的事业"。严格来说,迄今为止,用伯尔曼的话来说,只有这种现代性作为一种"生命体验模式"得到了充分的表达。②也因此,在很大程度上,《新青年》在探寻中国的现代性并以之启蒙青年时,所做的工作很大一部分其实就是对西方现代性的一种推介、扩展和播散。由此,我们也就可以充分理解《新青年》的编者在为封面和插图上选择人物像的"原则":《新青年》一代启蒙者身上普遍有一种强烈的现代性身份认同焦虑,于是他们试图按照普遍的西方标准来改造自身,尤冀此来改造代表着未来希望的青年们。在十九世纪末,西方文明已经成为世界文明的主流,

---

① 周作人:《人的文学》,《新青年》第五卷第六号,1918 年 12 月 15 日。
② 〔德〕多明尼克・萨赫森迈尔等编著:《多元现代性的反思:欧洲、中国及其他的阐释》,北京:商务印书馆,2017 年,第 184—185 页。

而《新青年》封面与插图中选取的这些人物正是这种现代性文明的杰出代表，于是他们的头像或者塑像被以先进、新潮、现代的美好形象呈现给中国的青年读者，供其在驱除那被妖魔化的传统，进行新的现代身份建构时有一些可资模仿的图像范本。但以今天的眼光来看，用这些范本来完全取代中国传统的那些范本的表述方式的正当性已遭到广泛质疑，并且这些范本本身具有一种大男子主义的陈腐色彩，至少这些被选来供仰慕的范本形象全是男性造像。

在《新青年》插画中，第七卷第二号刊登的三幅罗丹雕塑作品的图像特别值得关注。罗丹的这三幅雕塑插画分别是：《一名觉悟到自然的人》（即《青铜时代的人》）、《用思者》（即《思想者》）、《接吻》（即《吻》）。罗丹的雕塑以裸体的形式呈现，既有裸体的男女在一起热烈亲吻的瞬间刻画，更有男性生殖器的自然再现，这样的图像表现样式在中国传统文化的语境下是难以想象的。罗丹的这种裸体造像绝不带有中国春宫图的色情意味，而是一种力与美与思相互融合的现代视觉艺术，体现了现代人对身体话语表达的崭新理念，这种健康的具有美感的肉体存在样式应是启蒙现代性价值建构的一个重要组成部分。中国传统的绘画作品向来只注重写意，并没有西方那样人体写实的绘画传统，在中国传统文化的语境下，人的身体不论是在圣人的思想文本里、主流的文学文本里以及艺术家的图像文本里，都是被忽视甚至被贱视的，而《新青年》所选取的这些罗丹雕塑造像却生动地提示我们，到了五四时期，中国的启蒙者已经开始把对身体话语的西方现代性表达方式纳入到他们对启蒙现代性建构的整体表述系统之中了。

三、"使命"的双重变奏：《新青年》封面插图流变的细节考察与五四现代性探寻的再思考

在上文已经述及的封面与插图之外，《新青年》封面插图还有一些新的变动。结合办刊流变史，以及编撰者在五四时期的现代性探寻历程，对《新青年》封面插图流变过程中的一些细节进行考察，这将是一种颇具意味和价值的重新查勘与再度思考。

《青年杂志》第一卷第一号的封面版式延续至第一卷第六号，改名后第二版第一号的封面版式一直延续至第六卷第六号。这两种封面样态第一节中已有详述，这里从略。不过值得一提的是，第二种封面版式在长达30期的流变过程中还是有一些细微的变动值得关注。比如第三卷封面的设色有了明显变

化,刊名、"陈独秀先生主撰"、第几卷第几号的颜色改为绿色,其他均改为深棕色。从第四卷第一号开始,封面又有了一些小变动:字体稍变,由美术字改为宋体字;封面颜色一律改为黑色,使得封面看起来更加庄重。最引人瞩目的变动还是封面上"陈独秀先生主撰"几个大字消失了,这标志着《新青年》的编撰方式发生了重大变化。这项变动的背后是《新青年》的北迁以及与北京大学"一刊一校"的结合。1917 年 1 月陈独秀应邀出任北京大学文科学长,随后就将《新青年》迁往北京,从第三卷起即在北京编辑出版,《新青年》自此便与北京大学巨大的教育资源和文化资源紧密结合在一起。1918 年 1 月,《新青年》第四卷第一号出版,改为同人刊物,封面上"陈独秀先生主撰"这几个大字也因此消失了。紧接着,《新青年》在第四卷第三号上宣布:"本志自第四卷一号起,投稿章程,业已取消。所有撰译,悉由编辑部同人,公同担任,不另购稿。"正是因为汇聚了以北大文科教员为核心的强大的编撰队伍,并获得了各路启蒙力量的鼎力支持,《新青年》迎来了办刊史上一段辉煌的高潮期,新文化运动的中心力量也由此形成了。

到第七卷第一号,《新青年》的封面版式有了新变化,变得异常简约起来:版面正中为一个井字形方框,刊名"新青年"三个字竖排置于其中,框线左边为"上海群益书社印行",右边是几卷几号。整个版面明晰简洁,看上去干净清爽,没有任何多余的成分。这种封面版式一直延用到第七卷第五号。

与第七卷封面这种简约形式相反的是,此时的《新青年》正处在一个复杂的动荡期。《新青年》第六卷第五号于 1919 年 5 月出版,而第六卷第六号却迟至 1919 年 11 月出版。两期之间间隔了六个月,因为这期间主编陈独秀被捕入狱了。1919 年 6 月 11 日,陈独秀等人因散发《北京市民宣言》传单,于当晚 10 时被捕。后在多方努力下,陈独秀于 9 月 16 日被释放,1920 年 2 月 12 日离京返沪。由此,《新青年》第七卷的这个井字形的封面设计也显得富有意味起来。《易经》六十四卦中的第四十八卦即为"井卦",此卦象展示在如"井"的形势下各种变化的可能性。主编陈独秀的被捕当然是《新青年》此时如"井"的形势中的一大艰难情形,代表着一向主张独立自主的言论空间的《新青年》与外部政治势力的斗争日趋激烈。此时《新青年》更大的困局还来自于内部同人之间意见的分化。1919 年 6 月,陈独秀被捕后,胡适接管《新青年》的子刊《每周评论》的编辑之权,7 月他在《每周评论》31 号上发表了一篇有着极大反响的文章《多研究些问题,少谈些主义》,对当时舆论界高谈各种主义,特别是社会主义与无政府主义等表示强烈不满,认为此时应该多提出一些问题,研究如何解决这些问题,而不是空谈纸上的主义。这篇文章直接导致《新青年》同人之间思想分歧的公开化,简单地来说,此时的《新青年》同人之中至少有两种立场,彼此的思想观点南辕北辙:一方是立于自由主义的立场之上,如胡适等;另一方是站在马克思主义的立场之上,如陈独秀、李大钊等。其实,早在1918年11月,李大钊就在《新青年》第五卷第五、六号上接连发表《庶民的胜利》《布尔什维克主义的胜利》。1919年5月,李大钊主编的《新青年》第六卷第五号设"马克思主义专号",并发表长文《我的马克思主义观》。《新青年》此时正在由一种思想启蒙刊物开始向政治刊物蜕变。《新青年》封面这个"井"字所象征的困局之中的多种可能性,渐渐变得只有一种可能性了。《新青年》井字形简约封面设计的后面,竟然隐藏着《新青年》内外多种力量激荡的复杂情势。简单的封面图像形式与复杂的刊物思想内容之间相反相生,共同演绎出《新青年》文图互动的一种别样风采。

1920年5月,陈独秀在上海编辑出版第七卷第六号"劳动节纪念"专号,本期封面以红色作为主色调,红色往往代表着热烈、激情、革命等;占据大半个版面的是罗丹塔的雕塑,其上是"劳工神圣"四个字,封面右边是醒目的竖排的一行大字:"劳动节纪念号"。本期刊载了33幅插图,以及16幅题词手迹照片,皆与劳动者相关。与此相呼应的是,本期发表了陈独秀的《劳动者的觉悟》、李大钊的《May Day运动史》,以及大量反映各地工人阶级状况的调查报告和统计材料。

"劳动节纪念号"这一期的题词中,蔡元培题写了"劳工神圣",孙中山的题词为"天下为公",吴稚晖的题词是"人日"。除了这些政界、学界名人的题词外,其余十三份题词均来自于普通劳动者,比如植树工人刘朗山的"黜逐强权,劳动自治",中华工界志成会明德的"其衣食住均由劳动得来者为吾良友",怡和纱厂工人周传勋的"不自食其力者社会之绝物也"等。将目光从欧美的成功个体移向中国的普通劳动者,《新青年》在图像表达上的这种转向,更在本期反映劳动者日常工作场景的插图中得以集中呈现。本期,李次山《上海劳动状况》一文全面介绍了上海劳动阶级的各种生存状况,并配有相关的30幅图片,这里仅列举几幅为例:印刷工、盆桶店的学徒、锯木工师徒锯木的状况、小车运货过桥时状况、碾米厂的机器工人等。这些图片展示了底层普通劳动者真实而恶劣的工作条件与生存现状,唤起人们对这种不公平状况的关注与思考。

从第八卷第一号开始,《新青年》的封面版式又有新变化:封面正中画了一个地球,地球上是两只紧握的手,封面最上方是三个仿宋体大字的刊名"新青年",封面底部是几卷几号。地球象征着胸怀世界的气魄,紧握的双手代表着同志之间的紧密团结。此时十月革命的胜利,对积贫积弱的国人充满了特别的吸引力,两只大手在地球上相握的图案或意在表明《新青年》的主创者希望与十月革命后的苏联人民紧密地团结在一起。除第八卷第二号以罗素照片为封面外,在地球上握手的封面版式一直延续到第九卷第六号。

随着《新青年》后期启蒙刊物的办刊宗旨发生变化,学术文艺气息也开始淡化。据统计,《新青年》第一至第七卷共发表文章 775 篇,单是文学作品就有198 篇,占作品总数的 26％;而在第八至第九卷中,文学作品只有 63 篇,只占作品总数的 21％。在第八卷中,关于马克思主义宣传和社会主义讨论的文章开始占据突出地位,仅介绍俄罗斯的译文就有 34 篇,对这种色彩鲜明的刊物转向,胡适显然是不满的,他将这几卷《新青年》讥为《苏维埃俄罗斯》(Soviet Russia)的汉译本。① 面对胡适等北京同人提议的"恢复我们'不谈政治'的戒约",陈独秀断然否决,他在八卷一号首篇发表《谈政治》,对此回应道:"你谈政治也罢,不谈政治也罢,除非逃在深山,人迹绝对不到的地方,政治总会寻着你的。"②

这期间,封面上还有一个细节变动值得关注。细心的读者会发现《新青年》第七卷第六号封面上自创刊号开始每期必有的"上海群益书社印行"不见了,取而代之的是第八卷第一号封面上出现的"上海新青年社印行"。原来,这一时期的陈独秀已经完全醉心于马克思主义的传播,与以胡适为代表的北京同人在办刊思想和方针上产生严重分歧,他开始寻求经济独立,这样《新青年》的"转向"才能彻底地不受制约。爆发点就在"劳动节纪念号",这一期页码超过 400 页(几乎是正常页码的两倍),出版商要求加价,没有与陈独秀达成协议,从而导致《新青年》与群益书社的合作破裂。

1923 年 6 月 15 日《新青年》以季刊的形式复刊,《新青年》正式成为中共中央的机关刊物。本期封面是一只手从监狱的铁窗里伸出,挥舞着红旗,铁窗和红旗的意象清晰地象征着革命的意志与信念——在艰苦卓绝的斗争中坚信革

① 上海鲁迅纪念馆编:《纪念〈新青年〉创刊 100 周年学术研讨会论文集》,上海:上海社会科学院出版社,2016 年,第 19 页。
② 陈独秀:《谈政治》,《新青年》第八卷第一号,1920 年 9 月 1 日。

命必然会迎来胜利。《新青年》启蒙青年的思想使命从此落幕,救亡图存的革命使命开始全力出击。

反思 20 世纪以来中国文学以及中国社会的现代性问题,我们最后还是要回到它的起源语境——《新青年》,其封面与插图中出现的图像信息则是进入这一语境的一条新颖而有效的途径:一方面,这些图像信息与《新青年》编撰者们的现代性探寻历程相伴相生;另一方面,经由它们,我们对《新青年》所展开的现代性价值建构的内容与特质或会有更加深入的独特认知。

首先,《新青年》封面与插图的图像信息中所凸显出的对"新"的崇拜、迷恋和追逐,是五四启蒙一代建构现代性的动力之源和重要表征。18、19 世纪以来,以欧洲为首的西方国家经过现代性的洗礼获得了强大的力量,与之形成强烈对比的是清王朝这个"老大帝国"的积贫积弱和苟延残喘。1911 年辛亥革命胜利,中国结束了数千年的封建专制政治,一时间新旧文化和思潮处于剧烈变动之中,《新青年》就在这一时期应运而生。对于《新青年》所代表的五四一代来说,"现代"首先意味着"新",意味着有意识地反对"旧"。所以,《新青年》所进行的现代性建构的一面是对传统文化的自我毁灭和对"旧"的偶像的破坏,"要拥护德先生,又要拥护赛先生,便不得不反对国粹和旧文学";另一面则是对"新"的西方现代性文明的无限推崇,上文已有具体阐述的《新青年》封面与插图中所选择呈现的人物像的"主人"即是这种现代性文明的杰出代表。《新青年》通过这样鲜明直观的视觉方式为当时的中国青年打造可供追慕和学习的"新"的图像范本,正是一种图像启蒙。但这种图像启蒙会在不断趋"新"的追逐冲动下迅速切换为另一种图像叙述方式,在不到两年的时间里,《新青年》前期封面与插图中以西方现代成功个体造像为主的启蒙图像,到了中后期就一转变为在地球之上进行同志式握手的封面图案和表现底层劳工恶劣生存状况的写实图片。造成这种切换如此迅疾的最根本原因,是《新青年》所代表的五四一代启蒙者们在探寻中国的现代性时,他们不时加以参照的是域外不断涌现的新的现代性发展形式。之前启蒙图像所参照的是代表着主流方向的西方(欧洲)现代性文明模式,但 1917 年十月革命的胜利以及随之由马克思主义政党领导的第一个社会主义国家苏俄的诞生却迅速改变了这一切,因为与遥不可及现代性发展已近百年的西方发达国家比起来,近在眼前同为落后的后发国家的苏俄所发生的巨变当然更具吸引力和说服力,所以当《新青年》后期封面与插图由启蒙图像快速切换为革命图像时,似乎也不是那么让人惊讶,因为这背后都是一种求新求变的冲动在"作祟"。作为一个落后贫弱的后发国家，中国的现代性首先是作为现代民族国家的现代性，它的形成一方面受进化论、科学等观念的影响，另一方面更要不断接受域外现代文明的启迪、激发以及冲击，而此时十月革命所带来的革命现代性"新思潮"，渐渐成为二十世纪上半叶一种浩浩荡荡看起来已无任何力量可以阻挡的时代洪流。以此观之，《新青年》后期不论是思想内容还是图像样态都在迅速左转似乎更像是一种不可避免的时代变迁的产物。

其次，《新青年》封面与插图表现方式所呈现出的"急功近利"的个性特征，也是五四一代启蒙者在进行现代性探寻时所表现出来的共同特质。从一个比较积极的层面上来看，《新青年》封面与插图数量不多，整体图像风格趋向简洁和直接：简洁是指其构图不复杂，一目了然；直接是指其图像意涵所指高度配合办刊方向及刊物的文字内容，不做任何掩饰地直奔主题。客观地说，这种图像风格与《新青年》作为一种思想性期刊的刊物定位是相匹配的。但是这种图像风格的最大负面效应就是太过务实，几乎不存在什么让人可以回味的蕴藉与可以想象的艺术空间。这种太过务实的图像风格倒是与《新青年》的文字风格是相一致的，《新青年》编撰者们常常在用语上言辞激烈、盛气凌人。对此，王晓明曾指出："《新青年》个性中最基本的一点，就是实效至上的功利主义。……《新青年》上刊登的大多数文章，都惊人地表现出同样的务实倾向，几乎就没有谁能把眼光放开一点，想得再'玄'一点，也很少有人表现出对于形而上学的兴趣。"[1]我们当然可以理解《新青年》在文字和图像两个层面都表现出的这种激进偏激太过务实功利的方式，其目的是为了唤醒大众，希望从策略上引起震撼与警醒，但仍不得不说这客观上却造成了思想文化的割裂，丧失了文化的包容性，导致思想的单一与独断，最后在不断的演进中成为机关刊物，失去了作为公共空间的传播功能，以及思想启蒙的"立人"功能。[2]

最后，《新青年》文图互动所展示的现代性探寻的演进方式及其路径，是五四时期乃至整个20世纪上半叶中国文学以及中国社会进行现代性探寻时的一个缩影和预言。从上面已经述及的《新青年》封面插图的图像变动过程与其办刊流变的历程的比照分析中，我们不仅可以窥见五四时期一代启蒙者探寻

---

① 王晓明：《一份杂志和一个"社团"》，《上海文学》1993年第4期。
② 谢明香：《传媒视野下的〈新青年〉》，成都：巴蜀书社，2010年，第329页。

中国现代性的历史轨迹,同时也能更好地理解《新青年》刊物图像风格以及文字风格转向背后的思潮变迁:由最初的"思想启蒙"与"革命救亡"双重使命的交集,到"革命救亡"使命压倒"思想启蒙"使命的变奏,轰轰烈烈的新文化运动以及思想启蒙运动也就此戛然而止。

　　中国近代以来,面对内忧外患,如何尽快摆脱贫困落后被动挨打的困局成为一代代仁人志士们优先关注的时代命题,于是追求人的解放、个性思想解放的"立人"的思想启蒙使命,与追求现代民族国家独立的"立国"的革命救亡使命在现代中国便不期而遇,在整个 20 世纪上半叶的中国大地上,它们彼此之间既相互结合,又相互纠缠,最终冲突分化,走向分裂。革命的家国情怀和集体主义意志的民族国家的使命要求,最终克服或者说消弭了建构自由独立的思想解放的个体的"人"的使命要求。对于中国这样一个后发的国家来说,所谓现代性,一般首先指向的是对建立富裕强大的新的民族国家的一种企盼和追求。我们透过对《新青年》封面插图流变的细节考察以及刊物内容上对现代性探寻的价值取向和关注点的转向,可以清晰地看到其探索的价值所在,亦能清晰地看到其中合作共进的共识所在,以及分化冲突的矛盾所在。对这种互动与抗衡光影交汇处的重新查勘和再度思考直至今天仍然有其强烈的当下意义和价值,而这也构成了我们现在重新审视和判断《新青年》与五四新文学、新文化运动的核心关注点之一。

The Original Image of Enlightenment Modernity in China and Its Evolution — Research on the cover and illustration of *"New Youth"*

Wan Shiduan

Abstract:As one of the earliest and most representative Chinese modern journals,the cover and illustrations of *"New Youth"* are reflected in the process of evolution,and the image information containing rich elements of modernity is worthy of attention.Investigate the cover of the "Two Kinds" of the "New Youth" and the basic form of the interaction between the pictures and texts,explore the relationship between the value orientation of the characters and the modern construction of the May Fourth

Enlightenment，and pay attention to the details of the cover illustrations. The interaction between the exploration of the modernity of the May Fourth Movement，focusing on the environment，posture，deduction and rheology of the enlightenment of the 20th century，and activating the historical picture of China's enlightenment，thus enabling a more intuitive and in-depth understanding of the original image of enlightenment modernity in China and its evolution.

Keywords："*New Youth*"；cover illustration；value orientation；enlightenment modernity；image evolution

作者简介：万士端，上海师范大学博士研究生。

性别、阶级与国族：
莎士比亚历史剧中的酒和酒馆

胡　鹏

　　摘　要：莎士比亚的剧作特别是历史剧所呈现出的"福斯塔夫式背景"，为我们展示出伊丽莎白一世时期五光十色的平民社会，而其笔下野猪头酒店中哈尔王子及其伙伴则因为美酒而充满激情。实际上，随着社会的发展，莎士比亚时代的人们对酒类饮品的消费需求不断增加，酒馆也成为人们娱乐消遣的重要场所。本文拟从莎士比亚历史剧中的酒精饮料和酒店出发，指出其中大量出现的麦芽酒、啤酒和葡萄酒等酒精饮品所展示的同时代有关阶级、性别和国族等核心问题。

　　关键词：莎士比亚历史剧　酒　酒馆

　　伊丽莎白一世和詹姆士一世时期，随着英国国力的增强和人们生活的日益富足，对酒的大量消费成为当时社会生活的一个显著特征。与之相应的是卖酒场所的迅速增加，1577 年英国政府第一次对全国的酒馆进行统一调查登记时，全英格兰共有小酒馆 2161 个，客栈 339 个，啤酒馆 15095 个，合计 17595 个，①平均每 87 个居民就拥有一家酒馆。之后酒馆的数量继续猛增。1618 年

---

① Peter Clark, *The English Alehouse*: *A Social History*, *1200 – 1830*, London：Longman, 1983, p. 42.

伦敦地方官员抱怨道:"本城每天都有许多啤酒馆和饮食店新冒出来。"①到了1628年伦敦人理查德·罗利奇说,五六十年以前该城"啤酒馆很少……(但是)现在每一条街都是"。② 而且酒馆也是人们消遣娱乐的重要场所,特别是当时的文人、剧作家等都是酒馆的常客,由此我们不难发现同时代众多文学作品中都出现了有关酒和酒馆的描述,如据特拉威克(Buckner B. Trawick)统计,莎士比亚的作品中就出现了12种不同的葡萄酒162次,麦芽酒和啤酒20次,烧酒和果汁饮料等15次。③ 本文拟以莎士比亚历史剧特别是《亨利四世》为中心,探讨其中出现的各类酒精饮料及售卖场所酒店的文化含义,结合同时代的历史、政治观念,探讨莎士比亚展示出的相关性别、阶级和国族问题。

一、性别

莎士比亚亨利系列历史剧中最受欢迎的角色之一便是好色、贪吃、爱酒的福斯塔夫,而剧中最常出现的场景地则是野猪头酒店,我们可以看到剧中的男性角色对于酒馆和酒具有的强烈兴趣。酒馆里什么酒都有,但顾客的主体是男性,如《亨利四世(上篇)》中太子在酒店"跟三四个饭桶在六七十个酒桶中间聊天",他们把"大口喝酒叫做'上点大红颜色'。……要是一口灌不下去,喘一口气,他们就会喊:'嗨',叫你'干了'"。④ 剧中主要的男性如喝醉的火枪等角色在酒店轮番登场,其中最突出的好酒人莫过于福斯塔夫,皮多在熟睡的福斯塔夫口袋里找到的若干纸片:

波因斯
烧鸡一只 二先令二便士
酱油 四便士
甜酒两加仑 五先令八便士

---

① Quoted in Peter Clark, "The Alehouse and the Alternative Society", in Donald Pennington and Keith Thomas, eds., *Puritans and Revolutionaries: Essays in Seventeenth-Century History Presented to Christopher Hill*, Oxford: Clarendon Press, 1978, pp. 47 – 72.

② Peter Clark, *The English Alehouse*, p. 39.

③ Buckner B. Trawick, *Shakespeare and Alcohol*, Amsterdam: Rodopi, 1978, pp. 43 – 44.

④ 《亨利四世(上篇)》,《新莎士比亚全集(第七卷)》,吴兴华译,方平校,石家庄:河北教育出版社,2000年,第249页。后文出自该著的引文,只随文标出页码,不另作注。

晚餐后的鱼和酒　二先令六便士

面包　半便士

太子

　　唉呀！真是骇人听闻！仅仅半便士的面包就灌了这么多得要死的酒！（275 页）

从这一幕我们看到了福斯塔夫的贪吃，但哈尔王子的激烈反应更是强调了福斯塔夫嗜酒的习惯，福斯塔夫的大腹便便和其吃喝习惯将其变成贪食好酒者，虽然其他角色对他总以食物作比喻，但剧中他却坚持对酒的偏爱。[①]

值得注意的是，剧中的酒不但和男性相关，更是与女性角色密不可分。野猪头酒店经常出现的女性角色有两人：快嘴桂嫂和妓女桃儿，两人都与酒有着密切关联。早期现代英格兰的酒馆一般不欢迎女性顾客，但许多酒馆的老板却是女子，而且酒馆中往往有女仆在此工作。[②] 因此我们看到酒馆里出现的女性一般不喝酒，反而是售卖酒。实际上长期以来，英国本土的饮品是由发酵的麦芽和水酿制而成的"麦芽酒"（ale），酿制者是被称作"酒婆"（ale-wife）的家庭妇女，她们中既有来自富裕家庭以此换取额外收入的，也有来自寻常或贫困人家借此糊口的。《温莎的风流娘儿们》中出现的快嘴桂嫂就列出了酿酒这项替东家干活的项目："我在替他洗衣裳、晾衣裳，酿酒烘面包，擦铜器铁器，烧肉沏茶，铺床叠被。"[③] 到 14 世纪早期，无论在城镇还是乡村，麦芽酒零售都已成为一项常见的经济活动。受限于当时的运输和贮藏技术，此种经营多是在每年农作物收获之后，有了充足的酿制原料而进行的间歇行为。由于没有专门的饮酒场所，平时仅以桶装或罐装的形式在自家房屋前零售，或者挨家挨户地沿街叫卖。在人流量多的集市日，尤其在比较大的定期集市，大量邻村居民

---

① 有关福斯塔夫的吃喝分析，详见胡鹏：《食物、性与狂欢：〈亨利四世〉中福斯塔夫的吃喝》，载《浙江艺术职业学院学报》2016 年第 3 期，第 16—23 页。

② 如高英（L. Gowing）就通过 17 世纪法庭档案记录中酒馆女仆苏珊·李的案件，分析了酒馆的女仆与男主人及其子的暧昧关系，探究由此产生的私生子问题、与女主人的矛盾等问题，从而揭示当时社会下层女性家庭生活和她们在社会结构中承担的角色。See L. Gowing, "The Haunting of Susan Lay: Servants and Mistresses in Seventeenth-Century England", *Gender and History*, Aug. 2002, vol. 14 Issue 2, pp. 183 – 201.

③ 《温莎的风流娘儿们》，《新莎士比亚全集（第二卷）》，方平译，石家庄：河北教育出版社，2000 年，第 341 页。

或远地商人蜂拥聚集，摆摊售卖酒水。① 朱迪斯·班纳特（Judith Bennett）指出，尽管中世纪时一般是女性酿造、售卖大部分麦芽酒，但随着"更加资本化和工业化"的早期现代，她们渐渐变成了少数派。到 1600 年时，酿酒业特别是啤酒业已被男性支配，但"女性也并未完全被排除在饮料贸易之外……在村镇等小地方她们依然在酿造和售卖旧式的麦芽酒"。②

　　由于具备货物管理、酒店经营和计算交涉等能力，酒店女掌柜常被描绘为异常机智的人物形象，而莎士比亚笔下的女掌柜则还具备宽厚及色情等特点。我们在《驯悍记》中发现了"玛丽安·哈克特（Marian Hacket）——那个温柯村（Wincot）卖酒的胖娘儿们"，③根据希尔巴德（G. R. Hibbard）的分析，莎士比亚脑海中存在着一位真实的酒店老板娘/酒母："此处提及的女人是一位真实人物，因为罗伯特·汉克特（Robert Hacket）的女儿萨拉（Sara）于 1591 年 11 月 21 日在奎顿教堂接受洗礼。"④叫花克里斯朵夫斯赖以此作证说自己原本出身是个小贩，而今改行成了补锅匠。剧中卖酒的哈克特和野猪头酒店的快嘴桂嫂一样非常宽厚，容许斯赖挂欠了十四个便士的麦酒钱。快嘴桂嫂最先出现在《亨利四世（上篇）》中，福斯塔夫对太子提到："你看我那酒店的老板娘是不是一个娇滴滴、香喷喷的娘儿们？"太子回应："香得就跟海伯拉出的蜜一样"（210 页）。此时桂嫂的丈夫虽未出场，但常被提到以回应男性角色对她的调戏，她将自己称为"安分良民的妻子"（304 页）。正如辛格（Jyotsna Singh）指出那样，桂嫂"反复回击福斯塔夫对其妇道的污蔑，在尊重其高于自己社会地位的同时也强调了他的无赖品行及自己的高尚。"⑤当然，酒店的顾客形形色色，也包含上层阶级，女店主桂嫂必须对他们表示尊重，同时也试图维护旅店和自己的名声。当福斯塔夫宣称自己在酒店被盗后，桂嫂表明自己和丈夫都去寻找、打听过，"你当我在店里养着贼吗？我哪儿都找了，哪儿都问了；我爷们儿

---

① Peter Clark, *The English Alehouse*, pp. 21 - 22.

② Judith M. Bennett, *Ale, Beer, and Brewsters in England: Women's Work in a Changing World, 1300 - 1600*, New York: Oxford University, 1996, p. 146, 152.

③ 《驯悍记》，《新莎士比亚全集（第一卷）》，方平译，石家庄：河北教育出版社，2000 年，第 311 页。

④ G. R. Hibbard, ed., *The Taming of the Shrew*, Harmondsworth: Penguin, 1968, p. 171, n. 20.

⑤ Jyotsna Singh, "The Interventions of History: Narratives of Sexuality", in Dympna Callaghan, Lorraine Helms, and Jyotsna Singh, eds., *The Weyward Sisters: Shakespeare and Feminist Politics*, Oxford: Blackwell, 1994, pp. 7 - 58, p. 36.

也找了,也问了,连大人,带小孩,带佣人。我这店里以前连半根头发都没丢过"(301 页)。待哈尔王子上场后,福斯塔夫又抱怨:"这个店简直成了窑子啦,连人的口袋都要掏"(303 页)。实际上桂嫂让客人赊了大笔的账,"约翰爵士,饭钱、平常喝的酒钱,借给你的钱,一共二十四镑"(302 页)。然而罪犯并不是旅店员工,而是王子和皮托。相似的是《亨利四世(上篇)》中并未有任何证据表明野猪头酒店是"肮脏的黑店(bawdy house)"。然而在《亨利四世(下篇)》中情况发生了变化,快嘴桂嫂称自己是"可怜的无依靠的妇道人家",童儿用巴道夫的红脸开起了色情玩笑"我还当他在酒店女掌柜的新裙子上挖了两个窟窿,从那里面望着我呢!"①这或许是因为桂嫂和《亨利四世(上篇)》中的潘西夫人一样在战争中失去了丈夫,只能在其男性顾客中出卖肉体寻找依靠。

进一步而言,酒店中另一个女性角色妓女桃儿也是和酒息息相关。在《亨利四世(下篇)》第二幕第四景这一有关色情幽会场景中,桂嫂和桃儿上场讨论桃儿的身体状况:

> 桂嫂:实在的,好妹妹,我觉得你这会儿的健忘真可以说是怪好的;你的脉络跳得也是要多反常就多反常,你的脸色呢,不瞒你说,红得就跟一朵玫瑰花似的,这是实话啦!可是,实在的,你刚才喝的加那列葡萄酒(canaries)太多了,那个酒往身子里走的劲儿可凶着哪,你三句话还没说完,它就能把你浑身的血都热得香喷喷的。你现在觉得怎么样?
>
> 桃儿:比刚才好点了。(咳嗽)哼!
>
> 桂嫂:对呀,这个说得好;好心肠,金不换。(416—417 页)

桂嫂指出桃儿的身体异样,可能是因为"喝了太多的加那列葡萄酒",显然桃儿是刚刚过度饮酒而呕吐过。而且我们注意到桃儿称呼福斯塔夫为"一个大桶"用以回复快嘴桂嫂对男女之间差异及性关系的传统观念:

> 快嘴桂嫂:……要受着点就该你受……人家全那么说,女人不比男人,你是软弱的器皿,中空的器皿。

---

① 《亨利四世(下篇)》,《新莎士比亚全集(第七卷)》,吴兴华译,方平校,石家庄:河北教育出版社,2000 年,第 396、407 页。后文出自该著的引文,只随文标出页码,不另作注。

桃儿：软弱的中空的器皿哪儿受得了这么一大桶酒（Hogshed）的重量啊？他肚子里灌的波尔多酒足够商人装一船的，你上哪儿也找不着一艘大货船的舱里塞得比他更结实。好了，我还说跟你有交情的，杰克……（418 页）

桂嫂话中的"大酒桶"指通常用来装葡萄酒或啤酒的大桶，娜塔莉·维埃娜-格伦（Nathalie Vienne-Guerrin）就指出这个词半是赞扬半是误用，就像自相矛盾的赞颂一样，从而将快嘴桂嫂提及的"软弱的器皿"以"bear""vessel""stuffed"等词汇从整个色情的含义中剥离，从而把福斯塔夫转化为一个容器。① 随后福斯塔夫上场，当听到桃儿生病后，他讲到："她这行姑娘们全是这样"，并说"我们（男人）的病不是你传的吗？"将可能男女互相传染性病的全部责任推给了女性。桃儿反驳了福斯塔夫的观点，并以"链子首饰全给你"来谴责福斯塔夫的花言巧语（417 页）。正如斯坦利·威尔斯（Stanley Wells）指出那样，桃儿在调笑福斯塔夫时的跟跄醉酒是严肃的也是诙谐的，两者的对话表明了对性病的暗示和担忧。显然此剧中的性暗示是莎士比亚同时代日益增长的对性病忧虑的反映。② 16 世纪的食谱作家安德鲁·博德（Andrew Boorde）反对给年轻未婚女性葡萄酒喝："喝葡萄酒让年老男性和女性感到舒适，但无益于儿童和小姐，因为在德国没有小姐喝葡萄酒，但她可以在结婚前喝水。"③葡萄酒被认为有提供热量、暖和身体从而促进性欲的作用，因此不建议年轻未婚女子饮用。同时代另一位食谱作家威廉·沃恩（William Vaughan）也提醒大众注意某些类型的葡萄酒如麝香葡萄酒、马齐姆甜葡萄酒和混合葡萄酒等"仅仅使用于结了婚的人，因为它们增强某种力量"。④ 剧中桃儿是一位妓女，虽然喝葡萄酒的后果没有其他女性那样严重，但醉酒带来的问题也是严重的。正如霍华德（Jean E. Howard）指出那样，喝酒和性在桃儿这一酒店角色中结

---

① Nathalie Vienne-Guerrin, *Shakespeare's Insults: A Pragmatic Dictionary*, London: Bloomsbury, 2016, p. 234.

② Stanley Wells, *Shakespeare, Sex, and Love*, Oxford: Oxford University Press, 2010, p. 220.

③ Andrew Boorde, *A Compendyous Regyment or a Dyetary of Healthe Newly Corrected with Dyuers Addycyons*, London: William Powell, 1547. https://quod. lib. umich. edu/e/eebo/A16471. 0001. 001/1:12? rgn=div1;view=fulltext

④ William Vaughan, *Natural and Artificial Directions for Health*, London: Richard Bradocke, 1600. https://quod. lib. umich. edu/e/eebo/A14295. 0001. 001/1:7. 2? rgn=div2;view=fulltext

合尤为紧密,旅店是进行食物、饮品和性买卖的社会场所。[①] 1602 年一位德国旅客这样记载:"英格兰是女人的天堂,仆人的监狱,马的地狱",这里"女性极为自由就像主人一样,而可怜的马劳动繁重"。另一位瑞士旅客托马斯·普拉特(Thomas Platter)则记录下英国女性的"生活之乐":"她们以获赠加糖甜酒为荣;倘若一位女性受邀,她会带着三四个其他女性一道,喜气洋洋一起干杯。"[②]凯瑟琳·阿诺德(Catharine Arnold)也指出伦敦的"愉悦英格兰"既有丰盈的少妇举起泛着泡沫的啤酒杯和殷勤的男子干杯,也有莎士比亚笔下的桃儿和快嘴桂嫂那样出卖身体的女性兴高采烈地进行交易。[③] 虽然剧中的野猪头酒店并不实际存在,但我们毫不怀疑它是 16 世纪后期伦敦众多酒店的集合体,而剧中王子喝啤酒及桃色故事显然也是真实存在的。[④]

二、阶级

我们可以发现,《亨利四世》中出现了各种类型的酒,主要有麦芽酒、啤酒及葡萄酒,而售卖酒的地点既有客栈(the inn),也有酒店(the tavern)和啤酒馆(the alehouse)。《理查二世》中王后在遇见被押往伦敦塔的理查时就比较了客栈和酒馆:"你啊,你是古代的京城特洛伊废墟的象征——是昔日荣华的缩影,理查王的墓碑;可你不是理查王啊! 你华丽的大厦怎会偏收留了愁眉苦脸的'哀怨',让得意的欢笑响彻在下等的酒店(alehouse)?"[⑤]这从侧面体现出面向下层的啤酒馆在莎士比亚时代迅速扩张,1577 年英国对全国的客栈、酒店和啤酒馆进行统一登记时,斯塔福德郡的啤酒馆仅 105 个,但到 1605 年从季审法院取得执照的啤酒馆就达 736 个,1618 年上升到 869 个,1629 年 921个,1640 年 1090 个。[⑥] 16、17 世纪英国的啤酒馆的迅猛增长首先与啤酒制作

---

① Jean E. Howard, *The Stage and Social Struggle in Early Modern England*, London and New York: Routledge, 1993, p. 144.

② Quoted in Catharine Arnold, *The Sexual History of London: From Roman Lodinium to the Swinging City-Lust, Vice, and Desire Across the Ages*. New York: St. Martin's Press, 2011, p. 69.

③ Catharine Arnold, *The Sexual History of London*, p. 70.

④ 关于时代谬误参见 P. Rackin, *Stages of History: Shakespeare's English Chronicles*, Ithaca: Cornell University Press, 1990, pp. 86 - 145.

⑤《理查二世》,《新莎士比亚全集(第七卷)》,吴兴华译,方平校,石家庄:河北教育出版社,2000 年,第 140 页。

⑥ Rong Xiang, "The Staffordshire Justices and Their Sessions, 1603 - 1642", PhD thesis, University of Birmingham, 1996, p. 153.

技术的改进有关。中世纪英国的啤酒不加酒花，由发酵的麦芽、水和香料制作而成，这种酒被称为"麦芽酒"（ale）。16世纪初啤酒花被引进英国，诗曰："啤酒花、宗教改革、鲤鱼和啤酒，同一年抵达英格兰。"①添加了啤酒花的酒带有啤酒的苦味和酒花的香味，颜色清亮而不易变质，这种近现代意义上的啤酒（beer）受到消费者热捧。啤酒花还可以使麦芽的出酒率大大提高，一位生活在斯图亚特王朝早期的作者称，1蒲式耳麦芽只能产8加仑麦芽酒，但可产18加仑啤酒，结果使得啤酒的价格大大下跌，啤酒成为包括雇佣工人在内的普通人都能享用的大众消费品。② 同时啤酒还有麻醉功效，可以使穷人忘记饥饿和烦恼，它可以"抚慰沉重和烦躁的心；它能使寡妇破涕为笑，忘却失去丈夫的悲伤……它使饥者饱、寒者暖"。③

　　尽管莎剧中的下层民众如仆人、商人等，会喝一切可获得的酒精饮料，但其中必包含啤酒或麦芽酒，如《维罗纳二绅士》中斯皮德和朗斯计划去酒馆，"那儿五便士一杯酒，你可以买到五千个欢迎"④，《驯悍记》中叫花赖斯"这辈子还没喝过什么白葡萄酒"，他要求"来一壶淡卖酒……再给我来一壶最淡的淡麦酒。"（310，314页）而《亨利四世（下篇）》中巴道夫取笑童儿脸红得像"给一小壶酒开了苞（意为喝了两夸脱麦芽酒）"（407页）。实际上正如莫里森（Fynes Moryson）指出那样，只有"乡巴佬和粗汉子"才喝啤酒和麦芽酒。1600年出版的小册子中加入了对喝酒的热忱注解："再见英格兰，穷人一便士一壶麦酒——新鲜的麦酒、浓烈的麦酒、参差不齐世俗的麦酒、勇气的麦酒、传染的麦酒、炼金术般神奇的麦酒。"威廉·哈里森（William Harrison）也讲到："麦酒和啤酒让人兴奋，因此被称为'疯狗'、'天使的'食物、'龙的牛奶'、'扶墙走'、'大步跳'、'踢腿'等等。"⑤莎士比亚多次提到麦芽酒和酒馆，一般而言麦芽酒和酒馆与酗酒及危害社会行为同义。

---

① R. F. Bretherton, "Country Inns and Alehouses", in Reginald Lennard, ed. , *Englishmen at Rest and Play*: *Some Phases of English Leisure*, *1558 - 1714*, Oxford: Clarendon Press, 1931, pp. 147 - 201. pp. 168 - 169.

② Peter Clark, *The English Alehouse*, p. 97.

③ Keith Thomas, *Religion and the Decline of Magic*: *Studies in Popular Beliefs in Sixteenth and Seventeenth Century England*, London: Weidenfeld & Nicolson, 1971, p. 23.

④ 《维罗纳二绅士》，《新莎士比亚全集（第一卷）》，阮珅译，石家庄：河北教育出版社，2000年，第212页。

⑤ Quoted in Buckner B. Trawick, *Shakespeare and Alcohol*, p. 32.

葡萄酒在贵族中是最受欢迎的饮品,他们在谈论啤酒和麦芽酒时常报以蔑视态度,很少喝这些下层民众的饮料。如《亨利四世(上篇)》中飞将军希望哈尔王子出意外,"巴不得要他遭逢什么灾难,我准会叫人用一壶烧酒(ale)毒死他"(229页)。而《亨利四世(下篇)》中福斯塔夫称巴道夫的脸是"琉息弗(魔鬼)的私厨,琉息弗在那里别的事不干,专门拿火烤酒鬼(maltworms)"(431页)。在《亨利五世》中,高厄奚落火枪"酒醉糊涂的脑子"(626页),弗罗伦则讲述亚历山大大帝"凭着这几盅酒和一股怒火"把他最好的朋友克莱特给杀了①(676页)。甚至哈尔王子也由于想喝小啤酒而感到羞愧:

> 太子:你看我直想喝淡啤酒(small beer):这是不是很不像话?
>
> 波因斯:是啊,一个王太子的想法应该高尚一点,不该还记得这种淡薄无味的东西。
>
> 太子:那么说来,也许我的口味不是像我的出身一样高贵,因为凭良心说,我现在确实记起那下流可怜的东西淡啤酒来。可是,咳,这些卑下的想法也着实使我厌倦了我这尊贵的身份。(404页)

甚至部分下层人民也鄙视喝麦酒和啤酒,如《亨利六世(中篇)》凯德起义时宣布"喝淡啤酒是重罪",②《亨利四世(上篇)》中盖兹山蔑视那些酒鬼,"别当我是跟那些地痞流氓、打闷棍儿的、吹胡子瞪眼的青面酒鬼们往来的人"(236页)。《亨利四世(下篇)》桃儿则骂火枪是"酒鬼"(bottle-ale rascal)(421页),而在《亨利六世(中篇)》第二幕第三景中,我们可以看到霍纳的邻居都没有选择麦酒和啤酒:

> 邻甲:来,霍纳邻友,我敬你一杯西班牙酒(a cup of sack),不用害怕,你一定会打得很好的,邻友。
>
> 邻乙:来,邻友,我敬你一杯甜葡萄酒(a cup of charneco)。
>
> 邻丙:这是一樽加料烈性啤酒(a pot of good double beer),邻友,喝

---

① 《亨利五世》,《新莎士比亚全集(第七卷)》,方平译,石家庄:河北教育出版社,2000年,第626、676页。后文出自该著的引文,只随文标出页码,不另作注。

② 《亨利六世(中篇)》,《新莎士比亚全集(第八卷)》,谭学岚译,辜正坤校,石家庄:河北教育出版社,2000年,第212页。后文出自该著的引文,只随文标出页码,不另作注。

吧,不用害怕你的那个徒弟。(2.3.64 209 页)

而《亨利四世(下篇)》中福斯塔夫在长篇大论中表达了对葡萄酒的爱和对
小啤酒的轻视:

> 说真的,这位年纪轻轻冷冰冰的孩子可不喜欢我;想叫他笑一笑吗?
> 办不到。不过这也不稀奇,因为他根本不喝酒(drinks no wine)。这些稳
> 重的孩子们从来就不会有什么出息,因为淡而无味的饮料(thin drink)把
> 他们的血都变得凉透了;再加上顿顿吃鱼,结果就害上了一种男性的经期
> 失调,外带上贫血病;等他们娶了老婆,也只能生小妞儿。他们大多数都
> 是些傻蛋和孱包;要不是仗着酒把血液燃烧起来,我们有些人也会变成那
> 样的。"(2H4 3.2 第 476—477 页)

实际上在都铎时期的上层人士看来,啤酒馆的增加意味着怠惰的下层民
众聚会、饮酒增加,以及更多浪费时间和钱财。① 1616 年 6 月 20 日,詹姆斯一
世在星室法庭的著名演说中抱怨该国"啤酒馆泛滥",它们是"堕落的流浪汉、
无业游民和身强力壮的懒汉的出没之处和栖身之地",他要求"关闭所有有恶
名的啤酒馆"。② 彼得·克拉克认为啤酒馆是"穷人为穷人开的",是社会下层
人聚集的场所,它们往往同酗酒、犯罪和不道德行为相联系,因此被那时人们
看成是社会下层人颠覆现存社会秩序的指挥中心。③ 基思·赖特森也认为,
啤酒馆问题是由多种因素引起的,包括当时人对社会秩序的担心,对穷人态度
的变化,以及新教对酗酒及与罗马天主教有关的传统社交活动的敌视等。④
因此我们毫不奇怪莎士比亚笔下的盗贼、不法分子都出现在酒店,他们酗酒、

---

① J. Warner, "Good Help Is Hard to Find: A Few Comments about Alcohol and Work in
   Preindustrial England", *Addiction Research*, 2: 3(1995), pp. 259 - 269, 262 - 263.

② Johann P. Sommerville, ed., *King James VI and I: Political Writings*, Cambridge:
   Cambridge University Press, 1994, pp. 224 - 225.

③ Peter Clark, "The Alehouse and the Alternative Society", pp. 47 - 72.

④ Keith Wrightson, "Alehouses, Order and Reformation in Rural England, 1590 - 1660", in Eileen
   Yeo and Stephen Yeo, eds., *Popular Culture and Class Conflict 1590 - 1914: Explorations in
   the History of Labor and Leisure*, Atlantic Highlands, N. J.: Humanities Press, 1981, pp. 1 -
   27.

打架斗殴,太子在酒店混迹后能"把最低下的调子弹出来",甚至"跟那批酒保拜了把子,每个人的小名都叫得出:汤姆,狄克,法兰西斯",从而把对地下世界的"门路都精通了"(249 页)。显然酒与酒馆扰乱了社会阶级秩序。

三、国族

进一步而言,酒的品类与国族问题相关。在莎士比亚戏剧中,来自低地国家的弗兰德人和荷兰人常被认为是酗酒者及油腻食物的爱好者。在《温莎的风流娘儿们》中,裴琪在福斯塔夫不在场时称呼其为"弗兰芒醉鬼"(346 页)。费什(Joshua B. Fisher)就指出,16、17 世纪的英格兰,在对食物的呈现和消费,与英国礼仪及国族身份之间,展现出矛盾态度。一方面,英国人敞开胸怀接受那些多是进口的奢侈品以彰显英国在国际舞台上富裕、强盛的形象;另一方面,排外情绪及对国外的腐化堕落、享乐主义导致对铺张浪费的抨击。①

英国有酿酒、饮酒的悠久历史,尤其 16 世纪啤酒花开始在英国大规模种植以来,啤酒已经融入英国民族特性之中。其不仅成为民众生活中不可缺少的日常饮料,而且被称为"国民饮品"(national drink),成为英国人将自己与喝葡萄酒的法国人区别开来的一个标志。但是英国最初的国民饮品是麦芽酒,莉莎·皮卡德(Liza Picard)就指出:"1574 年,伦敦城中依然有 58 位麦芽酒酿造商和 33 位啤酒酿造商,而啤酒则逐渐取代麦酒成为了国民饮料"。② 正如历史学家彼得·克拉克(Peter Clark)指出那样,啤酒和麦芽酒是水的安全替代之物的观点"特别在城镇中变得越来越让人质疑,因为这种观念是由人口增长导致的日益恶化的环境卫生所带来的。"③16 世纪啤酒的日益普及意味着麦芽酒慢慢变成了过时的饮品,有关国族的套话和固定观念也在饮料中有所扩展。同时代的饮食作家安德鲁·博德特别警告了国族身份,他认为"麦芽酒是英国人的天然饮料",并指责"外国"饮料啤酒"是最近……英格兰人多数饮用且损害了很多英国人健康(的饮品)。"④由于酿造

---

① Joshua B. Fisher, "Digesting Falstaff: Food and Nation in Shakespeare's *Henry IV* plays", *Early English Studies*, volume 2, 2009: 1 - 23, p. 3.

② Liza Picard, *Elizabeth's London*, London: Phoenix Press, 2003, p. 187.

③ Peter Clark, "The Alehouse and the Alternative Society", p. 54.

④ https://quod.lib.umich.edu/e/eebo/A16471.0001.001/1:12.3? rgn=div2;view=fulltext.

啤酒所用的啤酒花通常为进口之物,且酿造者为弗兰德移民,因此啤酒带有异国属性。在莎士比亚的《亨利五世》中,童儿在法国战场上除了思乡外,最想的是就是英国麦芽酒:"但愿我这会儿是在伦敦的酒店(alehouse)里!我愿意拿我一世英名去跟一壶酒(a port of ale)和眼前的平安交换。"(605 页)

而葡萄酒是昂贵的、远离普通大众生活的饮品,尽管托马斯·柯甘(Thomas Cogan)认为喝葡萄酒比麦芽酒更容易烂醉,但饮食作家一般认为它比啤酒和麦芽酒更好。① 福斯塔夫所偏爱的白葡萄酒/甜酒(sack)是一种加强版葡萄酒,乃是从西班牙和加那利群岛进口,白葡萄酒通常比较干,而英国人常在售卖前往其中加入糖增加甜味,福斯塔夫对白葡萄酒过度的欲望解释了为何他在《亨利四世(上篇)》中被波因斯称为"喝甜酒加糖的约翰爵士(sack-and-sugar Jack)"(213 页)。福斯塔夫的话中也谈到了白葡萄酒的好处,认为它带来热量和勇气(477 页)。他的观点显然是对博德的回应,因为博德指出葡萄酒"制造好的血液,让大脑及身体舒适,唤起激情、产生热能、抵抗抑郁及忧伤"。② 同时饮食书也倾向赞同喝葡萄酒的好处,福斯塔夫在结尾的陈述中指出,如果他有儿子他将"教给他们的头一个世俗的道理就是禁绝一切淡薄的饮料,专心一志地喝酒"(478 页)。与福斯塔夫一样,同时代的托马斯·艾略特(Thomas Elyot)也更喜欢葡萄酒:"吾以为,葡萄酒远超麦芽酒及啤酒,因后两者缺乏热量和水汽。适度饮之,可增加人体热量和水分。同样啤酒、麦芽酒过量饮用时比葡萄酒产更多废液并影响性情。"③但是在谈到盖伦医学知识时,他警告"年轻人只需喝一点葡萄酒,否则会轻易导致愤怒、色欲及灵魂中被称为非理性部分,会带来麻木和迟钝"。同样沃特·巴列伊(Walter Baley)也注意到葡萄酒有利于"保护视力……因葡萄酒水汽是干性的……能够减轻不快和抑郁",但同样认为"葡萄酒对眼睛的某些效果是被禁止的"。④ 沃恩赞扬了白葡萄酒,认为"清晨快速饮用有清肺之效:用红洋葱一道饮用,它会快速到达膀胱,消除结石"。但如果是像暴食的福斯塔夫那样将没有效果:"胀腹时

---

① Quoted in Joan Fitzpatrick, "Die and Identity in Early Modern Dietaries and Shakespeare: The Inflections of Nationality, Gender, Social Rank, and Age", *Shakespeare Studies*, 42(2014): pp. 75 - 90, 86.

② https://quod. lib. umich. edu/e/eebo/A16471. 0001. 001/1:12? rgn=div1;view=fulltext.

③ Quoted in Joan Fitzpatrick, *Food in Shakespeare: Early Modern Dietaries and the Plays*, Burlington, VT: Ashgate, 2007, p. 27.

④ Quoted in Joan Fitzpatrick, *Food in Shakespeare*, p. 27.

饮用则损害身体，破坏肉的分解。"他同样提出警告，福斯塔夫最爱的白葡萄酒"会导致肥胖和茫然"，特别告诫年轻人，赞扬了约翰王子(Prince John)选择的饮料是明智之举。他认为甜酒"应在饭前饮用……以刺激食欲、愉悦精神"。①这点对于不断吃喝的福斯塔夫不适用。沃恩和福斯塔夫不一样，他对啤酒尤为忠实："啤酒由上乘麦芽制成，经过良好酿造，既不新也不陈，滋润身体，快速排出。夏天尤为被人们喜爱，整体上有益健康：因其含有麦芽，除滋养身体外，啤酒花也具有某种医学特征。"②

　　莎士比亚笔下的福斯塔夫显然符合沃恩的描述，但将福斯塔夫和葡萄酒结合也体现出英国人的饮食身份。首先，甜酒是从西班牙和加那利群岛进口之物，其品种多样(如有 Malaga，Palm，Jerez or Sherry)，酒的名称显示了它们的外国属性和产地。然而，甜酒自 1587 年弗朗西斯·德雷克爵士(Sir Francis Drake)在西班牙港口加的斯偷袭劫掠西班牙舰队后，便被视为特殊的国族主义饮品。在这一次行动中，德雷克获得了原本供给无敌舰队的2900 大桶雪利酒(原产自西班牙南部的烈性葡萄酒)，由此喝甜酒成为一种爱国的行为。而随后英国打败西班牙无敌舰队，更是巩固了甜酒和英国强大国力的国族主义关联。③ 福斯塔夫在《亨利四世(下篇)》中强调了酒激发活力的本质，这种效果不单对哈尔王子等个人有益，增强英国国族力量也不无裨益：

　　　　这就是为什么缘故亨利太子那么勇敢善战；因为他虽然从父亲那儿天然传来一股冷血，可是他拿它就当干硬枯瘠不长庄稼的土地一样，用尽苦心地下肥料、保养、耕种，喝了不知多少白葡萄酒(sherris)来灌溉它，归终他果然变得非常火热勇敢了。即使我有一千个儿子，我要教给他们的头一个世俗的道理就是禁绝一切淡薄的饮料，专心致志地喝酒(sack)。(478 页)

　　正如约书亚·费雪(Joshua B. Fisher)指出，过度饮酒从不得体的恶习变

---

① https://quod.lib.umich.edu/e/eebo/A14295.0001.001/1:7.2? rgn=div2;view=fulltext
② https://quod.lib.umich.edu/e/eebo/A14295.0001.001/1:7.2? rgn=div2;view=fulltext.
③ Jancis Robinson, ed., "Sack," *The Oxford Companion to Wine* (3rd edition), New York: Oxford University Press, 2006.

成了对自我和国家民族而言都高贵的美德。① 福斯塔夫与酒的联系抑制了英格兰对国族自我确认的渴求,同时也满足了观众希望经由喜剧场景认识到放纵饮酒的危害的争议性讨论。但是将甜酒与英格兰关联的认同并未根除长久以来英国人对包括葡萄酒在内的国外进口食物的敌视。毫无疑问,甜酒在此处变成和饮食相关的广义连接部分,即强调了福斯塔夫和通过食物、饮料展现内聚英国性的紧密关系。

莎士比亚时代的伦敦,公共戏剧是一种全新的商业娱乐形式,面向社会各个阶层。观众付钱进场后主要的活动就是吃喝,由于没有现代意义的酒吧和门廊,小贩们会进入剧场,兜售坚果、水果、啤酒,以及麦芽酒这些可以就地享用的吃食。如瑞士游客托马斯普莱特记述了 1599 年到环球剧院的经历:"场间有小食酒浆巡售,如愿破钞,自可提神。"②进一步说正如安德鲁·格尔(Andrew Gurr)指出,瓶装的麦芽酒在露天剧场表演戏剧时是戏迷们常见的饮料,③甚至环球剧院 1613 年失火,整个剧院夷为平地,当时一个男人身上的裤子烧起来,就是用麦芽酒扑灭的。④ 杰维斯·马卡姆(Gervase Markham)也注意到好的英国主妇"在提供面包和饮品前会加入蜂蜜",饮料的供给远超面包,他甚至给出了主妇们如何在厨房酿造啤酒和麦芽酒的建议。⑤ 进一步而言,莎士比亚曾按照同时代著名剧团经纪人和酒馆主詹姆斯·伯比奇的建议,在《温莎的风流娘们儿》一剧中把主角福斯塔夫塑造成一个酒馆中常见的爱吹牛的下层冒险家,还按照观众的喜好修改剧本中的台词,让情节适合酒馆里取乐的需要,变得"更粗俗和热闹"。⑥

由此可见,酒在莎士比亚时代的受欢迎程度远远超出舞台的想象,莎士比亚笔下和酒相关的人物角色不单单涉及到性与性别,同时也表现出英国社会

---

① Joshua B. Fisher, "Digesting Falstaff", p. 13.

② Quoted in Neil MacGregor, *Shakespeare's Restless World*, New York: Penguin Books, 2008, p. 40.

③ Andrew Gurr, *Playgoing in Shakespeare's London*. Cambridge: Cambridge University Press, 2004. pp. 43 - 44.

④ Neil MacGregor, *Shakespeare's Restless World*, p. 38.

⑤ Gervase Markham, *The English Housewife*, Michael R. Best, ed., London: McGill-Queen's University Press, 1994, p. 204.

⑥ Stephen Greenblatt, *Will in the World: How Shakespeare Became Shakespeare*, New York: W. W. Norton&Company, 2004, p. 94

转型时期阶级秩序的不稳定性,我们可以看到酒馆及麦芽酒(与啤酒和葡萄酒相对立)常常于社会底层相联系,女掌柜因此常被清教徒视为颠覆和失序的帮凶,而大众对待麦酒、啤酒和葡萄酒的复杂矛盾态度更是展现出英国国族塑造过程中的不确定性。

Gender, Class and National Identity: Alehouse and Alcohol in Shakespeare's History Plays

Hu Peng

Abstract: Shakespeare's history plays offer us a vivid picture of the common lives in Elizabeth's London, and his Prince Hal and the lads at the Boar's-head Tavern in Eastcheap were impassioned by the scrumptious drink. As the development of society in Shakespeare' days, the consumption of alcohol such as ale, beer and wine had been increased rapidly, and the alehouse also became a very popular entertainment place in England. This paper aims to take Shakespeare's history plays as examples, analyze the cultural meanings of alcohol and alehouses in his plays in the context of the contemporary thoughts of gender, class and national identity.

Keywords: Shakespeare's history plays; Alcohol; Alehouse

作者简介: 胡鹏,四川外国语大学副教授,莎士比亚研究所研究员。本文为 2019 重庆市社科规划青年项目"莎士比亚作品动物书写研究"(项目编号 2019 QNWX49)阶段性成果。

光启学术

背信弃义的友人：《哀怨集》第一卷第八首[①]

刘津瑜

导言： 这首短诗共50行，以哀歌双行体写成，以第一人称谴责一位曾经的好友，他如今已对"我"置之不理。这首诗的结构如下：

第1—10行：用一系列的不可能喻表示这位友人的令"我"难以置信的冷漠。

第11—28行：诘问为什么漠然待"我"，连陌生人都不如。

第29—36行：我们曾亲密友爱，这些都已被你抛诸脑后，都是一场空吗？

第37—46行：你如此铁石心肠，一定并非生于罗马而是蛮荒粗野之地。

第47—50行：事已至此，令人失望，你应该做些什么来改变我对你的负面记忆。

诗中并没有提到这位昔日好友的名字，但据第29—34行推测，他可能是诗人庞培乌斯·马凯尔(Pompeius Macer)，和奥维德的第三任妻子有亲戚关系(见《黑海书简》2.10.9—10)，奥维德曾与他共游希腊、小亚和西西里。然而

① 本译注为国家社科基金重大项目《古罗马诗人奥维德全集译注》(编号15ZDB087)阶段性成果。感谢海因兹(Stephen Hinds)教授分享尚未发表的剑桥注释本笔记，感谢倪凯对本篇译文所提出的修改意见。关于奥维德《哀怨集》(*Tristia*)底本、主题、注释本等的讨论，参阅刘津瑜，《踏上流放之途的前夜：奥维德〈哀怨集〉第一卷第三首译注》，《世界历史评论》2017年第8期，第329—346页。

这仅仅是猜测，并非定论。无论如何，在本篇中，这位故人甚至都没有在奥维德离开罗马的前夕来送别。他的冷漠无情与下一篇1.9中忠诚的朋友形成对比。奥维德用一系列修辞抱怨他忘却旧时的亲密关系和友爱，称他的行事让人觉得他并非生于罗马，而是生于未开化地区的峭壁，铁石心肠、吮吸虎奶长大。这些遣词和意象可追溯到《伊利亚特》16.33—35，帕特洛克罗斯对不肯出战的阿喀琉斯的责备："硬心肠的人啊，你不是车战的佩琉斯之子，/也不是忒提斯所生，生你的是闪光的大海，/是坚硬的巉岩，你的心才这样冷酷无情！"（罗念生、王焕生译）①也令人联想维吉尔《埃涅阿斯纪》第四卷第365—367行狄多对埃涅阿斯的控诉和指责。② 在埃涅阿斯对狄多说他要遵循神意离开迦太基去意大利之后，狄多难抑愤怒，说道：

> nec tibi diva parens, generis nec Dardanus auctor,
>
> perfide, sed duris genuit te cautibus horrens
>
> Caucasus, Hyrcanaeque admorunt ubera tigres.

"忘恩负义的人，你的母亲不是什么天神，达达努斯也不是你的什么祖先，你是那冥顽巉刻的高加索山生出来的，是许尔卡尼亚的老虎哺育的。"（杨周翰译）③

　　恋人间的背叛也是奥维德《拟情书》的主题，"弃妇"与遭受朋友背弃之人的描述十分类似。学者也经常将本篇与卡图卢斯（Catullus）《歌集》第30首相连。就主题而言，这两篇确实都关于朋友的背信弃义，主题相仿。两篇中都有欺骗（fallere）、记忆/忘却（memor/immemor）、冷酷（durus）、忠诚（fides）、徒然（irrita）等关键词汇。《哀怨集》1.8.35—36的用词和意象与卡图卢斯《歌集》30.9—10十分接近：Idem nunc retrahis te ac tua dicta omnia factaque/ventos irrita ferre ac nebulas aerias sinis（如今你却舍我而去，你的话语，你的所为/一切成空，让风与轻云带走）。然而，本篇全诗相较卡图卢斯《歌集》30而言，立意更为广阔，修辞手法及渲染层次更加丰富。比如开篇

---

① 罗念生、王焕生译，《伊利亚特》，人民文学出版社，2003年。

② Peter Green, *The Poems of Exile*: Tristia *and the* Black Sea Letters *with a New Foreword*, Berkeley: University of California Press, 2005, pp. 216 - 217.

③ 维吉尔著，杨周翰译，《埃涅阿斯纪》，译林出版社，1999年。

的一系列不可能喻将"忠诚"这个主题和宇宙秩序相连,第37—44行将地域与禀性挂钩,文明、平和的(placida)罗马与斯基泰和萨尔马提亚的蛮荒山脊(feris… iugis)形成强烈对比。两篇的结尾也大相径庭。卡图卢斯《歌集》30末尾两行的口吻强调诸神、fides不会放过背信弃义之人,不忠诚的友人终究会受悔恨的折磨。而本篇的末尾四行却敦促这位旧友回心转意,给奥维德忘却这不忠诚的行径甚至夸赞他的理由。这个结尾或许有些戏谑讽刺的意味,但在口吻上却迥异于卡图卢斯短诗中类似诅咒般的结尾。

华盛顿大学-西雅图(University of Washington-Seattle)海因兹(Stephen Hinds)教授在为《哀怨集》1.8做注的过程中也对比了以下各版本,笔者感谢Hinds教授无私分享他的2013年的比较笔记并授权引用。这里所采用的拉丁文本以卢克本为基本文本,并在参考Hinds教授笔记基础上注明异读。

托依布纳本(Teubner):Hall, John B. P. Ovidii Nasonis *Tristia*. Stuttgart:Teubner, 1995;

海德堡卢克本:Luck, Georg. *P. Naso Ovidius. Tristia*:*1*. Heidelberg:Winter, 1967;

牛津本(OCT):Owen, S. G. *P. Ovidi Nasonis Tristium Libri Quinque*, *Ibis*, *Ex Ponto Libri Quattuor*, *Halieutica Fragmenta*. *Recognivit Brevique Adnotatione Critica Instruxit S. G. Owen*. Oxford:Oxford University Press, first published 1915;

洛布本(Loeb):Ovid. *Tristia. Ex Ponto*. Translated by A. L. Wheeler. Revised by G. P. Goold. Loeb Classical Library 151. Cambridge, MA:Harvard University Press, 1924;2nd ed., 1988.

本篇所参考的主要注释本为 S. G. Owen, *Tristia Book I*. The Text Revised with an Introduction and Notes. 3rd ed. Oxford:The Clarendon Press, 1902。

In caput alta suum labentur ab aequore retro　1	深深的河流从大海倒流回
flumina, conversis Solque recurret equis:	源头,太阳驾马倒驰。
terra feret stellas, caelum findetur aratro,	大地挂着星辰,天空被犁划开。
unda dabit flammas, et dabit ignis aquas,	浪涛生出火焰,火生出水。
omnia naturae praepostera legibus ibunt,　5	一切皆颠倒,背天律而行,
parsque suum mundi nulla tenebit iter,	世上无一处可维持其轨迹,
omnia iam fient, fieri quae posse negabam,	一切如今会发生,我曾以为不可能,
et nihil est, de quo non sit habenda fides.	没有任何事物,不可置信。
haec ego vaticinor, quia sum deceptus ab illo,	我作此预言,因我为那人所欺骗,
laturum misero quem mihi rebar opem.　10	我曾以为他会帮助惨境中的我。
tantane te, fallax, cepere oblivia nostri,	骗子,你是把我忘得如此彻底,
adflictumque fuit tantus adire timor,	还是怕接近遭难的我,
ut neque respiceres nec solarere iacentem,	我这落难之人,你既不关心也不安慰,
dure, neque exequias prosequerere meas?	冷酷的人啊,甚至不为我送葬?
illud amicitiae sanctum et venerabile nomen　15	那神圣而可敬的友谊之名,
re tibi pro vili sub pedibusque iacet?	毫无价值,践踏于你脚下?
quid fuit, ingenti prostratum mole sodalem	这有多难:去看望并用你的话语宽慰
visere et adloquii parte levare tui,	一位被重击压垮的友人;
inque meos si non lacrimam demittere casus,	就算不为我的遭遇一洒泪水,
pauca tamen ficto verba dolore loqui,　20	假装哀伤说几句话也好;
idque quod ignoti, 'factum male' dicere saltem,	至少如陌生人那样,说声"真不走运啊",
et vocem populi publicaque ora sequi,	效仿大众的俗语和流行的说法;
denique lugubres vultus numquamque videndos	临了,看看我永不再相见的悲伤面容,
cernere supremo dum licuitque die,	在最后一日,在还有可能的时候;
dicendumque semel toto non amplius aevo　25	听我说"再见",并用同样的声音回应,
accipere et parili reddere voce 'vale'?	这声"再见"终身再不会重复?
at fecere alii nullo mihi foedere iuncti,	和我不沾亲带故的其他人都如是为之,
et lacrimas animi signa dedere sui.	落了眼泪以示情谊。
quid, nisi convictu causisque valentibus essem	若不是我因亲密的交往和强大的缘由
temporis et longi iunctus amore tibi?　30	还有长久的爱与你相连,你会怎样?
quid, nisi tot lusus et tot mea seria nosses,	若不是你知晓我那么多的嬉闹与严肃
tot nossem lusus seriaque ipse tua?	之事,我也知晓你那么多的嬉闹与严肃
[quid, si dumtaxat Romae mihi cognitus esses,	之事,你会怎样?
adscitus totiens in genus omne loci?]	【若你如此多次地在各地与我相伴,
	只在罗马为我所知,你会怎样?】
cunctane in aerios abierunt irrita ventos?　35	这一切皆是徒然,随风而逝了吗?
cunctane Lethaeis mersa feruntur aquis?	这一切皆已淹没在忘川之水了吗?
non ego te genitum placida reor Urbe Quirini,	我觉得你并非生于温和的奎里努斯之城,
urbe, meo quae iam non adeunda pedi,	那座我再也无法踏足的城市,
sed scopulis, Ponti quos haec habet ora sinistri,	

续　表

inque feris Scythiae Sarmaticisque iugis: 40 et tua sunt silicis circum praecordia venae, 　et rigidum ferri semina pectus habet, quaeque tibi quondam tenero ducenda palato 　plena dedit nutrix ubera, tigris erat: aut mala nostra minus quam nunc aliena putares, 45 　duritiaeque mihi non agerere reus. sed quoniam accedit fatalibus hoc quoque damnis, 　ut careant numeris tempora prima suis, effice, peccati ne sim memor huius, et illo 　officium laudem, quo queror, ore tuum. 50	而是生于这黑海左岸的峭壁，斯基泰 和萨尔马提亚的粗野山间： 石质的血管围绕着你的心， 冷硬的胸中包含铁的元素。 那位哺育你的人，曾将充盈的乳房让你 柔嫩的唇舌吮吸的，是只母虎： 不然你就不会如现在那样觉得我的 事不关己，我也无需指责你冷酷无情。 可因为这已落到我命中注定的厄运 之上， 早年的情谊结局不甚完美。 努力让我忘却你的过错吧，让我用那 抱怨的唇赞颂你的友情吧。

1.8.1-6　adynaton/adynata 不可能喻。以假想天然秩序的错乱来表达惊讶、震惊或愤怒，这是希腊悲剧中常见手法。不可能喻的文学惯例通常有以下几种：河水倒流；太阳西升东落；鱼翔天空；飞鸟游水；海水枯竭；猛兽与猎物角色互换，等等。如欧里庇得斯，《美狄亚》410-411："神圣的河水在倒流，/正义和一切秩序在逆转。"（张竹明译，见张竹明、王焕生译，《古希腊悲剧喜剧全集》，译林出版社，2007 年）散文作品中的例子如希罗多德《历史》5.92, 8.143。拉丁文学中的先例如维吉尔《牧歌》1.60-64："即使野鹿在天上游牧，在空中飞翔，/即使海水干枯，把鱼儿留在光光岸上，/即使那东方的安息和西方的日尔曼，/都到相反的河上饮水，把地域更换，/我的心里也不能够忘记那人的容颜。"（维吉尔著、杨宪益译，《牧歌》，日知古典丛书，上海人民出版社，2015 年）

奥维德作品中不可能喻的例子并不鲜见，比如，《哀怨集》5.21-22: cana prius gelido desint absinthia Ponto,/et careat dulci Trinacris Hybla thymo, 寒冷的黑海不再有白色的苦艾，/西西里的许布拉山缺了百里香。又见《变形记》13.324-326,14.37-39；《黑海书简》2.4.25-30,4.5.41-44,6.45-50；《伊比斯》31—40。

1.8.9　haec ego vaticinor：haec 指以上一系列的不可能事物喻。Hinds 建议这句话可译为"this I prophesy, sing as 'vates'"（我以"诗人"的身份歌唱，作此预言）。

1.8.2   conversis equis,表方式的第五格,字面的意思是马调转了方向。

1.8.11   原句直译为:骗子啊,对我的遗忘是否已然抓住了你(tantanete, fallax, cepere oblivia nostri)。cepere oblivia 这个表达法,见卢克来修《物性论》6.1213:atque etiam quosdam cepere oblivia rerum"此外,有些人完全失去了忘记力"(卢克莱修著,方书春译,《物性论》,商务印书馆,1988年)。

1.8.13   iacentem,单数现在时主动分词,在这里是名词化用法,字面的意思是"倒地之人"。

1.8.14   exequias 是 exequae 的宾格,字面的意思是"葬礼""送葬的行列"。奥维德流放诗中贯穿着流放即死亡的主题,所以在这里 exequias 的实际意思是离开罗马。对奥维德离开罗马前夜的描述,见《哀怨集》1.3。

1.8.16   re tibi pro vili:pro 在这里的意思是"与……等价",类似的说法见《黑海书简》4.13.44(致卡鲁斯)per non vile tibi nomen amicitiae(友谊之名对你一文不值)。

1.8.17 - 26   这个长句由 quid 这个疑问词引导,后接一系列的不定式 visere、levare、loqui、dicere、sequi、cernere、accipere、reddere。基本的意思是:做这些事情有何难? 下接的不定式结构描述这些事的具体内容。

1.8.17   quid 在这里意为"何等小事",这个用法见西塞罗,*Fam* 4.14.4。

1.8.18   卢克本和托伊布纳本皆作 visere et adloquii parte levare tui;牛津本作 visere et alloquio parte levare tuo。

1.8.19   lacrimam 这里的眼泪是单数,Owen 1902 认为这是刻意为之。

1.8.21   ignoti,阳性复数主格,意为"不认识的人",即"陌生人";

factum male,托依布纳本和 Hinds 为 faciunt, bene;牛津本为 faciunt, uel。

托依布纳本:idque quod ignoti faciunt, bene dicere saltem

牛津本:idque, quod ignoti faciunt, vel dicere saltem

1.8.22   vocem populi publicaque ora:populi(名词第二格)和 publica(中性、复数、形容词)都是指公众;

ora 本义是"嘴",可以指"口舌",也可指"面容"。

1.8.23   这一行六音步诗行中,denique 之后紧接着三个长长格,烘托凝重悲伤的情绪。

denique lugubres vultus numquamque videndos

长短短/长长/长长/长长/长短短/长长

1.8.29‐34　quid：quid 后省略了动词(如 fecisses)。quid (fecisses)…nisi…(若不是……你会怎样/你会做什么?)共三个与事实相反的过去时条件句。关于 quid nisi 或 quid si non 的用法，详见 Maurice Pope，"'Quid si Non'…: An Idiom of Classical Latin," *Phoenix* 36.1(1982)，pp. 53‐70。

1.8.29　convictu：同伴、精神伴侣。《哀怨集》4.10.48：dulcia convictus membra fuere mei(是我同伴中甜蜜的成员)，洛布译文中将 convictus 译为 circle(圈子)。亦见《黑海书简》2.10.9。

1.8.30　卢克本和洛布本为 iunctus(被结合、相连)。托依布纳本、牛津本、Hinds 为 vinctus(被绑在一起)。

1.8.31‐32　lusus(戏谑、玩笑)与 seria(严肃之事)互为对照，互相知晓对方的各种情态既是关系亲密的表征也是友情的纽带。《黑海书简》1.9.9‐10；4.3.13‐14 (ioca 与 seria 的对照)。

1.8.33　牛津本、洛布本、Hinds 均为 si dumtaxat；托依布纳本为 nisi adhuc puero；

牛津本、洛布本、Hinds 均为 mihi cognitus esses；托依布纳本为 tibi cognitus essem。

1.8.34　洛布本、Hinds 为 ascitus … in … loci；牛津本为 a(d)scitus … in … loci；托依布纳本为 accitus … ad … ioci。

1.8.35　aerios … ventos 天空中吹着的风；在牛津本中是 aequoreos … ventos(海风)。

1.8.35‐36　被风吹走、被流水带走是古希腊拉丁文学作品中常见的表达法，表示无法实现，传达失望与落寞的情绪。在奥维德之前的拉丁文学中，可见卡图卢斯《歌集》30.9‐10；70.3‐4：dicit：sed mulier cupido quod dicit amanti,/In vento et rapida scribere oportet aqua(她说："但女人送给炽热情郎的言辞/只应写在风中，写在流逝的水里。"卡图卢斯著、李永毅译，《卡图卢斯〈歌集〉拉中对照译注本》，中国青年出版社，2008 年)；64.59：Irrita ventosae linquens promissa procellae．"将空洞的诺言抛给无边的疾风与怒涛。"(李永毅译)；Quae cuncta aereii discerpunt irrita venti"所有那些空言都已被天上的风吹散"(李永毅译)；普罗佩提乌斯《哀歌集》2.28.8：quidquid iurarunt, ventus et unda rapit"任她们发愿誓,都被风和水卷逸"(普罗佩提乌斯著、王焕生译,《哀歌集·拉丁语汉语对照全译本》,华东师范大学出版社,2006 年),等等。奥维德在之前的诗歌中也用过这样的意象,如《恋歌》2.16.45-46:verba puellarum foliis leviora caducis/irrita, qua visum est, ventus et unda ferunt(姑娘们空洞的话语轻于落叶/随风而逝,随浪飘走)。然而在本篇中,所谓的水是忘川之水,即冥河水,这里的意象更为沉重,死亡、忘却、失望、谴责相互交织,正是流放主题的缩影与写照。

1.8.37-44　文学先例见《伊利亚特》16.33-35;维吉尔《埃涅阿斯纪》4.365-367。

1.8.37　Urbe Quirini 指罗马城,奎里努斯是罗马传说中的建城者罗慕路斯死后成神的名字。

placida ... Urbe 表示地点的第五格,placida 的基本意思是"平静的"、"和平的"、"温和的"、"文明的"。

1.8.38　托依布纳本、牛津本、洛布本、Hinds 均为 pede est。

1.8.39-40　sinistri 是双关语,既含有"左(岸)"的意思又含有"不祥的"之意;scopulis(峭壁)和 iugis(山脊)都是和上面第 37 行的 Urbe 一样表地点的第五格。

1.8.41　silicis,阳性单数第二格,表质地、材质的第二格(属格)。原形为 silex(硬石、燧石)。

1.8.42　ferri semina,即"铁"。semina 的本意为"种子",卢克莱修《物性论》第六卷中常出现 vaporis semina, semina ignis,分别译为热种子、火种子(方书春译)。

"铁石心肠"的表述,亦见奥维德《恋歌》Amores 3.6.59:Ille habet et silices et vivum in pectore ferrum 等。

1.8.43-44　这两行的散文语序可调整为:et nutrix quae quondam dedit tibi ubera plena ducenda tenero palato, erat tigris。

1.8.45-46　这里的动词 putares(主动式)和 agerere(被动式)都是第二人称单数过去未完成时情态动词,表示与现实相反。

agerere reus,字面的意思是:"你被指控(为被告)",agere reum 是个法律术语,意为"指控"。注意音节"-re"的重复。

1.8.43　ducenda,中性复数宾格,表被动的 gerundive,修饰下一行的

ubera(乳房)。源自动词 dūcō,dūcere,在这里的意思是"汲取""吮吸"。

1.8.48　ut careant numeris tempora prima suis, ut 引导的从句用来解释上一行中的 hoc。

numerus 指整体的一部分,carēre numeris(缺乏整体的一部分)这个表达法的基本意思是"不完整","有缺失"(A. E. Roberts, *P. Ovidi Nasonis Tristium Liber Primus*. London：George Bell & Sons，1902),可译为"不完美""有缺憾""令人失望"等等；tempora prima (nostrae amicitiae)。

1.8.49－50　这两行的散文语序可调整为：effice ne sim memor peccati huius et（ut）laudem tuum officium illo ore quo queror。

effice 引导两个目的从句,第二个目的从句省略了 ut；

officium 指尽朋友之职；

quo,关系代词,指 ore,表工具的第五格。

作者简介：刘津瑜,上海师范大学特聘教授,德堡大学古典系教授。

诗集的罗马之旅:《哀怨集》第三首第一篇^①

刘津瑜

　　导言:《哀怨集》3.1 与《哀怨集》1.1 相呼应,其主角都是人格化的"书"(liber),即奥维德写于流放中的《哀怨集》。但在《哀怨集》1.1 中,说话者是诗集的作者奥维德,他对拟人化的诗集叮咛,而在《哀怨集》3.1 中,"书"以第一人称讲述其来源、所想、所愿,以及在罗马之所见。这首诗的结构如下:

　　第 1—20 行:已经到达罗马的"书",用自白的方式,向读者诉说它与奥维德其他作品的不同,这是不幸的作者的悲伤之作;

　　第 21—58 行:"书"被向导带领着从城中心走上帕拉丁山,途径重要的建筑(恺撒广场、奥古斯都广场、圣道、维斯塔圣所、努马官室、固守者尤比特神庙、奥古斯都家宅)。"书"和向导之间的对话穿插在这段旅程之中。它在奥古斯都家宅外情绪复杂,仰慕与惶遽交织,并渴望奥古斯都能够赦免奥维德;

　　第 59—74 行:"书"继续被领着去阿波罗神庙、屋大维娅柱廊、自由神庙,这些有公共图书馆的地方它不得其门而入,奥维德自身和他的作品都在遭受流放的命运;

　　第 75—82 行:"书"盼望奥古斯都随着时间能平缓心情,不再惩罚奥维德;在此之前,它请求普通读者拿起这本诗集阅读。

---

① 本译注为国家社科基金重大项目《古罗马诗人奥维德全集译注》(编号 15ZDB087)阶段性成果。

这首诗中的主要人物是"我"(即"书",诗集)、"奥维德"、不知名的向导以及奥古斯都。用来形容"书"的形容词是表示疲惫、悲惨、惶遽和懊恼消沉的(以下词语保留在文中的格):fesso(第 2 行)、lassus(第 26 行)、miserum(第 53 行)、exsangui(第 55 行)、confusa(第 81 行)。"书"称奥维德为作者、诗人、流放者、主人和父亲:exul(第 1 行)、dominus(第 5、14 行)、poeta(第 23 行)、parens(第 57 行)、pater(第 66 行)、auctoris(第 73 行),表示他境遇的形容词毫不意外,是 infelix(第 6 行)和 miseri(第 73 行)。"书"叹道,他们命运相连,际遇是共通的(第 73—74 行):"悲惨的作者,他的不幸将后裔卷入旋涡,/我们生来要经受他自己已遭受之流放(fugam)。"这里的 fuga 是"被排除在外"之意,对于书来说,这意味着被禁止进入公共图书馆,对于奥维德来说,这意味着无法回到罗马。他们的命运掌握在奥古斯都(文中的"恺撒")手中,"书"两次用呼格称呼奥古斯都,称他为"父",为"神",且两次都是最高级:pater optime"至善的父亲"(第 49 行)、maxime dive"至高之神"(第 78 行)。因为这首诗中也多次提到罗马众神中的最高神尤庇特,那么"书"称奥古斯都为"至高之神"又做何解呢?

人格化的"书"见到一座宅第门外的橡叶花环时,问那宅第是否是尤庇特的居所,因为橡树是尤庇特的圣树。在听到这是奥古斯都的家宅时,"书"将其等同于尤庇特的居所(第 35—38 行),也就是说在奥古斯都和尤庇特之间划上了等号。然而,这首诗的下文却将橡叶花环解释为奥古斯都因拯救公民而获得的荣誉(第 47—48 行)。米勒(John Miller)指出这个说法其实是撇清了橡叶花环和尤庇特的关系,从一个方面构成了对"奥古斯都-尤庇特"的否定。① "书"进一步提到,即便在拯救公民这件事上,奥古斯都的成就也是不完整的,因为还有一位公民(即奥维德)亟待拯救。

诗中所提及的诸多建筑并非奥维德的"记忆之所",从"书"的角度而言,对图书馆的强调情有可原,但这也从一个角度说明诗中所提到的建筑或景观是经过精心挑选的。赫斯基(Samuel J. Huskey)在《奥维德被(误)导的罗马之旅:〈哀怨集〉3.1 中的刻意遗漏》②一文中专门探讨了"书"在其行程中

---

① John F. Miller, *Apollo, Augustus, and the Poets*. Cambridge: Cambridge University Press, 2011, p. 217.

② Samuel J. Huskey, "Ovid's (Mis)Guided Tour of Rome: Some Purposeful Omissions in 'Tr.' 3.1," *The Classical Journal* 102. 1 (2006), pp. 17-39.

应该看到但没有提到的罗马标志性建筑。比如,小书在恺撒广场和奥古斯都广场应该会看到恺撒神庙和奥古斯都凯旋门,在上到帕拉丁山上这一路也应该会看到帕拉丁山上的维斯塔神庙以及卡皮托林山,然而这些重要的地点在诗中都没有提及。赫斯基认为这些遗漏是有意为之,比如,漏提恺撒广场和奥古斯都凯旋门形成了一种在修辞上对奥古斯都印记的记忆抹杀("rhetorical damnatio memoriae")。而只提罗马最古老的公共建筑之一维斯塔圣所而不提奥古斯都所修建的帕拉丁山上的维斯塔神庙,则在颠覆("subvert")奥古斯都对城市面貌的改观。卡皮托林山上有着罗马最重要的公共建筑之一,至善至高的尤庇特神庙。赫斯基认为诗中对卡皮托林山的遗漏透露着重要的信息,即无论奥古斯都有多大权力,多么神圣的头衔,或多大的改变城市面貌和宗教景观的能力,他终究不是尤庇特。[①]

'Missus in hanc venio timide liber exulis Urbem;　1 　da placidam fesso, lector amice, manum; neve reformida, ne sim tibi forte pudori; 　nullus in hac charta versus amare docet. haec domini fortuna mei est, ut debeat illam　5 　infelix nullis dissimulare iocis. id quoque, quod viridi quondam male lusit in aevo, 　heu nimium sero damnat et odit opus! inspice quid portem; nihil hic nisi triste videbis, 　carmine temporibus conveniente suis.　10 clauda quod alterno subsidunt carmina versu, 　vel pedis hoc ratio, vel via longa facit; quod neque sum cedro flavus nec pumice levis, 　erubui domino cultior esse meo; littera suffusas quod habet maculosa lituras,　15	"我,寄自流放者的书,怯然来到这都城: 亲爱的读者,请把温柔的手给疲惫的我; 别担心我可能会给你带来羞耻: 本卷中,无一行教授谈情说爱。 我主人的时运如此,不幸的他不应 用任何轻佻玩笑掩饰之。 对他青葱岁月时轻浮的戏谑之作, 唉,他的谴责和痛恨来得太迟! 请看我所带来的:您只会看到悲伤, 诗歌正与其境遇相称。 若跛腿的诗歌隔行一瘸一拐, 是格律或漫长的旅途使然; 若我未浸雪松油不呈金黄色,未经浮石打磨, 是因为我羞于比我的主人更考究; 若字迹模糊,带着斑驳的印记, 那是为诗人自己的眼泪所沾染。 若有些言辞或许看起来不似拉丁语, 那是因为他书写之处是蛮族之地。

① Ibid, p. 32.

续　表

laesit opus lacrimis ipse poeta suum. siqua videbuntur casu non dicta Latine, 　in qua scribebat, barbara terra fuit. dicite, lectores, si non grave, qua sit eundum, 　quasque petam sedes hospes in Urbe liber. ' 20 haec ubi sum furtim lingua titubante locutus, 　qui mihi monstraret, vix fuit unus, iter. 'di tibi dent, nostro quod non tribuere poetae, 　molliter in patria vivere posse tua. duc age! namque sequar, quamvis terraque marique 25 　longinquo referam lassus ab orbe pedem. ' paruit, et ducens 'haec sunt fora Caesaris', inquit, 　'haec est a sacris quae via nomen habet, hic locus est Vestae, qui Pallada servat et ignem, 　haec fuit antiqui regia parva Numae. ' 30 inde petens dextram ' porta est ' ait ' ista Palati, 　hic Stator, hoc primum condita Roma loco est. ' singula dum miror, video fulgentibus armis 　conspicuos postes tectaque digna deo, et 'Iovis haec' dixi 'domus est?' quod ut esse putarem, 35 　augurium menti querna corona dabat. cuius ut accepi dominum, ' non fallimur ', inquam, 　'et magni verum est hanc Iovis esse domum. cur tamen opposita velatur ianua lauro, 　cingit et augustas arbor opaca fores? 40 num quia perpetuos meruit domus ista triumphos, 　an quia Leucadio semper amata deo est? ipsane quod festa est, an quod facit omnia festa? 　quam tribuit terris, pacis an ista nota est? utque viret semper laurus nec fronde caduca 45 　carpitur, aeternum sic habet illa decus?	读者啊, 若不麻烦, 告诉我, 我该去哪儿, 我这外来的书卷, 在都城何处而居。" 我这样窃窃而语, 吞吞吐吐, 最终只找到一个指路之人。 "愿诸神让你在你的家乡舒适地生活, 他们不曾将此给予我们的诗人。 请带路吧! 我会跟随, 即便越过大地越过海, 从遥远的世界归来, 我已精疲力尽。" 他听从了, 边带路边说: "这是恺撒广场, 这是得名于神圣仪式的街道, 这里是维斯塔圣所, 守护着帕拉狄翁和圣火, 这里曾是古时努马狭小的宫室。" 自此右转, "这是帕拉丁的大门", 他说: "这里是固守者神庙, 是罗马初建之处。" 我仰慕地环顾四周, 看见挂有耀眼兵器的 醒目门扉和配得上神祇的宅第, "这是尤庇特的府邸吗?"我问。橡叶花环给了我预示, 让我觉得如此。 听到他的主人是谁时, 我说: "我没弄错, 这诚然是伟大的尤庇特的府邸。 可为何面前的门为月桂树所遮蔽, 浓密的枝叶围绕着庄严的门户? 是否因为这宅第值得永恒的凯旋, 因它永受琉卡斯之神的青睐? 是因为它自身欢乐, 令一切欢乐? 还是这标记着它给予世界的和平? 是否正如月桂树常青, 也无落叶采摘, 那家宅也永享荣耀? 其上的花环来源有铭文为证, 公民因他之助而得救。 至善的父啊, 请将一位公民加入得救者,

续　表

causa superpositae scripto est testata coronae: 　　servatos civis indicat huius ope. adice servatis unum, pater optime, civem, 　　qui procul extremo pulsus in orbe iacet, 50 in quo poenarum, quas se meruisse fatetur, 　　non facinus causam, sed suus error habet. me miserum! vereorque locum vereorque potentem, 　　et quatitur trepido littera nostra metu. aspicis exsangui chartam pallere colore? 55 　　aspicis alternos intremuisse pedes? quandocumque, precor, nostro placere parenti 　　isdem et sub dominis aspiciare domus!' inde tenore pari gradibus sublimia celsis 　　ducor ad intonsi candida templa dei, 60 signa peregrinis ubi sunt alterna columnis, 　　Belides et stricto barbarus ense pater, quaeque viri docto veteres cepere novique 　　pectore, lecturis inspicienda patent. quaerebam fratres, exceptis scilicet illis, 65 　　quos suus optaret non genuisse pater. quaerentem frustra custos me sedibus illis 　　praepositus sancto iussit abire loco. altera templa peto, vicino iuncta theatro: 　　haec quoque erant pedibus non adeunda meis. 70 nec me, quae doctis patuerunt prima libellis, 　　atria Libertas tangere passa sua est. in genus auctoris miseri fortuna redundat, 　　et patimur nati, quam tulit ipse, fugam. forsitan et nobis olim minus asper et illi 75 　　evictus longo tempore Caesar erit. di, precor, atque adeo-neque enim mihi turba roganda est- 　　Caesar, ades voto, maxime dive, meo! interea, quoniam statio mihi publica clausa est, 　　privato liceat delituisse loco. 80 vos quoque, si fas est, confusa pudore repulsae 　　sumite plebeiae carmina nostra manus.	他遭流放，远在世界的尽头， 他承认自己当受惩罚，受罚的原因并 非罪行而是他的一个过失。 我何其不幸！我惧怕此地，惧怕掌权 之人， 我的文字因不安的恐惧而颤栗。 你看到纸卷苍白无血色了吗？ 你看到交替的韵脚颤抖了吗？ 我祈愿，有一天，这宅第会和我父 和解， 愿你主人依旧，为他所见！" 从这里，我被继续带上高高的台阶， 直到长发之神庄严耀目的神庙， 那里雕像与异域石材的柱子相互 交替， 贝鲁斯的孙女们及拔剑的蛮族父亲， 古往今来博学之人心中所领会的 一切，皆开放供读者审阅。 我寻找我的手足，父亲希望 不曾出生的那些当然除外。 我寻找无果，受命守护神庙者 令我离开这神圣之地。 我前往其他神庙，毗连邻近的剧院： 这也并非我的脚步能进入之处。 即使是首个向博学之作开放的 自由之庭也不容我登堂入室。 悲惨的作者，他的不幸将后裔卷入 旋涡， 我们生来要经受他自身已遭受之 流放。 或许，有朝一日，恺撒为漫长的岁月 所安抚，不再严苛对待我们与他。 我祈求，诸神啊，（既然我不必诉诸一 众神祇）， 尤其是恺撒，至高之神啊，聆听我的 祈愿！ 与此同时，既然公共书架对我关闭， 就让我隐身于私人之所吧。 如若可以，民众的手啊，也请你们拿起 我因遭禁蒙羞而懊恼消沉的诗卷。

3.1.4　强调这个诗集和《爱的艺术》完全不同,后者教授谈情说爱而这个诗集并非如此。

3.1.5-8　年轻时的戏谑玩笑之作,仍指《爱的艺术》。

3.1.9　直译:除了悲伤之外你将看不到(其他)任何东西。

3.1.10　carmine temporibus conveniente suis,绝对第五格(夺格),交叉词序;temporibus 基本的意思是"时间",在这里指"境遇""时境"。与这一行类似的表述在《哀怨集》中反复出现,尤其在《哀怨集》5.1 中,比如第 5—6 行:flebilis ut noster status est,ita flebile carmen,/materiae scripto conveniente suae,"正如我悲伤的境遇,这诗作也悲伤,/作品与题材相称";第 29—30 行:non haec ingenio,non haec componimus arte:/materia est propriis ingeniosa malis,"写这些诗,我用的不是天赋,不是技巧:/题材正与厄运本身相称"。

3.9.11　奥维德对哀歌双行体格律的形象描述,见奥维德《恋歌》1.1.3-4:par erat inferior versus—risisse Cupido/dicitur atque unum surripuisse pedem 前后诗行要长短相当——据说丘比特/却嬉笑还盗走了一个音步(翟康译);1.1.17-18:cum bene surrexit versu nova pagina primo,/attenuat nervos proximus ille meos,"新的一页随着首行诗句而兴起,/下一行却削弱了我的气势"(翟康译);1.27:Sex mihi surgat opus numeris,in quinque residat. 另见奥维德《黑海书简》3.4.85:ferre etiam molles elegi tam vasta triumphi/pondera disparibus non potuere rotis,"柔弱的哀歌无法用不均等的双足/承受凯旋如此巨大之重量"。另见《岁时记》6.22:ause per exiguos magna referre modos,"胆敢用纤弱的格律讲述伟大之事"。参阅贺拉斯《诗艺》75-76:versibus impariter iunctis querimonia primum/post etiam inclusa est uoti sententia compos 诗行长短交替,先蕴含哀怨之情,/而后又涵盖了祷献还愿之意(翟康译)。

3.9.12　pedis,主格为 pes("脚""足"),在这里指"韵脚"、"格律"。正因为 pes 兼具"脚""足"和"韵脚""格律"的意思,在奥维德诗中也常用来一语双关。

3.9.13　关于 cedro(雪松油)和 pumice(滑石),都是表工具的第五格,亦见《哀怨集》1.1.7(cedro),1.1.11(pumice)。

3.9.17　在流放诗中,奥维德多次表达自己因生活于蛮族人之间,创作于流放中,所以拉丁语退化,或诗作的水准不如流放前,并请读者谅解。比如,

《哀怨集》14.27；4.1.1；5.12.21，35，55；《黑海书简》1.5.7，等等。

3.9.21　lingua titubante，见西塞罗，《论家宅》（De domo sua）35－36：furtim，mente ac lingua titubante fecisse dicatur。

3.9.26　longinquo referam lassus ab orbe pedem，散文语序为：lassus referam pedem ab longinquo orbe。

referam pedem，直译为"重新把脚带回"。

3.1.27　fora Caesaris，这里的 fora 是复数，指的的尤利乌斯·恺撒所建的尤利乌斯广场（forum Iulium）以及奥古斯都（也姓恺撒）所建的奥古斯都广场。Caesaris 为单数，但应该为 Caesarum，至于为什么用单数，欧文的解释是：1，复数形式 Caesarum 在格律上比较难用；2，诗歌中单数替代复数，或复数替代单数并不鲜见，比如普罗佩提乌斯 4.6.72：blanditiaeque fluant per mea colla rosae，rosae 应为 rosarum；3，或许这两个广场都被称为 forum Caesaris，和罗马广场（forum Romanum）相对。

3.1.28　这条路指 Via Sacra（圣道）。圣道从古罗马广场（Forum Romanum）的东西方向走过，将其与维利亚（Velia）相连。行经维斯塔圣所与努马的宫室（Regia），见第 30 行。

3.1.29　hic locus est Vestae，qui Pallada servat et ignem，Vestae（维斯塔）是 Vesta 的属格，维斯塔女神是灶神、火神，奥维德《岁时记》6.258 称之为 custos flammae（"火之守护者"）。其圣所中供奉着帕拉狄翁（拉丁文为 Palladium，希腊文为Παλλάδιον）和长明火（本句中的 ignem；aeternos ignes，见李维《罗马建城以来史》26.27.14）。

Pallada，Pallas 的宾格，在这里指的是"帕拉狄翁"。帕拉狄翁指城市的守护神的小像。最有名的是特洛伊城的雅典娜神像，对特洛伊城生死攸关，曾被奥德修斯和狄奥墨得斯所窃（见维吉尔《埃涅阿斯纪》2.164）。特洛伊陷落后，埃涅阿斯把神像带到了意大利。维斯塔圣所和下一行提到的努马宫室都属于罗马最古老的重要建筑。

3.1.30　Numa，努马，罗马传说中的第二王，许多宗教仪式和传统由努马创建，他也扮演着"立法者"的角色。Regia 的词根是 rex（王），指"国王的居所""宫殿"。《岁时记》6.263：hic locus exiguus，qui sustinet Atria Vestae，/ tunc erat intonsi regia magna Numae。

3.1.32　Stator 是尤庇特的别号之一。据李维《罗马建城以来史》

1.12.5-7 的说法,在与萨宾人交战落下风时,罗慕路斯向神与人之父神尤庇特祈求帮助,并许愿罗马解围后就为他建造 Stator Iuppiter 神庙作为留给后世的纪念: at tu, pater deum hominumque, hinc saltem arce hostes, deme terrorem Romanis fugamque foedam siste! Hic ego tibi templum Statori Iovi, quod monumentum sit posteris tua praesenti ope servatam urbem esse, voveo。Stator 的词根是 sto, sisto。按罗马人(特别是李维)的说法,在战役语境下 sisto 大概有两重意思,可以是让敌人站那儿不动(停止进攻);也可以是让自己人(罗马人)不动(停止逃跑)。关于这座神庙的地点,亦见奥维德《岁时记》6.793-794:tempus idem Stator aedis habet, quam Romulus olim/ante Palatini condidit ora iugi.“固守者神庙建于同一时间,那是罗慕路斯古时/在帕拉丁山前所建。”

3.1.33　fulgentibus armis 在《埃涅阿斯纪》中出现过 6 次(Miller 2011, p.218),比如《埃涅阿斯纪》2.749。

3.1.34　augurium,一语双关,augustus(奥古斯都)augurium 词源上的关联,见奥维德《岁时记》1.608-612:“此人拥有与至高的尤庇特共享的名字,/元老称圣物为‘奥古斯都’(augusta),‘奥古斯都’亦是/以祭司的循礼之手献祭的神庙之名;/这个词的字源引出了‘鸟卜’(augurium),/以及凭尤庇特之力‘增长’(auget)的一切。”(王晨译)(亦参阅 Miller 2011, p.215)

3.1.35　橡树是尤庇特的圣树,罗慕路斯在橡树下为 Iupiter Feretrius 建神庙,见李维 1.4.5,1.10;老普林尼《博物志》15.77;瓦罗《农业志》2.11.5。见老普林尼《博物志》15.127;狄奥·卡西乌斯 53.16.4。亦见奥维德《岁时记》1.612-616:“愿他为我们的统帅增添权柄,愿他为您增寿,/愿橡叶花环守卫您的大门,/在神明的庇佑下,愿如此威名的继承者/享有父亲的吉兆,担起世界的重负!”(王晨译)

3.1.37　cuius ut accepi dominum, cuius 指奥古斯都。

3.1.39　opposita,托伊布纳本为 adposita。

3.1.42　Leucadio ... deo,指阿波罗,关于这一称呼,亦见维吉尔《埃涅阿斯纪》3.274-275;斯特拉波《地理志》10.2.9。Leucadio 来自岛名 Leucadia(琉卡狄亚),其都城为 Leucas(琉卡斯),该岛与亚克兴相对,位于其南方。公元前 31 年 9 月 2 日的亚克兴(Actium)战役是屋大维与安东尼及克娄巴特拉联军之间的重要战役之一,后者在海战中逃逸。公元前 30 年 8 月,逃回埃及的安东尼和克娄巴特拉自杀。埃及随后被并入罗马帝国,成为行省之一。这场战役在古代的文学、历史作品中描述颇多,大多来自屋大维的胜者叙事,一方面贬低安东尼和克娄巴特拉,另一方面强调己方得阿波罗神助,如普罗佩提乌斯《哀歌集》4.6.27-30。除了修建帕拉丁山上的阿波罗神庙之外,屋大维也修复了亚克兴的阿波罗神庙。

3.1.43 桂树是阿波罗的圣树,阿波罗与达芙涅(希腊语"桂树"之意)的故事,见《变形记》1.560-565。阿波罗因嘲笑丘比特而遭报复,丘比特让他爱上河神之女达芙涅,但让这场爱注定得不到回报。阿波罗一路奔跑着追求达芙涅,但她一路逃跑,最终化为桂树,成为阿波罗的圣树,桂冠则成为荣誉之冠。见《变形记》1.552;《变形记》1.564-565:utque meum intonsis caput est iuvenale capillis,/tu quoque perpetuos semper gere frondis honores! 亦见《变形记》14.720:laetos molire triumphos/et Paeana voca nitidaque incingere lauru。

3.1.45-46 illa 指 domus,奥古斯都的"家"。ut 从句中的动词 viret 为叙述式,所以不是结果从句。

3.1.47-48 散文语序可调整为:causa est testata scripto superpositae coronae:/indicat civis servatos huius ope。这里的花环指的是 civica corona(公民花环),公元前 27 年被授予奥古斯都,见《业绩录》34,《岁时记》1.614。这花环由元老院授予在战斗中曾拯救过罗马公民的罗马人(见老普林尼《博物志》22.4.8)。奥古斯都获此荣誉可能是因为他解救的是罗马国家(见 Alison E. Cooley, *Res Gestae Divi Augusti*:*Text*,*Translation*,*and Commentary* Cambridge:Cambridge 对 civica corona 的注解)。奥古斯都时代各种币种、来自各地造币所的大量造币带有 OB CIVIS SERVATOS("因拯救公民")的铭文。

把战利挂在门扉上,亦见《埃涅阿斯纪》8.721-722。

3.1.50 pater("父亲"),公元前 2 年,奥古斯都正式接受 Pater Patriae("祖国之父")的称号;iacet(直译"躺着"),牛津本、洛布本为 latet("潜藏着")。

3.1.52 在流放诗中奥维德反复强调导致他遭受惩罚的缘由是一个 culpa 或 error("过错""过失""错误"),而不是 facinus("罪行")。

3.1.53 me miserum!"悲惨的我啊!"或者"我何其不幸!"这里指"书",《哀怨集》中多处出现 me miserum! 这样的感叹,一般指"奥维德"。

3.1.54　trepido littera nostra metu,交叉语序。

3.1.55　exsangui ... colore(无血色)和 pallere(变得苍白)的意思是一样的。

3.1.56　alternos ... pedes? "pedes"指韵脚。这三行用了一系列表示颤抖的词来强调"书"的恐慌和胆怯：动词 quatitur(第 54 行),形容词 trepido(第54 行),动词不定式 intremuisse(第 56 行)。

3.1.57　quandocumque,未来不确定的时间;parenti,第三格,这里指奥维德。

3.1.59　tenore pari,一直继续。

3.1.60　intonsi ... dei, intonsi(主格单数为 insonsus＝ἀκερσεκόμης)直译是"未剪发的"、"未修剪的"。这位神祇是阿波罗,从荷马史诗开始其形象就常是长发飘逸,比如《伊利亚特》20.39: Φοῖβος ἀκερσεκόμης;品达《伊斯特米亚颂》1.7;在罗马文学中的例子,如贺拉斯《颂歌》1.21.2;普罗佩提乌斯《哀歌集》4.6.31 对阿波罗的描述：crinis in colla solutos"披散于脖颈的飘逸长发"(王焕生译)。这座神庙指帕拉丁山上的阿波罗神庙。公元前 37 年奥古斯都开始修建这一神庙,公元前 28 年完成。

candida,帕拉丁山上阿波罗神庙由白色大理石建造,亦见《埃涅阿斯纪》8.720：niveo candentis limine Phoebi;普罗佩提乌斯《哀歌集》2.31.9：claro ... marmare.

3.1.61-62　描述的是帕拉丁山上的阿波罗神庙的达那伊得斯柱廊。

signa,"雕像",指的是下一行(第 62 行)的 Belides et stricto barbarus ense pater,贝丽戴丝(Belides)指埃及国王达那奥斯(Danaus)的女儿们,达那奥斯之父为贝鲁斯(Belus),Belides 得名于她们的祖父,她们也被称为 Danaides。达那奥斯不愿将五十个女儿嫁给自己的双胞胎兄弟埃古普托斯(Aegyptus)的五十个儿子,秘嘱女们在新婚之夜杀死新郎,也就是她们自己的堂兄弟。只有幼女叙佩尔姆奈斯特拉(Hypermnestra)没有照办;barbarus 在这里理解为"残忍的"或"蛮族的"都可以。

peregrinis("异域的")... columnis("柱子"),这里的 peregrinis,指的是来自努米底亚的石材,柱式为科林斯式。在普罗佩提乌斯《哀歌集》2.31.3 这些柱子被描述为 Poenis ... columnis("布匿柱",来自北非的石材所建造的柱子);

对阿波罗神庙这些标志性景观的描述,亦见奥维德《爱的艺术》1.73-74:

quaque parare necem miseris patruelibus ausae/Belides et stricto stat ferus ense pater, "和那雕塑着贝丽戴丝姐妹斩杀堂兄、/她们残忍的父亲拔剑的庑廊"(肖馨瑶译);普罗佩提乌斯《哀歌集》2. 31. 3 - 4; tanta erat in speciem Poenis digesta columnis, /inter quas Danai femina turba senis, "布匿柱耸立井井有条,庄严宏伟,/达那奥斯老人的女儿们点缀其间。"(王焕生译)

3. 1. 63 - 64 quaeque viri docto veteres cepere novique/pectore, lecturis inspicienda patent.

帕拉丁山上的阿波罗神庙包括拉丁图书馆和希腊图书馆,都是公共图书馆,见苏维托尼乌斯,《奥古斯都传》29;迪奥卡西乌斯 53. 1。

3. 1. 65 fratres,指奥维德的其他作品。下面第 74 行他的作品被称为他的 nati("孩子们"),上面第 57 行,他自己被称为 parenti。

3. 1. 67 custos,指图书馆管理人。

3. 1. 69 altera templa,这些建筑中包括屋大维娅柱廊,柱廊附图书馆;vicino ... theatro,邻近的剧院指奥古斯都时代所建的马尔凯鲁斯剧院,公元前 13 年正式启用。马尔凯鲁斯是屋大维娅之子,也是奥古斯都的外甥与女婿,早逝。

3. 1. 70 pedibus ... meis,这里的 pedibus 既指"脚"也指"格律",这是奥维德诗歌中最常见的双关语之一。

3. 1. 71 - 72 散文语序可调整为: nec Libertas passa est me tangere sua atria, quae prima patuerunt doctis libellis. atria Libertatis("自由之庭"或译"自由神庙")是罗马最早的公共图书馆。

3. 1. 74 nati, "孩子们",指"奥维德"的作品;fugam,在奥维德流放诗中通常与 exsilium("流放")同义,在这里指他的作品为图书馆所禁。

3. 1. 75 olim,从时间维度来说,olim 可指过去("一度"),也可指向未来("有一天")。

3. 1. 77 adeo, "特别是"。

3. 1. 79 statio ... publica,指公共图书馆书架上存书之处。

3. 1. 81 - 82 散文语序可调整为 plebeiae manus, si fas est, vos quoque sumite carmina nostra confusa pudore repulsae. vos("你们")指下一行的 plebeiae ... manus,都是复数呼格;sumite,复数祈使式,主动态。plebaiae manus 普通读者。

借鉴历史经验，回应现实问题
——评王振霞、王玉冲《古罗马城市与城市化》

李永斌

　　近年来，随着我国城市化进程的不断加快，诸多的城市发展问题亦相继涌现，如何恰当地解决这些问题成为当前学者们讨论的焦点。王振霞、王玉冲的《古罗马城市与城市化》一书，以历史学为核心，结合跨学科的研究方法，立足于古罗马城市发展情况，为解决我国当前的城市发展问题提供了重要参考。

　　作者首先在绪论部分对研究"古罗马城市及城市化"的现实意义进行了说明，认为该项研究对我国城市建设和现代化事业很有借鉴意义（《古罗马城市与城市化》第4页，以下所标页码均指该书）。相对于国内外诸多学者的研究，本书旨在对古罗马城市进行分门别类的专题探讨，并充分考虑到城市与社会历史间的互动关系，借鉴前人跨学科研究经验，并力求有所突破（第27页）。

　　除绪论和参考文献外，本书共四章，分别从四个方面探讨古罗马城市及城市化的情况。第一章依照时间顺序介绍罗马城的发展概况。在王政时代早期，罗马城只有防御功能和宗教功能，还未达到"城市"的层次。严格意义上讲，最初的罗马城是家庭与部落的宗教和政治联合（第32页）。在王政时代后期，尤其是塞尔维乌斯·图利乌斯的改革才使罗马城逐渐发展为功能齐全的城市。当历史进入到共和国前期时，基于国力弱小和民风质朴等原因，罗马城还是一座相当简陋的城市（第34页）。公元前304年发生高卢人攻陷罗马城事件之后，罗马城的发展进入到新阶段。在这一时期，对外征战成为推动城市发展的原动力。通过建立殖民地和掠夺财富，罗马城的建筑活动蓬勃开展。大量的神庙、市政设施、公共建筑，以及带有浓厚个人色彩的纪念性建筑相继建立起来。同时，大量财富的涌入也冲击着罗马社会，使得社会分层日益加剧，并导致社会风气和生活习惯发生巨大的改变。帝国时期，由于政局的稳定，城市经济获得空前的发展。在历届元首的不断推动下，罗马城逐渐发展为古代世界最大、最辉煌的都市之一（第 51 页）。

第二章介绍城市化运动。基于"人口流动"和"城市化的基本情况"两部分进行探讨。关于人口流动这一问题，作者首先概述公民团体的扩大过程，并分阶段呈现罗马人口流动的情况和特征，着重指出政府在其中的重要性及战争对人口流动的作用。人口流动对古罗马城市发展起着至关重要的作用，它促进了城市经济发展，也使被征服地的城市在结构上和文化上逐渐罗马化，瓦解了传统的血缘亲族关系（第 77 页）。在此背景下，罗马"城市化基本情况"业已清晰。在被罗马征服的城市中有五种基本类型：同盟城市、自治城市、自由城市、殖民城市、纳贡城市，不同城市享有的权利、承担的义务和所处的法律地位不尽相同（第 77 页）。在古罗马城市化的过程中，公民团体的扩大成为意大利和行省城市化的有效手段之一（第 83、93 页）。罗马人不仅赋予释奴以公民权，而且"打破狭隘的城邦思维"，将公民权赋予意大利同盟者。随着领土的日益增加和奴隶制的空前扩展，罗马在意大利半岛以外逐步建立行省制度。历代元首重视行省公民权的授予，至卡拉卡拉时期，公民权被赋予境内的全体自由民（第 94 页）。总体而言，古罗马城市化基本完成于公元 2 世纪中叶，城市化促进了罗马文明的传播，但存在的诸多弊端和局限性亦不容小觑。

第三章从五个方面探讨罗马的城市管理。首先是关于城市建设方面，作者称赞罗马人的城市规划具有前瞻性，体现了人与自然和谐相处的理念及营造良好居住环境的生态思维（第 104 页）。在梳理罗马建筑模式的基础上，总结出罗马人建城的两个特点：一是受宗教影响比较大；二是受希腊城市建设的影响（第 107—108 页）。相比而言，前者尤为重要。基于历史渊源及城市布局的考量，宗教因素在罗马城市建设中处于决定性地位。除此之外，"方便"和"安全"的理念对城市建设亦有重要影响。在罗马城市精神文明建设领域，宗教活动较为显著。对城邦而言，宗教最重大的贡献就是维持了社会的稳定，原始宗教成为城邦管理人民的工具（第 116 页）。第二个方面是关于城市管理，作者概述了自治城市的渊源、本质和发展历程，探讨了"自治的起源"等问题，并从行政管理、司法管理、财政管理三方面讨论了"自治的内涵"。总体来说，罗马城市管理是成功和长久的。在对外征服中形成的几大帝国中，惟有罗马能屹立于世界长达数个世纪之久,其中城市管理制度功不可没(第 138 页)。第三,在罗马城的医疗卫生与环境治理方面,作者认为古罗马的医学水平虽然较低,但仍有较大的发展。为防止疾病流行所采取的措施,引发了一系列城市管理上的变革。罗马城市环境治理的经验,对于我国当今社会仍然具有借鉴意义。第四,罗马城的治安与灾害方面。总体而言,受生产力限制,罗马人的防灾水平较低,但却发展出相对完善的城市防灾机制,保证了城市管理的良好运转(第 199 页)。最后,在罗马城的休闲娱乐方面,作者详细介绍了休闲方式与休闲活动的特征,并认为罗马城市的经济发展与休闲娱乐相互依托、相辅相成、逐渐发展为良性的互动关系(第 216 页)。罗马城市的休闲娱乐,对我国当今社会发展具有重要借鉴意义。如何有效把握娱乐活动在当今社会发展中的平衡,是个值得深入研究的问题。

在城市与城市化的影响这一章,作者从政治、军事、经济、文化和家庭五个方面论证城市化对罗马的影响。罗马的城市化,在政治上打破贵族的垄断,促进了被征服地区人民的融入,有利于帝国的稳定发展(第 225 页)。在经济方面,城市发展的影响改变了意大利农业经济结构,加剧了社会分化并破坏了自给自足的家庭消费模式,使得罗马城的城市结构发生了根本性变化,成为国际都市(第 230—233 页)。在文化方面,罗马的文化以城市为载体而广泛传播,并在古代社会造成深远影响。但另一方面,罗马文化传播的消极方面亦值得关注。最后,罗马的城市化导致城市家庭结构变迁,这种变迁有其积极作用,也有其负面影响。

总体来看,本书是一部较为出色的城市史研究著述,主要表现在以下几方面:

首先,注重历时性考察。作为一部历史学研究著述,本书坚持历史研究的基本范式,注重古典文献及考古资料的价值,在充分的史料基础上勾勒出罗马城市发展的基本脉络。从罗慕路斯建城传说,到罗马帝国时期的城市发展情况,清晰的历史主线贯穿其中,形成本书的基本逻辑线索。同时,本书还注重对史实的考证和辨析,通过对历史细节的把握,推导出自己的独到见解。

其次,关注共识性价值。正如本书绪论所述,"在构思与写作中,充分考虑到城市与社会历史间的互动关系,既将城市作为一种社会经济现象,也将它作为一种植根于社会历史中的人文现象来分析(第 27 页)"。因此,"互动"成为本书的一大特色。作者通过对罗马城和罗马历史的介绍,清晰地向读者呈现出罗马从蕞尔小邦发展到地跨欧亚非三洲的大帝国的历程。随着帝国领土的扩张,全书的研究视域亦从罗马一城扩展到罗马帝国的众多城市。从乡村到城市、从一座城市到另一座城市,流动的人口成为区域间"互动"的载体,并引发城市化运动。尤其在统治者的推动下,城市化迅速发展,新的城市不断涌现,城市发展日益繁荣,为罗马帝国创建新的行政管理体制提供了条件(第103页)。

第三,分析视域全面。除绪论外,本书共包含四个章节,即:罗马城的城市化运动、城市管理、城市与城市化的影响。涉及视域广泛,历史、社会、建筑、政治、经济、文化、军事、家庭、医学等诸多方面。因此,本书是以历史学为基础,并以多元化视角研究古罗马城市与城市化的一本著述。

最后,本书具有强烈的现实意义。作者在绪论中提及,"当前,我们正在探索建设有中国特色的社会主义,我国大中城市之多已超过世界上任何国家,城镇人口已占我国人口的1/5左右。在这个过程中,我国城市化虽然经历了诸多挫折,但是进展也比较快,现在已进入快速发展时期。探讨古罗马城市的发展及城市化进程,对我国城市建设和现代化事业,无疑是很有借鉴意义的(第4页)。"因此,本书不仅是研究历史,更是对现实问题的反思。借鉴历史经验,回应现实问题,是本书的核心精神。书中提及的古罗马城市的管理经验对当今我国城市问题的解决具有重要的借鉴价值。

当然,关于城市发展和城市化,本书涉及的诸多重要问题,似乎有进一步充分论述的空间。比如,作者注意到"殖民、战争、商贸以及行省制度的建立促使罗马人口大规模流动。人口流动促进城市经济发展,城市社会结构和文化的罗马化,瓦解了传统的血缘亲族关系"(第77页)。因此,人口流动对罗马城市化进程的影响不容小视。但是,人口流动中的交通问题以及这一问题与城市化之间的辩证关系,本书并未论及。麦克尼尔在《人类之网》一书中指出:"在人类历史上处于中心位置的,是各种相互交往的网络,城市的发展是网络形成的催动因素。"一方面,交通网络的产生得益于城市的快速发展,正是由于乡村与城市、城市与城市间的交往需求,交通网络才会孕育而生并逐渐发展壮大。另一方面,交通网络的发展便捷了跨城市间的人口流动,使得大规模的人口流动成为可能。因而,跨区域交通网络对于城市的发展起着至关重要的作用。总之,交通网络与城市发展存在互动关系,二者相辅相成,共同促进人类文明的进步。古代罗马的交通网络与城市发展的问题,作者似乎可以在今后的研究中进一步思考。

总之,以历史学为视角并结合多学科理论,对"古罗马城市与城市化"这一问题进行多元化分析,是一次新的尝试。但如何将各学科方法进行全面、有效的整合,也是值得进一步思考的问题。

作者简介:李永斌,历史学博士,首都师范大学历史学院副教授。

从呼吁公众参与到以公众为核心：
历史保护的一种新视角
——评《集体记忆、公众历史与城市景观
——多伦多市肯辛顿街区的世纪变迁》

游丽诗

一、缘起：因何破坏，因何保护？

位于加拿大多伦多的肯辛顿街区自 20 世纪初施行多元文化政策始，经过一个世纪的移民流动，逐步演变为一个以犹太裔为主体，包含意大利、英裔加拿大、葡萄牙裔和亚裔等移民群体的多元文化街区。在城市更新计划施行之前，肯辛顿是一个完全自发生长的街区。犹太移民的商业活动和集市的形成与发展，吸引了更多移民的迁入，他们的生活和商业活动形塑了肯辛顿街区的景观和城市样貌。而这一看似杂乱且毫无规划的城市景观，承载了 20 世纪加拿大城市移民经历和历史，具有重要的历史价值，并以此登入加拿大历史古迹委员会的历史街区名录。

肯辛顿街区的商业性、多元族群特性和悠久历史构建了其独特的历史价值，但是这一特殊的发展模式同时也成为街区（尤其是老城区）人居和用地问题的根源。长期缺乏规划、自发生长的街区本身就随着过度商业化而衍生出诸多问题，移民社区内居民构成和利益需求的多样化则加剧了街区建筑布局的复杂性和人居用地矛盾，同时，很多历史悠久的老建筑因年久而受损严重。为了解决这些问题，20 世纪 60 年代，加拿大官方制定了"城市更新计划"，并

同规划师一道介入这一自发生长的街区。"城市更新计划"奉行现代理性规划理念，以未来为导向，强调城市的秩序和美感，规划上崇尚理性、科学与现代性。针对肯辛顿街区的诸多问题，计划要求彻底拆除或翻新老城区房屋，这一忽视低收入工薪阶层的居住需求和利益的举措遭到了当地居民和相关利益方的反对，[①]计划因多方斡旋不下而始终搁置。

2005年，肯辛顿街区登入历史街区名录之后，街区的规划行动上升为历史保护问题。保护（preservation）旨在尽可能保留和维持现存建筑物或景观的形态、完整性和材料，[②]以历史保护为导向的城市规划设计则指向最大程度留存历史建筑、景观和场所的历史价值。自此街区历史保护的诉求同以发展为导向的"城市更新计划"之间产生了新的矛盾，这使得肯辛顿街区的规划和历史保护问题变得更加复杂。

从历史价值角度去看待街区的规划和历史保护问题，不同利益方各自的诉求背后是对"历史价值"的不同理解，他们在肯辛顿历史保护问题上的角色也充满了矛盾和冲突。在肯辛顿作为历史街区登录之前，"破坏者"似乎最直接地指向"城市更新计划"制定者和专业规划师。但正如上文所述，城市更新计划的背后是街区发展过程内部衍生出的人居和用地问题，这一问题出现的根源正是作为肯辛顿街区历史价值来源的自发生长模式。可以说，若全然拒绝规划或者改而任其发展，街区自身特性和发展模式很有可能会成为街区消亡的根源和最主要推动力量。在这一层面上，肯辛顿街区自身也会成为自己历史价值的"破坏者"。而在肯辛顿街区成为加拿大国家历史街之后，"破坏者"的内涵在原先基础上更加复杂化，国家（官方）基于自身对于肯辛顿历史价值的认知施行相关历史保护行为，却在另一层面上对处于官方标准之外的肯辛顿历史价值变成了破坏。由此我们可以看出，"保护者"同时也是另一种意义上的"破坏者"，而"破坏者"在一定层面上又具有减慢肯辛顿历史消亡进程的能力。因为历史价值在不同利益群体眼中的不同界定，"保护"和"破坏"存

---

① 肯辛顿更新计划的利益相关各方包括：以规划师与政府官员为主体的专业人士，当地居民、租户和业主，代表社区利益的肯辛顿居民协会（KARA），致力于协调各方冲突的肯辛顿城市更新委员会（KURC），拥护肯辛顿集市利益的肯辛顿集市商业协会（KMBA）以及代表肯辛顿业主利益的士巴丹拿商业协会（SBA）。参见李娜：《集体记忆、公众历史与城市景观——多伦多市肯辛顿街区的世纪变迁》，上海：上海三联书店，2017年，第105—106页。

② William J. Murtagh, *Keeping time: the history and theory of preservation in America*, John Wiley & Sons, Inc, 2006, pp. 4 - 5.

在模糊性。因此,合理的界定和评估肯辛顿街区的历史价值,成为解决肯辛顿街区规划和历史保护问题的关键。而对其历史价值的合理界定,需要专业史家回溯街区的多元历史,明确其历史的创造者和主体,并以此为基础挖掘街区历史价值的多重内涵。

二、核心理念:保护谁的历史?

作为二十多种不同文化族群聚居之地的肯辛顿,是加拿大移民文化最具代表性的地区之一,其"最核心的历史主题是移民以及加拿大城市多元族群生活的变迁"。[①] 以犹太裔为主体的移民群体,正是肯辛顿历史的"缔造者、亲历者和见证人"。[②] 但是这并不意味着肯辛顿的历史保护工作单纯地以移民群体的诉求至上。作者在此以公众史学的理念为基础,强调"现代化"进程中城市历史价值的判定和城市历史保护的行动必须使移民群体的价值诉求也平等地参与其中。即广泛意义上"公众"的参与性,民主和平等的话语权。

"公众"这一概念的核心是"公开性批判和社会公正",是具有"完整的公正和正确意义以及通过公开论证协调舆论向判断的转化"的"公众精神"(public spirit)的抽象集合。[③] 西方城市规划学已有相当多的公众参与模式研究。在英美国家,规划领域的公众参与(public participations)作为重要的规划伦理早已有之。但直到20世纪50、60年代欧美国家兴起大规模的城市更新运动中,这一理念才真正在观念和实践上占据主导。[④] 在城市更新运动中,"理性主义"规划工具毁灭了独具历史特色的社区,代之以决策目标规定下"单一、综合、整体的物质实体"。[⑤] 广大社区民众的利益受到严重损害,参与式规划作为一场呼吁民主的反抗运动因而日益受到关注,并在实践中掀起"传统理性规划——渐进式规划——倡导式规划——沟通式和协调式规划的变革。"[⑥]

然而,"城市更新计划"导致的社会运动只是这一时期规划理念更新和规

---

① 李娜:《集体记忆、公众历史与城市景观——多伦多市肯辛顿街区的世纪变迁》,第121页。

② 同上书,第196页。

③ 李娜:《城市公众史学》,《复旦学报(社会科学版)》2015年第6期。

④ Seán Damer and Cliff Hague, "Public Participation in Planning: A Review", *The Town Planning Review*, Vol. 42, No. 3 (Jul., 1971), pp. 217 - 232.

⑤ 李东泉:《从公共政策视角看1960年代以来西方规划理论的演进》,《城市发展研究》2013年第6期。

⑥ 同上。

划实践变革的导火索,20世纪60、70年代规划领域的变革背后,事实上是一场更大规模、更深层次的社会和观念变革。彼时,随着民族主义的进一步消解,资本在全世界扩张并成为国际社会新的组织方式,自由主义、民主原则以及由此引发的社会运动开始盛行。哲学上,后现代哲学强调差异性,从理论和思想根基上挑战权威与正统秩序。在历史领域,后现代思潮对传统"技术理性"(technical rationality)和历史真实的解构,使得历史学的存在模式从作为整体的历史存在转变为多元化的叙述和创造。传统历史叙述话语权威和解释权威被打破,公众从单纯的接收者转变为叙述者,历史学由自上生产向下传播的模式转变为融合、参与、互动的模式。以"共享话语权"为核心的公众史学逐渐兴起,并对传统史学构成挑战。而实践领域中,历史保护(historic preservation)从权力精英主导模式转变为一场宏大的社会运动,城市规划从"理性规划"模式到"沟通式规划"变革。可以说以上种种,都是这场现实性和观念性的社会变革之具体体现。历史保护、城市规划和公众史学在此处共享同一哲学和社会根基,[①]因而得以在肯辛顿街区的规划和历史保护研究中相互融合。

而在肯辛顿规划和历史保护问题中,"公众"概念的提出具有两个层面的重要意义。一方面,肯辛顿街区研究使得"公众"的概念和公众史学的核心理念得以在城市规划和历史保护领域具体化。在肯辛顿街区,"公众"既不是特指肯辛顿移民群体及其后代,也不特指同官方对立的民间群体,亦不同坚持理性规划原则的规划师相对立的非专业群众,而是肯辛顿历史保护进程中以延续肯辛顿地域精神为共同目标,努力达成多方意见和观点协调一致的群体。它"不只是一定范围内的个体集合",更是一个能够实现话语民主的公共空间、一种民主和沟通机制、一种进行中的互动交流过程。"公众"作为公众史学的核心理念在此得以深化。另一方面,公众史学作为一种把握历史和现实的工具,深入肯辛顿街区的过去,证明和界定了肯辛顿街区的历史价值和历史保护的核心人群。在肯辛顿街区规划和历史保护问题中,公众参与和"沟通式规划"不再只是一种伦理上的呼吁,也不再只是城市规划和历史保护领域理念变革的表象,而是同肯辛顿街区自身历史和现实一脉相承。

---

① 关于城市规划学的"沟通转向"与公众史学的关系,在本书作者的另一篇文章中有过专门的讨论。参见李娜:《城市规划学的"沟通转向"与公众史学》,《世界历史评论》2016年第6辑。

该书中,公众史学同肯辛顿街区历史保护和规划问题的结合也存在着一定的不足。公众参与更多的是一个实现"公正"的理想化模式。而"公正"的概念,在作者援引的维特根斯坦的描述中,亦是"处在语言文化的相对性中"的"绝对公正",而"公正性的最理想模式,其实也是随着时间、地点、人物而不断变化的"。[①]"沟通式理性"的界定也始终是模糊的。事实上,在沟通式规划中,对"生活、故事、历史、习俗"等情感性、非理性因素的"嵌入性"的准确把握,需要"在地化"并超越个人或集体意志;公众参与也受权力、制度、沟通交流方式、目标和知识构成等多重因素的影响;甚至在"历史意义"和"值得保护的历史"之间也存在着相当复杂的空间。在肯辛顿街区研究中,作者创造性地融公众史学于城市规划和历史保护,并从历史和现实的角度证明了街区实行"沟通式规划"的必要性。但是由于规划和历史保护的复杂性,街区的沟通式规划在作者的研究中尚未付诸实践,作为核心目标和意旨的"公众参与"和"沟通式规划"因而只停留在了理论层面,遗憾地留下了同实践结合时的可操作性等问题。

可以说,在城市历史保护中实现真正意义上的沟通式规划和参与式民主机制是一个相当漫长的过程,该书的研究更多的意义在于提供一个方向。开始主张包容多种声音和话语,推进城市历史保护和规划实践中"精英主导"和不平等的话语权的打破,并为城市历史保护提供趋向性和启动性的指导。

三、集体记忆:城市景观历史价值的多重内涵

该书中,肯辛顿街区"历史保护人士"所要明确的核心问题是城市空间的历史价值,即地域对于公众来说其保护价值的内涵是什么,在文中,这一价值被具体化为地域空间作为"集体记忆"的媒介作用,城市历史于公众的具体内涵是以"集体记忆"为核心的多重地域感知。而这一过程可以通过下面的理论框架具体阐释。

图1展示了城市空间中集体记忆同城市历史叙事的时间、空间和主体之间的关系,其特点是将城市空间纳入到过去——现在的时间性维度当中。作为由公正精神统一的城市中个体和集体的有机集合,公众包含两个层面的内涵,一个是作为历史叙述的构建者,即"人"这一历史主体,一个是作为空间性

[①] 李娜:《集体记忆、公众历史与城市景观——多伦多市肯辛顿街区的世纪变迁》,第57页,注释3。

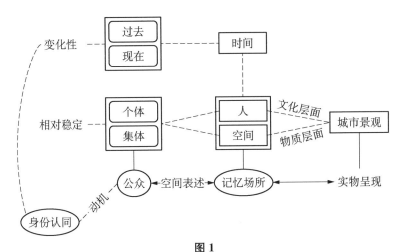

图 1

集体记忆和城市历史叙事的时间、空间和主体之间的关系

的要素,承载、传播并暗示历史叙述。而历史叙述由公众到地理空间的传递、呈现过程也是对城市景观的赋义过程。城市景观被赋予的意义和价值不仅包含物质层面的建筑等实体,还包含文化上的情感、生活等精神层面。从"集体记忆"的角度看,这一过程将人和空间关联成一个以身份认同为内在动机,建构、存贮、传播和重构历史价值的动态过程。从发生学意义上来看,公众基于身份认同的内在动机,将自我的情感、观念和生活通过空间表述转化为一个空间性质的"在场",即"记忆场所",并通过叙事将"记忆场所"实物呈现为城市景观,使得城市景观中的"各种物质形态和符号"被建构为"景观的象征性"(landscape symbolism)。城市景观因而得以通过回忆的过程被进一步翻译、解构和重构。当然,这一过程发生的条件建立在"公众"和"公众空间"存在,且公众具备回忆的能力这一前提之上,而这一过程得以进行的条件则是存在包含时间性的空间实体作为媒介。这里的空间实体包含两个方面,其一是具有媒介功能(存储、传播、暗示)的集体记忆,[1]其二是媒介在空间中有对应的物质实体(具有超越历史时间相对稳定性的视觉性、空间性、实体性的存在)或"遗产""传统"等某种想象的共同体的代表。事实上,除了建筑物等物质实体外,"纪念日、周年纪念以及各种纪念仪式与事件都让公众记忆视觉化、空间

---

[1] 关于集体记忆和空间的媒介功能,参见李娜:《集体记忆、公众历史与城市景观——多伦多市肯辛顿街区的世纪变迁》,第 32—33 页。

化、实体化，通过某种固定、永久的形式讲述某一社群的集体身份认同。"①

通过上述过程，"集体记忆"将记忆和空间的关系具体化，"地方记忆"（place memory）使"地域"成为强大的记忆场所，并同城市空间的各种实体元素、物质表征和文本建立关联。城市景观被赋予历史和文化内涵，成为可以以"局内人"视角进行"深描"的城市文化景观。而围绕"集体记忆"进行的文化深描，则成为挖掘肯辛顿街区历史价值的钥匙。同时"集体记忆"也为"具有文化敏感性之叙事方法"的提出提供了理论基础。"文化敏感性"意味着城市空间的文化内涵，即记忆对其赋予的意义和价值。"叙事方法"则指向城市历史文化价值的分析、表达和呈现层面。而对于这一方法，作者提出一个更为具体的实践形式——口述历史。口述历史广泛涉及个体关于最近过去的证词，它的内涵在于回忆过去的过程，以及把过去的事情编成口头叙述的过程。② 通过口述历史的方式，肯辛顿街区的移民历史得以在当地居民感知和记忆过去的过程中被表达出来。肯辛顿街区的历史叙事得以通过"局内人"视角在地化。

但是，上述理论框架也存在一些不足之处：

首先，"集体记忆"更多是一个功用性的存在，其具体内涵在文中没有得到准确的界定，而只是一个"在跨学科语境中呈多样性和复杂性"的概念。集体记忆赋予城市景观以文化内涵，但是这一内涵的具体表述包括"'局内人'视角、认知、情感、记忆、'历史感知'、'地域感知'"③、历史、地域精神等诸多文化概念。这些概念作为城市空间的历史、文化层面"价值"的代表，回答着本书提出的城市历史价值界定这一核心问题。由于"集体记忆"具体内涵的模糊性，在肯辛顿街区的具体研究中，这些不同的文化概念没有得到进一步的区分和统一，落入和"集体记忆"相关的相对笼统的文化范畴当中。

其次，口述历史使得肯辛顿街区历史价值的探索具备可操作性，并使研究足够深入街区内部且在地化。但是口述历史本身有着时间成本以及个体实践调研对象的有限等缺陷，在该书中，对于记忆景观的具体探讨只涉及四个类型，四处典型的景观，而且以犹太民族为主体。可以说口述历史调查的有限性（可能还有篇幅和调查时间的局限）可能会使肯辛顿街区族群文化和历史的多

---

① 李娜：《集体记忆、公众历史与城市景观——多伦多市肯辛顿街区的世纪变迁》，第34页。

② Jill Liddington, Graham Smith, "Crossing Cultures: Oral History and Public History", *Oral History*, Vol. 33, No. 1, Representing the Past (Spring, 2005), pp. 28 - 31.

③ 李娜：《集体记忆、公众历史与城市景观——多伦多市肯辛顿街区的世纪变迁》，第81—82页。

元性、丰富性难以全面展现。

四、现代化、公众史学与历史保护：几点反思

该书的出发点是"现代化"借口下的城市破坏提出了如何更好的保护城市历史的现实问题。"现代化"在这里主要指崇尚理性、科学与现代性的理性规划。在工具理性的规划理念下，"规划师过于强调技术，在不了解城市如何运行的情况下，只是按照所谓正统的规划理论的教导去做规划方案，以至于事实上破坏了城市有机整体性，导致城市历史断裂、社区毁坏、城市生命力和活力丧失"。① 然而，理性规划的弊端只是现代化的一个负面，那么是否可能从现代化的其他角度思考肯辛顿历史保护和规划问题？

首先，现代新媒体的发展，技术手段进步，历史叙事是否有其他方式得以达成并呈现出来？在这一层面上该书的观点便有了更多值得深入思考的空间。首先，以口述历史为主要手段的城市公众历史实践中，城市公众的集体记忆是否只能通过实地探访和亲自记录这一方式才能"在地化"？当然，书中提到了新媒体对口述历史的认识和实践的影响，并以"数字叙事"的一个具体案例进行阐释。② 但是在这一例证中，新媒体的影响主要在口述资料的处理、呈现形式和传播上，而在口述资料的收集（包括初步收集和重访等）这一层面，仍旧需要大量的基础收集和调研工作，新媒体或者数字叙事在这一层面的扩展和应用也值得进一步探索。以问卷调查为例，电子问卷可以通过新媒体和社交网络在线上进行传播。卫星地图和 VR 建筑模型也拓宽了实体建筑的空间呈现。其次，城市景观作为公众集体记忆的空间呈现确实具有重大意义，但是城市建筑、景观的历史保护价值在实践中不免会与城市实际发展的需要和民众生活需要有一定冲突。因而在实践规划中往往只能保护一部分"值得保护的"景观以促进城市整体的发展和城市问题的最大化解决。这就值得我们反思，集体记忆的空间呈现是不是一定要在城市规划学实践中才能体现出来。或者说，城市景观是否只有通过规划对实体建筑或景观的保留和改良才能发

---

① 李东泉：《从公共政策视角看 1960 年代以来西方规划理论的演进》，《城市发展研究》2013 年第 6 期。

② "斯蒂芬·海依在康科迪亚大学'口述历史与数字叙事中心'主持的'被战争、种族灭绝等摧残的蒙特利尔人的故事'"，详见李娜：《集体记忆、公众历史与城市景观——多伦多市肯辛顿街区的世纪变迁》，第 71 页。

挥其对于延续和重构城市公众集体记忆的作用？现代新媒体技术在博物馆等阐释空间的作用，使得一些无法以实体形式留存的景观能够以虚拟空间的形式进行一定程度的"复原"或"重演"，从而构建新的集体记忆的空间。现代叙事从单线程走向多线程发展，历史表现方式的多元化对于城市规划和城市历史保护的实践有什么影响？这些问题都值得包括城市公众史学家在内的城市"历史保护人士"深入思考。

同时，"现代性"的"未来"导向同集体记忆的"怀旧"导向之间的关系也值得深入思考。按照该书的理解，现代性"与传统始终相悖，强调理性、进步、批判……语义上与过去相对立，矛盾、批判、模棱两可及对时间本质的反思均构成现代性的关键词体系。"①如果说"现代性"代表了城市激进、发展、面向未来的一面，集体记忆则更多地与"怀旧"相关联，代表一种对于过去的依恋和情感。而这种依恋和情感，根本上是现代城市新型社会关系（"严格遵循等价交换的商业精神"）中，个体对过去以传统、宗教、血缘连接的"市镇"社会关系网络中个体身份的怀旧。这一怀旧情感的存在，一方面是一种"定位"和"证明"自身的身份和个体性的需要，另一方面恰说明现代城市当中公众的自我身份认同和城市的"现代化"进程是脱节的。随着现代城市当中的社会关系进一步现代化，这种在过去的社会关系获得定位的个体身份将会面临更大的认同危机。本文中的"集体记忆"和城市历史保护观念对"怀旧"的强调，似乎更倾向于保留属于过去的个体身份及其呈现和叙述空间。事实上，还有相当一部分研究开始探讨更加适应现代社会关系的"现代个人主义"（modern individualism）。文化人类学家理查德·汉德勒（Richard Handler）和威廉·萨克斯顿（William Saxton）将"现代个体主义"归纳为一种"获得性个人主义"（possessive individualism），即"通过占有和获得资源、财产来理解和认同自身"，因而是一个永无止境的追寻自身权威性（the quest for authenticity）过程；同时，现代个体是一个自足的整体，对于个人来说最终的真实或者意义都回归个体本身。② 这一"个体性"在约斯·德·穆尔那里被进一步解释为"自主塑造其生命的意志人"（Homo volens），而不再是被抛到一个复杂的社会关

---

① 李娜：《集体记忆、公众历史与城市景观——多伦多市肯辛顿街区的世纪变迁》，第36页。
② Richard Handler, William Saxton, "Dyssimulation: Reflexivity, Narrative, and the Quest for Authenticity in 'Living History'", *Cultural Anthropology*, Vol. 3, No. 3 (Aug., 1988), pp. 242-260.

系统里面的一个具体位置上的点。前者是面向未来开放的筹划和自主选择,后者则需要依靠历史叙事在时间和空间中获得自我在更大系统里的定位。① 在这一意义上,随着城市街区的发展和进一步商业化,城市公众对于自我身份的认同会有着怎样的改变,城市集体记忆是否会超越"怀旧"而形成新的内涵?进而,如果城市历史价值的内涵因之改变,那么整个城市公众历史的保护和书写都需要随之改变。

最后,该书所针对的主要是20世纪60、70年代以理性规划为主导的"城市更新运动"。而正如文章开头提到的,肯辛顿街区的人居和用地问题源于其自身缺乏规划的发展模式,"城市更新计划"的搁置,但是街区规划问题依旧尖锐。虽然因为过于遵循方案和政策而失了城市现代化是不可避免的进程。随着肯辛顿街区人居和用地问题的日益尖锐,如何平衡城市规划和历史保护,仍旧是一个需要公众史家、规划师、官方政府、居民以及相关利益群体在实践中反复博弈和调和。作者的研究更多诉诸理念,倡导"沟通式规划"和利用"文化敏感性之叙事方法"进行历史保护的模式。而这,只是肯辛顿街区漫长历史保护进程的一个开端。

同时,肯辛顿街区的自身的历史发展模式使得其历史价值的判定同公众史学的理念有着共同的根基,历史价值得以源于公众而回归公众。但是,城市历史和发展模式的多样性使得历史保护模式因时因地而不同。以"公众"为核心的多元主体沟通机制和"具有文化敏感性之叙事方法"如何契合不同的城市历史并合理的判定城市历史价值,仍旧需要公众史家的进一步实践和思考。

作者简介:游丽诗,浙江大学世界史专业博士生。

---

① [荷]约斯·德·穆尔:《从叙事的到超媒体的同一性——在游戏机时代解读狄尔泰和利科》,吕和应译,陈新校,《学术月刊》2006年第5期。

图书在版编目(CIP)数据

城市历史与城市史/苏智良,陈恒主编. —上海:上海三联书店,2020.5重印
（都市文化研究）
ISBN 978 - 7 - 5426 - 6855 - 4

Ⅰ.①城⋯　Ⅱ.①苏⋯②陈⋯　Ⅲ.①城市史－文集
Ⅳ.①C912.81－53

中国版本图书馆 CIP 数据核字(2019)第 255022 号

城市历史与城市史

主　　编／苏智良　陈　恒

责任编辑／黄　韬
装帧设计／徐　徐
监　　制／姚　军
责任校对／王凌霄

出版发行／上海三联书店
　　　　　(200030)中国上海市漕溪北路 331 号 A 座 6 楼
邮购电话／021 - 22895540
印　　刷／常熟市文化印刷有限公司

版　　次／2019 年 12 月第 1 版
印　　次／2020 年 5 月第 2 次印刷
开　　本／710×1000　1/16
字　　数／360 千字
印　　张／21.25
书　　号／ISBN 978 - 7 - 5426 - 6855 - 4/C・592
定　　价／68.00 元

敬启读者,如发现本书有印装质量问题,请与印刷厂联系 0512 - 52219025